北京大學《儒藏》編纂與研究中心 編

《儒藏》精華編選刊

日知録集釋（下）

〔清〕顧炎武 撰
〔清〕黄汝成 集釋
欒保羣 校點

北京大學出版社
PEKING UNIVERSITY PRESS

蒯傳》末載客語，《荆軻傳》末載魯句踐語，《鼂錯傳》末載鄧公與景帝語，《武安侯田蚡傳》末載武帝語，皆史家于序事中寓論斷法也。後人知此法者鮮矣，惟班孟堅間一有之。如《霍光傳》載任宣與霍禹語，見光多作威福；《黄霸傳》載張敞奏見祥瑞，多不以實，通傳皆褒，獨此寓貶，可謂得太史公之法者矣。〔沈氏曰〕《格論》末云：「近代鄭端簡作《名臣記》，于《韓國公李善長傳》末載虞部郎中王國用一疏，其亦得太史公之法者歟？」

史記

《史記·秦始皇本紀》末云：「宣公初志閏月。」然則宣公以前皆無閏，每三十年多一年，與諸國之史皆不合矣，則秦之所用者何正邪？

子長作《史記》，在武帝太初中。《高祖功臣年表》「平陽侯」下云：「元鼎三年，今侯宗元年。」「今侯」者，作《史記》時見爲侯也。下又云「征和二年，侯宗坐太子死，國除」，則後人所續也。卷中書征和者二，後元者一。《惠景間侯者年表》書「征和」者一，「後元」者三。《建元以來侯者年表》書「征和」者二。《漢興將相年表》有天漢、〔梁氏曰〕《漢興將相年表》天漢以下皆後人所續，以《漢書》校之，大半乖迕。如劉屈氂爲澎侯，而稱「彭城侯」。王章爲安平侯，而兩書「平安侯」。韋玄成嗣父爲侯也，而曰「因丞相封扶陽侯」。元帝永光二年，馮奉世擊西羌，八月任千秋別將並進，乃此移奉世擊羌之月爲千秋，反遺卻奉世主帥。斯皆誤之大者，其餘年月官職駁戾頗多。太始、征和、後元，以至昭、宣、元、成諸號，《曆書》亦同。

日知録集釋卷二十六

崑山顧炎武著　嘉定後學黄汝成集釋

史記通鑑兵事

秦、楚之際，兵所出入之塗，曲折變化，唯太史公序之如指掌。以山川郡國不易明，故曰東，曰西，曰南，曰北，一言之下而形勢瞭然。以關塞江河爲一方界限，故於項羽則曰「梁乃以八千人渡江而西」，曰「羽乃悉引兵渡河」，曰「羽將諸侯兵三十餘萬，行略地至河南」，曰「羽渡淮」，曰「羽遂引東欲渡烏江」；於高帝則曰「出成皋玉門，北渡河」，曰「引兵渡河，復取成皋」。蓋自古史書兵事地形之詳，未有過此者。太史公胷中固有一天下大勢，非後代書生之所能幾也。

司馬温公《通鑑》承《左氏》而作，其中所載兵法甚詳，凡亡國之臣、盜賊之佐，苟有一策，亦具録之。朱子《綱目》大半削去，似未達温公之意。

史記于序事中寓論斷

古人作史，有不待論斷而于序事之中即見其指者，惟太史公能之。《平準書》末載卜式語，《王

〔梁氏曰〕《史記》訖太初，而《高祖功臣表》與《惠景侯表》皆云「建元至元封六年三十六」者，蓋太初之見侯稱「今侯」，且不得以太初四年爲限斷，故不數之，與建元及王子二侯表以年號分紀者，判然不同。表中「太初元年盡後元二年十八」十一字，乃後人妄續，當削之。《惠景表》有「太初已後四字」，亦衍文。《楚元王世家》書「地節二年」，《齊悼惠王世家》書「建始三年」者二，《曹相國世家》書「征和二年」，《賈誼傳》賈嘉至孝昭時列爲九卿，《田叔傳》《匈奴傳》《衛將軍傳》末有戾太子及巫蠱事，《司馬相如傳贊》「揚雄以爲靡麗之賦，勸百而諷一」，皆後人所續也。

《河渠書》「東海引鉅定」，《漢書・溝洫志》因之。「東海」疑是「北海」之誤。按《地理志》齊郡縣十二，其五曰鉅定，下云「馬車瀆水首受鉅定，東北至琅槐入海」，又「千乘郡博昌」下云「博水東北至鉅定入馬車瀆」。〔錢氏曰〕琅槐屬千乘，廣饒屬齊郡。又「臨朐」下云：「石膏山，洋水所出，東北至廣饒入鉅定。」而《孝武紀》曰：「征和四年春正月，行幸東萊，臨大海。三月，上耕於鉅定，還幸泰山，修封。」計其道里，亦當在齊，去東海遠矣。

凡世家多本之《左氏傳》，其與《傳》不同者，皆當以《左氏》爲正。

《齊世家》「吾太公望子久矣」，〔梁氏曰〕《孟子》曰「太公望」，則其名「望」審矣。《史》於《世表》作「太公尚」，於《世家》作「吕尚」，以「望」爲號，未免乖反。〔又曰〕太公組紺，安得預知吕尚而望之？「太公」乃長老之稱。《莊子・山木》有太公任，《釋文》引晉李頤云：「太公，大夫稱。」則或又以吕尚爲太師三公故歟？ 此是妄爲之說。周之太王，齊之太公，吴之太伯，有國之始祖謂之太祖，其義一也。

《趙世家》：「趙簡子除三年之喪，期而已。」此因《左傳》「降於喪食」之文而誤爲之解，本無其事。

「敬侯十一年，魏、韓、趙共滅晋，分其地。」「成侯十六年，與韓、魏分晋，封晋君以端氏。」此文重出。

《田敬仲完世家》：「敬仲之如齊，以陳氏爲田氏。」此亦太史公之誤。《春秋傳》未有稱「田」者，至戰國時始爲「田」耳。〔楊氏曰〕《説文》「田」字解：「田，陳也。」蓋以音相近。

《仲尼弟子傳》：「公孫龍，字子石，少孔子五十三歲。」按《漢書》注「公孫龍，趙人，爲堅白異同之説者，與平原君同時，去夫子近二百年」，殆非也。且云「少孔子五十三歲」，則當田常伐魯之年，僅十三四歲爾，而曰「子張、子石請行」，豈甘羅、外黄舍人兒之比乎？〔楊氏曰〕《弟子傳》亦多不可據。

《商君傳》：「以鞅爲大良造，將兵圍魏安邑，降之。」此必「安邑」字誤。其下文曰：「魏惠王使使割河西之地，獻於秦，以和。而魏遂去安邑，徙都大梁。」乃是自安邑徙都之事耳。安邑，魏都，其王在焉，豈得圍而便降？《秦本紀》：「昭王二十一年，魏獻安邑，若已降於五十年之前何煩再獻乎？」〔原注〕《趙世家》：「敬侯元年，始都邯鄲。」「成侯二十二年，魏惠王拔我邯鄲。」亦有可疑。

《虞卿傳》樓昌、樓緩恐是一人，虞卿進説亦是一事。記者或以爲趙王不聽，或以爲聽之。太史公兩收之，而不覺其重爾。

燕王遺樂間書，恐即樂毅事，〔梁氏云〕《史》《策》書辭既殊，而《策》復有「留趙不報」之言，未可并混爲一。而傳者誤以爲其子。然以二事相校，在樂毅當日，惠王信讒易將，不得不奔，其後往來復通燕，亦未失故君之禮。若樂間，不過以言之不聽，而遂懟君、絶君，雖遺之書而不顧，此小丈夫之悻悻者矣。〔汝成案〕遺樂間書與遺樂毅書，用意迥别，其不報宜也。

《屈原傳》：「雖放流，睠顧楚國，繫心懷王，不忘欲反，卒以此見懷王之終不悟也。」似屈原放流於懷王之時。又云：「令尹子蘭聞之大怒，卒使上官大夫短屈原於頃襄王。頃襄王怒而遷之。」則實在頃襄之時矣。「放流」一節，當在此文之下。太史公信筆書之，失其次序爾。〔沈氏曰〕此説誤。

隨何説英布，當書「九江王」，不當書「淮南王」。歸漢之後，始立爲淮南王也。蓋採之諸書，其稱未一。

《淮陰侯傳》先云「范陽辯士蒯通」，後云「齊人蒯通」，一傳互異。

韓王信説漢王語，乃淮陰侯韓信語也，以同姓名而誤。

漢　書

《孝武紀》：「天漢四年秋九月，令死罪人贖錢五十萬，減死一等。」「太始二年九月，募死罪人贖錢五十萬，減死罪一等。」此一事而重見，又同是九月。

《高帝功臣表》十八侯位次，一蕭何，二曹參，三張敖，四周勃，五樊噲，六酈商，七奚涓，八夏侯嬰，九灌嬰，十傅寬，十一靳歙，十二王陵，十三陳武，十四王吸，十五薛歐，十六周昌，十七丁復，十八蟲達。當時所上者戰功，而張良、陳平皆居中計謀之臣，故平列在四十七，良列在六十二也。至《十八侯贊》，則蕭何第一，樊噲第二，張良第三，周勃第四，曹參第五，陳平第六，張敖第七，酈商第八，灌嬰第九，夏侯嬰第十，傅寬第十一，靳歙第十二，王陵第十三，韓信第十四，陳武第十五，蟲達第十六，周昌第十七，王吸第十八，而無奚涓、薛歐、丁復。此後人論定，非當日之功次矣。且韓信已誅死，安得復在功臣之位？即此可知矣。〔原注〕此位次高后二年所定，故凡已絶奪在前者，皆不與。

史家之文多據原本，或兩收而不覺其異，或並存而未及歸一。《漢書·王子侯表》長沙頃王子高城節侯梁，❶一卷中再見，一始元元年六月乙未封，一元康元年正月癸卯封。此並存未定，當删其一，而誤留之者也。《地理志》於「宋地」下云：「今之沛、梁、楚、山陽、濟陰、東平及東郡之須昌、壽張，皆宋分也。」於「魯地」下又云：「東平、須昌、壽張皆在濟東，屬魯，非宋地也，當攷。」此並存異説以備攷，當小注於下，而誤連書者也。〔原注〕《史記·田叔傳》既云「司直田仁主閉守城門，坐縱太子，下吏誅死」，而下又云「仁發兵，長陵令車千秋上變仁，仁族死。陘城今在中山國」。此亦古人附注備攷之文。古人著書，有疑則闕之以待攷。如《越絶書》記《吴地傳》曰「湖王湖，當問之」「丹湖，當問之」是也。〔梁氏曰〕案《漢表》梁王襄在位四十年，以天漢四年薨，史不得稱謚，必後人因增改《梁孝王世家》而并改《年表》也。當云「今王襄」。《楚元王傳》：「劉德，昭帝時爲宗正丞。雜治劉澤詔獄。」而子《向傳》則云：「更生父德，武帝

❶「城」，原作「成」，今據《漢書·王子侯表》改。

時治淮南獄。」一傳之中，自爲乖異。〔錢氏曰〕以年代推之，德不得有治淮南獄事。〔又曰〕文可互見，非乖舛也。又其更名向，在成帝即位之後，而元帝初年即曰「徵堪、向，欲以爲諫大夫」。此兩收而未對勘者也。《禮樂志》上云「孝惠二年，使樂府夏侯寬備其簫管」，下云「武帝定郊祀之禮，乃立樂府」。《武五子傳》上云「長安白亭東爲戾后園」，下云「後八歲，封戾夫人曰戾后，置園奉邑」。「樂府」之名蚤立於孝惠之世，「戾園」之目預見於八年之前，此兩收而未貫通者也。夫以二劉之精核，猶多不及舉正，何怪乎後之讀書者愈鹵莽矣。〔原注〕《後周書》「蠕蠕」並作「茹茹」，惟《列傳》二十五卷獨作「蠕蠕」。

《天文志》：「魏地，觜、觿、參之分野也。其界自高陵以東，盡河東、河內，南有陳留及汝南之召陵、濦彊、新汲、西華、長平，潁川之舞陽、郾、許、鄢陵，河南之開封、中牟、陽武、酸棗、卷，皆魏分也。」按《左傳》子產曰：「遷實沈於大夏，主參。」故參爲晉星，然其疆界亦當至河而止。若《志》所列，陳留已下郡縣並在河南，於春秋自屬陳、鄭二國，角、亢、氐之分也，不當併入。魏本都安邑，至惠王始徙大梁，乃據後來之疆土割以相附，豈不謬哉。

《食貨志》「單穆公諫景王鑄大錢」，本之《周語》。「王弗聽，卒鑄大錢。」此廢輕作重，不利於民之事，班氏乃續之曰：「以勸農，贍不足，百姓蒙利焉。」失其指矣。

《地理志》「丹陽」下云：「楚之先熊繹所封，十八世，文王徙郢。」此誤。按《史記·楚世家》「成王封熊繹於楚，居丹陽」，徐廣曰：「在南郡枝江縣。」《水經注》曰：「丹陽城據山跨阜，周八里二百八十步。東北兩面悉臨絶澗，西帶亭下溪，南枕大江，嶮峭壁立，信天固也。楚熊繹始封丹陽之所都也。《地理志》以爲吴子之丹陽，尋吴、楚悠隔，繿縷荆山，無容遠在吴境，非也。」〔原注〕《山海經》：「丹山在丹陽南。」郭璞注：「今建平郡丹陽城秭歸縣東七里。」

《枚乘傳》上云「吴王不納，乘等去而之梁」，下云「枚乘復説吴王」。蓋吴王舉兵之時，乘已家居，而復與之書，不然無緣復説也。

《杜周傳》：「周爲執金吾，逐捕桑弘羊、衛皇后昆弟子，刻深。」按《百官表》：「天漢三年二月，執金吾杜周爲御史大夫。四年卒。」而衛太子巫蠱事乃在征和二年，周之卒已四年。〔原注〕其時暴勝之爲御史大夫。又十一年，昭帝元鳳元年，御史大夫桑弘羊坐燕王旦事誅。史家之謬如此。〔錢氏曰〕史文但偁「昆弟子」，當時大臣、后族犯法者衆，周能以法繩之，故武帝嘉其盡力無私，非謂周所逐捕者即衛皇后、桑大夫也。〔孫氏曰〕所云逐捕者，自指桑、衛昆弟子犯法，周能不避權貴而逐捕之也。本文並不云治桑、衛獄，無緣以此爲班氏之謬也。

《王尊傳》：「上行幸雍，過虢。」按今之鳳翔縣乃古雍城，而虢在陝，幸雍何得過虢？當是「過美陽」之誤。〔原注〕美陽故城在今扶風縣北二十里。且上文固云「自虢令轉守槐里，兼行美陽令事」矣。

《王商傳》：「春申君獻有身妻，而産懷王。」誤，當是「幽王」。

《外戚傳》：「徙共王母及丁姬歸定陶，葬共王冢次。」按丁姬先已葬定陶，此「及丁姬」三字衍。

漢書二志小字

《漢書》地理、藝文二《志》小字，皆孟堅本文。其「師古曰」「應劭曰」「服虔曰」之類，乃顔氏注也。近本《漢書》不刻注者，誤以此爲顔氏注而并删之。

《續漢·郡國志》云：「本志惟郡縣名爲大書，〔原注〕本志，司馬彪所譔。其山川地名悉爲細注，今進爲大字。新注證發，臣劉昭采集。」是則前書小字爲孟堅本文，猶後漢之細注也。其師古等諸注，猶《後漢》之新注也。當時相傳之本混作一條，未曾分别耳。

漢書不如史記

班孟堅爲書，束於成格，而不得變化。且如《史記·淮陰侯傳》末載蒯通事，令人讀之感慨有餘味。《淮南王傳》中伍被與王答問語，情態横出，文亦工妙。今悉删之，而以蒯、伍合江充、息夫躬爲一傳，蒯最冤，伍次之，二淮《傳》寥落不堪讀矣。〔全氏曰〕蒯、伍只合附見《淮陰》《淮南傳》中。要之蒯生尚可，伍則下矣，江則更下矣，息則無賴耳，原不合作特傳。〔錢氏曰〕「二淮」兩字不成語。

荀悦漢紀

荀悦《漢紀》改紀、表、志、傳爲編年，其敘事處索然無復意味，間或首尾不備。其小有不同，皆以班書爲長，惟一二條可采者。「杜陵陳遂，字長子。上微時，與遊戲博奕，數負遂。上即位，稍見進用，至太原太守。乃賜遂璽書曰：『制詔太原太守，官尊禄重，可以償遂博負矣。妻君寧時在旁，知狀。』遂乃上書謝恩曰：『事在元平元年赦前。』其見厚如此。」《漢書》以「負遂」爲「負進」，又曰「可以償博進矣」。進乃悼皇考之名，宣帝不應用之。〔原注〕或曰：「進」即「賮」字，財貨也。《史記・呂不韋傳》：「車乘進用不饒。」荀《紀》爲長。元康三年三月詔曰：「蓋聞象有罪而舜封之有庳，骨肉之親，放而不誅。其封故昌邑王賀爲海昏侯。」《漢書》作「骨肉之恩，粲而不殊」，文義難曉。荀《紀》爲長。〔原注〕按《漢書》「粲而不殊」，當作「𥽃而不誅」。《説文》：「𥽃，糂𥽃散之也。从米，殺聲。」徐引左氏定公四年《傳》「王於是乎殺管叔而𥽃蔡叔」，言放之若散米。今《左傳》作「蔡蔡叔」，上「蔡」字亦音索葛反。後有善讀者，倣裴松之《三國志》之體，取此不同者注于班書之下，足爲史家之一助。

紀王莽事，自始建國元年以後則云「其二年」「其三年」以至「其十五年」，以别於正統，而盡没其「天鳳」「地皇」之號。

後漢書

《後漢書・馬援傳》，上云「帝嘗言：伏波論兵，與我意合」，下乃云「交阯女子徵側及女弟徵貳反，於是璽書拜援伏波將軍」。此是采輯諸書，率爾成文，而忘其「伏波」二字之無所本也。自范氏以下，史書若此者甚多。

《桓譚傳》：「當王莽居攝簒弒之際，天下之士莫不競褒稱德美，作符命以求容媚。譚獨自守，默然無言。」按《前漢書・翟義傳》：「莽依《周書》作《大誥》，遣大夫桓譚等班行諭告當反位孺子之意，還封譚爲明告里附城。」〔原注〕師古曰：「如古附庸。」《王莽傳》：「當賜爵關内侯者，更名曰附城。」是曾受莽封爵，史爲諱之爾。光武終不用譚，當自有説。

《楊震傳》：「河間男子趙騰詣闕上書，指陳得失。帝怒，收考詔獄。震上疏救，不省，騰竟伏尸都市。」乃安帝時事，而《張晧傳》以爲「清河趙騰上言災變，譏刺朝政，收騰繫考。晧上疏諫，帝悟，減騰死罪一等」，又以爲順帝事。豈有兩趙騰邪？

橋玄以太尉罷官，就醫里舍。「少子十歲，獨遊門次，卒有三人持杖劫執之，入舍登樓，就玄索貨。」其家之不貧可知。乃云「及卒，家無居業，喪無所殯」。史傳之文，前後矛盾。玄以靈帝之世，三爲三公，亦豈無錢者！〔楊氏曰〕以子被劫而云有錢，亦不然。〔孫氏曰〕橋公於光和元年里居被劫，卒於六年，此五六年間，雖有陸賈之槖，蕩然無餘，亦事理所恒有。公爲人剛急則有之，未聞以貪黷稱。不可以此議史文之矛盾。

《劉表傳》「與同郡張儉等俱被訕議，號爲『八顧』」，而《黨錮傳》表、儉二人列於「八及」，前後不同。〔孫氏曰〕按《黨錮傳》上既列張儉、劉表於「八及」，而下文「張儉鄉人朱並上書，告儉與同鄉二十四人別相署號，共爲部黨」，則以張儉爲「八俊」，劉表爲「八顧」。蓋此但指目儉之同鄉有八俊、八顧、八及，《表傳》「號爲八顧」，謂此與上文海内希風之流共相標榜者不同耳。

蒯越、韓嵩及東曹掾傅巽等説琮降操，則是表卒之後，琮已赦嵩而出之矣。下文云「操至州，乃釋嵩之囚」。此史家欲歸美於操，而不顧上下文之相戾也。

《蔡邕傳》謂「邕亡命江海，積十二年」。「中平六年，靈帝崩，董卓爲司空，辟之，稱疾不就。卓切敕州郡，舉邕詣府。邕不得已，到，署祭酒。」而《文苑傳》有議郎蔡邕薦邊讓於大將軍何進一書。按中平元年，黄巾起，以何進爲大將軍，正邕亡命之時，無緣得奏記薦人也。

《郡國志》：「睢陽本宋國，有魚門。」引《左傳》僖公二十二年升陘之戰，「邾人獲公胄，縣諸魚門」爲證。按杜預注：「魚門，邾城門。」非宋也。

三　國　志

《蜀志·譙周傳》：「建興中，丞相亮領益州牧，命周爲勸學從事。」而先主未稱尊號，即有「勸學從事張爽、尹默、譙周等上言」，前後不同。按周卒於晉泰始六年，年七十二，而昭烈即位之年僅二十有三，未必與勸進之列，從本傳爲是。

孫亮太平元年，孫綝殺滕胤、吕據，時爲魏高貴鄉公之甘露元年。《魏志》：「甘露二年，以孫壹爲侍中、車騎將軍，假節交州牧。」吴侯本傳云：「壹入魏，黄初三年死。」誤也。

《陸抗傳》：「拜鎮軍將軍，都督西陵。自關羽至白帝。」於文難曉。按《甘寧傳》曰：「隨魯肅鎮益陽，拒關羽。羽號有三萬人，自擇選鋭士五千人，投縣上流十餘里淺瀨，云欲夜涉渡。肅以兵千人益寧，寧乃夜往。羽聞之，住不渡，而結柴營。今遂名此處爲關羽瀨。」據此，則當云「自益陽至白帝」也。〔楊氏曰〕止「羽」下添一「瀨」字可耳。

作史不立表志

朱鶴齡曰：「太史公《史記》帝紀之後，即有『十表』『八書』。表以紀治亂興亡之大略，書以紀制度沿革之大端。班固改『書』爲『志』，而年表視《史記》加詳焉。蓋表所繇立，昉於周之譜牒，〔梁氏曰〕《史通·雜説》篇謂：「太史公之創表，列行縈紆以相屬，編字戢孴而相排。雖燕、越萬里，而徑寸之内犬牙可接；雖昭穆九代，而方寸之中雁行有序。使讀者閲文便睹，舉目可詳，此其所以爲快也。」《大事記》謂《史記》十表「意義宏深」，《通志》謂《史記》一書「功在十表」。誠哉斯語。與紀、傳相爲出入。凡列侯將相、三公九卿，其功名表著者，既系之以傳，此外大臣無積勞亦無顯過，傳之不可勝書，而姓名爵里、存没盛衰之跡，要不容以遽泯，則於表乎載之；又其功罪事實傳中有未悉備者，亦於表乎載之。年經月緯，一覽瞭如，作史體裁，莫大於是。而范書闕焉，使後之學者無以攷鏡二百年用人行政之節目，良可歎也。其失始於陳壽《三國志》，而范曄踵之。其後作者又援范書爲例，年表皆在所畧。〔原注〕姚思廉梁、陳二《書》，李百藥《北齊書》，令狐德棻《周書》，李延壽南、北《史》，皆無表、志。不知作史無表，則立傳不得不多，傳愈多，文愈繁，而事蹟或反遺漏而不舉。歐陽公知之，故其譔《唐書》有《宰相表》，有《方鎮表》，有《宗室世系表》《宰相世系表》，始復班、馬之舊章云。」〔沈氏曰〕《救文格論》云：「作文莫難乎志。紀、傳一人之始末，表、志一代之始末，非閎覽博物者不能爲，其考訂之功，亦非積以歲月不能徧。自東京以後，典册既闕，人趨苟且。陳壽《三國》始不立志，姚思廉梁、陳二《書》、李百藥《北齊書》、令狐德棻《周書》、李延壽南、北二《史》並因之不立志，其他諸史，雖立志而紕謬特多。夫無志不得爲完史，有志而不淹貫不得爲良史矣。」

陳壽《三國志》、習鑿齒《漢晋春秋》無志，故沈約《宋書》諸志并前代所闕者補之。姚思廉梁、陳二《書》、李百藥《北齊書》、令狐德棻《周書》皆無志，〔楊氏曰〕思廉、百藥、德棻皆唐初人，其不著志，以別有修志之敕也。而于志寧、李淳風、韋安仁、李延壽別修《五代史志》，詔編第入《隋書》。古人紹聞述往之意，可謂弘矣。

史文重出〔汝成案〕《漢書》云云，已見前。元本此題下僅一條，別書是條於上，疑先生删去，潘氏誤入云。

《漢書·王子侯表》，長沙頃王子高城節侯梁，❶一卷中兩見，一始元元年六月乙未封，一元康元年正月癸卯封，然則王子中多一侯矣。〔原注〕馬貴與《文獻通攷》因而録之，不知其誤。《續漢·郡國志》，候城改屬玄菟，而遼東復出一候城；無慮改屬遼東屬國，而遼東復出一無慮。必有一焉宜删者。然則天下郡國中少二城矣。〔沈氏曰〕《救文格論》合二條爲一，末有「夫以二劉之

❶「城」，原作「成」，今據《漢書·王子侯表》改。

精核，章懷之詳明，馬貴與之淹博，而皆仍其失，何歟」數句，而無上條之注。

史文衍字

《漢書·吴王濞傳》「吴有鄣郡銅山」，誤多一「豫」字。《後漢書·光武紀》「以前密令卓茂爲太傅」，誤多一「高」字。《黨錮傳》「黄令毛欽操兵到門」，誤多一「外」字。

《後漢書·皇后紀》「桓思竇皇后父諱武」。后父不當言諱，「諱」字衍。〔楊氏曰〕五代時有諱后父者。

《儒林傳》：「立五經博士，各以家法教授。《易》有施、孟、梁丘、京氏，《尚書》歐陽、大小夏侯，《詩》齊、魯、韓、毛，《禮》大、小戴，《春秋》嚴、顏，凡十四博士。太常差次總領焉。」按此則十五，非十四也，蓋衍一「毛」字。其下文載建初中詔，有「古文《尚書》《毛詩》《穀梁》《左氏春秋》，雖不立學官」之語。〔原注〕本紀建初八年詔同。又下卷云：「趙人毛萇傳《詩》，是爲《毛詩》，未得立。」〔原注〕《賈逵傳》：「建初八年，詔諸儒各選高才生受《左氏》《穀梁春秋》、古文《尚書》《毛詩》，由是四經遂行於世。」而《百官志》「博士十四人」，本注曰：「《易》四，施、孟、梁丘、京氏。《尚書》三，歐陽、大小夏侯氏。《詩》三，魯、齊、韓氏。《禮》二，大、小戴氏。《春秋》二，《公羊》嚴、顏氏。」〔原注〕《徐防傳》注引《漢官儀》曰：「《易》有施、孟、梁丘賀、京房，《書》有歐陽和伯、夏侯勝、建，《詩》有申公、轅固、韓嬰，《春秋》有嚴彭祖、顏安樂，《禮》有戴德、戴聖，凡十四博士。」則此「毛」字明爲衍文也。

《靈帝紀》：「光和三年六月，詔公卿舉能《尚書》《毛詩》《左氏》《穀梁春秋》各一人，悉除議郎。」「尚書」上脱「古文」二字。

史家誤承舊文

史書之中多有仍舊文而未及改者。《史記·燕世家》稱「今王喜」。《魏書·孝静帝紀》稱「太原公今上」。《舊唐書·唐臨傳》「今上」字再見，《徐有功傳》、《澤王上金傳》「今上」字各一見，皆謂玄宗。《韋貫之傳》「上即位」，謂穆宗。此皆舊史之文，作書者失於改削爾。《宋書·武帝紀》：「永初元年八月戊午，西中郎將荆州刺史宜都王諱進號鎮西將軍。」《文帝紀》：「元嘉十三年九月癸丑，立第三皇子諱爲武陵王。」「二十五年八月甲子，立第十一皇子諱爲淮陽王。」《順帝紀》：「昇明三年正月丁巳，以新除給事黄門侍郎蕭諱爲雍州刺史。」「三月丙午，以中軍大將軍諱爲南豫州刺史、齊公世子。」《蕭思話傳》：「遣司馬建威將軍南漢中太守蕭諱五百人前進。」《隋書·高祖紀》：「開皇十五年七月乙丑，晋王諱獻毛龜。」「十九年二月己亥，晋王諱來朝。」《張煚傳》：「晋王諱爲揚州總管。」《王韶傳》：「晋王諱班師。」《鐵勒傳》：「晋王諱北征。」《北史·李弼傳》：「諭使持節太尉、柱國大將軍大都督、尚書左僕射、隴右行臺少師、隴西郡開國公李諱。」《舊唐書·中宗紀》：「臨淄王諱舉兵誅韋、武。」《睿宗紀》：「臨淄王諱與太平公主子薛崇簡等。」《玄宗紀》：「詔以皇太子諱充天下兵馬元帥。」《郝處俊傳》：「周王諱爲西朋。」並當時臣子之辭。

《三國志・魏后妃傳》注：「甄后曰：諱等自隨夫人。」此「諱」字，明帝名，當時史家之文也。《宋書・武帝紀》：「劉諱龍行虎步。」《後周書・柳慶傳》：「宇文諱忠誠奮發。」《北史・魏彭城王勰傳》：「帝謂勰曰：諱是何人，而敢久違先敕。」並合稱名，史臣不敢斥之爾。然《宋紀》中亦有稱「劉裕」者，一卷之中，往往雜見。〔原注〕《册府元龜》：「後唐莊宗同光二年二月戊寅，幸李諱宅。」「諱」字下小注曰：「明宗也。」

《文選》任昉《爲齊明帝讓宣城郡公表》稱「臣公言」，《爲蕭揚州薦士表》稱「臣王言」。表辭本合稱名，而改爲公、王，亦其臣子之辭也。

晋書

《晋書・宣帝紀》，當司馬懿爲魏臣之時，無不稱之爲「帝」。至「蜀將姜維聞辛毗來，謂亮曰：『辛毗杖節而至，賊不復出矣』」。所謂「賊」者，即懿也，當時在蜀人自當名之爲「賊」。史家雜采諸書，不暇詳攷，一篇之中，「帝」「賊」互見。

《天文志》：「虚二星，冢宰之官也。主北方邑居、廟堂、祭祀、祝禱事，又主死喪哭泣。」按此「冢宰」當作「冢人」。〔原注〕或以《公羊傳》「宰上之木拱矣」，則墓亦可稱爲宰。又曰：「軫四星，主冢宰輔臣也。」則《周官》之冢宰矣。

《藝術傳》戴洋言：「昔吴伐關羽，天雷在前，周瑜拜賀。」按瑜卒於建安十四年，而吕蒙之襲關羽乃在二十四年，瑜亡已十年矣。〔錢氏曰〕予作《攷異》，與此暗合，今已刪之矣。

《顧榮傳》前云「友人張翰」，後又云「吴郡張翰」。《張重華傳》前云「封謝艾爲福禄伯」，後又云「進封福禄縣伯」。《戴若思傳》「舉孝廉入雒」，《周顗傳》「若思舉秀才入雒」。《南陽王模傳》「廣平太守丁邵」，《良吏傳》「丁紹」。《石勒載記》前作「段就六眷」，後作「段疾六眷」，《陽裕傳》又作「段眷」。《吕纂載記》前作「句摩羅耆婆」，後作「鳩摩羅什」。《慕容熙載記》「弘光門」，《馮跋載記》作「洪光門」，又作「洪觀門」。〔楊氏曰〕以「弘」爲「洪」，宋人避諱改書。

宋書

《宋書·州郡志》「廣陵太守」下云：「永初郡國又有輿、肥如、潞、真定、新市五縣。」肥如本遼西之縣，其民南渡而僑立於廣陵。《符瑞志》所云「元嘉十九年九月戊申，廣陵肥如石梁澗中出石鍾九口」，是廣陵之有肥如也。乃「南沛太守」下復云：「《起居注》：孝武大明五年，分廣陵爲沛郡，治肥如縣。」時無復肥如縣，當是肥如故縣處也。二《漢》《晋太康地志》並無肥如縣。一卷之中，自相違錯。〔錢氏曰〕肥如故縣即謂廣陵僑立之肥如縣，非遼西之肥如縣也。《志》以孝武大明八年爲正，其時肥如已省，故不載。且二《漢》之肥如自在遼西，安得屬之廣陵、分之沛郡乎？〔沈氏曰〕周枚寧云：「《宋書》列傳六卷末，『臣穆等案《高氏小史》，《趙倫之傳》下有《到彦之傳》』，而此書獨闕。約之史法，諸帝稱廟號，而謂魏爲「虜」。今帝稱帝號，而魏稱「魏」，良與《南史》體同。而傳末又無史臣論，疑非約書。然其辭差與《南史》異，故特存焉』。靖案：六卷有《張暢傳》，十九卷又有《張暢傳》，傳中稱廟號，魏稱『虜』，傳末有史臣論，則六卷《暢傳》非約書明矣。是當削去，何未之詳考而互存耶？」

魏書

《魏書·崔浩傳》：「浩既工書，人多託寫《急就章》。从少至老，初不憚勞，所書蓋以百數。必稱『馮代彊』，以示不敢犯國，其謹也如此。」史於「馮代彊」下注曰「疑」。按《急就篇》有「馮漢彊」，魏起漠北，❶以「漢强」爲諱，故改云「代强」，魏初國號曰「代」故也。顏師古《急就篇序》曰「避諱改易，漸就蕪舛」，正指此。酈道元《水經注》以「廣漢」並作「廣魏」，即其例也。

梁書

《劉孝綽傳》：「衆惡之，必監焉；衆好之，必監焉。」梁宣帝諱詧，故改之。蓋襄陽以來國史之原文也。乃其論則直書姚察。〔楊氏曰〕姚思廉諱父名而改之，其直書者援班彪之例。〔錢氏曰〕按思廉修梁、陳《書》，皆因其父察所譔而續成之。《梁書》諸論述其父說，必稱「陳吏部尚書姚察曰」，仿孟堅《漢書》稱「司徒掾班彪」之例。其但稱「史臣」者，出自思廉新意。惟列傳二十七論稱「史臣陳吏部尚書姚察」，是傳刻之誤。

---

❶「起漠北」，據《校記》，鈔本作「本胡人」。

察非唐臣，不應係以史臣也。

書中亦有避唐諱者，《顧協傳》以「虎丘山」爲「武丘山」，《何點傳》則爲「獸丘山」。

後周書

《庾信傳》《哀江南賦》：「過漂渚而寄食，託蘆中而渡水。」「漂渚」當是「溧渚」之誤。〔錢氏曰〕「漂渚」是用韓信漂母事，子山由金陵赴楚，溧水非經過之地，不應連用子胥事。且漂母進食，具有典故，「寄食」二字，亦見《淮陰侯傳》，無庸破「漂」爲「溧」也。　張勃《吴録》曰「子胥乞食處在丹陽溧陽縣」，《史記・范雎傳》「伍子胥橐載而出昭關，至於陵水」，〔原注〕《戰國策》作「菱夫」。《索隱》曰「劉氏云：陵水即栗水也」，《吴越春秋》云「子胥奔吴，至溧陽，逢女子瀨水之上。〔原注〕古「溧」「瀨」同字。子胥跪而乞餐，女子食之，既去，自投于水。後子胥欲報之，乃投白金于此水。今名其處爲投金瀨」，《金陵志》曰「江上有渚曰瀨渚」是也。　或以二句不應皆用子胥事，不知古人文字不拘，如下文「生世等於龍門」四句，亦是皆用司馬子長事。

隋書

《經籍志》言：「漢哀帝時，博士弟子秦景，使伊存口授浮屠經。」又云：「後漢明帝遣郎中蔡愔及秦景使天竺，得佛經四十二章及釋迦立像。」按自哀帝之末至東京明帝之初垂六十年，使秦景尚存，亦當八十餘矣，不堪再使絶域也。蓋本之陶隱居《真誥》，言孝明遣使者張騫、羽林郎秦景、博士王遵等十四人之大月氏國，寫佛經四十二章，祕之蘭臺石室。作史者知張騫爲武帝時人，姓名久著，故删去之，獨言秦景，而前後失于契勘，故或以爲哀帝，或以爲明帝耳。〔孫氏曰〕此自前後二事，《魏書·釋老志》則哀帝時受經之博士弟子乃秦景憲也，明帝所遣之秦景，既單名景，又《真誥》稱其官爲羽林郎，是名與官俱不同。

《突厥傳》上言「沙鉢略可汗西擊阿波，破擒之」，下言「雍虞閭以隋所賜旗鼓，西征阿波，敵人以爲得隋兵所助，多來降附，遂生擒阿波」。此必一事而誤重書爲二事也。

北史一事兩見

北齊武成帝河清三年九月乙丑，「封皇子儼爲東平王」。後主天統二年五月己亥，「封太上皇帝子儼爲東平王」。一事兩書，必有一誤。

《徐之才傳》：「嘗與朝士出遊，遥望羣犬競走，諸人試令目之，之才即應聲曰：『爲是宋鵲，爲是韓盧，爲逐李斯東走，爲負帝女南徂。』」其《序傳》又云：「於路見狗，温子昇戲曰：『爲是宋鵲，爲是韓盧。』神儁曰：『爲逐丞相東走，爲共帝女南徂。』」一事兩見，且《序傳》是延壽自述其先人，不當援他人之事以附益也。

宋齊梁三書南史一事互異

《南齊書》：「李安民爲吳興太守，吳興有項羽神護郡聽事，太守不得上。太守到郡，必須祀以軛下牛。安民奉佛法，不與神牛，著屐上聽事，又於聽上八關齋。俄而牛死，葬廟側，今呼爲李公牛冢。安民卒官，世以神爲祟。」按《宋書・孔季恭傳》：「爲吳興太守。先是，吳興頻喪太守，云項羽神爲卞山王，居郡聽事，二千石至，常避之。季恭居聽事，竟無害也。」《梁書・蕭琛傳》：「遷吳興太守。郡有項羽廟，土民名爲憤王，甚有靈驗，遂於郡聽事安施牀幕爲神座，公私請禱，前後二千石皆於廳拜祠而避居他室。琛至，徙神還廟，處之不疑。〔原注〕《南史》云：「琛至，著屐登聽事，聞室中有叱聲。琛厲色曰：『生不能與漢祖爭中原，死據此聽事，何也！』因遷之於廟。」又禁殺牛解祀，以脯代肉。」此似一事，而作史者一以爲遭祟，一以爲厭邪，立論不同如此。又《南齊書・蕭惠基傳》：「惠基弟惠休，自吳興太守徵爲右僕射。吳興郡項羽神舊酷烈。世人云：惠休事神謹，故得美遷。」〔原注〕《南史》同。《南史・蕭猷〔原注〕本作「淵猷」。傳》：「爲吳興郡守，與楚王廟神交，飲至一斛。每酹祀，盡歡極醉，神影亦有酒色。所禱必从。後爲益州刺史，值齊苟兒反，攻城，兵糧俱盡，乃遥禱請救。有田老逢數百騎如風，言吳興楚王來救臨汝侯。是日猷大破苟兒。」則又以爲獲祐，益不可信矣。又《南史・蕭惠明傳》：「泰始初，爲吳興太守。郡界有卞山，下有項羽廟，相承云羽多居郡聽事，前後太守不敢上。惠明謂綱紀曰：『孔季恭嘗爲此郡，未聞有災。』遂盛設筵榻接賓。數日，見一人長丈餘，張弓挾矢向惠明，既而不見，因發背，旬日而卒。」此又與李安民相類而小變其説。〔原注〕按《宋書·惠明傳》無此事。

舊唐書

《舊唐書》雖頗涉繁蕪，然事蹟明白，首尾該贍，亦自可觀。其中《唐臨傳》「今上」字再見，《徐有功》《澤王上金傳》「今上」字各一見，皆謂玄宗，蓋沿故帙而未正者也。《懿宗紀》：「咸通十三年十二月，李國昌小男克用，殺雲中防禦使段文楚，據雲州，自稱防禦留後。」則既直書其叛亂之罪，而《哀帝紀》末云「中興之初」，《王處直傳》稱「莊宗」，《王鎔》《鄭從讜》《劉鄴》《張濬傳》各有「中興」之語，自相矛盾。按此書纂於劉昫，後唐末帝清泰中爲丞相監修國史，至晉少帝開運二年其書始成。〔原注〕《册府元龜》言：「户部侍郎張昭遠、起居郎賈緯、祕書少監趙熙、吏部郎中鄭受益、左司員外郎李爲光等修上。並賜繒綵銀器，并及前朝劉昫。」當時避晉高祖嫌名，或謂之《李氏書》。〔錢氏曰〕《舊唐書》修於石晉時，初命宰相趙瑩監修，瑩罷，以宰相劉昫代之。若後唐時，監修國史乃宰相虚銜。亭林誤仞爲一事，蓋未攷《五代會要》也。朝代遷流，簡牘浩富，不暇徧詳而並存之。後之讀者可以觀世變矣。

楊朝晟一人作兩傳，一見七十二卷，一見九十四卷。

新唐書

《舊唐書·高宗紀》:「乾封元年春正月戊辰朔,上祀昊天上帝于泰山,以高祖、太宗配饗。己巳,升山行封禪之禮。庚午,禪于社首。」是以朔日祭天于山下,明日登封,又明日禪社首,次序甚明。《新書》改云:「正月戊辰封于泰山,庚午禪于社首。」是以祭天、封山二事併爲一事,而繫於戊辰之日。文雖簡而事不核矣。〔楊氏曰〕歐公之所以如此者,以别有《禮志》故也。

《天后紀》:「光宅元年四月癸酉,遷廬陵王于房州。丁丑,又遷于均州。垂拱元年三月丙辰,遷廬陵王于房州。」《中宗紀》:「嗣聖元年〔原注〕是年九月改光宅。正月,廢居于均州,又遷于房州。」按《舊書》:「嗣聖元年二月戊午,廢皇帝爲廬陵王,幽于别所。四月丁丑,遷廬陵王于均州。垂拱元年三月,遷廬陵王于房州。」《中宗紀》亦同,而以四月爲五月,然無先遷房州一節。疑《舊史》得之,歐公蓋博採而誤。

《代宗紀》上書「四月丁卯,幽皇后于别殿」,下書「六月辛亥,追廢皇后張氏」。曰「追廢」,則張后之見殺明矣,而不書其死,亦爲漏略。

《文宗紀》:「太和九年十一月壬戌,李訓及河東節度使王璠、邠寧節度使郭行餘、御史中丞李孝本、京兆少尹羅立言,謀誅中官,不克,訓奔于鳳翔。」下云「左神策軍中尉仇士良殺王涯、賈餗、舒元輿、李孝本、羅立言、王璠、郭行餘」,而獨於李訓不言其死。况訓乃走入終南山,未至鳳翔,亦爲未當。

《藝文志》「蕭方《三十國春秋》三十卷」，當作「蕭方等」，乃梁元帝世子，名方等。〔原注〕《侯鯖録》曰：「方等者，即周徧義。」〔楊氏曰〕作「蕭方」者，當是傳寫之誤，必非歐公原本。

《新唐書》志，歐陽永叔所作，頗有裁斷，文亦明達。而列傳出宋子京之手，則簡而不明。二手高下，迥爲不侔矣。如《太宗長孫后傳》：「安業〔原注〕后異母兄。之罪，萬死無赦，然不慈于妾，天下知之。」〔原注〕《舊書》。改曰：「安業罪死無赦，然向遇妾不以慈，户知之。」意雖不異，而「户知之」三字殊不成文。又如《德宗王后傳》詔曰：「祭筵不可用假花果，欲祭者从之。」〔原注〕《舊書》。改曰：「有詔祭物無用寓，欲祭聽之。」不過省《舊書》四字，然非注不可解也。

史家之文，例無重出。若不得已而重出，則當斟酌彼此，有詳有略，斯謂之簡。如崔沔駮太常議加宗廟籩豆，其文兩載於本傳及《韋縚傳》，多至二三百言。又如來濟與高智周、郝處俊、孫處約四人言志，及濟領吏部，遂以處約爲通事舍人，兩見於本傳及《高智周傳》。而石仲覽一人，一以爲宣城，一以爲江都，此而忽之，則亦不得謂之能簡矣。〔原注〕此二事已見於《新唐書糾繆》，今仍録之。

《楊瑒傳》言：「有司帖試明經，不質大義，乃取年頭月日、孤經絶句。」帖試之法，用紙帖其上下文，止留中間一二句，困人以難記。「年頭」如元年、二年之類，「月日」如十有二月乙卯之類，如此則習《春秋》者益少矣，故請帖平文。今改曰「年頭月尾」，屬對雖工，而義不通矣。

《嚴武傳》：「爲成都尹、劍南節度使。房琯以故宰相爲巡内刺史，武慢倨不爲禮，最厚杜甫，然欲殺甫數矣。李白作《蜀道難》者，乃爲房與杜危之也。」此宋人穿鑿之論。〔原注〕此説又見《韋皐傳》，蓋因陸暢之《蜀道易》而造爲之耳。李白《蜀道難》之作當在開元、天寶間，時人共言錦城之樂，而不知畏塗之險、異地之虞，即事成篇，別無寓意。及玄宗西幸，升爲南京，則又爲詩曰：「誰道君王行路難，六龍西幸萬人歡。地轉錦江成渭水，天迴玉壘作長安。」一人之作，前後不同如此，亦時爲之矣。

《張孝忠傳》：「孝忠魁偉，長六尺。」《李晟傳》：「長六尺。」古人以六尺爲短，今以六尺爲長，於他書未見。〔原注〕《馬燧》《楊收傳》並云「長六尺二寸」，《高力士傳》「長六尺五寸」。〔錢氏曰〕古尺短於今尺，它書已言之矣。〔趙氏曰〕蓋宋子京以唐尺紀之，故六尺爲長身矣。

《舊書·段秀實傳》：「陰説大將劉海賓、何明禮、姚令言判官岐靈岳，同謀殺泚，以兵迎乘輿。三人者，皆秀實夙所獎遇。」此謂姚令言之判官岐靈岳，與海賓、明禮爲三人耳。按文，「姚令言」上當少一「及」字。《新書》遂謂「結劉海賓、姚令言、都虞候何明禮欲圖泚。此三人者，皆秀實素所厚」。而下文方云「大吏岐靈岳」。令言，賊也，安有肯同秀實之謀者哉！

《舊唐書》高仙芝、封常清二《傳》，並云「四鎮節度使夫蒙靈詧」，而李嗣業、段秀實二《傳》則云「安西節度使馬靈詧」，《劉全諒傳》則云「安東副都護、保定軍使馬靈詧」。按《王維集》有《送不蒙都護》詩，注：「不蒙，蕃官姓也。」古「不」字有「夫」音，〔原注〕如《詩》「鄂不韡韡」。「不蒙」當即「夫蒙」，然未知其何以又爲「馬」也。《新書》因之，兩姓並見，而《突厥傳》則云「安西節度使夫蒙靈詧」。〔楊氏曰〕《考異》云：「《會要》作『馬』，今從《實録》。」

《馬總傳》：「李師道平，析鄆、曹、濮等爲一道，除總節度，賜號天平軍。長慶初，劉總上幽鎮地，詔總徙天平。而召總還，將大用之。會總卒，穆宗以鄆人附賴總，復詔還鎮。」上云「詔總徙天平」，劉總也；下云「召總還」，馬總也。又云「會總卒」，劉總也，又云「鄆人附賴總」，馬總也。此於人之主賓字之繁省皆有所不當。當云「詔徙天平」而去「總」字，其下則云「會劉總卒」，於文無加而義明矣。

《舊唐書・皇甫鎛傳》附柳泌事，云：「泌繫京兆府獄，吏叱之曰：『何苦作此虛矯？』泌曰：『吾本無心，是李道古教我，且云壽四百歲。』府吏防虞周密，恐其隱化。及解衣就誅，一無變異。」語雖煩而敘事則明。《新書》但云「皆道古教我。解衣即刑，卒無它異」。去其中間語，則「它異」二字何所本邪？〔楊氏曰〕因上文言之。

《曹確傳》：「太宗著令，文武官六百四十三。」按《百官志》：「太宗省內外官，定制爲七百三十員。」〔錢氏曰〕此條吴氏《糾謬》已有之。

《舊唐書・鄭綮傳》：「昭宗謂有蘊蓄，就常奏班簿側注云：『鄭綮可禮部侍郎、平章事。』中書胥吏詣其家參謁，綮笑曰：『諸君大誤，使天下人皆不識字，宰相不及鄭五也。』胥吏曰：『出自聖旨特恩，來日制下。』綮抗其手曰：『萬一如此，笑殺他人。』明日果制下。」《新書》改曰：「俄聞制詔下，歎曰：『萬一然，笑殺天下人。』」制已下矣，何「萬一」之有！

《禮樂志》：「貞觀二十一年，詔左丘明、卜子夏、公羊高、穀梁赤、伏勝、高堂生、戴聖、毛萇、孔安國、劉向、鄭衆、賈逵、杜子春、馬融、盧植、鄭康成、服虔、何休、王肅、王弼、杜預、范甯二十二人配享。」《儒學傳》復出此文，而闕賈逵，作「二十一人」。

《林藴傳》：「泉州莆田人。父披，以臨汀多山鬼淫祠，民厭苦之，譔《無鬼論》。刺史樊晃奏署臨汀令。」此當是署令在前，作論在後，而倒其文。

凡吴氏《糾謬》所已及者，不更論。

昔人謂宋子京不喜對偶之文，其作史，有唐一代遂無一篇詔令，如德宗興元之詔，不録於書。徐賢妃《諫太宗疏》，狄仁傑《諫武后營大像疏》，僅寥寥數言，而韓愈《平淮西碑》則全載之。夫史以記事，詔、疏俱國事之大，反不如碑頌乎？柳宗元《貞符》乃希恩飾罪之文，與相如之《封禪頌》異矣，載之尤爲無識。〔楊氏曰〕自是子京見解之偏，其改傳奕《辟佛疏》及柳玭《家訓》，都不如原文。

宋史

《宋史》言朝廷與金約滅遼，止求石晉賂契丹故地，而不思營、平、灤。三州非晉賂，乃劉仁恭獻契丹以求援者。既而王黼悔，欲併得之，遣趙良嗣往，請之再三，金人不與。此史家之誤。按《通鑑》：「初，幽州北七百里有渝關。下有渝水通海，自關東北循海有道，道狹處纔數尺，旁皆亂山，高峻不可越。北至進牛口，舊置八防禦軍，募土兵守之。田租皆供軍食，不入於薊，幽州歲致繒纊，以供戰士衣。每歲早穫，清野堅壁，以待契丹。契丹至，輒閉壁不戰；俟其去，選驍勇，據隘邀之，契丹常失利走。土兵皆自爲田園，力戰有功，則賜勳加賞。由是契丹不敢輕入寇。及周德威爲盧龍節度使，恃勇，不脩邊備，遂失渝關之險。契丹每芻牧於營、平之間。」又按《遼史》：「太祖天贊二年春正月丙申，大元帥堯骨克平州，獲刺史趙思温、裨將張崇。二月，如平州。甲子，以平州盧龍軍置節度使。」遼之天贊二年，乃後唐莊宗同光元年，是營、平二州契丹自以兵力取之於唐，而不於劉仁恭，又非賂以求援也。若灤本平州之地，遼太祖以俘户置灤州，當劉仁恭時尚未有此州，尤爲無據。〔原注〕〔沈氏曰〕此亦史家千年未正之誤。《遼史》于「灤州」下云：「石晋割地，在平州之境。」亦誤也。《金史·張覺傳》：「平州自入契丹，别爲一軍，執弗與。」

元人作《宋史》，于《天文志》中，如「胡兵大起」「胡主憂」之類，改曰「北兵」「北主」。昴爲「胡星」，改曰「北星」。惟「北河」下「一曰胡門」，則不能改也，仍其文。書中凡「鹵」字皆改爲「敵」，❶至以「金鹵」爲「金敵」。〔原注〕《陳康伯》《王大寶傳》。惟胡銓二書不改。

阿魯圖進宋史表

元阿魯圖《進宋史表》曰：「厥後瀛國歸朝，吉王航海。齊亡而訪王蠋，乃存秉節之臣；楚滅而

---

❶「鹵」，據《校記》，鈔本作「虜」。下一「鹵」字同。

諭魯公，堪矜守禮之國。」《金史・忠義傳序》曰：「聖元詔修遼、金、宋《史》。史臣議凡例，前代之臣忠於所事者，請書之無諱。朝廷從之。」此皆宋世以來尊經儒、重節義之效。其時之人心風俗，猶有三代直道之遺，不獨元主之賢明也。〔原注〕《五代史》不爲韓通立傳。〔楊氏曰〕《韓通傳》今在《宋史》，曰《周三臣》。通，一也；李筠，二也；李重進，三也。

齊武帝使太子家令沈約譔《宋書》，疑立《袁粲傳》，審之於帝。帝曰：「袁粲自是宋室忠臣。」

遼　史

《宋史・富弼傳》言：「使契丹，争『獻』『納』二字，聲色俱厲。契丹主知不可奪，乃曰：『吾當自遣人議之。』復使劉六符來。弼歸，奏曰：『臣以死拒之，彼氣折矣，可勿許也。』朝廷竟以『納』字與之。」《遼史・興宗紀》亦云：「感富弼之言，和議始定。」而《劉六符傳》則曰：「宋遣使，增歲幣以易十縣。六符與耶律仁先使宋，定『進貢』名，宋難之。六符曰：『本朝兵强將勇，人人願从事於宋。若恣其俘獲，以飽所欲，與「進貢」字孰多？況大兵駐燕，萬一南進，何以禦之？顧小節，忘大患，悔將何及！』宋乃從之，歲幣稱『貢』。」《耶律仁先傳》亦同。二史並脱脱監修，而不同如此。〔原注〕《六符傳》似本其家誌狀，與其祖景同爲一傳，而有重文。

金史

《金史》大抵出劉祁、元好問二君之筆，亦頗可觀。〔原注〕劉祁，字京叔，渾源人。著《歸潛志》。元好問，字裕之，秀容人。著《王辰雜編》。元人取之以成《金史》，見《文藝傳》及《完顔奴申傳贊》。〔錢氏曰〕貞祐南遷以後，事迹多取元、劉兩家。章宗以前，則《實録》具在，非出二人筆也。然其中多重見而涉於繁者。孔毅父《雜説》謂：「自昔史書兩人一事，必曰『語在某人傳』。《晉書》載王隱諫祖納奕棋一段，❶兩傳俱出，此爲文繁矣。」正同此病。〔楊氏曰〕《金史》較《遼史》爲勝。

《海陵諸子傳贊》當引楚靈王曰：「余殺人子多矣，能無及此乎！」〔原注〕昭公十三年。而反引荀首言：「不以人子，吾子其可得乎？」似爲失當。

幽蘭之謚，承麟謚之曰哀宗，〔原注〕本紀。息州行省謚之曰昭宗，〔原注〕《完顔婁室傳》。史從哀宗爲定。而《食貨志》末及《百官志》復有「義宗」之稱，不著何人所上。〔原注〕《元史》列傳中並稱「金義宗」。

金與元連兵二十餘年，書中雖稱「大元」，而内外之旨，截然不移，是金人之作，非元人之作，此其所以爲善。〔錢氏曰〕《宋史》述與交兵事，亦止稱「大元」，未嘗内元而外宋。不可以是議兩史之優劣。

---

❶「納」，原作「約」，今據《晉書·祖納傳》改。

承麟即位不過一二日，而史猶稱之爲末帝。〔原注〕《白撒傳》。其與宋之二王削其帝號者絶異，故知非一人之筆矣。

元史

《元史》列傳八卷「速不台」，九卷「雪不台」，一人作兩傳。十八卷「完者都」，十九卷「完者拔都」，亦一人作兩傳。蓋其成書不出于一人之手。〔楊氏曰〕三十七卷「石抹也先」，三十九卷「石抹阿辛」，亦是一人兩傳。〔錢氏曰〕開國功臣首稱四傑，而赤老温無傳。尚主世冑不過數家，而鄆國亦無傳。丞相見於表者五十有九人，而立傳者不及其半。太祖諸弟止傳其一，諸子亦傳其一，太宗以後皇子無一人立傳者。本紀或一事而再書，列傳或一人而兩傳，《宰相表》或有姓無名，《諸王表》或有封號無人名。此義例之顯然者，已紕繆若此矣。宋濂序云：「洪武元年十二月，詔脩《元史》，臣濂、臣禕總裁。二年二月丙寅開局，八月癸酉書成。紀三十七卷，志五十三卷，表六卷，傳六十三卷。」順帝時無實録可徵，因未得爲完書。上復詔儀曹遣使行天下，其涉于史事者，令郡縣上之。三年二月乙丑開局，七月丁亥書成。紀十卷，志五卷，表二卷，傳三十六卷。凡前書有所未備，頗補完之。〔汪氏曰〕元太祖平北狄諸國，憲宗續平西域諸國，則紀、傳皆有之。劉郁《西使記》作于中統四年，具載諸國山川風土，今西北四十八家皆爲元裔，則元太祖、世祖之勳蹟洵奇偉矣。《文宗本紀》：「至順二年，奎章閣纂修《經世大典》，請從翰林國史院取《脱卜赤顔》一書，紀太祖以來事蹟。翰林學士承旨押不花等言：『《脱卜赤顔》事關祕禁，非可令外人傳寫，臣等不敢奉詔。』從之。」其奎章閣。从之」。則太祖之勳蹟以奎章閣無書而不傳矣。總裁仍濂、禕二臣，而纂録之士獨趙壎終始其後「撒迪請備録皇上固讓大凡、往來奏荅與訓敕辭命，及燕鐵木兒等宣力效忠之蹟，續爲《蒙古脱卜赤顏》，置之事。然則《元史》之成，雖不出于一時一人，而宋、王二公與趙君亦難免于疏忽之咎矣。昔宋吴縝言：「方新書來上之初，若朝廷付之有司，委官覆定，使詰難糾駮，審定刊修，然後下朝臣博議可否，如此則初修者必不敢滅裂，審覆者亦不敢依違，庶乎得爲完書，可以傳久。」乃歷代修史之臣皆務苟完，右文之君亦多倦覽，未有能行其説者也。洪武中嘗命解縉修正《元史》舛誤，❶其書留中不傳。

《世祖紀》：「中統三年二月，以興、松、雲三州隸上都。四年五月，陞上都路望雲縣爲雲州，松山縣爲松州。」是三年尚未陞州，預書爲州者誤。〔錢氏曰〕滑州自唐、宋迄金、元無異名，而《志》云：「唐改靈昌郡，宋改武成軍，元仍爲滑州。」攷《唐志》雖州、郡兼稱，而改州爲郡，不過天寶、至德十餘年耳。乾元以後，仍爲滑州。豈可以此十數年槩唐一代？且改州爲郡，十道皆同，不得謂滑州改而它州不改也。武成爲節度軍額，而滑之升節度始于唐，本號義成軍，宋太宗時避諱，乃改武成。作志者并《唐方鎮表》亦未讀矣。隨州亦唐所置，而宋因之，其稱崇信軍者，節度軍號，非改州爲軍也。棗陽本隨州屬縣，南宋升爲棗陽軍，則與隨州各爲一郡矣。而《志》乃云「宋爲崇信軍，又爲棗陽軍」。此兩軍者一爲虚銜，一爲實土，而混而一之，既已不分皁白，且棗陽與隨各自爲郡，而强合之，又云「復因兵亂，遷徙無常」，欲以彌縫其失，則舛益甚矣。河中府自唐中葉已爲節

❶「洪武中」，據《校記》，鈔本作「惟我太祖」。

鎮，稱護國軍，而河中府之名不改，宋、金皆因之。《志》乃云「宋名護國軍，金復爲河中府」。不知宋、金皆稱河中府，與唐無異，護國軍之號自唐、五代、宋、金亦未有異。宋非廢府而稱軍，金亦未嘗去護國軍之號。《志》中此類甚多，舉之不勝舉也。〔又曰〕宋時州有節度、防禦、團練、刺史四等，以是分州之大小，如今制州縣分繁簡耳。單本刺史州，後升爲團練，其州名仍舊也。《志》乃云「後唐改爲單州，宋升團練州」，是誤仞團練爲州名矣。史臣之不學如此，豈不貽笑千古。《志》又云：「濟寧路，唐麟州，周於此置濟州。」按元之濟寧路治鉅野縣，在唐則爲鄆州之鉅野縣耳。《唐志》雖云「武德四年以縣置麟州，五年州廢」，然唐有國三百年，其稱麟州者僅一年，豈可以此槩一代乎？宋承後周之舊，濟州真治鉅野矣，乃置之不道，又何説也？《志》於「濟州」下又云：「唐以前爲濟北郡，治單父。唐初爲濟州，又爲濟陽郡，仍改濟州。周瀕濟水，立濟州，宋因之。」此條尤可怪異。夫元之濟州治任城，唐之濟州則治盧，即隋之濟北郡也。元和以後省濟州，以盧縣隸鄆州，自是無濟州之稱矣。後周始于鉅野立濟州，盧與鉅野邈不相涉，豈可溷而爲一？「周瀕濟水，立濟州」二句，當書于濟寧路，亦不當在此條也。唐以前濟北郡治單父，不知何據？攷《太平寰宇記》，「單州單父縣，後魏嘗置北濟陰郡」。或因是誤仞爲濟北郡耶？郴州之郴陽縣，《志》云「舊爲敦化縣，至元十三年改今名」。予向頗疑之，謂湖南舊爲宋土，而「敦」字犯宋廟諱，且《宋志》郴州倚郭爲郴縣，非敦化也。頃見王象之《輿地紀勝》引《寰宇記》云：「晉天福初，避廟諱，改郴州爲敦州，改郴縣爲敦化。漢初，州縣名悉復舊。」是敦化之名乃石晉所改，未幾即廢。而《元史》臣乃以爲至元十三年改敦化爲郴陽，真可笑也。

本紀有脱漏月者，列傳有重書年者。

《天文志》既載「月五星凌犯」，而本紀復詳書之，不免重出。《志》末云「餘見本紀」，亦非體。

諸志皆案牘之文，並無鎔范。如《河渠志》言「耿參政」、「阿里尚書」，《祭祀志》言「田司徒」「郝參政」，皆案牘中之稱謂也。

《張楨傳》有《復擴廓帖木兒書》曰：「江左日思薦食上國。」此謂明太祖也。❶晉陳壽《上諸葛孔明集表》曰：「伏惟陛下遠蹤古聖，蕩然無忌，故雖敵國誹謗之言，咸肆其辭而無所革諱，所以明大通之道也。」於此書見之矣。

《石抹宜孫傳》上言「大明兵」，下言「朝廷」，朝廷謂元也，內外之辭明白如此。

《順帝紀》「大明兵取太平路」，「大明兵取集慶路」。其時國號未爲大明，曰「大明」者，史臣追書之也。古人記事之文有不得不然者，類如此。〔錢氏曰〕蒙古滅金之時，亦未有國號。大元之名建于世祖之世，則金亡久矣。《金史》紀傳皆追稱「大元」，此明初史臣承用之例。

通鑑

呂東萊《大事記》曰：「《史記》商君本傳云：『不告姦者腰斬，告姦者與斬敵首同賞，匿姦者與降敵同罰。』《通鑑》削『不告姦者』一句，而以匿姦之罪爲不告姦之罪。本傳又云：『民有二男以上不分異者，倍其賦。』《通鑑》削之。本傳又云：『名田宅臣妾者以家次。』《通鑑》削『以家次』三字。

---

❶「明」，據《校記》，鈔本作「我」。

皆當以本傳爲正。」〔原注〕「以家次」者，如漢賜夏侯嬰「北第第一」之類。

《孟子》以伐燕爲宣王事，與《史記》不同。《通鑑》以威王、宣王之卒各移下十年，以合《孟子》之書。今按《史記》湣王元年爲周顯王之四十六年，歲在著雍閹茂。又八年，燕王噲讓國于相子之。又二年，齊破燕，殺王噲。又二年，燕人立太子平，則已爲湣王之十二年，而《孟子》書「吾甚慙于孟子」，尚是宣王，何不以宣王之卒移下十二三年，則於《孟子》之書無不皆合，而但拘於十年之成數邪？〔錢氏云〕寶應王懋竑謂：「《孟子》書所言齊王皆湣王，非宣王。湣王初年，兵强天下，亦必有過人之才，故孟子許其足用爲善，而好勇、好貨、好色，不能自克，所以有喪邦之辱。後人校《孟子》書者，疑孟子不當仕湣王時，添入宣王謚，而尚有未及添者，故知《史記》所書得其實。」〔趙氏曰〕孟子手自著書，以爲齊宣王，豈有錯誤？乃《史記》則以爲湣王，遂致紛紜莫定。按《國策》「燕王噲既立章」，明言子之之亂，儲子勸齊宣王因而仆之，并載孟子勸王伐燕之語。宣王令章子將五都兵伐之，是伐燕之爲宣王無疑。《史記》所以係之湣王者，則以湣王之走死，實因樂毅伐齊，而毅之伐齊，實因齊破燕，而爲燕昭王報怨。而湣王在位二十九年，想燕、齊相報不應如是之久，故不得不以伐燕爲湣王。然《國策》言齊破燕之後二年，燕昭王始立。又「昭王築宮事郭隗章」言昭王與百姓同甘苦二十八年，然後以樂毅爲將，破齊七十餘城。是齊破燕至燕破齊之歲，相距本有三十餘年。則破燕者宣王，爲燕所破者湣王，《國策》本自明白。計宣王破燕之後，不久即殁，湣王嗣位二十九年，乃爲燕所破。計其年正與燕昭二十八年之數約略相符，則《國策》之文原與《孟子》相合。而顧又謂當以宣王之卒再移下十二三年，更屬武斷。總由未嘗留意「燕昭即位二十八年始報怨」之語耳。〔雷氏曰〕此周赧王元年、齊宣王七年事也。《紀年》謂齊宣公四十五年田莊子卒，明年田悼子立。宣公五十一年，田悼子卒。十二月，宣公薨。明年，田和立。時齊康公之元年，周威烈王之二十一年也。康公二十二年，田侯剡立。立之十年，田午弒剡自立，是爲桓公。桓公十八年，當梁惠王之十二年。明年而桓公卒，威王立。威王十四年，敗魏于馬陵，時梁惠王之二十八年也。惠王三十六年，改爲元年。後元之十五年，威王卒，時周顯王之四十八年，齊威王之三十六年也。明年爲齊宣王元年。伐燕在宣王七年，時周赧王之元年也。《國策》「燕王噲既立」一篇，亦三稱齊宣王。一則曰「蘇代與子之交，及蘇秦死，齊宣王復用蘇代」，又曰：「太子平謀將攻子之，儲子謂齊宣王曰：因而仆之，破燕必矣。」又曰：「孟子謂齊宣王曰：今伐燕，此文、武之時，不可失也。」夫《紀年》成于魏史，其人與孟子同時，改元伐燕等事皆所目驗，何致反誤？《戰國策》雖短長書，詞多踳駁，然紀事之言，不必皆謬。如「王噲既立」一篇，亦經之佳證已。自太史公作《史記》，于魏增哀王一代，此因《竹書》未出，襄、哀字訛，不知惠王有改元之事，猶可說也。至齊之桓、威、宣、湣，移易其即位之年，于齊人伐燕事不知折衷《孟子》，而《年表》謂在湣王十年，《田齊世家》又缺而不録，反取《孟子》勸伐之説載于《燕世家》，此實大謬。唐初《竹書》雖傳，而《晋書·束晳傳》誣之于前，《太平御覽》《寰宇記》誣之于後，于是《紀年》一書，儒者不悉心考究。司馬温公作《資治通鑑》，止據《史記集解》所引荀勗、和嶠之言，記惠王改元之事，而宣之伐燕，終求其説而不得，乃將宣之即位移下十年，以遷就《孟子》。自後説者疑信各半，議論滋紛。朱子《通鑑綱目》雖从温公，而《孟子序説》仍祖《史記》，甚以《荀子》「北足敗燕」句疑似之詞，疑《孟子》與之不合。他若吕東萊《大事記》謂宣王在位二十九年，故及伐燕之事。黄氏震《日鈔》謂宣之伐燕在易王初立，伐取十城。湣之伐燕，始是子之之亂。國朝閻百詩《四書釋地》又將子之事移上十年，謂當周顯王之四十五年。鶴短鳧長，説之不同如此。蓋自史遷移齊年于前，温公移齊年于後，迄今千年，經儒者百數十人共商此事，非逞其臆斷，即巧作調人，未有定論。予弱齡讀《孟子》，即疑此事。辛酉後考訂紀年，閱九歲書成，而後涣然以解。

《史記·萬石君列傳》：「慶嘗爲太僕御出，上問車中幾馬，慶以策數馬畢，舉手曰：『六馬。』慶於諸子中最爲簡易矣，然猶如此。」太史公之意，謂慶雖簡易，而猶敬謹，不敢率爾即對。其言「簡易」，正以起下文之意也。《通鑑》去「然猶如此」一句，殊失本指。

《通鑑》：「漢武帝元光六年，以衛尉韓安國爲材官將軍，屯漁陽。元朔元年，匈奴二萬騎入漢，殺遼西太守，略二千餘人，圍韓安國壁。又入漁陽、雁門，各殺略千餘人。」夫曰「圍韓安國壁」，其爲漁陽可知，而云「又入漁陽」，則疏矣。攷《史記·匈奴傳》本文，則云「敗漁陽太守軍千餘人，圍漢將軍安國。安國時千餘騎，亦且盡。會燕救至，匈奴引去」。其文精密如此，《通鑑》改之不當。

《漢書·宣帝紀》：「五鳳二年春三月，行幸雍，祠五畤。」《通鑑》改之曰：「春正月，上幸甘泉，郊泰畤。」《攷異》引《宣紀》云：「三月行幸甘泉。」而《宣紀》本無此文，不知温公何所據？〔楊氏曰〕《宣紀》本云「幸雍」，荀氏《紀》則云「幸甘泉」，恐是如此。

光武自隴、蜀平後，非警急未嘗復言軍旅。皇太子嘗問軍旅之事，帝曰：「昔衛靈公問陳，孔子不對。此非爾所及。」據《後漢書》本文，皇太子即明帝也。《通鑑》乃書於「建武十三年」，則東海王彊尚爲太子，亦爲未允。

唐德宗貞元二年，李泌奏：「自集津至三門，鑿山開車道十八里，以避底柱之險。」按《舊唐書·

李泌傳》並無此事。而《食貨志》曰：「開元二十二年八月，玄宗从京兆尹裴耀卿之言，置河陰縣及河陰倉、〔原注〕在今汜水縣。河清縣柏崖倉、〔原注〕在今孟津縣。三門東集津倉、三門西鹽倉。〔原注〕並在今平陸縣。開三門北山十八里，以避湍險。自江淮而泝鴻溝，悉納河陰倉，自河陰送納含嘉倉，〔原注〕《六典》：東都有含嘉倉。又送納太原倉，〔原注〕計太原倉雖屬陝州，當在河北。謂之北運。自太原倉浮于渭，以實京師。凡三年運七百萬石，省陸運之傭四十萬貫。」又曰：「開元二十九年，陝郡太守李齊物鑿三門山以通運，闢三門巔輸〔原注〕疑當作「踰」。巖險之地。俾負索引艦，昇於安流，自齊物始也。天寶三載，韋堅代蕭炅，以滻水作廣運潭於望春樓之東而藏舟焉。」是則北運始於耀卿，尚陸行十八里，河運始於齊物，則直達於長安也。下距貞元四十五年，無緣有李泌復鑿三門之事。

〔談氏曰〕温公之作《通鑑》也，參同訂異，採要搜奇，十九年中，心力俱殫，真先後有倫，精粗不雜，繼《左氏》而興者，誰復與京哉！然亦間有七病，請類舉一二，以槩其餘。所謂「漏」，如漢高帝二年，立漢社稷，施恩德，賜民爵，置三老，定上帝山川之祀。四年，初爲算賦，詔讞疑獄。十一年，減省口賦，下詔求賢。十二年，爲秦始皇、楚隱王、魏安釐王、齊愍王、趙悼襄王、魏公子無忌各置守冢有差。帝崩，太子即位，上帝尊號爲高皇帝，令郡、國、諸侯王各立高祖廟，下詔減田租，復十五税一。此皆政事之大者，而《通鑑》皆不載，則其小者可知。又即高祖十二年所遺如此，則餘一千三百五十年中所遺又可知也。他如日食、地震、水旱、蝗飢、郊天、祀廟、行幸、還宮、命相、封王，皆《通鑑》所慎重，而漢以前闕者十之一，漢以後闕者十之三。至如更始元年，王莽廬江連率李憲據郡稱淮南王，光武建武三年稱帝，四年遣馬成擊憲，六年憲亡走，其軍士帛意追斬憲，封帛意爲漁陽侯，而《通鑑》于憲之稱王稱帝則書，于馬成破憲、帛意斬憲則不書，是爲「無尾」。宋孝武帝大明五年，立南北二馳道，至孝武崩，乃罷之，而《通鑑》但書罷，不書立，是爲「無首」。漢惠帝三年，冒頓遺高后嫚書，樊噲願將十萬衆横行匈奴中，中郎將季布曰：「前冒頓圍高帝于平城，漢兵三十二萬，噲爲上將軍，不能解圍。天下歌之曰：『平城之下亦誠苦，七日不食，不能彀弩。』今歌吟之聲未絶，傷夷者甫起。」歌吟之聲正謂平城之歌也，而《通鑑》删去之，則「歌吟」二字無所謂矣。獻帝興平元年，徐州牧陶謙卒，别駕糜竺率州人迎備。備曰：「袁公路近在壽春，此君四世五公，海内所歸，君可以州與之。」孔融曰：「袁公路豈憂國忘家者耶？冢中枯骨，何足介意。」而《通鑑》删去「四世五公」四字，則「冢中枯骨」無所謂矣。所謂「複」，如晋安帝義熙十年，西秦乞伏熾盤滅南涼，虜其太子虎臺，既而以虎臺妹爲后，遂厚待虎臺。至宋營陽王景平元年，熾盤后密與虎臺謀殺熾盤，事露，皆見殺。而《通鑑》于義熙十年豫書殺虎臺，至景平元年十月又詳書之。唐太宗貞觀元年，突厥大雪，平地數尺，雜畜多死，連年飢饉。而《通鑑》一載之于七月，又載之于十二月。武后以豆盧欽望爲文昌右相，本在聖曆二年，而《通鑑》于神功元年、聖曆二年兩書之。欽望罷爲太子賓客，本在久視元年二月，而《通鑑》于聖曆元年、久視元年兩書之。所謂「紊」者，如周赧王十七年，趙惠文王封弟勝爲平原君，《通鑑》於此即書平原君好客養士之事。今按《史記》趙武靈王十六年納吴娃，是爲赧王之五年也，則惠文之生，或當在六七年之間。至十七年，武靈王傳位于惠文王，則惠文于是時亦不過十二三歲而已矣。平原君又其同母弟，則是時或止數齡耳，豈便能養士？然則平原君之養士，後事耳，何可便綴于此？漢高祖六年始封張良爲留侯，十一年上征黥布，以良爲太子少傅，輔太子鎮關中，故良自稱「以三寸舌爲帝者師，封萬户侯，此布衣之極，于良足矣」，此十一年以後之語也。而《通鑑》即載於五年良从帝入關之時，不知是時良尚未封侯，未爲太子傅，何得先以「帝者師、萬户侯」自居？且《通鑑》極嚴于曆日，日月稍有不合，并其所載之事而删之者甚多，乃細核其中，時日之錯亂者亦復不少。如梁簡文帝大寶元年二月丙戌，以安陸王大春爲揚州刺史。乙巳以尚書僕射王充爲左僕射。庚寅，東魏以尚書令高隆之爲太保。三月甲申，侯景請上禊宴于樂遊苑。庚申，東魏進丞相高洋爵爲齊王。四月庚辰朔，湘東王繹以上甲侯韶爲長沙王。丙午，湘東王繹下令討侯景。夫乙巳在庚寅後十五日，豈得反敘之於前？且二月既有丙戌與庚寅，則三月必無甲申；三月既有甲申，則月内不應又有庚申，四月朔亦必非庚辰。四月朔既爲庚辰，則次日即爲辛巳，何反書于丙午之後？且一月而丙午再見焉。所謂「雜」者，如晋穆帝永和三年，趙麻秋攻枹罕，涼州將張悛欲棄大城，寧戎校尉張璩从之。海西公太和二年，張天錫討李儼，遣征東將軍常據向左南。孝武太元元年，苻堅伐涼州，張天錫遣征東將軍掌據帥衆三萬，軍于洪池。張璩、常據、掌據，若爲三人，今攷《十六國春秋》與《晋書·載記》，則本一人之事也。但《載記》作張璩，《十六國春秋》作常據，《通鑑》于永和中已从《載記》，于太和中又从《十六國春秋》，于太元中復不知何所本而作掌據。夫張也，常也，掌也，姓則歧而爲三；璩也，據也，名且析而爲二，使讀者惑焉。毛寶之子穆之，小字虎生。成帝建元二年，建武將軍庾方之以參軍毛穆之爲建武司馬。書曰：「穆之，寶之子也。」海西公太和四年，大司馬桓温伐燕，使冠軍將軍毛虎生鑿鉅野三百里，引汶水會于清水，又書曰：「虎生，寶之子也。」前稱名，後稱字。宋武陵王贊，小字智隨，明帝泰始六年書，「以王子智隨爲武陵王」，其後則又皆書「武陵王贊」，前稱字，後稱名者是。晋成帝咸和八年，慕容皝遣庶弟幼稺討母弟仁于平郭，兵敗，幼稺爲仁所獲。至咸康三年，仁敗，則又曰「慕容幼、慕容稺皆東走，幼中道而還」，是分一人爲二人。晋安帝元興二年，姚興遣使者梁斐、張搆使沮渠蒙遜，而《通鑑》書秦遣使者梁搆至張掖，是合二人爲一人。北齊幼主高恒禪位于任城王湝，自稱守國天王，而《通鑑》誤「守」爲「宋」，胡身之不考《北齊書》，妄爲注曰：「齊猶未亡，不應遽改國號，宋國當是宗國。」凡此者皆誤也。唐玄宗先天元年，召姚元之爲相。元之以十事要帝，一請政先仁恕，二請勿求邊功，三請中官勿與政事，四請國親勿任臺省，并罷斜封、員外等官，五請行法自近，六請杜賦外貢獻，七請勿造寺觀，八請接大臣以禮，九請容納直言，十請勿用母后之族，皆曲中時弊。方帝勵精之初，言之不嫌于早，亦不嫌于盡，而温公乃曰：「當時天下事止此十條，須因事啟沃，豈一旦可要？」棄不取。安思順爲朔方節度使，郭子儀、李光弼俱爲牙門都將，二人不相能，既而思順誅，以子儀代之，光弼懼，乃入請曰：「一死固甘，請免妻子。」子儀趨下，持手上堂偶坐，曰：「今逆寇倡亂，非公不能東伐，豈懷私忿時耶！」涕泣相勉以忠義，遂薦之朝。詔命光弼節度河東，分兵東討。然則光弼之請，乃子儀初爲節度，猶未薦之朝也。作傳者漫以請死事置之分兵東討下，此詞臣之筆誤，而温公謂：「是時唐之號令猶行天下，若制書已除光弼爲節度，子儀安敢擅殺之？」遂皆删削。是因秉筆者之微疵，遂没薦賢者之大度。凡此者皆「執」也。至所謂「誣」者，如宋文帝元嘉七年，魏人攻拔虎牢，司州刺史尹沖投塹而死，文帝爲之傷悼不已，賦詩以美其節。《宋書》載之甚詳，《魏書》亦無異詞，而《通鑑》乃云：「沖與滎陽太守崔模俱降魏。」夫死與降，忠逆之極致，可混而書之乎？周天元爲太子，狎昵鄭譯，多失德。烏丸軌在武帝前，每直言其過。帝問宇文孝伯，孝伯亦不爲之諱。軌後侍内宴，捋帝鬚曰：「好老公，但恨後嗣弱耳。」太子於是每遭捶撻。及天元即位，問譯曰：「我腳杖痕誰所爲也？」譯曰：「事由烏丸軌、宇文孝伯。」譯因言捋鬚事，天元因殺軌及孝伯。《通鑑》于「因言捋鬚事」上逸一「譯」字，胡身之乃以「事由烏丸軌」爲句，以「宇文孝伯因言捋鬚事」爲句，遂注曰：「孝伯何出此言，豈求免死耶？然終于不免也。」身之一誤，遂使賢如孝伯，而蒙譖賢之謗矣。唐人皮日休，新、舊《唐書》皆不爲立傳，獨孫光憲《北夢瑣言》云：「日休字襲美，襄陽竟陵人也。隱居鹿門山，以聖道自任。咸通中成進士，官至國子博士，進書兩通，一請廢《莊》《列》之書，以《孟子》爲學科，一請以韓愈配饗太學，謂其蹴楊墨，踐釋老，使孔道炳然如日星也。既而寓居蘇州，與陸龜蒙爲友，著書數十卷，《皮子》三卷。黄寇中遇害。」而《通鑑》于僖宗廣明元年書「黄巢以太常博士皮日休爲翰林學士」，此雖本《舊唐書·本紀》與《新唐書·黄巢傳》，及詳考《巢傳》，言其僭號之後，欲以僞官汙朝臣，如裴渥、豆盧瑑輩，皆居顯職，然惟賊黨樂从之，召王官無有至者。巢乃大索里閭，凡亡命不赴任者皆殺之。則日休之爲翰林學士，或亦僞詔云然耳。夫日休既能以聖道自任，于古人中識孟子，于時人中識韓愈，是亦孟、韓之徒也，而謂其甘心臣賊乎？况云皆殺之。《北夢瑣言》爲信然矣。

通鑑不載文人

李因篤語予：「《通鑑》不載文人，如屈原之爲人，太史公贊之，謂『與日月争光』，而不得書於《通鑑》。杜子美若非『出師未捷』一詩爲王叔文所吟，則姓名亦不登於簡牘矣。」予答之曰：「此書本以資治，何暇録及文人？昔唐丁居晦爲翰林學士，文宗於麟德殿召對，因面授御史中丞。翼日制下，帝謂宰臣曰：『居晦作得此官。朕曾以時諺謂杜甫、李白輩爲四絶，問居晦，居晦曰：「此非君上要知之事。」嘗以此記得居晦，今所以擢爲中丞。』〔原注〕《册府元龜》。如君之言，其識見殆出文宗下矣。」〔汝成案〕不載文人是也，而屈原不當在此數。諫懷王入秦，係興亡大計，《通鑑》屬之昭睢，而不及屈原，不可謂非脱漏也。

日知録集釋卷二十七

崑山顧炎武著　嘉定後學黄汝成集釋

漢人注經

《左氏》解經，多不得聖人之意，元凱注《傳》，必曲爲之疏通，殆非也。鄭康成則不然，其於二《禮》之經及子夏之《傳》，往往駁正，如《周禮・職方氏》荆州「其浸潁湛」，注云：「潁水出陽城，宜屬豫州，在此非也。」豫州「其浸波溠」，注云：「《春秋傳》曰『除道梁溠，營軍臨隨』，則溠宜屬荆州，在此非也。」《儀禮・喪服》篇「唯子不報」傳曰「女子子適人者爲其父母期，故言不報也」，注云：「唯子不報，男女同不報爾。傳以爲主謂女子子，似失之矣。」「女子子爲祖父母」傳曰「何以期也，不敢降其祖也」，注云：「經似在室，傳似已嫁。」「公妾以及士妾爲其父母」傳曰「何以期也，妾不得體君，得爲其父母遂也」，注云：「然則女君有以尊降其父母者，與《春秋》之義雖爲天王后，猶曰『吾季姜』，是言子尊不加於父母，此傳似誤矣。」《士虞禮》篇「用尹祭」注云：「尹，祭脯也。大夫士祭無云脯者，今不言牲號而云尹祭，亦記者誤矣。」於《禮記》則尤多置駁。如《檀弓》篇「齊穀王姬之喪，魯莊公爲之大功」，注云：「當爲舅之妻，非外祖母也。外祖母又小功也。」「季子皐葬其妻，犯人之禾」，注云：「恃寵虐民，非也。」「叔仲衍請繐衰而環絰」，注云：「弔服之絰服其舅，非。」《月令》篇孟夏之月「行賞，封諸侯」，注云：「《祭統》曰：『古者於禘也，發爵賜服，順陽義也。於嘗也，出田邑，發秋政，順陰義也。』今此行賞可也，而封諸侯則違於古。封諸侯，出土地之事，於時未可，似失之。」「斷薄刑，決小罪」，注云：「《祭統》曰：『草艾則墨。』謂立秋後也。刑無輕於墨者，今以純陽之月斷刑決罪，與『毋有壞墮』自相違，似非。」「季夏之月，命漁師伐蛟，取鼉，登龜，取黿」，注云：「四者甲類，秋乃堅成。《周禮》曰：『秋獻龜魚。』又曰：『凡取龜用秋時。』是夏之秋也。作《月令》者以爲此秋據周之時也。周之八月，夏之六月，因書於此，似誤也。」「孟秋之月，毋以封諸侯，立大官，毋以割地，行大使，出大幣」，注云：「古者於嘗出田邑，此其嘗並秋而禁封諸侯割地，失其義。」《郊特牲》篇「季春出火」，注云：「言祭社，則此是仲春之禮也。仲春以火田，田止弊火，然後獻禽，至季春火出而民乃用火。今云季春出火，乃牧誓社，記者誤也。」「郊之用辛也，周之始郊，日以至」，注云：「言日以周郊天之月而至，陽氣新用事，順之而用辛日。此說非也。郊天之月而日至，魯禮也。三王之郊，一用夏正，魯以無冬至祭天於圓丘之事，是以建子之月郊天，示先有事也。」「尸陳也」，注云：「尸或詁爲主，此尸神象，當从主訓之。言陳，非也。」《明堂位》篇「夏后氏尚明水，殷尚醴，周尚酒」，注云：「此皆其時之用耳，言尚非。」「君臣未嘗相弒也，禮樂刑法政俗未嘗相變也」，注云：「春秋時，魯三君弒。又士之有誄由莊公始，婦人髽而弔始於臺駘，云君臣未嘗相弒，政俗未嘗相變，亦近誣矣。」《雜記下》「或曰主之而附於夫之黨」，注云：「妻之黨自主之，非也。」「圭，子、男五寸」，注云：「子、男執璧，作此贊者失之矣。」此其所駁雖不盡當，視杜氏之專阿《傳》文則不同矣。經注之中，可謂卓然者乎！〔楊氏曰〕古人注書之體，本就書注書，不爲駁難。小顔云：「詆訶言辭，掎摭利病，乃效矛盾之仇讎，非復粉澤之光潤。」顧氏所取，正所訶也。

《論語》「子見南子」注，孔安國曰：「行道既非婦人之事，而弟子不説，與之祝誓，義可疑焉。」此亦漢人疑經而不敢强通者也。

宋黄震言：「杜預注《左氏》獨主《左氏》，何休注《公羊》獨主《公羊》，惟范甯不私於《穀梁》，而公言三家之失。如曰：『《左氏》以鬻拳兵諫爲愛君，是人主可得而脅也；以文公納幣爲用禮，是居喪可得而昏也。《穀梁》以衛輒拒父爲尊祖，是爲子可得而叛也；不納子糾爲内惡，是仇讎可得而容也。《公羊》以祭仲廢君爲行權，是神器可得而闚也；妾母稱夫人爲合正，是嫡庶可得而齊也。』又曰：『《左氏》豔而富，其失也誣；《穀梁》清而婉，其失也短；《公羊》辯而裁，其失也俗。』」今考《集解》中糾傳文者得六事：莊九年，「公伐齊，納糾」，《傳》：「當可納而不納，齊變而後伐。故乾時之戰不諱敗，惡内也。」《解》曰：「讎者，無時而可與通，縱納之遲晚，又不能全保讎子，何足以惡内乎？然則乾時之戰不諱敗，齊人取子糾殺之，皆不迃其文，正書其事，内之大惡，不待貶絶，居然顯矣。惡内之言，《傳》或失之。」僖元年，「公子友帥師，敗莒師于麗，獲莒挐」，《傳》：「公子友謂莒挐曰：『吾二人不相説，士卒何罪？』屏左右而相搏。」《解》曰：「江熙曰：經書敗莒師，而《傳》云二人相搏，則師不戰，何以得敗？理自不通也。子所慎三，戰居其一，季友令德之人，豈當舍三軍之整，佻身獨鬬，潛刃相害，以決勝負者哉！此又事之不然，《傳》或失之。」僖十四年，「季姬及繒子遇子防，使繒子來朝」，《傳》：「遇者，同謀也。」《解》曰：「魯女無故遠會諸侯，遂得淫通，此又事之不然。《左傳》曰：『繒季姬來寧，公怒之，以繒子不朝，遇於防，而使來朝。』此近合人情。」襄十一年，「作三軍」，《傳》：「古者，天子六師，諸侯一軍。作三軍，非正也。」《解》曰：「《周禮》《司馬法》：『王六軍，大國三軍，次國二軍，小國一軍。』總云諸侯一軍，又非制也。」昭十一年，「楚子虔誘蔡侯般，弑之于申」，《傳》：「夷狄之君誘中國之君而殺之，故謹而名之也。」《解》曰：「蔡侯般，弑父之賊，此人倫之所不容，王誅之所必加。禮，凡在官者殺無赦，豈得惡楚子殺般乎？若謂夷狄之君不得行禮於中國者，理既不通，事又不然。宣十一年，楚人殺陳夏徵舒，不言入。《傳》曰：『明楚之討有罪也。』似若上下違反，不兩立之説。」哀二年，「晉趙鞅帥師，納衛世子蒯聵于戚」，《傳》：「納者，内弗受也。何用弗受也？以輒不受也。以輒不受父之命，受之王父也。信父而辭王父，則是不尊王父也。其弗受，以尊王父也。」《解》曰：「江熙曰：『齊景公廢世子，世子還國，書篡。若靈公廢蒯聵立輒，則蒯聵不得復稱曩日世子也。稱蒯聵爲世子，則靈公不命輒審矣。』此矛楯之喻也。然則从王父之言，《傳》似失矣。經云納衛世子，『鄭世子忽復歸于鄭』，稱世子明正也，明正則拒之者非邪。」以上皆糾正傳文之失。〔孫氏曰〕尚有桓二年，公會齊侯、陳侯、鄭伯于稷，以成宋亂一事。

宋吴元美作《吴縝新唐書糾謬序》曰：「唐人稱杜征南、顔祕書爲左丘明、班孟堅忠臣，〔原注〕顔師古本傳。今觀其推廣發明二子，信有功矣。至班、左語意乖戾處，往往曲爲説以附會之，安在其爲忠也？今吴君於歐、宋大手筆乃能糾謬纂誤，力裨前闕，殆晏子所謂『獻可替否、和而不同』者，此其忠何如哉！然則唐人之論忠也陋矣。」可謂卓識之言。

注疏中引書之誤

《爾雅·釋山》：「多草木，岵。無草木，峐。」〔原注〕疏：「峐」當作「屺」。「石戴土謂之崔嵬，土戴石爲砠。」毛傳引之互相反。鄭康成箋《詩》，《采蘩》引《少牢饋食禮》「主婦被裼」，誤作《禮記》；《皇矣》引《左傳》鄭公子突「使勇而無剛者嘗寇而速去之」、晉士會「若使輕者肆焉，其可」，誤合爲一事。注《周禮》，《大司徒》引《左傳》成二年「先王疆理天下」誤作「吾子疆理天下」，引《詩》「錫之山川，土田附庸」誤作「土地」；《射人》引《射義》「明乎其節之志，以不失其事，則功成而德行立」，誤作《樂記》；《縣士》引《左傳》「韓襄爲公族大夫」，誤作「韓須」。注《禮記》，《月令》引《夏小正》八月「丹鳥羞白鳥」，誤作「九月」；引《詩》「稱彼兕觥，萬壽無疆」，誤作「受福無疆」。范武子解《穀梁傳》，莊十八年引《玉藻》「天子玄冕而朝日於東門之外」，誤作《王制》。郭景純注《爾雅》，引《孟子》「止或尼之」，誤作「行或尼之」；引《易》「鞏用黄牛之革，固志也」，誤以革遯二爻合爲一傳。韋昭《國語注》，「公父文伯母賦《緑衣》之三章」，誤引「四章」。高誘《淮南子注》引《詩》「鼉鼓逢逢」，誤作「鼉鼓洋洋」。孔穎達《左傳》文十八年《正義》，引《孟子》「柳下惠，聖之和者也」，誤作「伊尹，聖人之和者也」。蘇軾《書傳》，《伊訓》引《孟子》「從流下而忘反謂之流」，誤作「从流上而忘反謂之游」。朱震

《易傳》，《井·大象》引《詩》「維此哲人，謂我劬勞」，誤作「知我者謂我劬勞」。趙汝楳《易輯聞》，《蹇·大象》引《孟子》「我必不仁，我必無禮」，誤作「我必不仁不義」。朱元晦《中庸章句》，引《詩》「后稷之孫，實維大王。居岐之陽，實始翦商」，誤作「至于大王」。《詩集傳》，「閔予小子」引《楚辭》「三公穆穆，登降堂只」，誤作「三公揖讓」。

朱子注《論語》：「夏曰瑚，商曰璉。」此仍古注之誤。《記》曰：「夏后氏之四璉，殷之六瑚。」是夏曰璉，商曰瑚也。「享禮」注引「發氣滿容」，今《儀禮》文作「發氣焉盈容」。漢人避惠帝諱「盈」之字曰「滿」，此當改而不改也。

《孟子》「有爲神農之言」，注：「史遷所謂農家者流也。」仁山金氏曰：「《太史公六家同異》無農家，班固《藝文志》分九流，始有農家者流。《集注》偶誤，未及改。」

楊用修言：「朱子《周易本義》引《韓非子》『參之以比物，伍之以合虚』，誤以『合虚』爲『合參』。原其故，乃自《荀子》注中引來，不自《韓非子》采出也。」按伍所以合參，安得謂之「合虚」？乃今《韓非子》本誤。

姓氏之誤

《穀梁傳》隱九年：「天王使南季來聘。南，氏姓也；季，字也。」南非姓，「姓」字衍文。桓二年：「及其大夫孔父。孔，氏；父，字謚也。」父非謚，「謚」字衍文。

《詩·白華》箋：「褒姒，褒人所入之女。姒，其字也。」「字」當作「姓」，此康成之誤。孔氏曰：「褒國，姒姓，言『姒其字』者，婦人因姓爲字也。」乃是曲爲之解耳。

朱子注《論語》《孟子》，如「太公姜姓吕氏，名尚」，其别姓氏甚明。至「子夏，孔子弟子，姓卜名商」，「子禽姓陳名亢」，「子貢姓端木名賜」，「子文姓鬬名穀於菟」之類，皆以氏爲姓。「齊宣王姓田氏，名辟疆」，則併姓、氏而爲一矣。豈承昔人之誤而未之正與？〔原注〕宋自夾漈鄭氏始著《氏族畧》，以前人多未講此，故《博古圖》言州吁姓州，而徽宗欲倣周人「王姬」之號，故公主謂之「帝姬」也。

左傳注

隱五年，「使曼伯與子元潛軍軍其後」。按子元疑即厲公之字。昭十一年，申無宇之言曰：「鄭莊公城櫟而寘子元焉，使昭公不立。」杜以爲别是一人，厲公因之以殺曼伯而取櫟，非也。蓋莊公在時，即以櫟爲子元之邑，如重耳之蒲，夷吾之屈，故厲公於出奔之後取之特易，而曼伯則爲昭公守櫟者也。九年，公子突請爲三覆以敗戎。桓五年，子元請爲二拒以敗王師。固即厲公一人，而或稱名，或稱字耳。合三事觀之，可以知厲公之才畧，而又資之以巖邑，能無簒國乎！

十一年，「立桓公而討寪氏，有死者」。〔沈學博曰〕言僅有死者，又非首惡也。言非有名位之人，蓋微者爾，如司馬昭族成濟之類。解曰：「欲以弑君之罪加寪氏，而復不能正法誅之。」非也。

桓二年，「孔父嘉爲司馬」。杜氏以孔父名而嘉字，非也。孔父字而嘉其名。〔沈學博曰〕若以孔父爲名，則夫子得氏之始，不應以所諱爲氏。按《家語·本姓》篇曰：「宋湣公熙生弗父何，何生宋父周，周生世子勝，勝生正考父，考父生孔父嘉，其後以孔爲氏。」然則仲尼氏孔，正以王父之字。而楚成嘉、鄭公子嘉皆字子孔，亦其證也。〔原注〕《説文》：「孔从乙从子。乙至而得子，嘉美之也。古人名嘉字子孔。」鄭康成注《士喪禮》曰：「某甫，字也。若言山甫、孔甫。」〔原注〕「甫」「父」通。是亦以孔父爲字。劉原父以爲已名其君於上，則不得字其臣於下。竊意《春秋》諸侯卒必書名，而大夫則命卿稱字，無生卒之别，〔原注〕劉原父亦云：「大夫再命稱名，三命稱字。」亦未嘗以名、字爲尊卑之分。桓十一年，「鄭伯寤生卒。葬鄭莊公。宋人執鄭祭仲」；〔原注〕杜氏以仲爲名而足字，亦拘於例也。十七年，「蔡侯封人卒，蔡季自陳歸于蔡」。名其君於上，字其臣於下也。昭二十二年，「劉子、單子以王猛居於皇。劉子、單子以王猛入於王城」；二十三年，「尹氏立王子朝」；二十六年，「尹氏、召伯、毛伯以王子朝奔楚」。爵其臣於上，名其君於下也。然則孔父當亦其字，而學者之疑可以涣然釋矣。

君之名，變也。命卿之書字，常也。重王命亦所以尊君也。

「其弟以千畝之戰生。」解曰：「西河界休縣南有地，名千畝。」非也。穆侯時，晉境不得至介休。按《史記·趙世家》「周宣王伐戎，及千畝戰」，《正義》曰：「《括地志》云：『千畝原在晉州岳陽縣北九十里。』」

五年，「蔡人、衛人、陳人從王伐鄭」。解曰：「五師敗，不書，不以告。」非也。王師敗，不書，不可書也，爲尊者諱。〔沈學博曰〕《後漢書·孔融傳》曰：「劉表所爲不軌，罪不容誅，至於國體，宜其諱之。齊兵次楚，惟責包茅；王師敗績，不書晋人。臣愚以爲宜隱郊祀之事，以崇國防。」此《春秋》之意也。畿内諸侯，天王問罪，師敗身夷，可書之事莫大於此，豈緣不告而不書哉！成元年，王師敗績于茅戎，以戎故不足諱也。

六年，「不以國」。解曰：「國君之子不自以本國爲名。」焉有君之子而自名其國者乎？謂以列國爲名，若定公名宋，哀公名蔣。

八年，「楚人上左，君必左，無與王遇」。解曰：「君，楚君也。」愚謂君謂隨侯，王謂楚王。兩軍相對，隨之左當楚之右，言楚師左堅右瑕，君當在左，以攻楚之右師。

十三年，「及齊侯、宋公、衛侯、燕人戰，齊師、宋師、衛師、燕師敗績」。解曰：「或稱人，或稱師，史異辭也。」愚謂燕獨稱「人」，其君不在師。

莊十二年，「蕭叔大心」。解曰：「叔，蕭大夫名。」按大心當是其名，而叔其字，亦非蕭大夫也。二十三年，「蕭叔朝公」。解曰：「蕭，附庸國。叔，名。」按《唐書・宰相世系表》云：「宋戴公生子衎，字樂父。裔孫大心，平南宮長萬有功，封于蕭，以爲附庸，今徐州蕭縣是也。其後楚滅蕭。」

十四年，「莊公之子猶有八人」。解：「莊公子，《傳》惟見四人，子忽、子亹、子儀並死，獨厲公在。八人名字記傳無聞。」按「猶有八人」者，除此四人之外尚有八人見在也。桓十四年，「鄭伯使其弟語來盟」，《傳》稱其字曰「子人」，亦其一也。

二十二年，「山嶽則配天」。解曰：「得太嶽之權，則有配天之大功。」非也。《詩》曰：「崧高維嶽，駿極于天。」言天之高大，惟山嶽足以配之。

二十五年，「夏六月辛未朔，日有食之，鼓，用牲于社，非常也。惟正月之朔，慝未作，日有食之，於是乎用幣于社，伐鼓于朝」。周之六月，夏之四月，所謂「正月之朔」也。然則此其常也，而曰「非常」者何？蓋不鼓于朝而鼓于社，不用幣而用牲，此所以謂之非常禮也。杜氏不得其説，而曰「以長曆推之，是年失閏。辛未實七月朔，非六月也」。此則咎在司曆，不當責其伐鼓矣。又按，「唯正月之朔」以下乃昭十七年季平子之言，今載於此，或恐有誤。〔顧司業曰〕杜解非。《傳》謂「非常」者，以六月爲夏之四月，正陽之月，災異尤大，不比尋常之月。日食，故須伐鼓、用幣以救之。所云「餘月則否」者，餘月即常月也。經於文十五年、昭十七年皆書六月朔日食，而此爲首見，故須發例。自莊元年至二十四年，凡九置閏，正合五歲再閏、十有九歲七閏之數，何云置閏失所乎？〔姚氏曰〕案此杜自以長曆推之，而以辛未當爲七月朔，《傳》未有云也。此下「惟正月之朔」云云，疑後人襲昭十七年季平子之語而羼入之，不則前此經師引此以解「用牲于社」之非而引《傳》文耳。後人誤爲《傳》文，遂莫能辨。若《傳》當日本有此文，則此周六月乃宜鼓之月，何云「非常」？且《左氏》似亦未以六月爲七月之失，若當日推其當在七月，則亦必正其失矣。

僖四年，「昭王南征而不復，寡人是問」。解曰：「不知其故而問之。」非也。蓋齊侯以爲楚罪而問之，然昭王五十一年南征不復，至今惠王二十一年，計三百四十七年，此則孔文舉所謂「丁零盜蘇武牛羊，可并案」者也。

五年，「太伯不從」。不從者，謂太伯不在太王之側爾。《史記》述此文曰：「太伯、虞仲，太王之子也。太伯亡去，是以不嗣。」以「亡去」爲「不從」，其義甚明。杜氏誤以「不從父命」爲解，而後儒遂傳合《魯頌》之文，謂太王有「翦商」之志，太伯不從，此與秦檜之言「莫須有」者何以異哉！

六年，「圍新密，鄭所以不時城也」。實「密」而經云「新城」，故《傳》釋之，以爲鄭懼齊而新築城，因謂之「新城」也。解曰：「鄭以非時興土功，故齊桓聲其罪以告諸侯。」夫罪孰大於逃盟者？而但責其非時興土功，不亦細乎？且上文固曰「以其逃首止之盟故也」，則不煩添此一節矣。

十五年，「涉河，侯車敗」。解曰：「秦伯之軍涉河，則晉侯車敗。」非也。秦師及韓，晉尚未出，何得言晉侯車敗？當是秦伯之車敗，故穆公以爲不祥而詰之耳。此二句乃事實，非卜人之言，若下文所云「不敗何待」，則謂晉敗。古人用字自不相蒙。

「三敗及韓。」當依《正義》引劉炫之説，是秦伯之車三敗。

「及韓」在「涉河」之後，此韓在河東，故曰「寇深矣」。《史記正義》引《括地志》云：「韓原在同州韓城縣西南。」非也。杜氏解但云「韓，晉地」，卻有斟酌。

十八年，「狄師還」。解曰：「邢留距衛。」非也。狄强而邢弱，邢從於狄而伐者也。言狄師還，則邢可知矣。其下年，衛人伐邢，蓋憚狄之强，不敢伐，而獨用師于邢也。解曰：「邢不速退，所以獨見伐。」亦非。

二十二年，「大司馬固諫曰」。解曰：「大司馬固，莊公之孫公孫固也。」非也。大司馬即司馬子魚。「固諫」，堅辭以諫也。隱三年言「召大司馬孔父而屬殤公焉」，桓二年言「孔父嘉爲司馬」，知大司馬即司馬也。文八年上言「殺大司馬公子卬」，下言「司馬握節以死」，知大司馬即司馬也。定十年，「公若藐固諫曰」，知「固諫」之爲堅辭以諫也。〔盧氏曰〕案《左傳》大司馬之官，在宋亦不多見。惠氏棟謂固即公孫固，是也；謂下司馬乃子魚，非。司馬即大司馬固，文承上省「大」字耳。考《韓非·外儲説左上》説此事云：「右司馬購强趨而諫。」購强似即固之字，其義正相合。〔汝成案〕《史記·宋世家》凡諫詞皆屬目夷，似大司馬即子魚。盧徇杜解，非是。

二十四年，「晋侯求之不獲，以緜上爲之田」。蓋之推既隱，求之不得，未幾而死，故以田禄其子爾。《楚辭·九章》云：「思久故之親身兮，因縞素而哭之。」明文公在時之推已死。《史記》則云：「聞其入緜上山中，於是環緜上山中而封之，以爲介推田，號曰介山。」然則受此田者何人乎？於義有所不通矣。

三十三年，「晋人及姜戎敗秦師于殽」。解曰：「不同陳，故言及。」非也。及者，殊戎翟之辭。❶

文元年，「於是閏三月，非禮也」。古人以閏爲歲之餘，凡置閏必在十二月之後，故曰「歸餘於終」。考經文之書，閏月者皆在歲末。文公六年「閏月不告月，猶朝于廟」，哀公五年「閏月，葬齊景公」是也。而《左傳》成公十七年、襄公九年、哀公十五年皆有閏月，亦並在歲末。又經、傳之文凡閏不言其月者，言閏即歲之終可知也。今魯改曆法，置閏在三月，故爲非禮。《漢書·律曆志》曰「魯曆不正，以閏餘一之歲爲蔀首」是也。〔原注〕孟康曰：「當以閏盡歲爲蔀首，今失正，未盡一歲便以爲蔀首

❶「戎翟」，據《校記》，鈔本作「夷狄」。

也。」〔錢氏曰〕凡蔀首之歲無閏餘，今有閏餘一，不得爲蔀首，故言魯推步不正。孟康説誤。又按《漢書・高帝紀》「後九月」，師古曰：「秦之曆法應置閏者，總致之於歲末，蓋取《左傳》所謂『歸餘於終』之意。何以明之？據《漢書・表》及《史記》，漢未改秦曆之前屢書『後九月』，是知曆法故然。」

二年，「陳侯爲衛請成於晉，執孔達以説」。此即上文所謂「我辭之」者也，解謂「晉不聽而變計」者，非。

三年，「雨螽于宋」。解曰：「宋人以螽死爲得天祐，喜而來告，故書。」夫「隕石」「鷁退」，非「喜而來告」也。

七年，「宣子與諸大夫皆患穆嬴，且畏偪」。解曰：「畏國人以大義來偪己。」非也。畏穆嬴之偪也，以君夫人之尊故。〔汝成案〕義亦正，繹「且」字則杜注爲得。

十三年，「文子賦《四月》」。解曰：「不欲還晉。」以《傳》考之，但云成二國，不言公復還晉。《四月》之詩當取「亂離瘼矣」「維以告哀」之意爾。

宣十二年，「宵濟，亦終夜有聲」。解曰：「言其兵衆，將不能用。」非也。言其軍囂，無復部伍。〔楊氏曰〕觀「亦」字，則杜解爲是。

成六年，「韓獻子將新中軍，且爲僕大夫」。必言「僕大夫」者，以君之親臣，故獨令之从公而入寢庭也，解未及。〔沈學博曰〕僕大夫，如王之太僕，掌内朝之事。

十六年，「郄之師，荀伯不復從」。解曰：「荀林父奔走，不復故道。」非也。謂不復从事于楚。

〔沈學博曰〕「不復從」者，謂晋之餘師不能軍。或説荀罃爲楚師所獲，不復從軍而歸。

「子在君側，敗者壹大。我不如子，子以君免」。「敗者壹大」，恐君之不免也。「我不如子」，子之才能以君免也。解謂「軍大崩」爲「壹大」，及「御與車右不同」者，非。

襄四年，「有窮由是遂亡」。解曰：「浞因羿室，不改有窮之號。」非也。哀元年，稱「有過澆」矣，此特承上「死于窮門」而言，以結所引《夏訓》之文爾。

十年，「鄭皇耳帥師侵衛，楚令也」。猶云從楚之盟故也。解謂「亦兼受楚之敕命」者，非。

十一年，「政將及子，子必不能」。解謂「魯次國，而爲大國之制，貢賦必重，故憂不堪」。非也。言魯國之政將歸於季孫，以一軍之征而供霸國之政令，將有所不給，則必改作。其後四分公室而季氏擇二，蓋亦不得已之計，叔孫固已豫見之矣。〔楊氏曰〕杜解是以一軍供霸國，豈兩家獨無與者乎？〔汝成案〕如先生説，則季氏三分四分公室皆出於爲公，不可罪矣。奸臣計在肥己，而顧以一軍獨供四國之征求，使孟叔不與，有是理耶？鄭子産曰：「鄭伯，男也，而使從公侯之貢，懼弗給也。」觀此，則穆子所謂不能者可知。周制言大國三軍，次國二軍。然觀晋侯，大國也，至獻公始作二軍。魯，大國也，至襄公始作三軍。蓋三軍者，備數而不調發。《穀梁》所云諸侯一軍，據常所調發者言之，未可非也。以邱乘之法計之，則天子當得十二軍，諸侯當得六軍，以其半爲羨卒，唯田與追胥則畢發。此王者之法制，而非見行之實事也。後世三萬户以上便爲大郡，以百里、七十里而欲備三軍，殆有不能。

十八年，「塹防門而守之，廣里」。解曰：「故經書『圍』。」非也。圍者，圍齊也，非圍防門也。〔沈學博曰〕《通志》：「長城鉅防在肥城縣北十五里。」即此塹防門。據《太山記》，山西北有長城，延衺至海，當是靈公所憑以禦晉者，訖於戰國加功耳。

二十一年，「得罪於王之守臣」。守臣謂晉侯。《玉藻》「諸侯之於天子，曰某土之守臣某」是也。解以爲范宣子，非。〔汝成案〕守臣當依杜氏謂范宣子。管仲曰：「有天子之二守國、高在。」宣子，天子命卿，而欒桓子又未嘗得罪於晉侯。

二十三年，「禮，爲隣國闕」。解曰：「禮，諸侯絶期，故以隣國責之。」非也。杞孝公，晉平公之舅。尊同不降，當服緦麻三月。言隣國之喪，且猶徹樂，而況於母之兄弟乎！〔沈學博曰〕第舉禮爲鄰國者，而平公之非禮著矣。杜預直以杞孝公是鄰國之君，則上文言「悼夫人喪之」，何謂也？

二十八年，「陳文子謂桓子曰：『禍將作矣，吾其何得？』對曰：『得慶氏之木百車于莊。』文子曰：『可慎守也已。』」解曰：「善其不志於貨財。」非也。邵國賢曰：「此陳氏父子爲隱語以相諭也。愚謂木者，作室之良材；莊者，國中之要路。言將代之執齊國之權。」

三十一年，「我問師故」。問齊人用師之故。解曰「魯以師往」，非。

昭五年，「民食于他」。解曰：「魯君與民無異，謂仰食於三家。」非也。夫民生於三而君食之，今民食於三家而不知有君，是昭公無養民之政可知矣。

八年，「輿嬖袁克殺馬毁玉以葬」。解以「輿」爲「衆」，及謂「欲以非禮厚葬哀公」，皆非也。「輿嬖」，嬖大夫也。言「輿」者，掌君之乘車，如晉七輿大夫之類。馬，陳侯所乘；玉，陳侯所佩。殺馬毁玉，不欲使楚人得之。

十年，「棄德曠宗」。謂使其宗廟曠而不祀。解曰：「曠，空也。」未當。

十二年，「子産相鄭伯，辭於享，請免喪而後聽命」。禮也。子産能守喪制，晋人不奪，皆爲合禮。解但得其一偏。

十五年，「福祚之不登叔父，焉在」。言忘其彝器，是福祚之不登，惡在其爲叔父乎？解以爲「福祚不在叔父，當復在誰」者，非。

十七年，「夫子將有異志，不君君矣」。日者人君之表，不救日食，是有無君之心。解以爲「安君之災」者，非。

十八年，「振除火災」。「振」如「振衣」之「振」，猶火之著於衣，振之則去也。解以「振」爲「棄」，未當。

「鄭有他竟，望走在晋。」言鄭有他竟之憂也。解謂「雖與他國爲竟」者，非。

二十三年，「先君之力可濟也」。「先君」謂周之先王，《書》言「昔我先君文王、❶武王」是也。解以爲「劉蚠之父獻公」，非。〔汝成案〕《書》無「先君」句。

二十七年，「事君如在國」。當時諸侯出奔，其國即別立一君，惟魯不敢，故昭公雖在外，而意如

---

❶「我先」，《尚書注疏·顧命》無此二字。

猶以君禮事之。范鞅所言，正爲此也。解以爲「書公行，告公至」，謬矣。

三十二年，「越得歲，而吴伐之，必受其凶」。解曰：「星紀，吴、越之分也。歲星所在，其國有福。吴先用兵，故反受其殃。」非也。吴、越雖同星紀，而所入宿度不同，故歲獨在越。〔沈學博曰〕鄭康成云：「天文分野，斗主吴，牽牛主越。此年歲星在牽牛，故吴伐之凶。」按《淮南・天文》：「星部地名：斗、牽牛，越。須女，吴。」《晉書・天文志》曰：「南斗十二度至須女七度爲星紀，于辰在丑，吴越之分野。」陳卓《揚州躔次》云：「九江入斗一度，盧江入斗六度，豫章入斗十度，丹陽入斗十六度，會稽入斗一度，臨淮入斗四度，廣陵入斗八度，泗水入斗一度，六安入女六度。」是吴、越同次而異宿，此年歲星適在越分，若使吴、越共之，史墨必不僅云「越得歲也」。鄭精於曆算，有以知之。〔錢學博曰〕案《漢志》以後皆以斗爲吴分野，牛、女爲越分野。時歲星初入星紀，反是吴得歲矣。惟《越絶書》云：「越，南斗也。吴，牛、須女也。」然後越獨得歲。《淮南・天文訓》以須女爲吴，與《越絶書》正合。但須女爲玄枵之次，而得爲吴者，秦曆冬至在牛之六度故耳。

定五年，「卒于房」。房，疑即「防」字。古「阝」字作「𠂤」，脱其下而爲「房」字，《漢仙人唐公房碑》可證也。《漢書》「汝南郡吴房」，孟康曰：「本房子國。」而《史記・項羽紀》封陽武爲吴防侯，字亦作「防」。

哀六年，「出萊門而告之故」。解曰：「魯郭門也。」按定九年解曰：「萊門，陽關邑門。」

十一年，「爲王孫氏」。《傳》終言之，亦猶夫概王奔楚爲堂谿氏也。解曰「改姓，欲以辟吴禍」，非。

凡邵、陸、傅三先生之所已辯者，不録。〔汝成案〕明邵寶撰《左觿》一卷，陸粲撰《左傳附注》五卷、《後録》一卷，傅遜撰《左傳注解辨誤》二卷，俱見《四庫全書總目》。

考工記注

《考工記》「輪人」注，鄭司農云：「掣，讀爲『紛容掣參』之『掣』。」《正義》曰：「此蓋有文，今檢未得。」今按司馬相如《上林賦》云：「紛溶萷蔘，猗柅从風。」字作「萷」，音蕭。〔原注〕宋玉《九辯》：「萷櫹槮之可哀兮，形銷鑠而瘀傷。」張衡《西京賦》：「鬱蓊薆薱，橚爽櫹槮。」即此異文。而上文「既建而迆，崇於軫四尺」注，鄭司農云：「迆，讀爲『倚移從風』之『移』。」《正義》則曰：「引司馬相如《上林賦》。」〔原注〕《弓人》「居幹之道，菑栗不迆，則弓不發」注同。疏其下句，忘其上句，蓋諸儒疏義不出一人之手。

爾雅注

《爾雅・釋詁》篇：「梏，直也。」古人以「覺」爲「梏」。《禮記・緇衣》引《詩》「有覺德行」作「有梏德行」，注未引。

《釋言》篇：「郵，過也。」注：「道路所經過。」是以爲郵傳之「郵」，恐非。古人以「尤」爲「郵」，《詩・賓之初筵》「是曰既醉，不知其郵」，《禮記・王制》「郵罰麗于事」，《國語》「夫郵而效之，郵又甚焉」，《家語》「芾而麛裘，投之無郵」，《漢書・成帝紀》「天著變異以顯朕郵」，《五行志》「后妾當有失節之郵」，《賈誼傳》「般紛紛其離此郵兮，亦夫子之故也」，《谷永傳》「卦氣悖亂，咎徵著郵」，《外戚傳》班倢伃賦「猶被覆載之厚德兮，不廢捐於罪郵」，《敘傳》「譏苑扞偃，正諫舉郵」，皆是過失之義。《列子》「魯之君子，迷之郵者」，則又以爲「過甚」之義。〔原注〕《文選》盧諶《贈劉琨》詩：「眷同尤良，用乏驥騄。」李善引杜氏《左傳注》：「郵無恤、王良也。『尤』與『郵』古字通。」〔汝成案〕郵傳是正義，以爲過失之尤，是通義也。

國語注

《國語》之言「高高下下」者二。周太子晉諫靈王曰：「四岳佐禹，高高下下，疏川道滯，鍾水豐物。」謂不墮高，不堙卑，順其自然之性也。申胥諫吴王曰：「高高下下，以罷民於姑蘇。」謂臺益增而高，池益浚而深，以竭民之力也。語同而意則異。

「昔在有虞，❶有崇伯鯀。」據下文「堯用殛之於羽山」，當言「有唐」，而曰「有虞」者，以其事載於《虞書》。

「至于玄月，王召范蠡而問焉。」〔原注〕《爾雅·釋天》：「九月爲玄。」注云：「魯哀公十六年九月。」非也。當云魯哀公十六年十一月，夏之九月。

---

❶「昔」，上海古籍出版社整理本《國語·周語下》作「其」。

楚辭注

《九章·惜往日》：「甘溘死而流亡兮，恐禍殃之有再。」注謂「罪及父母與親屬」者，非也。蓋懷王以不聽屈原而召秦禍，今頃襄王復聽上官大夫之譖，而遷之江南，一身不足惜，其如社稷何！《史記》所云「楚日以削，數十年竟爲秦所滅」，即原所謂「禍殃之有再」者也。

《大招》：「青春受謝。」注以「謝」爲「去」，未明。按古人讀「謝」爲「序」，《儀禮·鄉射禮》「豫則鈎楹内」注：「豫，讀如『成周宣榭』之『榭』，《周禮》作『序』。」《孟子》：「序者，射也。」謂四時之序，終則有始，而春受之爾。

《九思》：「思丁、文兮聖明哲，哀平、差兮迷謬愚。吕、傅舉兮殷、周興，忌、嚭專兮郢、吴虚。」此援古賢不肖君臣各二，丁謂商宗武丁，舉傅説者也。注以「丁」爲「當」，非。

荀子注

《荀子》：「案角鹿埵、隴種東籠而退耳。」注云：「其義未詳。蓋皆摧敗披靡之貌。」〔原注〕《新序》第三卷亦言「隴種而退」。〔劉學博曰〕案「角」字當爲衍文，蓋涉上而誤。今考之《舊唐書·竇軌傳》：高祖謂軌曰：「公之入蜀，車騎、驃騎从者二十人，爲公所斬畧盡。我隴種車騎，未足給公。」《北史·李穆傳》：「芒山之戰，周文帝馬中流矢，驚逸，墜地。穆下馬以策擊周文背，罵曰：『籠凍軍士，爾曹主何在？爾獨住此。』」蓋周、隋時人尚有此語。

淮南子注

《淮南子·詮言訓》：「羿死於桃棓。」注云：「棓，大杖，以桃木爲之，以擊殺羿。自是以來，鬼畏桃也。」《説山訓》：「羿死桃部不給射。」注云：「桃部，地名。」按「部」即「棓」字，一人注書而前後不同若此。

史記注

《秦始皇紀》：「五百石以下不臨，遷，勿奪爵。」五百石以下秩卑任淺，故但遷而不奪爵。其六百石以上之不臨者，亦遷而不奪爵也。史文簡古，兼二事爲一條。

「山鬼固不過知一歲事也。」其時已秋，歲將盡矣，今年不驗則不驗矣，山鬼豈能知來年之事哉！「退言曰：『祖龍者，人之先也。』」謂稱「祖」乃亡者之辭，無與我也。皆惡言死之意。〔梁氏曰〕「今年祖龍死」，當依《搜神記》作「明年」爲確，各處並誤作「今年」。《潛邱劄記》論之云：「『今』字必『明』字之譌，證有二焉。一果三十七年七月始皇崩，其言驗。一始皇曰『山鬼固不過知一歲事』，譏其伎倆僅知今年，若明年之事，彼豈能預知乎？幸其言不驗。李白《古風》云：『璧遺滈池君，明年祖龍死。秦人相謂曰，吾屬可去矣。一往桃花源，千春隔流水。』乃知太白唐時所見《史記》本尚無譌也。」余又得一證。《文選》潘岳《西征賦》注及《初學記》卷五引《史記》政作「明年」，可補閻氏所未及。

始皇崩於沙丘，乃又从井陘抵九原，〔原注〕今大同邊外。然後从直道以至咸陽，回繞三四千里而歸者，蓋始皇先使蒙恬通道，自九原抵甘泉，塹山堙谷千八百里。若徑歸咸陽，不果行游，恐人疑揣，故載轀輬而北行。但欲以欺天下，雖君父之尸臭腐車中而不顧，亦殘忍無人心之極矣。

《項羽紀》：「搏牛之䖟，不可以破蟣蝨。」言䖟之大者能搏牛而不能破蝨，喻鉅鹿城小而堅，秦不能卒破。

鴻門之會，沛公但稱羽爲「將軍」，而樊噲則稱「大王」，其時羽未王也。張良曰：「誰爲大王畫此計者？」其時沛公亦未王也。此皆臣下尊奉之辭，史家因而書之，今百世之下，辭氣宛然如見。又如黄歇《上秦昭王書》：「先帝文王、武王。」其時秦亦未帝。必以書法裁之，此不達古今者矣。

「背關懷楚」，謂舍關中形勝之地而都彭城，如師古之解，乃背約，非背關也。

古人謂「倍」爲「二」。〔原注〕《孟子》：「卿禄二大夫。」「秦得百二」，言百倍也。「齊得十二」，言十倍也。

《孝文紀》「天下人民未有嗛志」，與《樂毅傳》「先王以爲慊於志」同，皆厭足之意。《荀子》「憪然不慊」，又曰「由俗謂之道，盡嗛也」，又曰「嚮萬物之美而不能嗛也」，又曰「不自嗛其行者，言濫過」，《戰國策》「齊桓公夜半不嗛」，又曰「膳啗之嗛於口」，並是「慊」字而誤从「口」。《大學》「此之謂自謙」，亦「慊」字而誤从「言」。《吕氏春秋》「苟可以傔劑貌辨者，吾無辭爲也」，亦「慊」字而誤从「人」。

〔梁氏曰〕嗛，即「慊」。《漢書》作「慁志」，義同。《索隱》以爲不滿之意，非也。

「三年，復晉陽中都民三歲。」《正義》曰：「晉陽故城在汾州平遥縣西南。」此當言中都故城在汾州平遥縣西南，言晉陽誤也，然此注已見卷首「中都」下。

文帝「前后死」，竇氏，妾也。「諸侯皆同姓」，謂無甥舅之國可娶，《索隱》解非。〔原注〕《漢書》無此句。

「十一月晦，日有食之。」《漢書》多有食晦者，蓋置朔參差之失。其云「十二月望日又食」，此當作「月」耳。〔錢氏曰〕古法用平朔，故日食有在晦及二日者。唐以後改用定朔，由是日食必在朔。

「民或祝詛上，以相約結，而後相謾。」謂先共祝詛，已而欺負乃相告言也，故詔令若此者勿聽治。注並非。

《考武紀》「其後三年，有司言元宜以天瑞命，不宜以一二數。一元曰建元，二元以長星曰元光，三元以郊得一角獸曰元狩」云。❶〔原注〕本《封禪書》。是建元、元光之號皆自後追爲之，而武帝即位之初亦但如文、景之元，尚未有年號也。

《天官書》「疾其對國」，謂所對之國，如《漢書·五行志》所謂「歲在壽星，其衝降婁」，《左氏傳》襄二十八年「歲棄其次，而旅於明年之次，以害鳥帑，周、楚惡之」，杜氏解謂「失次於北，禍衝在南」

---

❶「一角獸」，原作「角獸一」，今據《史記·孝武本紀》改。

者也。

「四始者，候之日」，謂歲始也，冬至日也，臘明日也，立春日也。《正義》專指正月旦，非也。

「星隕如雨」，乃宋閔公之五年。言襄公者，《史》文之誤。《正義》以僖公十五年「隕石于宋五」注之，非也。

《封禪書》「成山斗入海」，謂斜曲入之，如斗柄然，古人語也。《匈奴傳》「漢亦棄上谷之斗辟縣造陽地以予胡」，又云「匈奴有斗入漢地，直張掖郡」。〔楊氏曰〕斗是突絶之意。

「各以勝日駕車辟惡鬼。」「勝日」，謂五行相克之日也。《索隱》非。

「天子病鼎湖甚。」湖，當作「胡」。鼎胡，宫名，《漢書・揚雄傳》「南至宜春、鼎胡、御宿、昆吾」是也。〔原注〕《三輔黄圖》：「宜春宫在長安城東南杜縣東，近下杜，御宿苑在長安城南御宿川。」則鼎胡當在其中間也。故卒起幸甘泉而行右内史界。《索隱》以爲湖縣，在今之閿鄉，絶遠，且無行宫。〔梁氏曰〕攷《史》《漢》及《黄圖》《水經注》四皆作「湖」，乃古通用字。如湖陵縣《史》《漢》多作「胡陵」，風胡子《吴越春秋》作「湖」，可證。又《漢志》「京兆湖縣」注云：「故曰胡，武帝建元元年更名湖。」《通典》曰：「鼎湖即此。」

「唯受命而帝者心知其意而合德焉。」按此即謂武帝，服虔以爲高祖，非。

「奉車子侯暴病一日死」，死於海上，非死於泰山下也。《索隱》所引《新論》之言殊謬。

《河渠書》「引洛水至商顔下」，服虔曰：「顔音崖。」崖，當作「岸」。《漢書・古今人表》屠岸賈作「屠顔賈」是也。師古注謂「山領象人之顔額」者非，其指商山者尤非。劉攽已辯之。〔錢氏曰〕「顔」與

「崖」聲相近。

《衛世家》「頃侯厚賂周夷王，夷王命衛爲侯」。是頃侯以前之稱「伯」者，乃伯、子、男之「伯」也。《索隱》以爲方伯之伯，雖有《詩序》「《旄丘》責衛伯」之文可據，〔原注〕鄭氏箋曰：「衛康叔封爵稱侯，今曰伯者，時爲州伯。」《周禮》：「九命作伯。」然非太史公意也；且古亦無以方伯之「伯」而繫謚者。〔原注〕周公、召公，二伯也。其謚則曰文公、康公。〔姚刑部曰〕太史公以康伯及考伯以下五世皆稱伯，至頃侯稱侯，故疑衛本伯爵。不知周初字謚之法，其稱伯者以字爲謚，非爵也。「王曰孟侯」，衛自康叔爲侯矣，豈待夷王時哉！

《楚世家》：「武王使隨人請王室尊吾號，王弗聽。還報楚，楚王怒，乃自立，爲楚武王。」「乃自立」爲一句，「爲楚武王」爲一句，蓋言自立爲王，後謚爲武王耳。古文簡，故連屬言之。如《管蔡世家》「楚公子圍弑其王郟敖而自立，爲靈王」，《衛世家》《鄭世家》皆云「楚公子棄疾弑靈王，自立，爲平王」，《司馬穰苴傳》「至常曾孫和，因自立，爲齊威王」。又如《韓世家》「晉作六卿，而韓厥在一卿之位，號爲獻子」，與此文勢正同。劉炫云「號爲武，武非謚也」，此説鑿矣。項梁立楚懷王孫心爲楚懷王，〔沈明經曰〕子襲父名，知林邑之將亡；孫因祖謚，識楚懷之不振。然父子同名，尤可嗤也。尉佗自立爲南越武帝，此後世事爾。

「西起秦患，北絶齊交，則兩國之兵必至。」此兩國即謂秦、齊也。《索隱》以爲韓、魏，非也。

《越世家》：「乃發習流二千。」「習流」謂士卒中之善泅者，別爲一軍。《索隱》乃曰「流放之罪人」，非也。庾信《哀江南賦》：「彼鋸牙而鉤爪，又巡江而習流。」

「不者且得罪」，言欲兵之。

《越世家》：「吾有所見子晰也。」「晰」者，「分明」之意。《易·大有·象傳》「明辨晢也」，即此字。音折，又音制。《索隱》誤以爲「鄭子晢」之「晢」。

《魏世家》「王之使者出過而惡安陵氏於秦」。安陵氏，魏之别封。蓋魏王之使過安陵，有所不快，而毁之於秦也。

《孔子世家》：「余低回留之不能去云。」按《玉篇·彳部》：「彽，除饑切。彽徊，猶徘徊也。」然則字本當作「彽徊」，省爲「低回」耳。今讀爲「高低」之「低」，失之。《楚辭·九章·抽思》：「低佪夷猶，宿北姑兮。」低，一作「徘」。

《絳侯世家》：「此不足君所乎？」〔梁氏云〕「此不足君所乎」，「此」字下當有「非」字。謂此豈不滿君意乎？蓋必條侯辭色之間露其不平之意，故帝有此言，而條侯免冠謝也。

「建德代侯坐酎金不善，元鼎五年，有罪，國除」，當云「元鼎五年，坐酎金不善，國除」，衍「有罪」二字。

《梁孝王世家》「乘布車」，謂微服而行，使人不知耳。無降服自比喪人之意。

《伯夷傳》「其重若彼」，謂俗人之重富貴也。「其輕若此」，謂清士之輕富貴也。

《管晏傳》：「方晏子伏莊公尸哭之，成禮然後去，豈所謂見義不爲無勇者邪。」此言晏子之勇於爲義也。古人著書，引成語而反其意者多矣。《左傳》僖九年：君子曰：「《詩》所謂『白圭之玷，尚可磨也。斯言之玷，不可爲也』。荀息有焉。」言荀息之能不玷其言也。後人持論過高，以荀息贊獻公立少爲失言，以晏子不討崔杼爲無勇，非左氏、太史公之指。

《孫臏傳》「重射」，謂以千金射也。《索隱》解以爲「好射」，非。

「批亢擣虚」，《索隱》曰：「亢言敵人相亢拒也。」非也。此與《劉敬傳》「搤其肮」之「肮」同。張晏曰：「喉嚨也。」下文所謂「據其街路」是也。以敵人所不及備，故謂之虚。

《蘇秦傳》「前有樓闕軒轅」，當作「軒縣」。《周禮・小胥》：「正樂縣之位，王宫縣，諸侯軒縣。」注謂「軒縣者，闕其南面」。

「殊而走。」《説文繫傳》曰：「斷絶分析曰殊。」謂斷支體而未及死。〔原注〕《淮南王傳》：「太子即自到不殊。」

《樗里子傳》：「今伐蒲入於魏，衛必折而從之。」此文誤，當依《索隱》所引《戰國策》文爲正。〔梁氏曰〕《策》作「蒲入於魏，衛必折於魏」，與此同一費解，疑有脱誤。《索隱》引《策》云：「今蒲入於秦，衛必折而入於魏。」吴注亦言一本作「蒲入於秦」，當是。

《甘茂傳》：「其居於秦，累世重矣。」謂歷事惠王、武王、昭王。

《孟子荀卿傳》：「始也濫耳。」濫者，氾而無節之謂。猶《莊子》之「洸洋自恣」也。注引「濫觴」之義，以爲「初」者，非。〔錢氏曰〕按小司馬説非也。詳上下文義，似謂衍之説，始謂泛濫，而要歸于仁義節儉耳。《司馬相如傳贊》云：「相如雖多虚濫説，然其要歸引之節儉。」語意正相類。

「儻亦有牛鼎之意乎。」謂伊尹負鼎，百里奚飯牛之意，藉此說以干時，非有仲尼、孟子守正不阿之論也。

《孟嘗君傳》「嬰卒，謚爲靖郭君」。以「號」爲「謚」，猶之以氏爲姓，皆漢初時人語也。《吕不韋傳》「謚爲帝太后」，與此同。王褒賦「幸得謚爲洞簫兮」，亦是作「號」字用。

《平原君傳》「非以君爲有功也而以國人無勳」，當作一句讀，言非國人無功而不封，君獨有功而封也。

《信陵君傳》「如姬資之三年」，謂以資財求客報仇。

「徒豪舉耳」，謂特貌爲豪傑舉動，非真欲求有用之士也。

《蔡澤傳》：「豈道德之符，而聖人所謂吉祥善事者與。」「豈」下當有「非」字。

《樂毅傳》：「室有語，不相盡以告隣里。」謂一室之中有不和之語，乃不自相規勸，而告之隣里，此爲情之薄矣。《正義》謂「必告」者，非。

《魯仲連傳》：「鄒魯之臣，生則不得事養，死則不得賻襚。」謂二國貧小，生死之禮不備。《索隱》謂「君弱臣强」者非。

「楚攻齊之南陽。」南陽者，泰山之陽。《孟子》：「一戰勝齊，遂有南陽。」

《賈生傳》「斡棄周鼎兮而寶康瓠」，應劭曰：「斡音筦。筦，轉也。」「斡流而遷兮，或推而還」，《索隱》曰：「斡音烏活反。斡，轉也。義同而音異。」今《説文》云：「斡，蠡柄也。从斗，倝聲。」揚雄、杜林説皆以爲軺車輪，斡，烏括切。按「𠦝」字，古案切。《説文》既云𠦝聲，則不得爲烏括切矣。顔師古《匡謬正俗》云：「《聲類》《字林》並音管。賈誼《服鳥賦》云『斡流而遷』，張華《勵志》詩云『大儀斡運』，皆爲轉也。《楚辭》云『筦維焉繫』，此義與『斡』同，字即爲『筦』。故知『斡』『管』二音不殊，近代流俗音烏括切，非也。」〔錢氏曰〕「斡」从𠦝聲，音烏括切，猶「害」有害聲，去入不妨相轉也。師古之説失之拘泥。《漢書·食貨志》：「浮食奇民欲擅斡山海之貨。」師古曰：「斡，謂主領也，讀與『管』同。」

《張敖傳》「要之置」，置，驛也。如《曹相國世家》「取祁善置」，《田横傳》「至尸鄉廄置」之「置」。《漢書·馮奉世傳》：「燔燒置亭。」〔梁氏曰〕案《索隱》本「置」下有「厠」字，與《漢書》同。今本脱。〔汝成案〕《張釋之傳》「從行至霸上，居北臨厠」注，李奇曰：「霸陵北頭厠近霸水。」如淳曰：「居高臨垂邊曰厠也。」蘇林曰：「厠，邊側也。」《索隱》云：「劉氏『厠』音初吏反，包愷音側，義亦兩通。」錢氏《考異》云：「予謂『厠』即『側』字。『側』旁从人，隸變爲『厂』，與『廁圊』字从『广』者不同。劉伯莊音初吏反，小司馬以爲義可兩通，蓋『厠』『廁』兩字唐以前已相溷。據此訓『厠』爲『側』，則《史》《漢》皆通矣。」

《淮陰侯傳》：「容容無所倚。」「容容」即「顒顒」字。

《盧綰傳》：「匈奴以爲東胡盧王。」封之爲東胡王也，以其姓盧，故曰東胡盧王。

《田榮傳》：「榮弟横收齊散兵，得數萬人，反擊項羽於城陽。」《正義》以爲濮州雷澤縣，非也。《漢書》城陽郡治莒。《史記·吕后紀》言「齊王乃上城陽之郡」，《孝文紀》言「以齊劇郡，立朱虚侯章爲城陽王」，而《淮陰侯傳》言「擊殺龍且於濰水上，齊王廣亡去，信遂追北至城陽」，皆此地。按《戰國策》貂勃對襄王曰：「昔王不能守王之社稷，❶走而之城陽之山中，安平君以敝卒七千禽敵，反千里之齊。當是時，闔城陽而王天下，莫之能止。然爲棧道木閣而迎王與后於城陽之山中，王乃復反，子臨百姓。」則古齊時已名城陽矣。

「不無善畫者，❷莫能圖」，謂以横兄弟之賢而不能存齊。

《陸賈傳》「尉佗迺蹶然起，坐謝陸生」。坐者，跪也。

「數見不鮮」，意必秦時人語，猶今人所謂「常來之客不殺雞」也。賈乃引此，以爲父之於子亦不欲久慁，當時之薄俗可知矣。〔楊氏曰〕當从注説。

《袁盎傳》「調爲隴西都尉」，此今日「調官」字所本。「調」有「更易」之意，猶琴瑟之更張乃調也。〔原注〕《張釋之傳》：「十年不得調。」如淳訓爲「選」，未盡。〔錢氏曰〕「調」字當從如淳訓。唐人初任皆云調，見於史傳，不勝枚舉。宋時尚有「常調官好做」之諺。常調，猶言常選也。明人始有改調之例，里俗相沿，不可以解《漢書》。

《扁鵲傳》「醫之所病病道少」，言醫之所患，患用其道者少，即下文「六者」是也。

《倉公傳》：「臣意年盡三年，年三十九歲也。」按徐廣注，高后八年，意年二十六，當作年盡十三

---

❶「昔」，上海古籍出版社整理本《戰國策·齊策》作「且」；下「王」字，作「先王」。

❷「不無」，原作「無不」，今據《史記·田儋列傳》乙正。

年，年三十九歲也，脱「十」字。《孝文本紀》：十三年，除肉刑。〔梁氏曰〕按上文，意家居，詔問所治病，不必定在十三年。觀意對詞，有菑川王、膠西王、濟南王、故陽虚侯、齊王、齊文王。菑川三王皆文帝十六年始封，陽虚侯文帝十六年改封，齊文王文帝十六年薨，則皆在十三年已後可見矣。方氏《補正》又謂是年乃文帝四年，故盡三年，年三十九，不説「年四十」者，是年未盡。此因本傳誤書「四年」而謬解之。惟《補正》載蔣西谷語爲確。蔣曰：「上言受慶方一年，所尚未精，『要事之三年』，言受讀之年盡三年，時年三十九，出治病即有驗，如下文所云也。」

《武安傳》「與長孺共一老禿翁」，謂爾我皆垂暮之年，無所顧惜，當直言以決此事也。《索隱》以爲「共治一老禿翁」者，非。

因匈奴犯塞，而有衛、霍之功。故序匈奴於衛將軍、驃騎《傳》之前。

《南越尉佗傳》：「發兵守要害處。」按《漢書・西南夷傳》注，師古曰：「要害者，在我爲要，於敵爲害也。」此解未盡。要害謂攻守必争之地，我可以害彼，彼可以害我，謂之害。人身亦有要害，《素問》岐伯對黄帝曰：「脉有要害。」《後漢書・來歙傳》：「中臣要害。」

《司馬相如傳》「其爲禍也不亦難矣」，衍「亦」字。

《汲黯傳》「愚民安知」爲一句。

《鄭當時傳》「高祖令諸故項籍臣名籍」，謂奏事有涉項王者，必斥其名曰「項籍」也。

《酷吏傳》「尸亡去，歸葬」，言其家人竊載尸而逃也，謂尸能自「飛去」，怪矣！

《游俠傳》：「近世延陵、孟嘗、春申、平原、信陵之徒，皆因王者親屬，藉於有土卿相之富厚。」延陵謂季札，〔梁氏曰〕延陵季子非俠，且不可言近世，與四公子相比。徐廣引《韓子》趙延陵生當之，《戰國策》作延陵君，又不得稱王者親屬。疑「延陵」二字衍。《漢》傳無。以其徧游上國，與名卿相結，解千金之劍而繫冢樹，有俠士之風也。

《貨殖傳》「廉吏久，久更富，廉賈歸富」，又曰「貪賈三之，廉賈五之」。夫放於利而行多怨。廉者知取知予，無求多於人，義然後取，人不厭其取。是以取之雖少，而久久更富，廉者之所得乃有其五也。注非。

「洛陽街居在齊、秦、楚、趙之中。」《説文》：「街，四通道。」《鹽鐵論》：「燕之涿、薊，趙之邯鄲，魏之温、軹，韓之滎陽，齊之臨淄，楚之宛丘，鄭之陽翟，二周之三川，皆爲天下名都，居五諸侯之衢，跨街衝之路。」

「盡椎埋去就，與時俯仰。」椎埋，當是「推移」二字之誤。〔錢氏曰〕椎埋，漢人語，不可輕改。先生亦微染俗學。

《太史公自序》「申呂肖矣」。「肖」乃「削」字脱其旁耳。與《孟子》「魯之削也滋甚」義同。徐廣注以爲「痟」者，非。〔梁氏曰〕嚴九能云：「《方言》：『趙，肖，小也。』肖有小義。」亭林似未考《方言》。

漢書注

《漢書敘例》，顔師古譔。其所列姓氏，「鄧展」「文穎」下並云「魏建安中」。建安乃漢獻帝年號，雖政出曹氏，不得遽名以魏。

《高帝紀》「諸侯罷戲下，各就國」，注引一説云：「時從項羽在戲水之上。」此説爲是。蓋羽入咸陽，而諸侯自留軍戲下爾。他處固有以戲爲「麾」者，但云「罷麾下」，似不成文。〔姚氏曰〕舊説戲，水名。顔注以戲「爲軍之旌麾，音許宜反」，又謂「項羽見高祖于鴻門，已過戲矣。又入秦燒秦宮室，不復在戲也」。余按顔説非是。羽雖過戲，而諸侯軍或留戲下，抑或受羽約于此。解戲爲麾，羽麾下耶？諸侯麾下耶？不辭之甚。

「不因其幾而遂取之」，訓幾爲危，未當。幾，即「機」字，如《書》「若虞機張」之「機」。〔沈氏曰〕此説固通，然訓幾爲危者亦當也。《左傳》宣十二年「利人之幾」，杜氏曰：「幾，危也。」恐即此「幾」字。案本書上下文，二説皆可通。

「遣詣相國府，署行、義、年」，謂書其平日爲人之實迹，如《昭帝紀》元鳳元年三月「賜郡國所選有行義者涿郡韓福等五人帛」，《宣帝紀》「令郡國舉孝弟有行義聞於鄉里者各一人」是也。劉攽改「義」爲「儀」，謂若今「團貌」，非。〔楊氏曰〕漢人「義」都作「誼」，作「義」者謂「儀」也。貢父是也。

《武帝紀》「元封元年，詔用事八神」，謂東巡海上而祠八神也。即《封禪書》所謂「八神，一曰天主，祠天齊」之屬。文穎以爲「祭太一，開八通之鬼道」者，非。

「天漢元年秋，閉城門，大搜」，與二年及征和元年之「大搜」同，皆搜索奸人也，非「踰侈者」也。

《昭帝紀》：「三輔太常郡得以叔〔原注〕即「菽」字。粟當賦。」漢時田租本是叔粟，今并口算雜征之，用錢者皆令以叔粟當之。其獨行於三輔太常郡者，不獨爲穀賤傷農，亦以減漕三百萬石，慮儲偫之乏也。

《元帝紀》「永光元年秋，罷」。如淳曰：「當言罷某官某事，爛脱失之。」是也。《左傳》成二年，「夏，有」。亦是闕文。杜氏解曰：「失新築戰事。」

「建昭三年，戊己校尉」，師古曰：「戊己校尉者，鎮安西域，無常治處，亦猶甲乙、丙丁、庚辛、壬癸各有正位，而戊己四季寄王，故以名官也。時有戊校尉，又有己校尉。一説戊己位在中央，今所置校尉處三十六國之中，故曰戊己也。」《百官公卿表》注亦載二説。《漢官儀》曰：「戊己中央，鎮覆四方。又開渠播種，以爲厭勝，故稱戊己焉。」按馬融《廣成頌》曰：「校隊案部，前後有屯，甲乙相伍，戊己爲堅。」則不獨西域，雖平時校獵亦有部伍也。又知其甲乙八名皆有，而西域則但置此戊己二官爾。〔原注〕《王莽傳》：「右庚刻木校尉，前丙燿金都尉。」其所名或有所本。《車師傳》：「置戊己校尉，屯田，居車師故地。」《烏孫傳》：「漢徙己校屯姑墨。」而《後漢書·耿恭傳》：「恭爲戊校尉，屯後王部金蒲城。謁者關寵爲己校尉，屯前王柳中城。」故師古以爲「無常治」。

《哀帝紀》「非赦令也，皆蠲除之」，猶《成帝紀》言「其吏也遷二等」同一文法。蓋赦令不可復反，故但此一事不蠲除也。

《王子侯表》「瓡節侯息，城陽頃王子」，師古曰：「瓡，即『瓠』字也。又音孤。」《地理志》「北海郡」下「瓡侯國」，師古曰：「瓡，即『執』字。」二音不同。而《功臣表》「瓡讘侯杆者」，師古曰：「『瓡』『狐』同。」「河東郡」下作「狐讘」，又未知即此一字否也。

《百官表》「長水校尉掌長水宣曲胡騎」，師古曰：「長水，胡名也。宣曲，觀名。胡騎之屯於宣曲者。」按長水非胡名也。《郊祀志》：「霸、産、豐、澇、涇、渭、長水，以近咸陽，盡得比山川祠。」《史記索隱》曰：「《百官表》有長水校尉。沈約《宋書》云：『營近長水，因名。』《水經》云：『長水出白鹿原。』今之荆溪水是也。」

「元鳳四年，蒲侯蘇昌爲太常。十一年，坐籍霍山書泄祕書，免。」師古曰「以祕書借霍山」，非也。蓋籍没霍山之書中有祕記，當密奏之，而輒以示人，故以宣泄罪之耳。山本傳言：「山坐寫祕書，顯爲上書獻城西第，入馬千匹，以贖山罪。」若山之祕書从昌借之，昌之罪將不止免官，而元康四年，昌復爲太常，薄責昌而厚繩山，非法之平也。且如顔説，當云「坐借霍山祕書免」足矣，何用文之重、辭之複乎？

「建昭三年七月戊辰，衛尉李延壽爲御史大夫，一姓繁」，師古曰：「繁，音蒲元反。」《陳湯傳》「御史大夫繁延壽」，師古曰：「繁，音蒲胡反。」《蕭望之傳》師古音「婆」，《谷永傳》師古音「蒲河反」。蒲元則音盤，蒲胡則音蒲，蒲河則音婆，三音互見，並未歸一。然「繁」字似有「婆」音。《左傳》定四年，「殷民十族繁氏」，「繁」音步何反。《儀禮・鄉射禮》注：「今文皮樹爲繁豎。皮，古音婆。」《史記・張丞相世家》「丞相司直繁君」，❶《索隱》曰：「繁，音婆。」《文選》「繁休伯」，吕向：「音步何反。」則「繁」之音婆，相傳久矣。〔原注〕《廣韻》八戈部中有「繁」字，注曰：「音薄波切。姓也。又音煩。」此字或作「鞶」。《玉篇》「鞶」字亦音步波、步丹二切。

《律曆志》「壽王候課比三年下」，謂課居下也。下文言「竟以下吏」，乃是下獄。師古注非。

《食貨志》：「學六甲五方書計之事。」「六甲」者，四時六十甲子之類。「五方」者，九州嶽瀆列國之名。「書」者，六書。「計」者，九數。瓚説未盡。

「國亡捐瘠者。」瘠，古「胔」字，謂死而不葬者也。《婁敬傳》「徒見羸胔老弱」，《史記》作「瘠」。《後漢書・彭城靖王恭傳》「毁胔過禮」，《大戴禮》「羸醜以胔」，皆是「瘠」字。則此「瘠」乃「胔」字之誤，當从孟康之説。〔原注〕蘇林音漬，是。

「課得穀皆多其旁田晦一斛以上。」蓋壖地乃久不耕之地，地力有餘，其收必多，所以作代田之法也。

「天下大氐無慮皆鑄金錢矣。」「無慮」猶云「無算」，言多也。

「布貨十品」，師古曰：「布即錢耳。謂之布者，言其分布流行也。」按本文，錢、布自是二品，而

---

❶「世家」，據《史記》應作「列傳」。

下文復載「改作貨布」之制，安得謂「布即錢」乎？《莽傳》曰：「貨布長二寸五分，廣一寸，直貨錢二十五。」今貨布見存，上狹下廣而岐其下，中有一孔，師古當日或未之見也？

《郊祀志》：「文公獲若石，云于陳倉北坂城祠之。其神或歲不至，或歲數來也。常以夜，光煇若流星，从東方來，集於祠城。若雄雞，其聲殷云，野鷄夜鳴。」如淳曰：「野鷄，雉也。呂后名雉，改曰野鷄。」《五行志》：「天水冀南山大石鳴，聲隆隆如雷。有頃止，壄〔原注〕「野」同。鷄皆鳴。」師古曰：「雉也。」竊謂野鷄者，野中之鷄耳。注拘於荀悦云「諱『雉』之字曰野雞」。夫諱「恒」曰常，諱「啟」曰開，史固有言常、言開者，豈必其皆爲恒與啟乎？又此文本《史記・封禪書》，其上文云「有雉登鼎耳雊」，其下文云「公孫卿言，見僊人跡緱氏城上，有物如雉往來城上」，又云「縱遠方奇獸飛禽及白雉諸物」，〔原注〕《漢書》同此二條。並無所諱。而《漢書・地理志》南陽郡有雉縣，江夏郡有下雉縣，《五行志》王音等上言「雉者聽察，先聞雷聲」，則漢時未嘗諱雉也。

「木寓龍一駟，木寓車馬一駟」，李奇曰：「寓，奇也。寄生龍形於木。」此説恐非。古文「偶」「寓」通用，〔原注〕偶，亦音寓。木寓，木偶也。《史記・孝武紀》作「木偶馬」，而《韓延壽傳》曰「賣偶車馬下里僞物者，棄之市道」。古人用以事神及送死，皆木偶人、木偶馬，〔原注〕《魯相史晨孔廟後碑》云：「餝治桐車馬于瀆上。」今人代以紙人、紙馬。又《史記・殷本紀》「帝武乙無道，爲偶人，謂之天神」，《索隱》曰：「偶音寓。」《酷吏傳》「匈奴至爲偶人，象郅都」，《索隱》曰：「《漢書》作『寓人』。」可以證「寓」之爲「偶」矣。

《五行志》：「吴王濞封有四郡五十餘城。」四，當作「三」，古「四」字積畫以成，與「三」易混，猶《左傳》「陳、蔡、不羹」三國之爲四國也。

「隱公三年二月己巳，日有食之，其後鄭獲魯隱。」按狐壤之戰事在其前，乃隱公爲公子時，此劉向誤説，班史因之，不必曲爲之解。

《溝洫志》：「内史稻田租挈重。」挈，偏也。《説文》有「觢」字，注云「角一俯一仰」，意同。

《楚元王傳》「孫卿」，師古曰：「荀況，漢以避宣帝諱改之。」按漢人不避嫌名，「荀」之爲「孫」，如「孟卯」之爲「芒卯」，「司徒」之爲「申徒」，語音之轉也。

「上數欲用向爲九卿，輒不爲王氏居位者及丞相御史所持，故終不遷。」衍一「不」字，當云「輒爲王氏居位者及丞相御史所持」。持者，挾持之義，而非挾助之解也。

《季布傳》「難近」。謂令人畏而遠之。師古以近爲「近天子爲大臣」，非也。

《樊噲傳》：「項羽既饗軍士，中酒。」中酒，謂酒半也。《吕氏春秋》謂之「中飲」。〔原注〕晉靈王發酒於宣孟，宣孟知之，中飲而出。《戰國策》：「楚王觴張儀，中飲，再拜而請。」凡事之半曰「中」。《左傳》昭公二十八年「中置」，謂饋之半也。〔原注〕上云「饋之始至」，下云「饋之畢」。《史記·河渠書》「中作而覺」，謂工之半也。《吕氏春秋》「中關〔原注〕音彎。而止」，謂關弓弦正半而止也。中酒，猶今人言「半席」。師古解以不醉不醒，故謂之中，失之矣。〔原注〕《司馬相如傳》「酒中樂酣」，師古曰：「酒中，飲酒中半也。」一人注書，前後不同。

《淮南厲王傳》「命从者刑之」，《史記》作「剄之」，當从剄，音相近而訛。下文「太子自刑不殊」，又云「王自刑殺」，《史記》亦皆作「剄」也。

「孝先自告反，告除其罪。」按《史記》無下「告」字，是衍文。師古曲爲之説。

《萬石君傳》「内史坐車中自如，固當」者，反言之也，言貴而驕人，當如此乎！

《賈誼傳》「上數爽其憂」，謂秦之所憂者在孤立，而漢之所憂者在諸侯；漢初之所憂者在異姓，而今之所憂者在同姓。

張敖不反，故添一「貫高爲相」句。古人文字之密。

「植遺腹，朝委裘，而天下不亂。」必古有是語，所謂「君薨而世子生」者也。季桓子命其臣正常曰：「南孺子之子，男也，則以告而立之。」遺腹之爲嗣，自人君以至於大夫，一也。

《鄒陽傳》「宋任子冉之計，囚墨翟」，《史記》作「子罕」。文穎曰：「子冉，子罕也。」按子罕是魯襄公時人，墨翟在孔子之後，子冉當别是一人。

「秦皇帝任中庶子蒙之言」，師古曰：「蒙者，庶子名也。今流俗書本義下輒加『恬』字，非也。」按《史記》，「秦王寵臣中庶子蒙嘉，爲先言於秦王」，非蒙恬，「蒙」亦非名，傳文脱一「嘉」字。

《趙王彭祖傳》「椎埋」，即掘冢也。新葬者謂之埋。師古曰：「椎殺人而埋之。」恐非。

《李廣傳》「彌節白檀」，彌，與「弭」同。《司馬相如傳》「於是楚王乃弭節徘徊」注，郭璞曰：「弭，猶低也。節，所杖信節也。」

「陵當發出塞，迺詔彊弩都尉，令迎軍。」言當俟陵出塞之後，乃詔博德迎之。

《蘇武傳》：「陵惡自賜武，使其妻賜武牛羊數十頭。」今人送物與人，而託其名於妻者，往往有之。其謂之「賜」者，陵在匈奴已立爲王故也。云「惡自賜武」，蓋嫌於自居其名耳。師古注謂「若示己於匈奴中富饒以夸武」者，非。

《司馬相如傳》，《子虛之賦》乃游梁時作，當是侈梁王田獵之事而爲言耳。後更爲「楚稱、齊難」而歸之天子，則非當日之本文矣。若但如今所載子虛之言，不成一篇結構。

《張安世傳》「無子，子安世小男彭祖」，謂賀無見存之子，而以安世小男爲子，其蚤死之子別有一子，乃下文所謂「孤孫霸」，非無子也。

《杜周傳》「吏所增加十有餘萬」，謂辭外株連之人。

《張騫傳》：「竟不能得月氏要領。」古人上衣下裳，舉裳者執要，舉衣者執領。

《廣陵王胥傳》「女須泣曰『孝武帝下我』」，言孝武帝降憑其身而言。「千里馬兮駐待路。」言神魂飛揚，將乘此馬而遠適千里之外。張晏注以爲驛馬，非。

《嚴助傳》「臣聞道路言，閩越王弟甲弒而殺之」，即下文所云「會閩越王弟餘善殺王以降」者也。當淮南王上書之時，不知其名，故謂之「甲」，猶云「某甲」耳。師古曰：「甲者，閩越王弟之名。」非。

《朱買臣傳》「買臣入家中」，即會稽邸中也。邸，如今京師之會館。

《東方朔傳》：「以劍割肉而去之。」裴松之注《魏志》云：「古人謂藏爲去。」《蘇武傳》「掘野鼠去屮實而食之」，師古曰：「去，謂藏之也。」

《楊惲傳》「廷尉當惲大逆無道」者，以書中有「君父送終」之語。

《梅福傳》：「諸侯奪宗。」如帝摯立，不善，崩，而堯自唐侯升爲天子是也。

《梅福傳贊》：「殷鑒不遠，夏后所聞。」謂福引吕、霍、上官之事以規切王氏。師古注謂「封孔子後」，非。

《霍光傳》「張章等言霍氏皆讎有功」，晋灼曰：「讎，等也。」非也。此如《詩》「無言不讎」之「讎」。〔原注〕《詩正義》：「相對謂之讎。」《左傳》僖五年「無喪而慼憂，必讎焉」，注：「讎，猶對也。」《律曆志》「廣延宣問，以理星度，未能讎也」，鄭德曰：「相應爲讎也。」《郊祀志》：「其方盡多不讎。」《伍被傳贊》：「忠不終而詐讎。」《魏其傳》：「上使御史簿責嬰所言，灌夫頗不讎。」

《趙充國傳》「微將軍，誰不樂此者」，言豈獨將軍苟安貪便，人人皆欲爲之。師古注以「微」字屬上句讀，非。

《辛慶忌傳》「衛青在位，淮南寢謀」，謂伍被言大將軍數將習兵，未易當。又言雖古名將不過是，爲淮南所憚。

《于定國傳》：「萬方之事，大録于君。」按今所傳王肅注《舜典》「納于大麓」曰：「麓，録也。納舜，使大録萬機之政。」蓋西京時已有此解，故詔書用之。〔原注〕章帝即位，以太傅趙憙、太尉牟融並録尚書事。

《于定國傳贊》「哀鰥哲獄」，《毛詩》《禮記》凡鰥寡之「鰥」，皆作「矜」，此亦矜之誤。「哲」則「折」之誤也。師古以傳中有「哀鰥寡」語，遂以釋此文，而以「哲」爲「明哲」之「哲」。

《龔勝傳》「勿隨俗動吾冢，種柏作祠堂」，師古曰：「多設器備，恐被發掘，爲動吾冢。」非也。古人族葬，勝必已自有墓，若隨俗人之意，更於冢上種柏作祠堂，則是動吾冢也。蓋以朝代遷革，一切飾終之禮俱不欲用。

《韋賢傳》：「歲月其徂，年其逮耈。於昔君子，庶顯于後。」孟自言年老，慕昔之君子垂令名于後，欲王信老成之言而用之也。在鄒詩曰「既耈且陋」，則此爲孟之自述可知。

「下从者與載送之」，「下」如《爰盎傳》「下趙談」之「下」，與之共載，復送至其家也。

《尹翁歸傳》「高至於死」。「高」謂罪名之上者，猶言「上刑」。

《王尊傳》「猥被共工之大惡」，謂御史大夫劾奏尊以「靖言庸違，象共滔天」。

《蕭育傳》「鄠名賊梁子政」，「名賊」猶言「名王」，謂賊之有名號者也。師古曰：「名賊者，自顯其名，無所避匿，言其彊也。」非。

《宣元六王傳贊》「貪人敗類」，《大雅・桑柔》之詩，師古注誤以爲《蕩》。

《張禹傳》：「兩人皆聞知，各自得也。」崇以禹爲親之，宣以禹爲敬之，故各自得。

《翟方進傳》「萬歲之期，近慎朝暮」，謂宮車晏駕，故下文郎賁麗以爲可移於相也。

《揚雄傳》「不知伯僑周何別也」，謂不知是何王之別子。

「冠倫魁能」，「能」字當屬上句，言爲能臣之首。

史書之文中有誤字，要當旁證以求其是，不必曲爲之説。如此傳《解嘲篇》中「欲談者宛舌而固聲」，「固」乃「同」之誤。「東方朔割名於細君」，「名」乃「炙」之誤，有《文選》可證。而必欲訓之爲「固」、爲「名」，此小顔之癖也。《顔氏家訓》云：「《穀梁傳》：『孟勞者，魯之寶刀也。』〔原注〕僖元年。有姜仲岳，讀『刀』爲『力』，謂：『公子左右，姓孟名勞，多力之人，爲國所寶。』與吾苦諍。清河郡守邢峙，當世碩儒，助吾證之，赧然而服。」此傳「割名」之解，得無類之。

《儒林傳》「弟子行雖不備，而至於大夫、郎、掌故以百數」，謂不必皆有行誼而多顯官。

《貨殖傳》：「爲平陵石氏持錢。」持錢，猶今人言掌財也。如氏、苴氏皆平陵富人，而石氏訾亦次之。

《游俠傳》「酒市趙君都、賈子光」，服虔曰：「酒市中人也。」非也。按《王尊傳》「長安宿豪大猾箭張禁、酒趙放」，晋灼曰：「此二人作箭作酒之家。」今此上文有「箭張回」，即張禁也，君都亦即放也，名偶異耳。

《佞幸傳》「朕惟噬膚之恩未忍」，是取《易·睽》六五「厥宗噬膚」，言貴戚之卿，恩未忍絶。

《匈奴傳》「孤僨之君」，「僨」如《左傳》「張脈僨興」之「僨」。《倉公傳》所謂「病得之欲男子而不可得也」。

「衛律爲單于謀，穿井築城，治樓以藏穀，與秦人守之。」師古曰：「秦時有人亡入匈奴者，今其子孫尚號秦人。」非也。彼時匈奴謂中國人爲秦人，猶今言漢人耳。《西域傳》：「匈奴縛馬前後足，置城下，馳言：『秦人，我匄若馬！』」師古曰：「謂中國人爲秦人，習故言也。」是矣。其言「與秦人守」者，匈奴以轉徙爲業，不習守禦，凡穿井築城之事，非秦人不能爲也。《大宛傳》：「聞宛城中新得秦人，知穿井。」亦謂中國人。〔原注〕《後漢書·鄧訓傳》：「發湟中秦、胡。」《袁紹傳》：「許賞賜秦、胡。」秦者中國人，胡者胡人，猶後人之言「蕃、漢」也。

「去胡來王唐兜」，師古曰：「爲其去胡而來降漢，故以爲王號。」非也。《西域傳》：「婼羌國王號去胡來王。」

「臣知父呼韓邪單于蒙無量之恩。」其時尚未更名，當曰「臣囊知牙斯」，作史者从其後更名録之耳。〔錢氏曰〕「父兄傳五世，漢不求此地，至知獨求，何也。」亦是追改之。

故印已壞，乃云「因上書求故印」者，求更鑄如故印之式，去「新」字而言「璽」。

《南粤傳》「朕高皇帝側室之子」，師古曰：「言非正嫡所生。」非也。《春秋左氏》桓公二年《傳》曰：「卿置側室。」杜解：「側室，衆子也。」文公十二年《傳》曰：「趙有側室曰穿。」〔張大令曰〕按《文帝紀》：「孝文皇帝，高帝之中子也。母薄姬。」故以爲非正嫡所生。如以衆子爲側室，不當復云「之子」。竊謂隨文爲解，難以一律，《左傳》以杜説爲是，《漢書》以顔説爲是。

《西域傳》「康居國王東羈事匈奴」，言不純臣，但羈縻事之，與烏孫「羈屬」意同，當用彼注，删此注。

「宜給足，不可乏」，當作「可不乏」。

《外戚傳》「常與死爲伍」，言瀕於死。

「其條刺，史大長秋來白之。」「史」當作「使」。〔錢氏曰〕汲古閣本元是「使」字。

「丞知是何等兒也」，言藏之以辨是男非女。師古注非。

「奈何令長信得聞之」，謂何道令太后聞之。

「終没，至迺配食於左坐」，謂合葬渭陵，配食元帝。〔王氏曰〕蓋廟中之室亦東向爲尊，配食左坐，仍是旁侍，非並坐。

《王莽傳》「治者掌寇大夫陳成自免去官」，蓋先幾而去。

「自稱廢漢大將軍」者，自稱「漢大將軍」也，下文云「亡漢將軍」，同此意。自莽言，謂之「廢漢」「亡漢」耳。

「會省户下」，省户，即禁門也。蔡邕《獨斷》曰：「禁中者，門户有禁，非侍御者不得入，故曰『禁中』。孝元皇后父大司馬陽平侯名禁，當時避之，故曰省中。」

「右庚刻木校尉」，「刻」「克」同，取「金克木」。

《敘傳》：「劉氏承堯之後，氏族之世，著乎《春秋》。」左氏昭公二十九年《傳》：「陶唐氏既衰，其後有劉累者，學擾龍于豢龍氏，以事孔甲。」師古引士會奔秦，「其處者爲劉氏」，則又其苗裔也。

「彫落洪支」，謂中山、東平之獄。服虔以爲「廢遝王氏」，非。

後漢書注

《光武紀》「今此誰賊，而馳騖擊之乎」，注：「誰，謂未有主也。」非。言此何等賊，不足煩主上親擊也。

「敢拘制不還，以賣人法从事」，言比略賣人口律罪之，重其法也。〔惠氏曰〕《盜律》曰：「略人、略賣人、和賣人爲奴婢者死。」陳羣《新律序》曰：「《盜律》有和賣、買人案。此則《漢律篇》有賣人之條。前二年詔曰：『敢拘執，論如律。』所謂律者，即賣人法也。」

《質帝紀》「先能通經者，各令隨家法」，注：「儒生爲《詩》者謂之詩家，爲《禮》者謂之禮家。」非也。謂如《詩》有齊、魯、韓、毛。通《齊詩》者自以爲《齊詩》教授，通《魯詩》者自以爲《魯詩》教授，韓、毛及五經皆然，乃所謂家法耳。《魯丕傳》言「法異者各令自説師法」，《徐防傳》言「伏見太學試博士弟子，皆以意説，不循〔原注〕今本誤作「修」。家法」是也。〔原注〕《左雄傳》注：「儒有一家之學，故稱家。」此得之矣。

《安帝紀》：「永初元年九月癸酉，調揚州五郡租米，贍給東郡濟陰、陳留，梁國下邳、山陽。」注：「五郡謂九江、丹陽、廬江、吴郡、豫章也。揚州領六郡，會稽最遠，蓋不調也。」按《順帝紀》：「永建四年，分會稽爲吴郡。」安帝時未有吴郡，止五郡，無可疑者。注非。〔惠氏曰〕永初七年，調零陵、桂陽、丹陽、豫章、會稽租米，則會稽非以遠故不調明矣。注兩失之。

馮異遺李軼書：「苟令長安尚可扶助，延期歲月，疏不問親，遠不踰近，季文豈能居一隅哉！」言季文於更始爲親近之臣，當在朝秉政，豈得居此一隅。注失其指，反以爲「疏遠」，非。

《景丹傳》：「邯鄲將帥數言我發漁陽、上谷兵，我聊應言然。」謂邯鄲將帥有此言，我亦聊以此言應之，不能必二郡之果來也。本文自明，注乃謂王郎欲發之，謬矣。

《鮑永傳》，太守趙興歎曰：「我受漢茅土，不能立節，而鮑永死之，豈可害其子也？」「永」字誤，當作「鮑宣」。

《楊厚傳》：「陰臣、近戚、妃黨當受禍。」「陰臣」謂婦人，下文宋阿母是也。注：「陰私也。」非。〔惠氏曰〕案《公羊春秋》曰：「定十四年城莒父。」何休曰：「或説無冬者，坐受女樂，令聖人去。冬，陰臣之象。」則陰臣爲婦人審矣。

《郎顗傳》：「思過念咎，務消祗悔。」注：「祗，大也。」非也。按《易·復》初九「无祗悔」，九家本作「多」，古人「多」「祗」二字通用。〔原注〕《論語》「多見其不知量也」，《正義》曰：「古人『多』『祗』同音。」《左傳》襄二十九年「多見疏也」，服虔本作「祗」。〔惠氏曰〕案侯果《易注》云：「祗，大。往被陰剥，所以有悔，覺非復故，故无大咎。」章懷之訓，蓋本侯果。

《朱浮傳》「自損盛時」，「損」當作「捐」。〔惠氏曰〕案《文選》作「捐」。

《賈逵傳》：「鄉人有所計爭，輒令祝少賓。」〔原注〕司馬均。注云：「祝，詛也。爭曲直者輒言敢祝少賓乎？」非也。言敢于少賓之前發誓乎？事之如神明也。古人文簡爾。

《鍾離意傳》：「光武得奏，以見霸。」〔原注〕侯霸。「見」當作「視」，古「示」字作「視」，謂以意奏示霸也。〔惠氏曰〕案《意別傳》曰：「光武皇帝得上狀，見司徒侯霸，曰：『所使掾吏，何乃仁恕爲國用心乎如此！』」則范書略其文耳。「視」字仍當爲「見」也。

《張禹傳》：「祖父況爲常山關長，會赤眉攻關城。」按《前漢志》，常山郡之縣十八，其十二曰關。《續漢志》無此縣，世祖所省也。其地當即今之故關。建武十五年，徙雁門、代郡、上谷三郡民，置常山關、居庸關以東。

《梁節王暢傳》：「今陛下爲臣收污天下。」「收污」，猶《左氏傳》所謂「國君含垢」。〔惠氏曰〕袁《紀》作「收恥」，《通鑑》作「受汙」。案「收汙」猶「受垢」也。老子《德經》曰「受國之垢，是爲社稷主」，與「國君含垢」義同。

《李雲傳》「當有黄精代見」，注：「黄精謂魏氏將興也。」按雲本不知是魏，故下言陳、項、虞、田、許氏爾。黄之代赤，自是五運之序，王莽亦自以爲祖黄帝也。

《曹騰傳》「潁川堂谿趙典等」，按《蔡邕傳》作「五官中郎將堂谿典」。注：「堂谿，姓也。」此文衍一「趙」字。〔原注〕趙典本傳是成都人，非潁川。靈帝初，官衛尉卒。又《黨錮傳》云：「唯趙典名見而已。」是後漢有兩趙典。

文選注

阮嗣宗《詠懷》詩：「西游咸陽中，趙李相經過。」顔延年注：「趙，漢成帝后趙飛燕也。李，武帝李夫人也。」按成帝時自有趙、李。《漢書·谷永傳》言：「趙、李从微賤專寵。」《外戚傳》：「班倢伃進侍者李平，平得幸，亦爲倢伃。」《敘傳》：「班倢伃供養東宫，進侍者李平爲倢伃，而趙飛燕爲皇后。自大將軍〔原注〕王鳳。薨後，富平定陵侯張放、淳于長等始愛幸，出爲微行，行則同輿執轡。入侍禁中，設宴飲之會，及趙、李諸侍中皆引滿舉白，談笑大噱。」史傳明白如此，而以爲武帝之李夫人，何哉？

陶淵明詩注

《西溪叢語》：「陶淵明詩云：『聞有田子春，節義爲士雄。』《漢書·燕王劉澤傳》云：『高后時，齊人田生游乏資，以書干澤，澤大悦之，用金二百斤爲田生壽。田生如長安，求事幸謁者張卿，諷高后立澤爲琅邪王。』晋灼曰：『《楚漢春秋》云田生字子春。』」非也。此詩上文云「辭家夙嚴駕，當往至無終」，下文云「生有高世名，既没傳無窮」，其爲田疇可知矣。《三國志》：「田疇字子泰，右北平無終人也。」「泰」一作「春」，若田生游説取金之人，何得有高世之名，而爲靖節之所慕乎？「遂盡介然分，終死歸田里。」是用方望《辭隗囂書》：「雖懷介然之節，欲潔去就之分。」

「多謝綺與角，精爽今何如。」「多謝」者，非一言之所能盡，今人亦有此語。《漢書》：「趙廣漢爲京兆尹，常記召湖都亭長西至界上。界上亭長戲曰：『爲我多問趙君。』」注：「多問者，言殷勤，若今人千萬問訊也。」

李太白詩注

李太白《飛龍引》「雲愁海思令人嗟」，是用梁豫章王綜《聽雞鳴辭》「雲悲海思徒掩仰」。《胡無人》篇「太白入月敵可摧」，是用《北齊書·宋景業傳》「太白與月并，宜速用兵」。二事前人未注。

太白詩有《古朗月行》，又云「今人不見古時月」。王伯厚引《抱朴子》曰：「俗士多云今日不及古日之熱，今月不及古月之朗。」是則然矣。而又云「狂風吹古月，竊弄章華臺」，又曰「海動山傾古月摧」。此所謂「古月」，則明是「胡」字，不得曲爲之解也。然太白用此亦有所本。《晉書·苻堅載記》：「古月之末亂中州，洪水大起健西流。」此其本也。或曰析字之體止當著之讖文，豈可以入詩乎？「藁砧今何在，山上復有山」，古詩固有之矣。〔原注〕《晉書·郭璞傳》有姓崇者，搆璞於敦，而史臣論曰：「竟斃山宗之謀。」

「誰憐李飛將，白首没三邊」，昔人譏其以「飛將軍」翦截爲「飛將」者，然古人自有此語。《後漢書·班勇傳》：「班將能保北鹵不爲邊害乎？」後魏唐永，正光中爲北地太守，數與賊戰，未嘗敗北，時人語曰：「莫陸梁，恐爾逢唐將。」並以「將軍」爲「將」。

「海上碧雲斷，單于秋色來。」單于是地名。《通典》：「麟德元年，改雲中都護府爲單于大都護府，領縣一，曰金河。有長城，有金河、李陵臺、王昭君墓。」《舊唐書·突厥傳》：「車鼻既破之後，突厥盡爲封疆之臣，於是分置單于、瀚海二都護府。單于都護領狼山、雲中、桑乾三都督，蘇農等一十四州。」《新書》言：「磧以北蕃州悉隸瀚海，南隸雲中。雲中者，義成公主所居也。頡利滅，李靖徙突厥羸破數百帳居之，以阿史德爲之長。衆稍盛，即建言：『願以諸王爲可汗，遥統之。』帝曰：『今可汗，古單于也。』乃改雲中府爲單于大都護府，以殷王旭輪〔原注〕即睿宗。爲單于都護。」〔原注〕《裴行儉傳》：「突厥阿史德温傳反，單于管内一十四州並叛應之。」《范希朝傳》：「單于城中舊少樹，希朝于他處市柳，命軍人種之，俄遂成林。」《田歸道傳》：「默啜奏請六胡州及單于都護府之地，則天不許。」《回紇傳》：「遣使北收單于兵馬倉糧。」《通鑑》注引宋白曰：「唐振武軍，舊單于都護府，即漢定襄郡之盛樂縣也。在陰山之陽，黄河之北，後魏所都盛樂是也。唐平突厥，於此置雲中都督府，後改單于府。」《新唐書·地理志》曰：「唐之盛時，開元、天寶之際，東至安東，西至安西，南至日南，北至單于府。」徐九臯詩題曰《送部四鎮人往單于》，崔顥詩題曰《送單于裴都護赴西河》，岑參《輪臺即事》詩「輪臺風物異，地是古單于」是也。

杜子美詩注

《寄臨邑舍弟》詩「徐關深水府」，《送舍弟穎赴齊州》詩「徐關東海西」，徐關在齊境，今不可考。

《左傳》成公二年，「齊師敗于鞍，齊侯自徐關入」。十七年，「齊侯與國佐盟于徐關而復之」。

《行次昭陵》詩「威定虎狼都」，注引《蘇秦傳》「秦虎狼之國」，甚爲無理。此乃用《秦本紀贊》「據狼、弧，蹈參、伐」，❶參爲白虎，秦之分星也。

「往者災猶降，蒼生喘未蘇」，謂武、韋之禍。「指麾安率土，蕩滌撫洪鑪」，謂玄宗再造唐室也。本於太宗之遺德在人，故詩中及之。錢氏謂此詩天寶亂後作，而改「鐵馬」爲「石馬」，以合李義山詩「昭陵石馬」之説，非矣。其《朝享太廟賦》曰：「弓劍皆鳴，汗鑄金之風馬。」此在未亂以前，又將何説？必古記有此事，而今失之爾。〔原注〕今昭陵六馬見存，皆琢石爲屏，而刻馬於上，其文凸起，非金馬也。乾陵石雁亦然。

《奉贈韋左丞丈》詩「殘杯與冷炙，到處潛悲辛」。《顔氏家訓》：「古來名士，多所愛好。惟不可令有稱譽，見役勳貴，處之下坐，以取殘杯冷炙之辱。」

《高都護驄馬行》「安西都護胡青驄」。《魏書·吐谷渾傳》：「吐谷渾嘗得波斯草馬，放入海，因生驄駒，能日行千里，世傳青海驄者是也。」

《送蔡希魯還隴右》詩「涼州白麥枯」。杜氏《通典》：「涼州貢白小麥十石。」

《天育驃騎歌》：「伊昔太僕張景順，監牧攻駒閲清峻，遂令大奴守天育，別養驥子憐神駿。」按

---

❶「秦本紀」，據《史記》，此下引文見於《秦始皇本紀》。

史言：「玄宗初即位，牧馬有二十四萬匹，以太僕卿王毛仲爲内外閑廄使，少卿張景順副之。開元十三年，玄宗東封，有馬四十三萬匹，牛羊稱是。上嘉毛仲之功，加開府儀同三司。」是景順特毛仲之副爾。今斥毛仲爲大奴，而歸其功於景順，殆以詩人之筆而追黜陟之權乎？

《哀王孫》詩「但道困苦乞爲奴」。《南史》：「齊明帝爲宣城王，遣典籤柯令孫殺建安王子真。子真走入牀下，令孫手牽出之，叩頭乞爲奴，不許而死。」

「朔方健兒好身手。」《顔氏家訓》：「頃世離亂，衣冠之士雖無身手，或聚徒衆。」

《大雲寺贊公房》詩「狺狺國多狗」。《韓非子・外儲説右上》：「夫國亦有狗。有道之士陳其術，而欲以明萬乘之主，大臣爲猛狗，迎而齕之。此人主之所以蔽脅，而有道之士所以不用也。」〔原注〕《戰國策》江乙以狗喻昭奚恤。

《晚行口號》「遠愧梁江總，還家尚黑頭」。劉辰翁評曰：「人知江令自陳入隋，不知其自梁時已達官矣。自梁入陳，自陳入隋，歸尚黑頭，其人物心事可知。著一『梁』字而不勝其愧矣。詩之妙如此，豈待罵哉！」〔錢氏曰〕《陳書》姚思廉所修，以江總與姚察同傳，唐人之重江總如此，以其一代文宗也。子美以總自比，豈有微詞哉！按《陳書・江總傳》：「侯景寇京都，詔以總權兼太常卿。臺城陷，總避難崎嶇，至會稽郡，復往廣州，依蕭勃。及元帝平侯景，徵總爲明威將軍、始興内史，會江陵陷，不行。總因此流寓嶺南積歲。天嘉四年，以中書侍郎徵還朝。」以本傳總之年計之，梁太清三年己巳臺城陷，總年三十一，自此流離於外十四五年，至陳天嘉四年癸未還朝，總年四十五，即所謂「還家尚黑頭」也。總集有《詒孔中丞奐》詩曰：「我行五嶺表，辭鄉二十年。」子美遭亂崎嶇，略與總同，而自傷其年已老，故發此歎爾，何暇罵人哉！傳又云：「京城陷，入隋，爲上開府。開皇十四年，卒於江都，時年七十六。」去禎明三年己酉陳亡之歲又已五年，頭安得黑乎？其臺城陷而避亂，本在梁時，自不得蒙以陳氏，何罵之有？且子美詩有云「莫看江總老，猶被賞時魚」，有云「管寧紗帽淨，江令錦袍鮮」，有云「江總外家養，謝安乘興長」，亦已亟稱之矣。〔原注〕李義山《贈杜牧之》詩云：「前身應是梁江總。」此又何所譏哉？

《北征》詩「君誠中興主，經緯固密勿」。《漢書・劉向傳》引《詩》「密勿從事」，師古曰：「密勿，猶黽勉。」

「不聞夏殷衰，中自誅褒妲。」不言周，不言妹喜，此古人互文之妙。自八股學興，無人解此文法矣。

《晚出左掖》詩「騎馬欲雞栖」，蓋欲效古人敝車羸馬之意。《後漢書・陳蕃傳》：「朱震，字伯厚，爲州從事，奏濟陰太守單匡贓罪，并連匡兄中常侍車騎將軍超。桓帝收匡下廷尉，以譴超。超詣獄，謝三府。語曰：『車如雞栖馬如狗，疾惡如風朱伯厚。』」雞栖，言車小也。余聞之張錦衣紀云。〔原注〕唐席豫《高都公楊府君碑銘》曰：「獬豸之角，初見觸邪；雞栖之車，遠聞疾惡。」

《垂老別》詩「土門壁甚堅，杏園度亦難」。土門在井陘之東，〔原注〕今獲鹿縣西南十里。杏園度在衛州汲縣。臨河而守，以遏賊，使不得度，皆唐人控制河北之要地也。《舊唐書》：「郭子儀自杏園渡河，圍衛州。」「史思明遣薛岌圍令狐彰于杏園。」「李忠臣爲濮州刺史，移鎮杏園渡。」今河南徙，而故蹟不可尋矣。唐崔峒《送馮將軍》詩：「想到滑臺桑葉落，黄河東注杏園秋。」

《秦州雜詩》「西戎外甥國」，注引吐蕃表稱外甥爲證。按《册府元龜》載吐蕃書皆自稱「外甥」，稱上爲「皇帝舅」。開元二十一年，從公主言，樹碑於赤嶺。其碑文曰：「維大唐開元二十一年，歲次壬申，舅甥修其舊好，同爲一家。」則盟誓之文、詔勑之語已載之矣。

「胡舞白題斜。」按《南史》：「裴子野爲著作舍人，時西北遠邊有白題國，遣使繇岷山道入貢。此國歷代弗賓，莫知所出。子野曰：『漢潁陰侯斬白題將一人。服虔注云：白題，胡名也。』」然則白題乃是國名。〔原注〕梁武帝普通三年，白題國遣使獻方物。《册府元龜》：「白題國在滑國東。」而此詩以爲「白額」，儻亦詞家所謂借用者乎？〔楊氏曰〕「雕題黑齒」，亦謂刺其額也。

《喜聞官軍已臨賊境二十韻》「家家賣釵釧，準擬獻香醪」。《南史·庾杲之傳》：「杲之嘗兼主客郎，對魏使。使問杲之曰：『百姓那得家家題名帖賣宅？』答曰：『朝廷既欲掃蕩京雒，克復神州，所以家家賣宅耳。』」

《送鄭虔貶台州司户》詩「酒後常稱老畫師」。《舊唐書·閻立本傳》：「太宗嘗與侍臣學士泛舟於春苑池中，有異鳥隨波容與，召立本，令寫鳥。閤外傳呼云：『畫師閻立本。』」

《寄岳州賈司馬六丈巴州嚴八使君》詩「賈筆論孤憤，嚴君賦幾篇」，是用《史記》賈誼至長沙弔屈原事，《漢書·藝文志》「嚴助賦三十五篇」。

古人經史皆是寫本。久客四方，未必能攜，一時用事之誤，自所不免，後人不必曲爲之諱。子美《寄岳州賈司馬六丈巴州嚴八使君》詩「弟子貧原憲，諸生老伏虔」，本用濟南伏生事。伏生名勝，非虔，後漢有「服虔」，非「伏」也。《示獠奴阿段》詩「曾驚陶侃胡奴異」，蓋謂士行有胡奴，可比阿段。胡奴，侃子範小字，非奴也。〔原注〕又如《上兜率寺》詩「何顒好不忘」，當是周顒，見葉少蘊《避暑録話》。

《佐還山後寄》詩「分張素有期」。後魏高允《徵士頌》：「在者數子，仍復分張。」《北史》：「蠕蠕阿那瓌言：『老母在彼，萬里分張。』」後周庾信《傷心賦》：「兄弟則五郡分張，父子則三州離散。」

《蜀相》詩「三顧頻繁天下計」，《入衡州》詩「頻繁命屢及」。《蜀志・費禕傳》：「以奉使稱旨，頻繁至吴。」《晋書・刑法志》：「詔旨使問頻繁。」《山濤傳》：「手詔頻繁。」《文選》庾亮《讓中書令表》：「頻繁省闥，出總六軍。」潘尼《贈張正治》詩：「張生拔幽華，頻繁登二宫。」陸雲《夏府君誄》：「頻繁幃幄。」《答兄平原書》：「錫命頻繁。」〔原注〕唯費禕、山濤二《傳》作「頻煩」，蓋後人減筆書爾。〔錢氏曰〕頻煩，漢人語。《蜀志》《晋書》及庾亮皆仍用之。《史通・書志》篇「頻煩互出」，《雜説》篇「詔策頻煩」，皆取頻仍之義。亦作「頻繁」。「頻」「繁」雙聲字。「繁」「煩」音相同，故亦通用，非由後人減筆。

《題郭明府茅屋》詩「頻驚適小國」。《左傳》僖公七年「楚文王戒申侯，無適小國」。

《寄韓諫議》詩「色難腥腐餐楓香」。《漢書・佞幸傳》：「太子齰癰而色難之。」

《送李卿》詩，上四句謂李卿，下四句乃公自道。「晋山雖自棄」，是用介之推入緜上山中事。

《傷春》詩「大角纏兵氣」。《後漢書・董卓傳贊》：「矢延王輅，兵纏魏象。」

「鉤陳出帝畿。」《水經注》：「紫微有鉤陳之宿，主鬭訟兵陳。」

「耆舊把天衣。」《南齊書·輿服志》：「袞衣，漢世出陳留襄邑所織。宋末用繡及織成。齊建武中，乃彩畫爲之，加飾金銀薄，時亦謂天衣。」梁庾肩吾《和皇太子重雲殿受戒》詩：「天衣初拂石，豆火欲然薪。」唐姚元景《光宅寺造佛像讚》：「姜被承歡，曳天衣而下拂。」

《贈王二十四侍御》詩「女長裁褐穩，男大卷書匀」。《南齊書·張融傳》，與從叔征北將軍永書曰：「世業清貧，民生多待。榛栗棗修，女贄既長。束帛禽鳥，男禮已大。勉身就官，十年七仕，不欲代耕，何至此事？」

《八哀詩》「長安米萬錢」。《漢書·高帝紀》：「關中大饑，米斛萬錢。」《食貨志》：「米至石萬錢。」

《解悶》詩「何人爲覓鄭瓜州」。公自注：「今鄭秘監審。」劉辰翁曰：「因金陵有瓜州，號鄭瓜州。」謬甚。按瓜州，唐時屬潤州，非金陵。〔原注〕別有考在第三十一卷。且其字作「洲」，非「州」也。本文並無金陵。即令祕監流寓金陵，遂可以二百里外江中之一洲爲此君之名號乎？《唐書·地理志》：「瓜州，晉昌郡，下都督府。武德五年析沙州之常樂置，屬隴右道。」《蕭嵩傳》：「開元十五年，吐蕃陷瓜州，執刺史田元獻。以嵩爲兵部尚書、河西節度使。嵩奏以命張守珪爲瓜州刺史，修築州城，招輯百姓，令其復業。」《張守珪傳》：「以戰功加銀青光禄大夫，仍以瓜州爲都督府，以守珪爲都督。」岑參《爲宇文判官》詩：「君从萬里使，聞已到瓜州。」蓋必鄭審嘗官此州，故以是稱之，今不可考矣。

《夔府書懷》詩「蒼生可察眉」。《列子》：「晉國苦盜。有郗雍者，能視盜之貌，察其眉睫之間而得其情。」

《觀公孫大娘弟子舞劍器行序》，「記於郾城觀公孫氏舞劍器渾脱」。《舊唐書・郭山惲傳》：「中宗引近臣宴集，將作大匠宗晉卿舞渾脱。」胡三省注《通鑑》：「長孫無忌以烏羊毛爲渾脱氊帽，人多效之，謂之趙公渾脱，因演以爲舞。」中宗神龍二年三月，并州清源縣尉吕元泰上疏言：「比見都邑坊市，相率爲渾脱，駿馬胡服，名爲《蘇莫遮》。」非雅樂也。

《遣懷》詩「元和辭大鑪」。揚雄《解難》：「陶冶火鑪。」

《秋興》詩「直北關山金鼓震」。《史記・封禪書》：「遂因其直北立五帝壇。」

「波漂菰米沈雲黑。」梁庾肩吾《奉和皇太子納涼梧下應令》詩：「黑米生菰葉，青花出稻苗。」

《久居夔府將適江陵四十韻》「擺闔盤渦沸」。《鬼谷子》有《捭闔》篇。「捭」「擺」，古今字通。

《哭李尚書》詩「奉使失張騫」。《舊唐書・蔣王惲傳》：「惲孫之芳，幼有令譽，頗善五言詩，宗室推之。開元末，爲駕部員外郎。天寶十三載，安禄山奏爲范陽司馬。禄山反，自拔歸西京，授右司郎中。歷工部侍郎，太子右庶子。廣德元年，遣之芳兼御史大夫使吐蕃，被留境上。二年而歸，除禮部尚書，尋改太子賓客。」

「秋色凋春草，王孫若箇邊。」五臣注《文選・招隱士》曰：「屈原與楚同姓，故云王孫。」

字同。

《宴王使君宅》詩「留歡卜夜閒」。「閒」字當從「月」，甫父名閑，自不須諱此「閒」字。《説文》：「閒，隙也。」「閒暇」之「閒」，本從「隙」生義，衹是一字。《至日遺興》詩「朱衣只在殿中閒」，音異

韓文公詩注

韓文公《游青龍寺贈崔大補闕》詩「側耳酸腸難濯澣」，是用《詩·柏舟》「如匪澣衣」。《秋懷》詩「感感抱虚警」，是用陸士衡《歎逝賦》「節循虚而警立」。注皆不及。

通鑑注

「賦於民而食，人二鷄子。」「賦於民而食」者，取之於民也。「人二鷄子」者，每人令出二鷄子也。胡氏未注。

「幾能令臧三耳矣。」言幾令人以爲實有三耳。

「漢武帝太初三年，膠東太守延廣爲御史大夫」，注：「延廣，史逸其姓。」按延即姓也。三十九卷「南鄭人延岑」注：「延，姓；岑，名。」四十五卷有「京兆尹南陽延篤」。

諸葛亮《出師表》云：「後值傾覆，受任於敗軍之際，奉命於危難之間，爾來二十有一年矣。」所謂「敗軍」，乃當陽長坂之敗。其云「奉命」，則求救於江東也。注乃云「事見上卷文帝黄初四

年」，非。

虞翻作表示吕岱，「爲愛憎所白」。〔原注〕語出《吴書》。注曰：「讒佞之人有愛有憎，而無公是非，故謂之愛憎。」愚謂愛憎，憎也。言憎而並及愛，古人之辭寬緩不迫故也。又如得失，失也。《史記・刺客傳》：「多人不能無生得失。」利害，害也。《史記・吴王濞傳》：「擅兵而别，多佗利害。」緩急，急也。《史記・倉公傳》：「緩急無可使者。」《游俠傳》：「緩急，人之所時有也。」成敗，敗也。《後漢書・何進傳》：「先帝嘗與太后不快，幾至成敗。」同異，異也。《吴志・孫皓傳》注：「蕩異同如反掌。」《晋書・王彬傳》：「江州當人强盛時，能立異同。」贏縮，縮也。《吴志・諸葛恪傳》：「一朝贏縮，人情萬端。」禍福，禍也。晋歐陽建臨終詩：「潛圖密已構，成此禍福端。」皆此類。

「庾亮出奔，左右射賊，誤中柂工，應弦而倒。船上咸失色，欲散。亮不動，徐曰：『此手何可使著賊。』」注曰：「言射不能殺賊，而反射殺柂工。自恨之辭也。」非也。亮意蓋謂有此善射之手，使著賊身，亦必應弦而倒耳。解嘲之語也。

宋明帝泰始三年，沈文秀攻青州刺史明僧暠。帝遣輔國將軍劉懷珍浮海救之，進至黔陬。文秀所署長廣太守劉桃根將數千人戍不其城。懷珍軍于洋水，遣王廣之將百騎襲不其城，拔之。注云「洋水」即「巨洋水」。按不其城在今即墨縣西南，而巨洋水乃今之巨蔑河，在臨朐、益都、壽光三縣之境，與黔陬、不其相去三四百里，安能以百騎而襲取之乎？《水經注》云：「拒艾水出黔陬縣西南拒艾山，又謂之洋洋水。」《膠州志》曰：「洋河在州南三十里，發源鐵橛山，東流入于海。」此即懷珍所屯軍處耳。

梁武帝大通二年，魏爾朱榮欲討山東羣盜，請勑蠕蠕主阿那瓌發兵，東趨下口，以躡其背。注云：「下口，蓋指飛狐口。」非也。此即居庸下口。一百六十六卷注曰：「幽州軍都縣西北有居庸關，濕餘水出上谷沮陽縣之東南，流出關，謂之下口。」

周主从容問鄭譯曰：「我腳杖痕誰所爲也？」對曰：「事由烏丸軌、宇文孝伯。」謂由此二人也。下云因言軌捋須事，亦是譯言之也，故軌見殺而孝伯亦賜死。注以「宇文孝伯」屬下讀，而云「孝伯何爲出此言」，誤矣。〔汝成案〕此條亦見前卷談氏説。

突厥立劉武周爲定楊可汗。注云：「將使之定揚州。」非也。楊者，隋姓。下條云：「劉武周爲定楊天子，郭子和爲平楊天子。」猶言定隋、平隋爾。「楊」字从「木」。

武后永昌元年二月丁酉，尊魏忠孝王曰周忠孝，太皇妣曰忠孝太后。文水陵曰章德陵，咸陽陵曰明義陵。注云：「武氏之先葬文水，士彠及其妻葬咸陽。」非也。后父士彠葬文水，母楊氏葬咸陽。後章德改名昊陵，明義改名順陵，其碑文云然。

劉肅《大唐新語》：「中宗宴興慶池，侍宴者並唱《迴波詞》。給事中李景伯歌曰：『迴波詞，持酒巵。微臣職在箴規，侍宴既過三爵，諠譁竊恐非儀。』」首二句三言，下三句六言，蓋《迴波詞》體也。今《通鑑》作「迴波爾時酒巵」，恐傳寫之誤。〔錢氏曰〕攷孟棨《本事詩》載沈佺期云：「迴波爾時佺期，流向嶺外生歸。」又優人云：「迴波爾時栲栳，怕婦也是大好。」俱以「迴波爾時」四字開端，與景伯詞同。《大唐新語》作「迴波詞，持酒巵」，當是傳寫之誤，顧氏轉引爲據，翻疑《通鑑》有悞，豈其然乎！

唐穆宗長慶元年，劉總奏分所屬爲三道，以幽、涿、營爲一道，平、薊、嬀、檀爲一道，瀛、莫爲一道。注云：「營州治柳城，道里絶遠。劉總奏以爲一道，必有説。」按《唐書・地理志》：「營州，柳城郡。萬歲通天元年爲契丹所陷。聖曆二年，僑治漁陽。開元五年，又還治柳城。」意者中唐之世，復僑治於幽、薊之間，而史家自天寶亂後，於東北邊事畧而不詳，故今無所考耶？

李茂貞不敢稱帝，但開岐王府，置百官，名其所居爲宮殿，妻稱皇后。注曰：「自爲岐王，而妻稱皇后。妻之貴踰於其夫矣。」竊謂此事理之必不然，「皇后」乃「王后」之誤。〔楊氏曰〕錢氏不敢稱帝，而其國書書曰「崩」曰「世皇」云云，則不敢稱帝者，旁人之詞也；名室曰宮殿、妻曰皇后者，其志也。

《後漢高祖紀》「吴越内牙指揮使諸温」，注：「《漢書・地理志》琅邪郡有諸縣，蓋以邑爲氏也。」非。按越有大夫諸稽郢。

周太祖廣順元年，慕容彦超遣使入貢。帝慮其疑懼，賜詔慰安之，曰：「今兄事已至此，言不欲繁，望弟扶持，同安億兆。」「今兄」者，太祖自謂也。「事已至此」，謂爲衆所推而即帝位也。觀下文稱之爲「弟」，語意相對，可知注以漢祖爲彦超之兄，改作「令兄」者非。

日知録集釋卷二十八

崑山顧炎武著　嘉定後學黄汝成集釋

拜稽首

古人席地而坐，引身而起，則爲「長跪」；首至手則爲「拜手」；手至地則爲「拜」；首至地則爲「稽首」，此禮之等也。君父之尊，必用稽首。拜而後稽首，此禮之漸也。必以稽首終，此禮之成也。今《大明會典》曰：「後一拜，叩頭成禮。」此古之遺意也。

古人以稽首爲敬之至。《周禮·太祝》「辨九𢷎，一曰稽首」，注：「稽首，拜中最重，臣拜君之禮。」《禮記·郊特牲》：「大夫之臣不稽首，非尊家臣，以避君也。」《左傳》僖公二十三年：「秦伯享晋公子重耳，公賦《六月》，公子降拜稽首，公降一級而辭焉。」襄公三年：「盟于長樗，公稽首。知武子曰：『天子在，而君辱稽首，寡君懼矣。』」二十四年：「鄭伯如晋，鄭伯稽首，宣子辭。子西相，曰：『以陳國之介，恃大國而陵虐於敝邑，寡君是以請罪焉，敢不稽首。』」哀公十七年：「盟于蒙，齊侯稽首，公拜。齊人怒，孟武伯曰：『非天子，寡君無所稽首。』」《國語》：「襄王使召公過及内史過賜晋惠公命，晋侯執玉卑，拜不稽首。内史過歸以告王曰：『執玉卑，替其贄也。拜不稽首，誣其上也。替贊無鎮，誣王無民。』」可以見稽首之爲重也。自敵者皆從頓首，李陵《報蘇武書》稱「頓首」。

陳氏《禮書》曰：「稽首者，諸侯於天子、大夫士於其君之禮也。然君於臣亦有稽首。《書》稱太甲稽首於伊尹，成王稽首於周公是也。大夫於非其君亦有稽首。《儀禮》『公勞賓，賓再拜稽首』，『勞介，介再拜稽首』是也。蓋君子行禮於其所敬者，無所不用其至。則君稽首於其臣者，尊德也；大夫士稽首於非其君者，尊主人也。春秋之時，晋穆嬴抱太子頓首於趙宣子，魯季平子頓首於叔孫，則頓首非施於尊者之禮也。」〔原注〕《禮書》以頓首爲首頓於手而已。

《荀子》言：「平衡曰拜，下衡曰稽首，至地曰稽顙。」似未然。古惟喪禮始用稽顙，蓋以頭觸地，其與稽首乃有容無容之别。

稽首頓首

今表文皆云「稽首」「頓首」。蔡邕《獨斷》：「漢承秦法，羣臣上書皆言『昧死言』。王莽盜位，慕古法，去『昧死』，曰稽首，光武因而不改，朝臣曰『稽首頓首』，非朝臣曰『稽首再拜』。」〔姚刑部曰〕《周禮大祝》：「辨九拜，一曰稽首。」其儀右手至地，左手加諸右手，首加諸左手，是爲拜手稽首。《禮》曰：「稽首，據掌致諸地。」以稽留其首于手之上，故曰稽首。「二曰頓首」，首不加于手而叩諸地。「三曰空首」，儀若稽首，而其拜甚速，不得稽留其首于手之上，若空未拜然。「四曰振動」，兩手相擊而後拜，所謂抃也。《禮》曰：「拜，服也。稽首，服之甚也。」頓首者，皇急以謝過。空首者，降拜以受賜。《穆天子傳》：「賜許男駿馬十六，許男降再拜空首。」降空首者，臣節之共也。君辭之，則升成拜，成拜然後稽留其首。然而禮于降階之拜亦曰稽首者，通言之耳。蓋降階者，固欲稽首然，然而君于時辭之矣，勢不可以不速矣。振動之拜則以慶賀。此四者皆下之于上之禮。君於神之至尊者及所致敬于臣之甚者，則亦稽首焉；平交有所謝者，則亦頓首焉。「五曰吉拜」，常祭之禮也，平交相接之常禮也。首與尻平，故《荀子》曰：「平衡曰拜，下衡曰稽首。」「六曰凶拜」，喪禮也。稽顙觸地，無容而拜也。顙頓於地而稽留之曰稽顙。「七曰奇拜」，一拜也。「八曰褒拜」，再拜也。「九曰肅拜」，俯下手也。手相加致諸地曰手拜，自稽首以下皆手拜也。手不致諸地曰肅拜，《禮》以其不足言拜也，故曰「介者不拜」，肅而已矣。婦人非喪事，雖君賜無手拜，肅而已矣。九拜之中，最輕者肅拜也。次吉拜，次稽首、空首、振動，次頓首，次凶拜，極矣。奇拜、褒拜以多寡爲重，七者蓋兼得名之。鄭康成謂「拜而後稽顙爲吉拜，稽顙而後拜爲凶拜」者，非也。禮家記人子弟受賓弔賵儀，皆拜稽顙，故曰拜稽顙，哀戚之至隱也。爲父母長子稽顙，非三年之喪，以吉拜，吉拜不稽顙也；苟稽顙，則凶拜矣，奚論其先後？使周公制禮，明以稽顙而後拜，乃得爲凶拜也，則人皆識之矣，孔子不必言「吾从其至者」矣。古人必以兩手交爲拜；稽顙在地，則兩手不得交，故徒稽顙曰不成拜。成拜者，手拜也。〔鳳氏曰〕男拜尚左手，先以右掌據地，乃以左掌交其上而俯伏焉。故《郊特牲》曰：「拜，服也。」加敬焉，則俯首至手。《周官·太祝》曰「空首」者也。彌加敬焉，則俯首頓地，曰「頓首」。「稽首」則首至地，稽留頃刻乃舉。故《郊特牲》曰：「稽首，服之甚也。」遭喪拜則尚右手，哭而以首觸地無容，遲遲舉首曰「稽顙」，致哀也。稽首致敬，稽顙致哀，其情既大殊。稽首者先拜，稽顙者後拜，其節遂相反。元公制禮如是。後人以謝賓故，拜則後稽顙焉。孔子曰：「拜而后稽顙，頽乎其順也。稽顙而后拜，頎乎其至也。」二者皆凶拜，後稽顙則周衰之變禮。孔子「从其至」，猶之衆拜乎上，違而从下之意，所以復禮也。《士喪禮》曰「拜稽顙」，謂拜禮用凶，即先稽顙。而文先言拜者，不知後人有後稽顙之變，則言稽顙而後拜可知也。康成以先稽顙者釋《太祝》之凶拜，誠是。不以後稽顙者爲周衰變禮，而以爲殷禮，引以釋《太祝》之吉拜，則非。夫稽顙不得云吉，所云吉拜者，賈疏引《雜記》「父在爲妻不稽顙」者是。他如舅姑之主婦喪，凡男婦之攝喪主者皆不稽顙，而變手之左右上者以别之。但别以手，無大遠于吉，故曰吉拜。原「拜」義，字从兩「手」，凡拜皆主手言。兩手據地，俯伏者拜之，正即《尚書》之「拜手」，《玉藻》之「據掌」，《大祝》之「奇拜」也。褒拜，以拜之數有加而别。振動，以拜之容色變而别。吉拜，以拜時手異尚而别。空首，以拜而首至手而别。頓首、稽首、稽顙，以拜而首至地各異而别。空首、頓首、稽首、稽顙，皆拜時有爲而爲，非拜義所主也。若肅拜，則更以立而俯下手，手不至地而别。拜主手言，益可見矣。朱子曰：「拜而后稽顙，先以兩手據地如常，然後引首向前叩地。稽顙而后拜，開兩手，先引首叩地，卻交手據地如常。」《檀弓》：「秦穆公使弔重耳，重耳稽顙而不拜。」曰稽顙矣，而又曰不拜，尤拜主手之確證。《太祝》注引《尚書》「拜手」當空首，是謂首拜至手，而拜屬首，則頓首、稽首、稽顙皆誤認爲正言拜也。至于振動之拜，施于事變不常，若後世「誠惶誠恐、頓首頓首」之意。或乃謂恪恭之極，如《聘》「賓三退，負序」之屬，不拜而致敬更甚于拜。夫既云不拜即敬甚于拜，安得列九拜中？且以不拜而拜而列九拜，是更不問拜義所主，此不可以説經也。自《太祝》注以拜手當空首，而拜屬首，因謂拜手、稽首者，先作空首一拜，次作稽首一拜也。至吴幼清又混稽首、稽顙爲一，謂以凶禮故易首字爲顙，以别于吉，遂謂先作稽首一拜，再作空首一拜，爲稽顙而后拜矣。故稽首再拜而不受，再拜稽首而受。《孟子》之文偶有倒順。閻百詩據康成吉凶拜之注，幼清稽顙即稽首之説，遂謂先稽首者爲凶拜，後稽首者爲吉拜，子思以凶拜示不受矣。嘻！以閻氏讀書有識，而承誤不辨，且勿論，抑子思當日不受則不受耳，而乃以喪禮處，豈有此情事耶？閻氏又講《論語》「拜而受之」曰「若今之折腰，一揖而已」；「再拜而送之」曰

「兩揖而已」。夫折腰則尻高首下，俗所云打恭者也。以此當拜，皆沿拜屬首之誤。不知古無折腰禮，古之揖，身微俯，手平心推向前耳，見鄭康成《禮注》。《論語》「上如揖」，《集注》曰「手與心齊」，亦其徵也。《左傳》成公十六年，「郤至肅使者」，杜注曰：「肅手至地，若今揖。」大誤。夫手至地則折腰矣，甲者將爲兩手據地俯伏之拜，則札葉萲其肢體而有所不便，故用婦人肅拜，立而身微俯，斂兩手當心少下移而已。方氏《三禮析疑》亦沿杜氏之誤，而謂下其首而俯首至地曰肅拜，總緣不識拜主手言，而不屬首也。〔淩學博曰〕空首，君答臣之拜也。君拜其臣皆空首，若特敬其臣，則拜手、稽首，如太甲之于伊尹，成王之于周公，非常禮也。賈氏《儀禮疏》云「空首拜，君答臣下拜法」是也。至于《穆天子傳》「許男再拜空首」，郭注「空首，頭至于地」，則即稽首，非此空首矣。振動，即《喪禮》「拜而後踊」也。振動之拜，諸儒言人人殊，惟杜子春得之。蓋凶事之振動，猶吉事之稽首，皆拜之最重者。《士喪禮》：「君使人赗，主人皆拜稽顙，成踊。」非君之弔、襚、赗，則拜而不踊。是拜而後踊，于君始行之。故曰與稽首同。杜子春曰：「振，讀爲『振鐸』之『振』。動，讀爲『哀慟』之『慟』。」其義甚明，惜先後鄭之失其解也。

百拜

「百拜」字出《樂記》。古人之拜，如今之鞠躬，故通計一席之閒，賓主交拜近至於百。注云「壹獻，士飲酒之禮。百拜，以喻多」是也。〔原注〕徐伯魯曰：「按《鄉飲酒禮》無百拜，此特甚言之耳。」若平禮止是一拜，再拜，即人臣於君亦止再拜，《孟子》「以君命將之，再拜稽首而受」是也。禮至末世而繁，自唐以下，即有「四拜」。《大明會典》：「四拜者，百官見東宮、親王之禮。見其父母亦行四拜禮。

其餘官長及親戚朋友相見，止行兩拜禮。」是四拜唯於父母得行之。今人書狀，動稱「百拜」何也？

古人未有四拜之禮。唐李涪《刊誤》曰：「夫郊天祭地止於再拜，其禮至重，尚不可加。〔趙氏曰〕如李涪說，是唐人郊廟尚祇再拜。前明《會典》：「臣見君行五拜禮，見親王、東宫四拜，子於父母亦四拜。」蓋儀文度數，久則習以爲常，成上下通行之具，故必須加隆以示差别，亦風會之不得不然也。今代婦謁姑章，其拜必四。詳其所自，初則再拜，次則跪獻衣服、文史，承其筐篚，則跪而受之，常於此際授受多誤，故四拜相屬耳。」

《戰國策》：「蘇秦路過雒陽，嫂蛇行匍伏，四拜，自跪而謝。」此四拜之始，蓋因謝罪而加拜，非禮之常也。〔原注〕《黄庭經》「十讀四拜朝太上」，亦是加拜。

今人上父母書用「百拜」，亦爲無理。若以古人之拜乎，則古人必稽首然後爲敬，而百拜僅賓主一日之禮，非所施於父母。若以今人之拜乎，則天子止於五拜，而又安得百也？此二者過猶不及，明知其不然而書之，此以僞事其親也。

洪武三年，上諭中書省臣曰：「今人書劄多稱『頓首再拜百拜』，〔沈氏曰〕《香祖筆記》云：「一書載，米元章與人書，至『某再拜』，則置筆几上，正衣冠對書再拜。昔人于書問間古道如此。」皆非實禮。其定爲儀式，令人遵守。」於是禮部定儀：「凡致書於尊者稱『端肅奉書』，答則稱『端肅奉復』。敵己者稱『奉書』『奉復』。上之與下稱『書寄』『書答』。卑幼與尊長則曰『家書敬復』。尊長與卑幼則曰『書付某人』。」

九頓首三拜

「九頓首」出《春秋傳》。然申包胥元是三頓首，未嘗九也。杜注：「《無衣》三章，章三頓首。」每頓首必三，此亡國之餘，情至迫切，而變其平日之禮者也。七日夜哭於鄰國之庭，古人有此禮乎？七日哭也，九頓首也，皆亡國之禮也，不可通用也。

韓之戰，秦獲晋侯，「晋大夫三拜稽首」。古但有再拜稽首，無三拜也。申包胥之九頓首，晋大夫之三拜也。

《楚語》：「湫舉遇蔡聲子，降三拜，納其乘馬。」亦亡人之禮也。

《周書·宣帝紀》：「詔諸應拜者皆以三拜成禮。」後代變而彌增，則有四拜。不知天元自擬上帝，凡冕服之類十二者皆增爲二十四，而荅棰人亦以百二十爲度，名曰「天杖」，然未有四拜。

東向坐

古人之坐以東向爲尊。故宗廟之祭，太祖之位東向。即交際之禮，亦賓東向而主人西向。〔原注〕《漢書》注，如淳曰：「君臣位南北面，賓主位東西面。」《新序》「楚昭奚恤爲東面之壇一。秦使者至，昭奚恤曰：『君客也，請就上位』」是也。《史記·趙奢傳》言「括東向而朝軍吏」，《田單傳》言「引卒東鄉坐，師事之」，《淮陰侯傳》言「得廣武君，東鄉坐，西鄉對，師事之」，《王陵傳》言「項王東鄉坐陵母」，《周勃傳》言「每召諸生説士，東鄉坐，責之趣爲我語」，《田蚡傳》言「召客飲，坐其兄蓋侯南鄉，自坐東鄉，以爲漢相尊，不可以兄故私撓」，《南越傳》言「王太后置酒，漢使者皆東鄉」。《漢書·蓋寬饒傳》言「許伯請之，迺往，從西堦上，東鄉特坐」，《樓護傳》言：「王邑父事護。時請召賓客，邑居樽下，稱賤子，上壽。坐者百數，皆離席伏。護獨東向正坐，字謂邑曰：『公子貴如何？』」《後漢書·鄧禹傳》言「顯宗即位，以禹先帝元功，拜爲太傅，進見東向」，《桓榮傳》言：「乘輿嘗幸太常府，令榮坐東面，天子親自執業。」〔原注〕皆待以賓師之位。此皆東向之見於史者。《曲禮》：「主人就東階，客就西階。」自西階而升，故東鄉；自東階而升，故西鄉。而南鄉特其旁位，如廟中之昭，故田蚡以處蓋侯也。

《孝文紀》「西鄉讓者三，南鄉讓者再」，注：「賓主位東西面，君臣位南北面。」是時羣臣至代邸上議，則代王爲主人，故西鄉。

《舊唐書》：「盧簡求子汝弼爲河東節度副使，府有龍泉亭，簡求節制時，手書詩一章在亭之西壁。汝弼復爲亞帥，每亭中讌集，未嘗居賓位，西向俛首而已。」是唐人亦以東向爲賓位也。

坐

古人席地而坐，西漢尚然。《漢書·雋不疑傳》「登堂坐定，不疑據地曰『竊伏海濱，聞暴公子威名舊矣』」是也。

古人之坐，皆以兩膝著席；有所敬，引身而起，則爲長跪矣。《史記・范雎傳》言「秦王跽而請」，「秦王復跽」，而褚先生補《梁孝王世家》「帝與梁王俱侍坐太后前。太后謂帝曰：『吾聞殷道親親，周道尊尊，其義一也。』帝跪席舉身曰諾」是也。《禮記》「坐」皆訓「跪」。《三國志》注引《高士傳》言：「管寧嘗坐一木榻，積五十餘年未嘗箕股其榻上，當膝處皆穿。」以此。

土　炕

北人以土爲牀，而空其下以發火，謂之「炕」。古書不載。〔原注〕《詩・瓠葉》傳：「炕火曰炙。」《正義》曰：「炕，舉也，謂以物貫之而舉於火上以炙之。」《左傳》：「宋寺人柳熾炭于位，將至，則去之。」《新序》：「宛春謂衛靈公曰：『君衣狐裘，坐熊席，隩隅有竈。』」《漢書・蘇武傳》：「鑿地爲坎，置煴火。」是蓋近之，而非炕也。〔原注〕庾信《小園賦》：「管寧藜牀雖穿而可坐，嵇康鍛竈既煗而堪眠。」《舊唐書・東夷高麗傳》：「冬月皆作長坑，下然煴火以取煖。」此即今之土炕也，但作「坑」字。《水經注》：「土垠縣有觀雞寺，寺内有大堂甚高廣，可容千僧。下悉結石爲之，上加塗墍。基内疏通，枝經脈散。基側室外四出爨火，炎勢内流，一堂盡温。」此今人煖房之制，形容盡之矣。

冠　服

《漢書・五行志》曰：「風俗狂慢，變節易度，則爲剽輕奇怪之服，故有服妖。」余所見五六十年服飾之變，亦已多矣，❶故録其所聞以視後人焉。

《豫章漫鈔》曰：「今人所戴小帽以六瓣合縫，下綴以簷，如箭。閣憲副閎謂予言：亦太祖所製，若曰『六合一統』云爾。楊維楨廉夫以方巾見太祖，問其製，對曰『四方平定巾』。上喜，令士人皆得戴之。商文毅用自編民，亦以此巾見。」

《太康縣志》曰：「國初時，衣衫褶前七後八。弘治間，上長下短，褶多。正德初，上短，下長三分之一，士夫多中停。冠則平頂，高尺餘，士夫不減八九寸。嘉靖初，服上長下短，似弘治時。市井少年帽尖長，俗云邊鼓帽。弘治間，婦女衣衫僅掩裠腰，富者用羅緞紗絹織金彩，通袖裠，用金彩膝襴，髻高寸餘。正德間，衣衫漸大，裠褶漸多，衫唯用金彩補子，髻漸高。嘉靖初，衣衫大至膝，裠短褶少，髻高如官帽，皆鐵絲胎，高六七寸，口周回尺二三寸餘。」

《内丘縣志》曰：「萬曆初，童子髮長猶總角，年二十餘始戴網。天啟間，則十五六便戴網，不使有總角之儀矣。萬曆初，庶民穿腄靸，儒生穿雙臉鞋，非鄉先生首戴忠靖冠者不得穿庿邊雲頭履。〔原注〕俗呼朝鞋。至近日，而門快輿皁無非雲履，醫卜星相莫不方巾，又有晋巾、唐巾、樂天巾、東坡巾者。先年婦人非受封不敢戴梁冠，披紅袍，繫拖帶，今富者皆服之。又或著百花袍，不知創自何

❶「亦已多矣」下，據《校記》，鈔本有「卒至於裂冠毁冕而戎制之」凡十一字。

人。萬曆間，遼東興冶服，五彩炫爛，不三十年，而遭屠戮。❶ 茲花袍幾二十年矣，服之不衷，身之災也。兵荒之咎，其能免與？」❷

衩衣

《通鑑》：「唐僖宗乾符元年，王凝、崔彦昭同舉進士。凝先及第，嘗衩衣見彦昭。」衩，楚懈反。

《廣雅》：「梢袺袛謂之襀衩，一曰襢衣。」李義山詩：「芙蓉作褰衩。」又曰：「褰衩芙蓉小。」

對襟衣

《太祖實録》：「洪武二十六年三月，禁官民步卒人等服對襟衣，惟騎馬許服，以便於乘馬故也。其不應服而服者，罪之。」今之罩甲，即對襟衣也。《戒庵漫筆》云：「罩甲之制，比甲稍長，比襖減短。正德間創自武宗。近日士大夫有服者。」按《説文》：「無袂衣謂之𧜗。」趙宧光曰：「半臂衣也。武士謂之蔽甲，方俗謂之披襖，小者曰背子。」即此製也。《魏志·楊阜傳》：「阜嘗見明帝著帽被縹

---

❶「遭屠戮」，據《校記》，鈔本作「淪於虜」。

❷「能免」，據《校記》，鈔本作「將不遠」。

綾半袖，問帝曰：『此於禮何法服也？』」則當時已有此製。❶

❶「已有此製」下，據《校記》，鈔本多出一條，題作「胡服」，共六節一千三百零四字，小注九十八字。今録於左。其中疑誤，據引文原書改正（用［］（）表示增删）。

胡服

自古承平日久，風氣之來，必有其漸，而變中夏爲夷狄，未必非一二好異之徒啓之也。《春秋傳》僖公二十二年：「初，平（一）［王］之東遷也，辛有適伊川，見被髮而祭於野者，曰：『不及百年，此其戎乎？其禮先亡矣。』秋，秦、晋遷陸渾之戎於伊川。」《後漢·五行志》：「靈帝好胡服、胡帳、胡牀、胡坐、胡飯、胡箜篌、胡笛、胡舞，京師貴戚皆競爲之。其後董卓多擁胡兵，填塞街衢，虜掠宫掖，發掘園陵。」《晋書·五行志》：「泰始之初，中國相尚用胡牀、（栢）［貊］槃及爲羌煮貊炙，貴人富室，必畜其器。（言）［吉］享嘉會，皆以爲先。太康中，又以氈爲絈頭及絡帶袴口。百姓相戲曰：『中國必爲胡所破。（大）［夫］氈毳産於胡，而天下以爲絈頭、帶身、袴口，胡既三制之矣，能無敗乎？』至元康中，氐羌互反。永嘉後，劉、石遂篡中都。自後四夷迭據華土，是服妖之應也。」《大唐新語》：「武德、貞觀之代，宫人騎馬者，依《周禮》舊儀，多著冪羅，雖發自戎（衣）［夷］，而全身障蔽。永徽之後，皆用帷帽施裙，到（頭）［頸］（甚）爲淺露。顯慶中《册府元龜》，咸亨二年九月。詔曰：『百官家口，咸廁士流，至於衢路之間，豈可全無障蔽。比來多著帷帽，遂棄冪羅，曾不乘車，只坐擔子，過於輕率，深失禮容，宜行禁止。』神龍之後，冪羅殆絶。開元初，宫人馬上始著胡帽，靚粧露面，士庶咸效之。天寶中，士流之妻，或衣（文天）［丈夫］服鞾衫鞭帽，内外一貫矣。」《唐書·（車）［輿］服志》：「武德間婦人曳履及線鞾。開元中初有線鞋。侍兒則著履，奴婢服襴衫，而士女衣胡服。其後安禄山反，當時以爲服妖之應。」《禮樂志》：「玄宗好羯鼓，嘗稱爲『八音之領褏，諸樂不可方也』，蓋本戎羯之樂，其音太簇一均，龜茲、高昌、疏勒、天竺部皆用之，其聲焦殺，特異衆樂。開元二十四年，升胡部於堂上，而天寶樂曲皆以邊地名，若《涼州》《伊州》《甘州》之類，後又詔道調、法曲與胡部新聲合作。明年安禄山反，涼州、伊州、甘州皆陷吐蕃。」元微之詩自注：「太常丞宋沇傳漢中王舊説云：玄宗雖雅好度曲，然未嘗使蕃漢雜奏。天寶十三載始詔道調、法曲與胡部新聲合作，識者異之，明年禄山叛。」此皆已事之見於史書者也，嗚呼，可不戒哉！

《册府元龜》：「後漢高祖天福十二年，左衛將軍許敬遷(奉)[奏]：『臣伏見天下鞍轡器械，並取契丹樣裝飾，以爲美好。安有中國之人，反效戎虜之俗？請下明詔毀棄，須依漢境舊儀。』敕曰：『近者中華人情浮薄，不依漢禮，卻慕胡風，果致狂戎來侵。諸夏應有契丹樣鞍轡、器械、服裝等，並令逐處禁斷。』」

宋乾道二年臣僚言：「臨安府風俗，好爲胡樂，如吹鷓鴣，撥胡琴，作胡舞，所在而然。傷風敗俗，不可不懲，望檢坐紹興三十一年指揮嚴行禁止。」

《太祖實録》：「初，元世祖起自朔漠，以有天下，悉以胡俗變易中國之制，士庶咸辮髮(推)[椎]髻深簷胡帽，衣服則爲袴褶窄袖及辮線腰褶，婦女衣窄袖短衣，下服裙裳，無復中國衣冠之舊。甚者易其姓字爲胡名，習胡語，俗化既久，恬不爲怪。上久厭之。洪武元年二月壬子詔：『復衣冠如唐制，士民皆束髮於頂，官則烏紗帽、圓領袍，束帶黑韡，士庶則服四帶巾。洪武三年二月改製四方平定巾。雜色盤領，衣不得用黄玄，樂工冠青「卍」字頂巾，繫紅緑帛帶。士庶妻首飾許用銀鍍金，耳(珠)[環]用金珠，釧鐲用銀，服淺色團衫，用紵絲綾羅紬絹。其樂妓則帶明角冠、皂(⿰衤皆)[褙]子，不許與庶民妻同。不得服兩截胡服，其辮髮椎髻、胡服、胡語、胡姓一切禁止。』斟酌損益，皆斷自聖心。於是百有餘年，胡俗悉復中國之舊矣。」

《英宗實録》：「正統七年十二月，禮部尚書胡濙等奏：『向者山東左政沈固言：中外官舍軍民戴帽穿衣，習尚胡制，語言跪拜，習學胡俗，垂纓插翎，尖頂禿袖。以中國之人，效犬戎之服，忘貴從賤，良爲可恥。昔北魏本胡人也，遷雒之後，尚禁胡俗，況聖化度越前古，豈可使無知小民效尤成習！今山東右參政劉璉亦以是爲言，請令都察院出榜，俾巡按監察御史嚴禁。』從之。」

左衽

宋周必大《二老堂詩話》云：「陳益爲奉使金國屬官，過滹沱光武廟，見塑像左衽。」岳珂《桯史》云：「至漣水，宣聖殿像左衽。泗洲塔院設五百應真像，或塑或刻，皆左衽。」此制蓋金人爲之，迄於明初而未盡除。❶其見於《實録》者，永樂八年撫安山東給事中王鐸之奏，宣德七年河南彰德府林縣訓導杜本之奏，正統十三年山西絳縣訓導張幹之奏，屢奉明旨而未即改正。❷

《喪大記》「小斂大斂，祭服不倒，皆左衽」，注：「左衽，衽鄉左，反生時也。」《正義》曰：「衽，衣襟也。生鄉右，左手解抽帶便也。死則襟鄉左，示不復解也。」❸〔沈氏曰〕此爲第二條。

《河間府志》：「陳士彦曰：今河間男子或有左衽者，而婦人尤多，至於孺子環狐狗之尾以爲冠，而身被毛革以爲服，謂之達粧。阮漢聞言：「中州之人亦然。」夫被髮野祭，辛有卜其爲戎。晉太康中，俗以氈爲絈頭及絡帶、袴口，彼此互相嘲戲，以爲胡兒。未幾劉、石之變遂起。」此書作於萬曆四十三年，不二朞，而遼東之難作矣。至於今日，「胡服縵纓，咸爲戎俗，高冠重履，非復華風」。梁敬帝詔云。有識之士得不悼其橫流、追其亂本哉！

❶「明」，據《校記》，鈔本作「國」。

❷「改正」下，據《校記》，鈔本有「信乎夷狄之難革也」八字。

❸「不復解也」下，據《校記》，鈔本有「是則死而左衽者中國之法，生而左衽乃戎狄之製耳」凡二十一字。

行縢

《詩》「邪幅在下」箋云：「邪幅，如今行縢也。偪束其脛，自足至膝。」《左傳》「帶裳幅舄」，注同。亦作「偪」。《禮記》：「偪屨著綦。」《釋名》：「偪，所以自逼束，今謂之行縢。」言以裹腳，可以跳騰輕便也。《戰國策》：「蘇秦羸縢負書擔囊。」《吴志》：「吕蒙爲兵作絳衣行縢。」《舊唐書》：「德宗入駱谷，值霖雨，道塗險滑，衛士多亡歸朱泚。東川節度使李叔明之子昇，及郭子儀之子曙，令狐彰之子建等六人，恐有姦人危乘輿，相與齧臂爲盟，著行縢釘鞵，更鞚上馬，以至梁州，它人皆不得近。及還京師，上皆以爲禁衛將軍，寵遇甚厚。」

古人之襪，大抵以皮爲之。《春秋左氏傳》注曰：「古者臣見君解韤。」既解韤，則露其邪幅而人得見之，《采菽》之詩所以爲詠。今之村民往往行縢而不韤者，古人之遺制也。吴賀邵爲人美容止，坐常著韤，〔原注〕始从「衣」字。希見其足。則漢、魏之世不韤而見足者多矣。

樂府

樂府是官署之名。其官有令，有音監，有游徼。《漢書·張放傳》「使大奴駿等四十餘人，羣黨盛兵弩，白晝入樂府，攻射官寺」，《霍光傳》奏昌邑王，「大行在前殿，發樂府樂器」，《續漢書·律曆志》「元帝時，郎中京房知五聲之音，六十律之數，上使太子太傅韋玄成、諫議大夫章雜試問房于樂府」是也。後人乃以樂府所采之詩即名之曰「樂府」，誤矣。曰「古樂府」，尤誤。〔原注〕《後漢書・馬廖傳》言「哀帝去樂府」，注云：「哀帝即位，詔罷鄭衛之音，減郊祭及武樂等人數。」是亦以樂府所肄之詩即名之「樂府」也。

寺〔閻氏曰〕《馬援傳》「曉狄道長歸守寺舍」，注：「寺舍，官舍也。」先於《張湛傳》。又《高陽令楊著碑》：「醳榮投黻，步出城寺。」

「寺」字自古至今凡三變。三代以上，凡言「寺」者皆奄豎之名，《周禮》「寺人」注：「寺之言侍也。」《詩》云「寺人孟子」，《易》之「閽寺」，《詩》之「婦寺」，《左傳》寺人貂、寺人披、寺人孟張、寺人惠牆伊戾、寺人柳、寺人羅，皆此也。〔原注〕崔杼「使圉人駕、寺人御而出」。自秦以宦者任外廷之職，而官舍通謂之寺。〔原注〕《説文》：「寺，廷也，有法度者也。」此亦是漢時解耳。漢人以太常、光禄勳、衛尉、太僕、廷尉、大鴻臚、宗正、大司農、少府爲「九寺」。〔原注〕又御史府亦謂之御史大夫寺。《漢書・元帝紀》注，師古曰：「凡府庭所在皆謂之寺。」《風俗通》曰：「寺，司也。」《唐書・楊收傳》：「漢制，總羣官而聽曰省，分務而專治曰寺，諸官府所止皆曰寺。」《後漢書・安帝紀》：「皇太后幸雒陽寺及若盧獄，録囚徒。」注：「寺，官舍也。」《張湛傳》：「告歸平陵，望寺門而步。」注：「寺門，即平陵縣門也。」《樂恢傳》：「父爲縣吏，得罪於令，恢年十一，常俯伏寺門。」《吴志・淩統傳》亦云「過本縣，步入寺門」。又變而浮屠之居，亦謂之「寺」矣。〔原注〕《石林燕語》：「漢以來，九卿官府皆名曰寺，鴻臚其一也。本以待四裔賓客。❶明帝時攝摩騰、竺法蘭自西域以白馬負經至，舍於鴻臚寺。既死，尸不壞，因留寺中。後遂以爲浮屠之居，即雒中白馬寺也。僧居稱寺本此。」

省

十三布政使司，今人謂之「十三省」者，沿元之舊而誤稱之也。元時爲「行中書省」者十一，曰遼陽等處，曰鎮東，曰陝西等處，曰四川等處，曰河南江北等處，曰雲南等處，曰江浙等處，曰江西等處，曰湖廣等處，曰甘肅等處，曰嶺北等處。國初沿元制，立行中書省。洪武七年，以京畿、應天等府直隸六部，改行中書省爲「布政使司」。今當稱「十三布政使司」，不當稱「省」。〔汝成案〕《明史·職官志》：「洪武九年，改浙江、江西、福建、北平、廣西、四川、山東、廣東、河南、陝西、湖廣、山西諸行省，俱爲承宣布政使司。十五年，置雲南布政使司。永樂元年，以北平布政使司爲北京。後又置交阯貴州布政使司。宣宗三年，罷交阯布政使司，除兩京外，定爲十三布政使司。」攷明制有左右布政使司，建文省雲南一人，永樂則貴州止設一人，是仍有二十四。然實共治一省，故曰十三也。先生作《肇域志》，數交阯，稱十四。此仍云十三者，以此。惟洪武九年始改行省，此云七年者誤耳。我朝爲承宣布政使司者十九，曰直隸，曰江寧，曰江蘇，曰安徽，曰山西，曰山東，曰河南，曰陝西，曰甘肅，曰浙江，曰江西，曰湖北，曰湖南，曰四川，曰福建，曰廣東，曰廣西，曰雲南，

❶「裔」，據《校記》，鈔本作「夷」。

曰貴州。湖南、甘肅布政使司，康熙三年、六年分置。江寧布政使司，乾隆二十五年置。先是安徽布政使司治江寧府，自是移安慶云。

職官受杖

「撞郎」之事，始於漢明。後代因之，有杖屬官之法。曹公「性嚴，掾屬公事往往加杖」。〔原注〕《魏略》：「韓宣以當受杖，豫脱袴纏褌而縛。」宋劉道錫爲廣州刺史，「杖治中荀齊文垂死」，魏劉仁之監作晋陽城，「杖前殷州刺史裴瑗、并州刺史王綽」。隋文帝詔「諸司論屬官罪，有律輕情重者，聽於律外斟酌決杖」。燕榮爲幽州總管，元弘嗣除長史，懼辱，固辭。上知之，敕榮曰：「弘嗣杖十已上罪皆奏聞。」榮忿曰：「豎子何敢弄我！」乃遣弘嗣監納倉粟，颺得一糠一粃皆罰之，每笞不滿十，然一日中或至三數。杜子美《送高三十五》詩：「脱身簿尉中，始與棰楚辭。」唐時自簿尉以上即不加棰楚，優於南北朝多矣。

《黄氏日鈔》：「讀韓文公《贈張公曹》詩云：『判司卑官不堪説，未免捶楚塵埃間。』〔原注〕《通鑑》注：「唐謂州曹諸司參軍爲判司。」然則唐之判司，簿尉類然與？然唐人之待卑官雖嚴，而卑官猶得以自申其法，如劉仁軌爲陳倉尉，擅殺折衝都尉魯寧是也。我朝判司、簿尉以待新進士，而筦庫監當，不以辱之，視唐重矣。乃近日上官苦役苛責，甚於奴僕，官之辱，法之屈也，此事關繫世道。」

唐自兵興以後，杖決之行即不止於簿尉。張鎬杖殺豪州刺史閭丘曉，❶嚴武杖殺梓州刺史章彝，韓皋杖殺安吉令孫瀣，柳仲郢杖殺南鄭令權奕。劉晏爲觀察，自刺史六品以下得杖而後奏，則著之於令矣。《宋史》：理宗淳祐二年三月詔：「今後州縣官有罪，帥司毋輒加杖責。」

《晋書·王濛傳》：「爲司徒左西屬。濛以此職有譴則應受杖，固辭。詔爲停罰，猶不就。」則不獨外吏矣。《南齊書·陸澄傳》：「郎官舊有坐杖，有名無實。澄在官，積前後罰，一日并受千杖。」《南史·蕭琛傳》：「齊明帝用法嚴峻，尚書郎坐杖罰者皆即科行。琛乃密啟曰：『郎有杖，起自後漢，爾時郎官位卑，親主文案，與令史不異。故郎三十五人，令史二十人，士人多恥爲此職。自魏、晋以來，郎官稍重，今方參用高華，〔錢氏曰〕《晋書·王坦之傳》：「僕射江彪領選，將擬爲尚書郎。坦之聞曰：『自過江來，尚書郎止用第二人，何得以此見擬？』彪遂止。」吏部又近於通貴，不應官高昔品，而罰遵曩科。所以從來彈舉，止是空文，許以推遷，或逢赦恩，或入春令，便得息停。宋元嘉、大明中，有被罰者，別繇犯忤主心，非關常準。泰始、建元以來，並未施行。自奉敕之後，已行倉部郎江重欣，杖督五十，無不人懷慙懼。乞特賜輸贖，使與令史有異，以彰優緩之澤。』帝納之。自是應受罰者依舊不行。」此今日公譴擬杖之所自始。

《世説》：「桓公在荆州，恥以威刑肅物。令史受杖，正从朱衣上過。桓式年少，從外來，云：

---

❶「豪」，據《新唐書·張鎬傳》，應作「濠」。

『向從閤下過，見令史受杖，上捎雲根，下拂地足。』桓公曰：『我猶患其重。』」是令史服朱衣而受杖也。〔原注〕《南史·孔覬傳》：「爲御史中丞，鞭令史，爲有司所糾，原不問。」《南齊書·張融傳》：「大明五年制：二品清官，行僮幹杖不得出十。」《梁書·江蒨傳》：「弟葺爲吏部郎，坐杖曹中幹免官。」郎官之杖，虚杖也，故至於千。僮幹之杖，實杖也，不得過十。然亦失中之法。

沈統，大明中爲著作佐郎。先是，五省官所給幹僮不得雜役，太祖世，坐以免官者前後數百人。統役僮過差，有司奏免。世祖詔曰：「自頃幹僮多不祗給，主可量聽行杖。」得行幹杖自此始也。

北朝政令比之南朝尤爲嚴切。《高允傳》言：「魏初法嚴，朝士多見杖罰。」《孝昭帝紀》言：「尚書郎中剖斷有失，輒加捶楚。」而及其末世，則有如高陽王雍之以州牧而杖殺職官，〔原注〕《任城王澄傳》。唐邕之以録尚書而撾撻朝士〔原注〕本傳。者矣。

押字

《集古録》有「五代時帝王將相等署字」一卷。所謂「署字」者，皆草書其名，今俗謂之「畫押」，不知始於何代。岳珂《古冢盆杅記》言：「得晋永寧元年甓，有匠者姓名，下有文如押字。」則晋已有之，然不可考。《南齊書》：「太祖在領軍府，令紀僧真學上手迹下名，報答書疏皆付僧真。上觀之，笑曰：『我亦不復能别也。』」「何敬容署名，『敬』字則大作『苟』小爲『文』，『容』字大爲『父』。陸倕戲曰：『公家苟既奇大，父亦不小。』」《魏書》：「崔玄伯尤善行押之書，特盡精巧而不見遺迹。」《北史》：「斛律金不識文字，初名敦，苦其難署，改名爲金，從其便易。猶以爲難，神武乃指屋角，令識之。」《北齊書》：「厙狄干不知書，署名爲『干』字，逆上畫之，時人謂之『穿錐』。又有武將王周，署名先爲吉而後成其外。」《陳書》：「蕭引善隸書，高宗嘗披奏事，指引署名曰：『此字筆勢翩翩，似鳥之欲飛。』」《唐書》：「董昌僭位，下制詔皆自署名。或曰：『帝王無押詔。』昌曰：『不親署，何由知我爲天子？』」今人亦謂之「花字」。《北齊・後主紀》：「開府千餘，儀同無數，領軍一時二十，連判文書，各作花字，〔原注〕《北史》：「各作『依』字。」不具姓名，莫知誰也。」黄伯思謂：「魏、晉以來法書，梁御府所藏皆是，朱异、唐懷充、沈熾文、姚懷珍等題名于首尾紙縫間，故或謂之『押縫』，或謂之『押尾』。後人花押蓋沿于此。」又云：「唐人及國初前輩與人書牘，或只用押字，與名用之無異，上表章亦或爾，近世遂施押字於檄移。」〔原注〕《癸辛雜識》：「古人押字謂之花押印，是用名字稍花之，如韋陟『五雲體』是也。」不知南、北諸史言押字者如此之多。而《韓非子》言「田嬰令官具押券斗石參升之計」，則戰國時已有之，又不始於後世也。

《三國志・少帝紀》注，《世説》及《魏氏春秋》並云：❶「姜維寇隴右，時安東將軍司馬文王鎮許昌，徵還擊維。至京師，帝御平樂觀以臨軍過。中領軍許允與左右小臣謀，因文王辭殺之，勒其衆

---

❶「世説」，據《三國志》注，應作「世語」。

以退大將軍。已書詔於前，文王入，帝方食栗，優人雲午等唱曰：『青頭雞，青頭雞。』青頭雞者，鴨也。帝懼不敢發。」按鴨者，勸帝押詔書耳。是則以親署爲押，已見於三國時矣。〔原注〕南北朝謂之「畫敕」。

邸報

《宋史·劉奉世傳》：「先是，進奏院每五日具定本報狀，上樞密院，然後傳之四方。而邸吏輒先期報下，或矯爲家書，以入郵置。奉世乞革定本，去實封，但以通函騰報。从之。」《吕溱傳》：「儂智高寇嶺南，詔奏邸毋得輒報。溱言：『一方有警，使諸道聞之，共得爲備。今欲人不知，此意何也？』」《曹輔傳》：「政和後，帝多微行。始民間猶未知，及蔡京謝表有『輕車小輦，七賜臨幸』，自是邸報聞四方。」「邸報」字見于史書，蓋始於此時。然唐《孫樵集》中有《讀開元雜報》一篇，則唐時已有之矣。〔閻氏曰〕《唐詩話》「韓翃久家居，一日夜半，客扣門急，賀曰：『員外除駕部郎中、知制誥。』曰：『誤矣。』客曰『邸報制誥闕人，中書兩進名，不從』」云云。是「邸報」字亦見于此。

酒禁

先王之於酒也，禮以先之，刑以後之。《周書·酒誥》：「厥或告曰：『羣飲。』汝勿佚，盡執拘以歸於周，予其殺！」此刑亂國用重典也。《周官·萍氏》「幾酒謹酒」，而《司虣》「禁以屬遊飲食于市者。若不可禁，則搏而戮之」，此刑平國用中典也。「一獻之禮，賓主百拜，終日飲酒而不得醉焉」，則未及乎刑而坊之以禮也。故成、康以下，天子無甘酒之失，卿士無酣歌之愆。至于幽王，而「天不湎爾」之詩始作，其教嚴矣。漢興，蕭何造律，三人以上無故羣飲酒罰金四兩。曹參代之，自謂遵其約束，乃園中聞吏醉歌呼而亦取酒張飲，與相應和，是并其畫一之法而亡之也。坊民以禮，酇侯既闕之於前；糾民以刑，平陽復失之於後。弘羊踵此，从而榷酤，夫亦開之有其漸乎？

武帝天漢三年，初榷酒酤。昭帝始元六年，用賢良文學之議，罷之，而猶令民得以律占租，賣酒升四錢，遂以爲利國之一孔，而酒禁之弛，實濫觴於此。〔原注〕《困學紀聞》謂：「榷酤之害，甚於魯之初税畝。」然史之所載，自孝宣已後，有時而禁，有時而開。至唐代宗廣德二年十二月，詔天下州縣，各量定酤酒户，隨月納税，除此之外，不問官私，一切禁斷。自此名禁而實許之酤，意在榷錢而不在酒矣。宋仁宗乾興初，言者以天下酒課月比歲增，無有藝極，非古禁羣飲節用之意。孝宗淳熙中，李燾奏謂「設法勸飲，以斂民財」，周煇《雜志》以爲「惟恐其飲不多而課不羨」，此榷酤之弊也。至今代，則既不榷緡而亦無禁令，民間遂以酒爲日用之需，比于饔飧之不可闕，若水之流，滔滔皆是，而厚生正德之論莫有起而持之者矣。〔陳通政曰〕孫公嘉淦以高粱祇堪供造酒之用，推論禁止之弊，謂於生計有損。此説誠矯枉過當。夫使果重其罰而立致其效，則家有蓋藏，巷無羣飲，豈非爲治者至願？所慮者在不能禁止耳。天下承平日久，狃於休養之樂，安知耗穀之患，而但以爲大欲所在、日用之常也。

邴原之游學，未嘗飲酒，大禹之疏儀狄也。諸葛亮之治蜀，路無醉人，武王之化妹邦也。

《舊唐書・楊惠元傳》：「充神策京西兵馬使，鎮奉天。詔移京西，戍兵萬二千人，以備關東。帝御望春樓，賜宴，諸將列坐。酒至，神策將士皆不飲。帝使問之。惠元時爲都將，對曰：『臣初發奉天，本軍帥張巨濟與臣等約曰：「斯役也，將策大勳，建大名，凱旋之日，當共爲歡。苟未戎捷，無以飲酒。」故臣等不敢違約而飲。』既發，有司供餼於道路，唯惠元一軍缾罍不發。上稱歎久之，降璽書慰勞。及田悦叛，詔惠元領禁兵三千，與諸將討伐。御河奪三橋，皆惠元之功也。」能以衆整如此，即治國何難哉！〔原注〕沈括《筆談》言：「太宗朝，❶禁卒買魚肉及酒入營門者，有罪。」

魏文成帝大安四年，釀酤飲者皆斬。金海陵正隆五年，朝官飲酒者死。元世祖至元二十年，造酒者本身配役，財産女子没官。可謂用重典者矣。然立法太過，故不久而弛也。

水爲地險，酒爲人險。故《易》爻之言酒者無非《坎》卦，而「萍氏掌國之水禁」，水與酒同官。〔原注〕黄魯直作《黄彝字説》云：「酒善溺人，故六彝皆以舟爲足。」徐尚書石麒有云：「《傳》曰：『水懦弱，民狎而玩之，故多死焉。』酒之禍烈於火，而其親人甚於水，有以夫，世盡殀於酒而不覺也。」讀是言者可以知保生之道。《螢雪叢説》言：「頃年陳公大卿生平好飲。一日席上與同僚談，舉『知命者不立乎巖牆之下』問之，其人曰：『酒亦巖牆也。』陳因是有聞，遂終身不飲。」頃者米醪不足，而烟酒興焉，則真變而爲火矣。

---

❶「太宗」，《四部叢刊》影明本《夢溪筆談》作「太祖」。

賭博

萬曆之末，太平無事，士大夫無所用心，間有相从賭博者。至天啟中，始行馬弔之戲，而今之朝士，若江南、山東，幾於無人不爲此。有如韋昭論所云「窮日盡明，繼以脂燭。人事曠而不修，賓旅闕而不接」者。吁，可異也！考之《漢書》，安丘侯張拾、邔〔原注〕其已反。侯黄遂、樊侯蔡辟方，并坐搏揜，免爲城旦。〔原注〕《貨殖傳》：「掘冢搏揜，犯姦成富。」王符《潛夫論》：「以游博持掩爲事。」師古曰：「搏，或作『博』，六博也。揜，意錢之屬也。〔原注〕《後漢書·梁冀傳》：「能挽滿、彈棊、格五、六博、蹴鞠、意錢之戲。」皆戲而賭取財物。」《宋書·王景文傳》：「爲右衛將軍，坐與奉朝請毛法因蒱戲，得錢百二十萬，白衣領職。」《劉康祖傳》：「爲員外郎十年，再坐樗蒲戲免。」《南史·王質傳》：「爲司徒左長史，坐招聚博徒免官。」《金史·刑志》：「大定八年制：品官犯賭博法，贓不滿五十貫者，其法杖，聽贖。再犯者杖之。上曰：『杖者，所以罰小人也。既爲官職，當先廉恥。既無廉恥，故以小人之罰罰之。』」今律犯賭博者，文官革職爲民，武官革職隨舍餘食糧差操，亦此意也。但百人之中未有一人坐罪者，上下相容而法不行故也。晋陶侃「勤於吏職，終日斂膝危坐，閫外多事，千緒萬端，罔有遺漏。諸參佐或以談戲廢事者，命取其酒器蒱博之具，悉投於江，將吏則加鞭朴」，卒成中興之業，爲晋名臣。唐宋璟爲殿中侍御史，「同列有博于臺中者，將責名品而黜之，博者惶恐自匿」，後爲開元賢相。而史言文宗切於求理，每至刺史面辭，必殷勤戒敕曰：「無嗜博，無飲酒。」内外聞之，莫不悚息。然則勤吏事而糾風愆，乃救時之首務矣。

《唐書》言楊國忠以善樗蒲得入供奉，常後出，專主蒱簿，計算鈎畫，分銖不誤。帝悦曰：「度支郎才也。」卒用之而敗。玄宗末年荒佚，遂以小人乘君子之器，此亦國家之妖孽也。今之士大夫不慕姚崇、宋璟，而學楊國忠，亦終必亡而已矣。

《山堂考索》：「宋大中祥符五年三月丁酉，上封者言進士蕭玄之本名琉，嘗因賭博抵杖刑，今易名赴舉登第。詔有司召玄之詰問，引伏，奪其敕，贖銅四十斤，遣之。」宋制之嚴如此。今之進士，有以不工賭博爲恥者矣。

《晉中興書》載陶士行言：「樗蒲，老子入胡所作，外國戲耳。近日士大夫多爲之，安得不胥天下而爲外國乎？」

《遼史》：「穆宗應曆十九年正月甲午，與羣臣爲葉格戲。」《解》曰：「宋錢僖公家有葉子揭格之戲。」〔原注〕按應曆十九年，爲宋太祖之開寶二年，是契丹先有此戲，不知其所自來。而其年二月己巳，即爲小哥等所弑。君臣爲謔，其禍乃不旋踵。此不祥之物，而今士大夫終日執之，其能免於效尤之咎乎！

《宋史・太宗紀》：「淳化二年閏月己丑，詔犯蒱博者斬。」《元史・世祖紀》：「至元十二年，禁民間賭博，犯者流之北地。」刑亂國用重典，固當如此。

今日致太平之道何繇？曰：「君子勤禮，小人盡力。」

京債

赴銓守候，京債之累，於今爲甚。《舊唐書・武宗紀》：「會昌二年二月丙寅，中書奏：『赴選官多京債，到任填還，致其貪求，罔不由此。今年三銓，於前件州府〔原注〕河東、鳳翔、鄜坊、邠寧等道。得官者，許連狀相保，户部各備兩月加給料錢，至支時折下，所冀初官到任，不帶息債，衣食稍足，可責清廉。』從之。」蓋唐時有東選、南選，其在京銓授者止關内、河東兩道採訪使所屬之官，不出一千餘里之内，而猶念其舉債之累，先於户部給與兩月料錢，非惟恤下之仁，亦有勸廉之法。與今之職官到任，先辦京債，剥下未足，而或借庫銀以償之者，得失之數，較然可知已。

若夫聖主之所行，有超出於前代者。《太祖實録》：「吴元年七月丙子，除郡縣官二百三十四人，賜知府、知州、知縣文綺四、絹六、羅二、夏布六，父如之，母妻及長子各半。府、州、縣佐貳官視長官半之，父如之，母妻及長子又半之。各府經歷、知事，同佐貳官。州、縣吏目、典史視佐貳官又半之，父母妻子皆如之。其道里費，知府賜白金五十兩，知州三十五兩，知縣三十兩，同知視知府五之三，治中半之，通判、推官五之二；州同知視府通判，經歷及州判官視府同知半之；縣丞、主簿視知縣又半之，知事、吏目、典史皆十兩。著爲令。上曰：『今新授官多出布衣，到任之初，或假貸於人，則他日不免侵漁百姓，不有以養其廉，而責之奉公，難矣。』」「洪武元年二月，詔中書省：『自今新除府、州、縣官，給賜白金一十兩，布六匹。』十年正月甲辰，上謂中書省臣曰：『官員聽選之在京者，宜早與銓注，即令赴任。聞久住客邸者，日有所費，甚至空乏，假貸於人。昔元之弊政，此亦一端。其常選官淹滯在京者，資用既乏，流爲醫卜，使人喪其所守，❶實朝廷所以待之者非其道也。自今銓選之後，以品爲差，皆與道里費，仍令有司給舟車送之。著爲令。』」「十七年七月癸丑，北平税課司大使熊斯銘言：『仕者得禄養親，此人子之所願也。然有道遠而不得養其父母者，乞令有司給以舟車，俾得迎養，以盡人子之情。』廷議以雲南、兩廣、四川、福建官員家屬赴任者，官爲給舟車，已有定例。自今凡一千五百里以外者，宜依例給之。制可。」（原注）二十二年八月，命故官妻子還鄉者亦給車舟。豈非愛民之仁先於恤吏者乎！

居官負債

居官負債，雖非君子之行，似乎不干國法。乃考之於古，有以不償債而免列侯者，《漢書》「孝文三年，河陽侯陳信，坐不償人責過六月，免」（原注）免侯爵。是也。有以不償債而貶官者，《舊唐書》「李晟子惎，累官至右龍武大將軍，沈湎酒色，恣爲豪侈，積債至數千萬。其子貸回鶻錢一萬餘貫，不償，爲回鶻所訴。文宗怒，貶惎爲定州司法參軍」是也。然此猶前代之事，使在今日，則回鶻當更貸之以錢，而爲之營其善缺矣。

❶「人」，據《刊誤》卷下，原寫本作「賢者」。

《元史》:「太宗十二年,以官民貸回鶻金償官者歲加倍,名『羊羔息』,其害爲甚。詔以官物代還,凡七萬六千錠。仍命凡假貸歲久,惟子本相侔而止。著爲令。」

納　女

漢王商爲丞相,「皇太后嘗詔問商女,欲以備後宫。時女病,商意亦難之,以病對,不入。及商以閨門事見考,自知爲王鳳所中,惶怖,更欲内女爲援,迺因新幸李婕妤家白見其女」。爲大中大夫張匡所奏,免相,歐血薨,謚曰戾侯。後魏鄭羲爲西兖州刺史,貪鄙,納女爲嬪,徵爲祕書監。及卒,尚書謚曰宣。詔曰:「蓋棺定謚,激濁揚清。羲雖夙有文業,而治闕廉清。尚書何乃情遺至公,愆違明典!依《謚法》『博文多見曰文,不勤成名曰靈』,謚曰文靈。」古之士大夫以納女後宫爲耻,今人則以爲榮矣。

古之名士猶不肯與戚畹同列。魏夏侯玄「爲散騎黄門侍郎,嘗進見,與皇后弟毛曾並坐。玄耻之,不悦形之於色」。宋路太后頗豫政事,弟子瓊之宅與太常王僧達並門,嘗盛車服衛从造僧達,僧達不爲之禮。瓊之以訴太后,太后大怒,告上曰:「我尚在,而皆陵我家,死後乞食矣。」欲罪僧達。上曰:「瓊之年少,自不宜輕造諸王。僧達貴公子,豈可以此事加罪?」

王女棄歸

《漢書·衡山王傳》："太子女弟無采嫁，棄歸。"以王女之貴，爲人妻而猶有見棄者。近古"七出"之條猶存，而王者亦不得以非禮制其臣下也。

罷官不許到京師

《後漢書》言："漢法，罷免守令，非徵召，不得妄到京師。"〔原注〕《蘇不韋傳》。今制，内外官員至京師，必謁鴻臚寺，報名見朝。至南京，必謁孝陵。罷職者不得入國門。〔原注〕成化十三年九月壬申，詔逐罷閒官吏人等。此漢人之成法，所以防夤緣、清輦轂之意深矣。

《册府元龜》載："後唐明宗長興二年九月丙戌，太傅致仕王建立，不由詔旨至京，〔原注〕建立先以上章允歸鄉里。通事不敢引對，留于閤門。久之，自至後樓召見，❶帝以故將，不之罪。"則知五代之朝，此法亦未嘗弛也。

---

❶"召"，據《册府元龜》卷四一應作"朝"。

日知録集釋卷二十九

崑山顧炎武著　嘉定後學黄汝成集釋

騎

《詩》云：「古公亶父，來朝走馬。」古者馬以駕車，不可言「走」，〔原注〕董氏曰：顧野王作「來朝趣馬」。曰「走」者，單騎之稱。古公之國鄰於戎翟，❶其習尚有相同者。〔原注〕程大昌《雍録》曰：「古皆乘車，今曰走馬，恐此時或已變乘爲騎，蓋避翟之遽，不暇駕車。」然則騎射之法不始於趙武靈王也。〔惠氏曰〕《詩》疏：「馳謂走馬。」是屬乘車，非單騎。

《左傳》昭公二十五年「左師展將以公乘馬而歸」，《正義》曰：「古者服牛乘馬，馬以駕車，不單騎也。至六國之時始有單騎，蘇秦所云『車千乘，騎萬匹』是也。《曲禮》云『前有車騎』者，《禮記》漢世書耳，經典無『騎』字也。劉炫謂此『左師展將以公乘馬而歸』，欲共公單騎而歸，此騎馬之漸也。」〔原注〕《周禮·大司馬》「師帥執提」注：「提謂馬上鼓，有曲木提持鼓立馬髦上者，故謂之提。」《正義》曰：「先鄭

❶「翟」，據《校記》，鈔本作「狄」。本條諸「翟」字同此。

蓋據當時已有單騎，舉以況周，其實周時皆乘車，無輕騎法也。」王應麟謂：「《六韜》言騎戰，其書當出於周末。」又引《公羊傳》「齊侯唁公，以鞍爲几」。《公羊》亦周末之書也。

春秋之世，戎翟之雜居於中夏者，大抵皆在山谷之間，兵車之所不至。齊桓、晋文僅攘而卻之，不能深入其地者，用車故也。中行穆子之敗翟於大鹵，得之毁車崇卒。而智伯欲伐仇猶，遺之大鍾，以開其道，其不利於車可知矣。勢不得不變而爲騎，騎射所以便山谷也，胡服所以便騎射也。是以公子成之徒，諫胡服而不諫騎射，意騎射之法必有先武靈而用之者矣。〔惠氏曰〕案《韓非子》「秦穆公送重耳疇騎二千」，則單騎不始于六國。

騎利攻，車利守，故衛將軍之遇虜，以武剛車自環爲營。

《史記·項羽本紀》敘鴻門之會曰：「沛公則置車騎，脱身獨騎。」上言「車騎」，則車駕之馬，來時所乘也。下言「獨騎」，則單行之馬，去時所跨也。樊噲、夏侯嬰、靳彊、紀信四人，則皆步走也。《樊噲傳》曰：「沛公留車騎，獨騎馬，噲等四人步从。」是也。

驛

《漢書·高帝紀》「乘傳詣雒陽」，師古曰：「傳若今之驛。古者以車，謂之傳車。其後又單置馬，謂之驛騎。」竊疑此法春秋時當已有之，如「楚子乘馹，會師于臨品」，「祁奚乘馹而見范宣子」，「楚子以馹至于羅汭」，「子木使馹謁諸王」，楚人謂游吉曰「吾將使馹奔問諸晋而以告」，《國語》「晋文公乘馹自下，脱會秦伯于王城」，《吕氏春秋》「齊君乘馹而自追晏子，及之國郊」，皆事急不暇駕車，或是單乘驛馬。而注疏家未之及也。〔原注〕戴侗云：「以車曰傳，以騎曰馹。」晋侯以傳召伯宗，則是車也。《説文》：「傳，遽也。」《左傳》弦高「且使遽告于鄭」注：「遽，傳車。」按《韓非子》言「齊景公游少海，傳騎从中來謁」，則騎亦可以謂之傳。

謝在杭《五雜組》曰：「古者乘傳皆驛車也。《史記》『田横與客二人乘傳詣雒陽』，注：『四馬高足爲置傳，四馬中足爲馳傳，四馬下足爲乘傳。』然《左傳》言鄭子産『乘遽而至』，則似單馬騎矣。《釋文》『以車曰傳』，『以馬曰遽』。子産時相鄭國，豈乏車乎？懼不及，故乘遽，其爲驛馬無疑矣。漢初尚乘傳車，如鄭當時、王温舒皆私具驛馬，後患其不速，一概乘馬矣。」

驢　贏

自秦以上，傳記無言驢者，意其雖有，而非人家所常畜也。〔原注〕《爾雅》無「驢」而有「鼳」：「鼠身，長須而賊，秦人謂之小驢。」〔汝成案〕《爾雅正義》云：「此即鼠屬，所謂鼳鼠。而郭氏兩釋之，則此爲獸而非鼠矣。」《晋書・郭璞傳》云：「有物大如牛，灰色，卑腳，類象，胸前尾上皆白，有力而遲鈍。璞案卦名之，是爲驢鼠。」蓋即其類也。《逸周書》：「伊尹爲獻令。正北空同、大夏、莎車、匈奴、樓煩、月氏諸國，以橐駝、野馬、騊駼、駃騠爲獻。」〔原注〕驢父馬母曰贏，馬父驢母曰駃騠。《古今注》以牡馬牝驢所生謂之駏。〔汝成案〕《説文》：「駃騠，馬父贏子。」《吕氏春秋》：「趙簡子有兩白騾，甚愛之。」李斯《上秦王書》言：「駿良駃騠。」鄒陽《上梁王書》亦云：「燕王按劍而怒，食以駃騠。」是以爲貴重難得之物也。司馬相如《上林賦》：「騊駼橐駝，蛩蛩驒騱，駃騠驢驘。」王褒《僮約》：「調治馬驢，兼落三重。」〔汝成案〕如《僮約》，則驢亦人家所常畜矣。其名始見於文。而賈誼《弔屈原賦》：「騰駕罷牛兮驂蹇驢。」《日者列傳》：「騏驥不能與罷驢爲駟。」東方朔《七諫》：「要褭奔亡兮騰駕橐駝。」劉向《九歎》：「郤騏驥以轉運兮，騰驢驘以馳逐。」揚雄《反離騷》：「騁驊騮以曲囏兮，驢騾連蹇而齊足。」則又賤之爲不堪用也。嘗考驢之爲物，至漢而名，至孝武而得充上林，至孝靈而貴幸。〔原注〕《續漢書·五行志》：「靈帝於宮中西園駕四白驢，躬自操轡，驅馳周旋，以爲大樂。於是公卿貴戚轉相放效，至乘輜軿以爲騎从，互相侵奪，賈與馬齊。」然其種大抵出於塞外，❶自趙武靈王騎射之後，漸資中國之用。《鹽鐵論》：「驘驢馲駝，銜尾入塞。驒奚騵馬，盡爲我畜。」杜篤《論都賦》：「虜傲侲，驅騾驢，馭宛馬，鞭駃騠。」《霍去病傳》：「單于遂乘六驘。」《匈奴傳》：「其奇畜則橐駝、驢驘、駃騠、騊駼、驒奚。」《西域傳》：「鄯善國有驢馬，多橐它，烏秅國有驢，無牛。」而龜兹王學漢家儀。外國人皆曰：❷『驢非驢，馬非馬，若龜兹王，所謂驘也。』」可見外國之多産此種，而漢人則以爲奇畜耳。人亦有以父母異種爲名者，《魏書·鐵弗劉虎傳》：「北人謂胡父鮮卑母爲鐵弗。」

---

❶「塞外」，據《校記》，鈔本作「胡地」。

❷「國」下，據《校記》，鈔本有「胡」字。

軍行遲速

魏明帝遣司馬懿征遼東，其時自雒陽出軍不過三千餘里，而帝問往還幾日。懿對以「往百日，攻百日，還百日，以六十日爲休息，如此一年足矣。」此猶是古人師行日三十里之遺意。夏侯淵爲將，赴急疾，常出敵之不意，軍中爲之語曰：「典軍校尉夏侯淵，三日五百，六日一千。」此可偶用之於二三百里之近，不然，「百里而趨利者蹶上將」，固兵家所忌也。

木罌缻渡軍

《史記·淮陰侯傳》「从夏陽以木罌缻渡軍」，服虔曰「以木押縛罌缻以渡」是也。古文簡，不言「縛」爾。《吴志·孫静傳》：「策詐令軍中促具罌缶數百口，分軍夜投查瀆。」亦此法也。其狀圖於喻龍德《兵衡》，謂之「甕筏」。

海　師

海道用師，古人蓋屢行之矣。吴徐承率舟師自海入齊，此蘇州下海至山東之路。越王句踐命范蠡、舌庸率師沿海泝淮，以絶吴路，此浙東下海至淮上之路。唐太宗遣强偉於劍南伐木造舟艦，自巫峽抵江、揚，趨萊州，此廣陵下海至山東之路。漢武帝遣樓船將軍楊僕，從齊浮渤海，擊朝鮮；

魏明帝遣汝南太守田豫，督青州諸軍，自海道討公孫淵；秦苻堅遣石越率騎一萬，自東萊出石徑，❶襲和龍；唐太宗伐高麗，命張亮率舟師，自東萊渡海趨平壤；薛萬徹率甲士三萬，自東萊渡海入鴨緑水，此山東下海至遼東之路。漢武帝遣中大夫嚴助，發會稽兵浮海救東甌；横海將軍韓説自句章浮海擊東越，此浙江下海至福建之路。劉裕遣孫處、沈田子自海道襲番禺，此京口下海至廣東之路。隋伐陳吴州刺史蕭瓛，遣燕榮以舟師自東海至吴，此又淮北下海而至蘇州也。公孫度越海收東萊諸縣，❷侯希逸自平盧浮海據青州，此又遼東下海而至山東也。宋李寶自江陰率舟師敗金兵于膠西之石臼島，此又江南下海而至山東也。此皆古人海道用師之效。〔沈氏曰〕《海防考》：「江南之要害四：曰金山衛，以逌近海塘，北接吴淞口也。曰吴淞江，以蘇、松二郡之要害也。曰劉家河，由太倉入犯之徑道也。曰白茆港，自常熟入犯之要口也。江北之要害三：曰新港，即三江口，以逼近揚州也。曰北海，所从以通新插港，又有鹽徒聚艘于此也。曰廟灣，以其爲巨鎮，而可通大海口也。」翁大立言：「海防惟三策，出海會哨，毋使入港，此爲上策。循塘拒守，毋使登岸，此爲中策。出水列陳，毋使近城，此爲下策。不得已而至守城，則無策矣。」〔陳總兵曰〕天下沿海形勢，从京師、天津東向遼海、銕山、黄城、皮島，外對朝鮮。左延東北山海關、寧遠、蓋平、復州、金州、旅順口、鴨緑江，而抵高麗。右衮東南山東之利津、清河、蒲臺、壽光、海倉口、登州，而至

---

❶「石」，原作「右」，今據《晉書·苻堅載記》改。

❷「收」，原作「改」。《刊誤》卷下云：「改，諸本同，原寫本作『收』，誤。」按，據《三國志·魏書·公孫度傳》應作「收」字是。今據原寫本改。

廟島、成山衛。登州與旅順口南北隔海對峙，東懸皮島，西匝兩京、登萊，是爲遼海。登州一郡，陡出東海，盡於成山衛，海舶往盛京、天津者，以成山爲標準也。成山衛轉西南，則靖海、大嵩、萊陽、鼇山、靈山，而至江南海州，此皆登州西南之海也。海州而下，廟灣而上，則黄河出海之口。河濁海清，沙泥入海則沈實，支條縷結，東向紆長，潮滿則没，潮汐或淺或沈，名曰「五條沙」。中間深處，呼曰沙行。江南之沙船往山東者，恃沙行以寄泊，船因底平，少擱無礙，閩船則底圓，加以龍骨三段，架接高昂，擱沙播浪，立見碎折。更兼江浙海潮外無藩扞屏山以緩水勢，東向澎湃，故潮汐之流比他省爲最急。若乏西風開避，則舟隨溜擱，靡不爲壞。是以海船往山東、兩京，必从盡山對東開一日夜，避過其沙，方敢北向。是以登萊、淮海稍寬海防者，職由五條沙爲之保障也。廟灣南自如皋、通州而至洋子江口，内狼山，外崇明，鎖鑰長江，沙坂急潮，其概相似。而崇明上鎖長江，下扼吴淞，東有洋山、馬蹟、花腦、陳錢諸山，接連浙之寧波、定海外島，而嘉興之乍浦，錢塘之鼇子，餘姚之後海，寧波之鎮海，雖沿海相聯要疆，但外有定海爲之扞衛，實内海之堂奥也。惟乍浦一處，濱于大海，東達漁山，北達江南之洋山，定海之衢山、劍山，外則汪洋，言海防者當留意焉。江浙外海以馬蹟山爲界，山北屬江，山南屬浙。而陳錢外在東北，俗呼盡山。山大澳廣，可泊舟百餘艘。山産水仙，海産淡菜、海鹽。賊舟每多寄泊，江浙水師更當加意於此。南之海島由衢山、岱山而至定海，東南由劍山、長塗而至普陀。普陀直東之外，出洛迦門，有東霍山。夏月，賊舟亦可寄泊，伺劫洋船回櫂，且與盡山南北爲犄角，山腳水深，非加長椗纜，不足以寄。普陀之南，自崎頭至昌國衛，接聯内地，外有韭山、弔邦，亦賊舟寄泊之所。此皆寧波郡屬。自寧波、台州、黄巖沿海而下，内有佛頭、桃渚、崧門、楚門，外有茶盤、牛頭、積穀、鬣殼、石塘、枝山、大鹿、小鹿，在在皆賊艘出没經由之區。南接樂清、温州、瑞安、金鄉、蒲門，此温屬之内海。樂清東崎玉環，外有三盤、鳳皇、北屺、南屺，而至北關，以及閩海接界之南關，實温、台内外海逕寄泊樵汲之區，不可忽也。閩之海内自沙埕、南鎮、烽火、三沙、斗米、北茭、定海、五虎，而至閩安，外自南關、大嵛、小嵛、閭山、芙蓉、北竿塘、南竿塘、東永，而至白犬，爲福寧、福州外護左翼之藩籬。南自長樂之梅花、鎮東、萬安爲右臂，外自磁澳而至草嶼，中隔石牌洋，外環海壇大島，閩安雖爲閩省水口咽喉，海壇實爲閩省右翼之扼要也。由福清之萬安，南視平海，内虚海套，是爲興化。外有南日、湄洲，再外烏坵、海壇，所當留意者。東北有東永，東南有烏坵，猶浙之南屺、北屺，積穀、弔邦、韭山、東霍、衢山，江之馬蹟、盡山是也。泉州北則崇武，獺窟，南則祥芝、永寧，左右拱抱，内藏郡治，下接金、厦二島，以達漳州。金爲泉郡之下臂，厦爲漳郡之咽喉。漳自太武而南，鎮海、六鼇、古雷、銅山、懸鍾，在在可以寄泊。而至南澳，以分閩、粤。泉、漳之東，外有澎湖島三十有六，而要在媽宫、西嶼頭、北港、八罩、四澳，北風可以泊舟。若南風，不但有山有嶼，可以寄泊，而平風静浪，黑溝白洋，皆可暫寄，以俟潮流。洋大而山低，水急而流迴。北之吉貝、沈礁一線，直生東北，一目未了，内皆暗礁布滿，僅存一港蜿蜒，非熟習深諳者不敢櫂至。南有大嶼、花嶼、貓嶼，北風不可寄泊，南風時宜巡緝。澎湖之東，則爲臺灣。北自雞籠山對峙福州之白犬洋，南自沙馬崎對峙漳之銅山，延綿二千八百里，西面一片沃野，自海至山，淺闊相均，約百里。西東穿山至海，約四五百里。崇山疊箐，野番類聚。建一郡，分四縣，山川形勢，生熟番性，蜂窠蟻穴，誌考備載。郡治南抱七崑身，而至安平鎮、大港，隔港沙洲直北至鹿耳門。鹿耳門隔港之大線頭、沙洲，而至隙仔、海翁，隙皆西護府治，而港之可以出入巨艘，惟鹿耳門與雞籠淡水港。其餘港汊雖多，大船不能出入，僅平底之艕船，四五百石之三板頭船，堪以出進。此亦海外形勢，以扞内地沿海要疆。南澳東懸海島，扞衛漳之詔安，潮之黄岡。澄海乃閩、粤海洋適中之要隘，外有小島三，爲北澎、中澎、南澎，俗呼爲三澎。南風，賊艘經由暫寄之所。内自黄岡大澳而至澄海放雞、廣澳、錢澳，靖海赤澳，此雖潮郡支山入海，實爲潮郡賊艘出没之區。晨遠揚於外洋以伺掠，夜西向於島澳以偷泊。而海賊之尤甚者，多潮産也。赤澳一洋，自甲子門南至淺澳、田尾、遮浪、汕尾、鮜門港、大星、平海，雖屬惠州，而山川人性與潮無異，故於居中碣石立大鎮。下至大鵬、佛堂門、將軍澳、紅香爐、急水門，由虎門而入粤省。外自小星、筆管、沱濘、福建頭、大嵛山、小嵛山、伶仃山、旗纛嶼、九州洋而至老萬，島嶼不可勝數，處處可以樵汲，在在可以灣泊。粤之賊艘不但艚艍海舶，此處可以伺劫，而内河槳船、櫓船、漁舟皆可出海，羣聚剽掠，粤海之藏垢納污者莫此爲甚。廣省左扞虎門，右扼香山，而香山雖外護順德、新會，實爲省會之要地。不但外海捕盗，内河緝賊，港汊四通，奸匪殊甚，且共域澳門，外防番舶，與虎門爲掎角，有心者豈可泛視哉！外出十字門而至魯萬，此洋艘番舶來往經由之標準。下接岸門、三竈、大金、小金、烏豬、上川、下川、戙船澳、馬鞍山，此肇屬廣海、陽江、雙魚之外護也。高郡之電白，外有大小放雞，吴川外有硇州下鄰，雷州白鴿、錦囊，南至海安。自放雞而南至於海安，中懸硇州，暗礁暗沙，難以悉載，非深諳者莫敢内行，而高郡地方實藉沙礁之庇也。雷州一郡，自遂溪、海康、徐聞向南幹出四百餘里，而至海安，三面濱海，幅闊百里。對峙瓊州，渡海百二十里。自海安繞西北至合浦、欽州、防城，而及交阯之江平、萬寧州，延長一千七百里。故海安下廉州船宜南風，上宜北風。自廉之冠頭嶺而東，白龍、調埠、州江、永安、山口、烏兔，處處沈沙，難以名載。自冠頭嶺而西，至於防城，有龍門七十二逕，逕逕相通。逕者，島門也；通者，水道也。以其島嶼懸雜而水道皆通。廉多沙，欽多島。地以華夷爲限，而又産明珠，不入於交阯，是以亭建海角于廉，天涯于欽。瓊州屹立海中，地从海安渡脈，南崖州，東萬州，西儋州，北瓊州，與海安對峙。瓊山、文昌、樂會、陵水、感恩、臨高、定安、澄邁，沿海諸州縣，環繞熟黎，而熟黎環繞生黎，而生黎環繞五指嶺、七指山。五指西向，七指南向，周圍陸路一千五百三十里。府城中路直穿黎心，至崖州五百五十五里。萬州東路直穿黎心，至儋州五百九十里。自海口港之東路沿海，惟文昌之潭門港，樂會之新潭、那樂港，萬州之東澳，陵水之黎庵港，崖州之大蛋港，西路沿海，惟澄邁之馬裊港，儋州之新英港，昌化之新潮港，感恩之北黎港，可以灣泊船隻。其餘港汊雖多，不能寄泊。而沿海沈沙，行舟實爲艱險。内山生黎，嵐瘴殊甚。吾人可住熟黎，而不可住生黎；生黎可住熟黎，而不可到吾地。熟黎夾介其間，以水土習宜故也。此亦海外稍次之臺灣，惜乎田疇不廣，歲仰需於高、雷，雖産楠、沈諸香，等於廣南，甲於諸番，究非臺灣沃野千里所可比擬。〔程方伯曰〕粤東山陬海澨，蜑、猺雜處，爲从古盜賊充斥之地。我朝痛加剿戮，以次平定，百數十年來，休養生息，民物滋豐。逮乾隆五十四五年，盜賊復起。緣安南黎氏衰微，阮光平父子篡立，兵革不息，國内空虚，招致亡命，崇其官爵，資以兵船，使其劫掠我商漁以充兵餉，名曰採辦，實爲粤東海寇之始。其時太平日久，水師懈弛，緝捕不力，商漁失業，从賊者多。地方官亦不能杜漸防微，而接濟、銷贓諸弊，無地不然。洎乎光纘既亡，羣盜無主，争爲雄長，遂蔓延不可制。若今之烏石二總兵，保東海、八阿婆帶諸賊，皆安南巨盜陳天保、莫觀輔等之頭目也。嗣是以來，添造戰船，命將出師，已二十年。而盜賊如毛，訖無成效。統計一歲之中，我之擒賊極多不過千餘名，而賊首沿海一招，从者如蟻。船隻不待打造，皆得自商漁，食貨不待經營，皆得自劫掠。海洋熟若門庭，波濤安如平地。我師轉形怯懦矣。兵去則分據各港，無求不獲，兵來則連幫抗拒，莫之敢攖。我師轉形困瘁矣。又以海船全憑風力，風勢不順，雖隔數十里，旬日半月猶不能到也。是故海上之兵，無風不戰，大風不戰，大雨不戰，逆風逆潮不戰，陰雲蒙霧、日晚夜黑不戰，暴期將至、沙路不熟、賊衆我寡、前無收泊之地，皆不戰。及其戰也，勇力無所施，全以大礮轟擊，船身簸蕩，中者幾何？幸而得勝，我順風而逐，賊亦順風而逃，一望平洋，非如陸地之可以伏兵獲也。東西南北，惟其所之，非如江湖之可以險阻扼也。必其船傷行遲，環而攻之，賊匪計窮，半已投海，然後獲其一二船，而餘船已飄然遠矣。

倘值日暮，賊从外洋逃遁，我師不敢冒險，勢必回帆收港。故其殄滅最難，非大加振作，未易即平。章自效力四年，三次出洋，親冒矢石，于風濤之壯厲危險，海道之難易遠近，各股賊匪之大小强弱，與夫官兵之辛苦才否，麤知大略。謹撮爲籌辦海匪事宜若干條，以備采擇。一，戰船宜派本管之武弁監修也。从前修造船隻，皆用出洋弁兵監修，工程尚屬實在。嗣因有不肖弁兵，需索匠人，遂罷弁兵，專用文員督造。工竣稟請驗看，合式即令武弁接收，費用雖稍減于前，而工料實不如舊。蓋船工最爲深微，固與不固，非一時外觀可得而盡。一出大洋，巨浪掀簸，真形畢現矣。章前因帶領紅單船百號出海，與舟師相从兩月，見各船日夜戽水數百桶，毋怪其沿海停泊而不得力也。夫船者，官兵之城郭、房室、車馬也。船果堅實，以戰則勇，以守則固，以追則速，以衝則堅。反是，則憂沈溺覆亡之不暇，安望獲賊？憶在洋時，見林總兵座駕海安四號一船，堅緻牢實，行走快捷，賊匪望而生畏。詢之，爲蔡廷芳監造。可知監工得人，一船可收數船之用，不宜因一二弁不肖，遂謂人人皆然也。應請將船隻次第撤回，徹底興修，即派該管弁兵監修。彼其身命所關，自不聽匠人偷工減料。如有需索，指名揭參。至于料價，必稍增益，應由藩庫發足，勿令承修之員賠累，而後工程可固。此爲勦賊第一要務。一，篷索、椗舵、桅木宜加料製備也。海中浪起，船如升天，浪落，船如墜地，一物不固，即有覆溺之憂。憶與舟師相从東西洋面三千餘里，一遇大風，舟師即有折桅者。一船折桅，全軍失色，雖賊船唾手可得，亦必舍而收港。又不可棄以資賊，必求木易之，三四日工乃竣，而賊已从容遁矣。行三五日，追賊將及，桅壞復然。所以出師兩月，不獲一賊也。應請于篷纜椗舵加料修備，並每船多給篷席繩纜一付，以備不虞。灰麻油釘，事事寬爲預備。其頭大桅尤關緊要，即不能全用堅完大木，亦須鑲幫結實。此皆官兵性命所係，不可忽之爲細故也。一，戰具宜逐件精良也。海戰莫烈于礮，以大爲貴。从前賊見官船，奔避不戰，爲礮少也。數年來，劫我礮臺，虜我官船及商夷船隻，礮位已不可勝用矣。其大者至四五千觔，我師之礮大者不過二三千觔，勢不如賊。所幸兵丁施放，較賊精熟。惟須多備鐵釘，參差束縛，大如礮口，令于近賊時入礮施放，一發可傷數十人，比礮子更烈。此外如籐牌、鳥槍、長刀、短刀、竹槍之類，均須備足。至過船拏賊，莫妙火攻。但我用火，賊亦用火，必我之火倍烈倍速，然後我先燒賊，而賊不能燒我。聞前浙江李提軍別用小船預貯硝黄、柴草，臨時發火，駛燒賊船，此古法也。惟是海上風濤迅厲，火船未必便能近賊，即近矣，賊以長竿撞拒，浪頭一湧，各開數丈，斷難得力。莫若仍照今法，用火礶、噴筒爲良。查賊船火礶受藥五六觔，噴筒大徑四寸餘，長八九尺，我師火礶受藥不過二三觔，噴筒大不過徑寸，長不過二三尺。何以勝賊？應請製造，亦如賊式，礶筒之中加辣椒、川烏、斑蝥蟲等末，毒煙所到，賊已昏倒。惟製造須密，勿使泄漏。更有火桶、火斗二物，受藥愈多，火焰愈烈。須令多爲預備，于偪近賊船時，攜上頭桅，奮力遥擲。其抛擲火礶，亦須上桅方能及遠。三者之用，死生勝敗決于須臾，必習熟精練，方能先發制人。但得二三件及賊，賊必紛紛投水，其船可得矣。一，戰兵應請添配也。向例捕賊，米艇大船配兵六十名，中船五十名，小船四十名，數原不少，惟是米艇長大，每船掌舵六七人，管頭篷八九人，管大篷十餘人，又每船礮位多者十七八位，少者十二三位，每位派兵三名，數恒不敷。其火礶、噴筒、籐牌、鳥槍等物，往往不能兼顧。倘遇賊匪窮而相搏，後船接應不及，兵丁慌亂，輒先跳水，从前覆轍可鑑。而賊匪小船六七十人，中船八九十人，大船百二三十人。其盜首船必百七八十人。每見我師追及賊船，見其槍刀林立，輒不敢過。蓋欲過賊船，必先保護本船，過船人少，則不能殺賊，而反見殺于賊，過船人多，則本船空虚，賊乘虚而入，必致失事。故用兵以來，獲賊不少，而著名盜首从無一獲，皆原于此。凡盜首之船，財貨充積，兵丁豈不思獲？無如衆寡懸絶，故憚而不前也。夫擒賊必先擒王，得王而餘黨可散。嗣後請大船配兵百名，中船八十五名，小船七十名。人數既多，軍心自壯，而後賊首可擒。至水師不敷配撥，應即募諳練鄉勇，令弁兵隨事教導，亦可得力也。一，戰船須常加燂洗也。海水鹹澀，船底易生蠔殼，民船每月必燂洗油刷一次，賊船亦然。今師船洗而不燂，或燂而不油，故行每不若賊船之速。總因弁兵貧乏，無項可支應。請酌給燂費，俾得乘閒燂油。其船身紅黑顔色，亦須加染鮮明，旗幟亦要整肅，庶軍容壯而駕駛亦靈也。一，海岸防守盤查各事，應請責成巡道也。接濟銷贓，最爲詭密，非長住海岸不能得其情僞。巡道職任監司，分尊事簡，應請會同鎮將，督率所屬，常住海口，實力奉行。一切食用夫馬，別籌公費，毋累地方官。如果用得其人，則行間諜，買耳目，募死士，于風雨晦冥之夜，火焚賊船，諸事皆可與將官相機而動。又州縣所管洋面，少者百里，多者數百里，一人之耳目精神，勢難周到。應由巡道派委佐貳雜職，分段經管，給與月費協同地方官弁，小心防範。凡出海船隻，逐一搜查，如于自備食用外多帶柴米、木料、釘灰、油麻、蒲席、繩纜等物，及夾帶硝黄、火藥者，即行拏究。入口時，查明有無銷買賊贓。仍分別勤惰，以爲黜陟，於防守斯爲得力。惟是口岸之接濟易查，而荒村之接濟難查；日間之接濟可查，而夜間之接濟不可查。因地制宜，雇募船隻，聯紳士耆老爲耳目腹心，是則在地方官之能事者。一，保甲之法宜實力奉行也。古法莫良於保甲，地方官非不遵行，但無精神貫注，則究於事無濟。彼盜匪之米布、硝磺、篷索、麻油、槍刀等物，何一不由奸民接濟？保甲果行，夫豈有此。若輩貪盜利，條告不足禁，教化不足格，惟威之于刑，庶幾知斂。邇來法網恢恢，非惟同保不坐，即正犯亦多幸免。蓋緣接濟銷贓之人，必小有資財，一經到官，囚徒、隸役之輩或者陰授以旨，往往翻供釋去，此辦理接濟之所以難也。應請飭令地方官實力編查，一有犯者，誅其人，没其家，毋稍姑息，懲一儆百。至于荒凉寂寞之地，尤爲盜賊窩巢。地方官之威權法令，窮而莫用，則保甲又屬空談，非大加釐剔，恐未易轉移也。一，鄉勇宜團練也。水師出捕，内地轉覺空虚，恐盜匪飢窮，乘間入劫。應請于撥兵貼防之外，飭地方官委員，督率紳士，約保團練鄉勇，頻加點閲。器械俱要整齊，一有盜警，嚴密堵禦。如有應設礮位之處，備價申請。果其堵禦有方，盜匪自不能入，則盤查接濟、銷贓等事，亦易爲力也。一，沿海船隻宜一例編查也。接濟、銷贓，非船不行。議者謂禁止出洋則盜風自息，其論自正。惟是粤中人多田少，半食魚鹽之利，概行禁絶，則貧民無以爲生，從賊益衆。況其勢亦不能悉禁，要在地方官于所屬商漁鹽船，一體照例印烙編查，十船爲甲，互相保結，給與印照，出入口圻塘汛，逐細查驗。所有蛋艇、漁船，夜間不許留宿口外。至濱海鄉村，小船出入不由塘汛者，尤爲接濟、銷贓之具，盜匪所在，趨之若騖。應令地方官，擇立殷實之人以爲船總，責其訪查，夜間總繫一處。有不遵者，破没其船，通同作弊者，誅無赦。一，硝磺宜禁私買也。接濟之害，米糧之外，火藥爲最。聞盜匪購買硝磺，自行製配，粤東瀕海濕熱薰蒸，遠年牆土皆可煎熬成硝，而硫磺則不能處處皆産，防維較易。昔往惠、潮、嘉應一帶密查，曾于豐順縣雁洋逕地方，會同揭陽令，查得磺坑一區，當經稟請封禁。又訪英德縣磺廠，官磺之外，多有私賣，亦即稟請移知南韶連道，嚴密查禁。數年來，盜匪購買頗難。誠恐日久疏防，爲禍不小。應飭地方加意查拏，一有私賣，立置重典。一，海上商鹽船隻應請護送，禁止散行也。盜匪多劫一船，即我師多受一船之害。其財貨可食數月，其船隻可用數年，所不用者，勒取米糧、布帛，豬雞、硝磺等物，聽人贖迴。愚民罔顧法紀，潛購以往，地方官無从稽查。惟紅單船與賊爲仇，其東西兩路商漁鹽船，多向賊匪納銀打單，故得散行無忌，而接濟、銷贓即寓其中，此害之大者也。應請查禁，毋聽散行。總須彙齊數十號爲一幫，就近申請師船，順便護送。如有散行者，一體拏究。如此則盜賊内無接濟，外無劫掠，不擊自敗矣。

海運

唐時海運之事，不詳於史。蓋柳城陷没之後，至開元之初，新立治所，〔原注〕《唐書・地理志》：

「營州，柳城郡。萬歲通天元年爲契丹所陷。聖曆二年，僑治漁陽。開元五年，又還治柳城。」乃轉東南之粟以餉之耳。及其樹藝已成，則不復資於轉運，非若元時以此爲恒制也。《舊唐書·宋〔原注〕《通典》作「宗」。慶禮傳》：張九齡駁謚議曰：「營州鎮彼戎夷，扼喉斷臂，逆則制其死命，順則爲其主人，是稱樂都，其來尚矣。往緣趙翽作牧，馭之非才，自經隳廢，便長寇孽。大明臨下，聖謀獨斷，恢祖宗之舊，復大禹之迹，以數千之役徒，無甲兵之强衛，指期遂往，稟命而行。於是量畚築，執鼙鼓，親總其役，不愆所慮，俾柳城爲金湯之險，林胡生腹心之疾。尋而罷海運，收歲儲，邊庭晏然，河朔無擾。與夫興師之費，轉輸之勞，較其優劣，孰爲利害？」此罷海運之一證。〔謝占壬曰〕海運法，一曰古今海道異宜。操舟航海，自古有之，而要其大旨，今勝乎古，近今更勝於前。其故無他，在舟師之諳與不諳而已。夫江南海船之赴天津、奉天，所經海道，如吴淞口外之銅沙、大沙、三角沙、丁家沙、陰沙、五條沙，皆漲於水底，貼於西岸。而沙脈之東，海面深闊無涯，舟行至此，只須向東開行，以避其淺。諳練者定之以更香，辨之以泥色，量風潮之緩急，測海面之程途，趨避原有適中之方，所謂駕輕就熟也。不諳者，或避之太過而迂遠焉，則遇風而驟難收島；或避之不及而淺擱焉，則棄貨以保人船。針向差以豪釐，路程謬以千里。此古疏而今密者一也。又如登州所屬之石島、俚島、雞鳴島，威海衛之罘島、廟島，皆聳列海濱，環抱内港。舟行至此，或遇風潮不順，皆可進港守風。諳練者知各島門户之淺深，各門潮溜之順逆，轉旋有法，行止從容。不諳練者，船近山邊，不知進退，水山相激，最易疏虞。此古生而今熟者二也。前代天津、奉天通商未廣，江南海船多至膠州貿易，不過登州。登州海面無從習練，故前明海運南糧，乃自江南出口，運至膠州，仍用漕船由山東内河二千餘里運至登州，再裝海船轉運天津。是一米而三易其船，一運而三增其費，且無論靡費勞工，諸多未便，而頭緒紛繁，弊端百出，程期愈遠，耗散愈多，皆不可以爲恒計也。苟使疇昔舟師亦能熟識海道，則從江南運至膠州，已經繞出淺沙，經過黑水大洋，海程已歷三千餘里。如欲直上天津，不過再遠千里，且有沿途島岸可以安歇守風，何以已過險遠之外洋，反避平恬之内海？可知未閲登州潮汛，不知潮溜之盤旋，未歷登州海島，不諳島門之深淺，宜其寸步難行也。自康熙間大開海道，始有商賈經過登州海面，直趨天津、奉天。萬商輻輳之盛，亘古未有。从此航海舟人，互相講究，凡夫造舟之法，操舟之技，器用之備，山礁沙水、趨避順逆之方，莫不漸推漸準，愈熟愈精。是以數十年前，江浙海船赴奉天貿易，歲止兩次，近則一年行運四回。凡北方所産糧豆棗梨之類，運來江浙，每年不下一千萬石。此海道安瀾迅速，古今利鈍懸殊，又可想而知矣。然則元、明行之而不久者，限於人力。至於我朝而籌海運，則地勢人工均超千古，似未可以前代情形引爲比例也。二曰行船提要。江南海船赴天津路程，必由吴淞江出口，至崇明南佘山向東，北駛過淺沙，而至深水大洋。朝見登州山島爲之標準，轉向西行，以達天津。所經江南洋面，水不甚深，隨路可寄椗歇息。入山東深水大洋，無沙礁淺擱之虞，可以暢行，無須寄泊。自登州以至天津，沿途山島均係統連内地，皆有營汛彈壓，倘遇風潮不順，隨處可以安歇守風。江南海船名曰沙船，以其船底平闊，沙面可行可泊，稍擱無礙。常由沙港以至淮安販蟹爲業，是以沙脈淺深，最爲嫻熟。沙港者，沙間之深溝也。浙江海船名蜑船，又名三不像，亦能過沙。然不敢貼近淺處，以船身重於沙船故也。惟閩、廣海船底圓面高，下有大木三段貼於船底，名曰龍骨，一遇淺沙，龍骨陷於沙中，風潮不順，便有疏虞。蓋其行走南洋，山礁叢雜，船有龍骨，則轉灣趨避較爲靈便。若赴天津，須先至江南盡山停泊，等候西風，向東開行一日，避出淺沙，北行方保無虞。故赴天津、奉天，歲止一次。如運漕糧，但僱江南沙船，足可敷用。蓋各省之海面不同，船式器具亦因而有别，而操舟之法，器用應手之權，亦各有所精，非局外者所能悉其窾要也。三曰四時風信。海船自江南赴天津，往來遲速，皆以風信爲準繩。而風信則有時令之不同。春季西北風少，東南風多，自南至北，約二十日，自北至南，逆風不能駕駛，須待秋後北風方可返櫂。秋季北風多，南風少，自南至北約一月，自北旋南約二十日。冬季西北風司令，自南至北，則不能行，自北旋南，半月可到。此四時風信之常度也。或隨路進島候風，即有差遲，至多不過一月。內河行船必須順風；且一遇狂飆，逼處兩岸，尤易損船。外海寬敞，但非子午逆風，均可掉戧駕駛。雖遇狂風，大洋無山岸沖撞之虞，不能爲患。惟外國洋船大較數倍，錯過順風，寸步難行，待次年順風時候，方可揚帆。至於暴風，亦有暴期定日，隨路可以守島迴避。假如初十日是暴風期，初一日船在江南，看天氣晴明而有順風，便可揚帆開駛，三五日間，即可駛至山東石島，收停島內，以避暴期。夫風信自南、北、東、西正方之外，兼以東南、東北、西南、西北，共計八面。海中設逢風暴，所忌者，惟恐單面東風，飄擱西岸淺處爲害。此外七面暴風，或飄停北島，或收泊南洋，或闖至東海，候風定而回，皆可無害。則是四時之風信，厥有常度可揆，四時之風暴，亦有定期可據。占法可參，而不知者概謂風波莫測，非習練之言也。四曰趨平避險。夏至後南風司令，海船自南赴北，鮮有疏失。立秋後北風初起，自北旋南，亦鮮疏虞。春季四面花風，不比冬季朔風緊急，設有疏虞，約在千中之二三。冬季西北風當令，自南向北則不能行，自北向南，或遇東風緊急，飄至淺處，將船中貨物拋棄數成，船載輕鬆，便可無恙者有之。或至西岸沙脈極淺之處，擱漏損傷者有之。或遇西北狂風，颺至外國數月而返者，亦有之。蓋在百中之一二焉。此惟商賈乘時趨利，重價僱船，不得不冒險趕運。如運漕糧，則不在狂風險阻之時，只須夏季運裝，可保萬全。諺云：「夏至南風高挂天，海船朝北是神仙。」言夏至以至立秋，計有四十餘日當令之南風，一歲中履險如平，在斯時也。五曰防弊清源。浙江海船水手均安本分，非同遊手。每船約二十人，各有專司，規矩整肅。蓋其生長海濱，航海經營，習以爲常，亦猶鄉人之務農，山人之業樵焉。又皆船户選用可信之人，有家有室，來歷分明，假使傷損一船，商貨價值五六千金，船價亦值五六千金，無不協力同心，互相保重。不知者或恐貨被盜賣，僞爲人船盡失。夫貨或盜賣，船可藏匿，船册上有名姓、年貌、箕斗之舵水人等二十名，終不能永匿而不出。或恐捏報船貨失於内洋，人自海邊登岸，既可登岸，則可就近報明營汛保甲，查驗損船形跡。或恐捏報船擱淺沙，將貨拋卸海中，以保人船。此惟冬季朔風緊急，偶或有之，亦必有前後衆船消息可稽。若運漕糧，不在冬季狂風險逆之時，萬無此事。總之船户各保身家，舵水人等亦各有家眷保人，遞相牽制，倘有情弊，一船二十人之口角行蹤，萬無不露之理。是以商賈貨物，从無用人押運，惟以攬載票據爲憑，訂明上漏下濕，缺數潮霉，船户照數賠償，惟風波不測，則船户、商家各無賠抵。今如裝運漕糧，設有缺數潮霉，即可照商例賠償。其風波不測一端，夏季順風赴北，本無此患。然而官事章程，必歸畫一，方爲萬全。因思内河運船到北，時日久長，沿途耗米必多，而交卸正米之外，尚有升合盈餘。外海運北，豪無耗散，則餘米數目，自必更多。萬一風波不測，即約以衆船餘米均攤賠補，不但輕而易舉，亦且有盈無絀，兼可使衆船互察弊端，極爲周密。至於南裝北卸，自有官司彈壓；島址暫停，亦有營汛稽查。各省沿海口岸，皆有關防，海船進出，必驗船牌來歷，奚容毫髮隱瞞？或恐船數衆多，散漫無稽，則可册編某户之船，定裝某縣之糧，分縣稽查，尤爲簡便。更有經過牙行，堪作衆船保領，自無虞其散漫無稽也。六曰海程捍衛。方今聖人敷治，寰海肅清，商賈往來，均沾樂利。某航海經營，竊見南洋營汛，防禦森嚴，北省海程，更資捍衛。蓋以閩、浙、廣東三省海面，懸山叢雜，水不甚深，若戰船緝捕，易於躲避。是以昔年洋匪滋擾，皆在南洋。江蘇洋面，均有沙脈，匪徒船底皆有龍骨，一經營船追捕，匪船陷入沙中，寸步不能逃遁。故前此洋匪未靖，江浙商船赴北運貨，皆到江蘇運售，不敢載回本籍。此匪船不過江南之明証也。昔年偶有竄北者，非因戰艦嚴追，即被暴風飄至，冒險逃命，苟延旦夕而已。山東洋面，均係深水，大洋東向，渺無涯際，無處避風。西岸山島，統連内地，海船出入，必有營汛稽查。匪船無照，不敢泊停島内，懸海飄颺，一遇狂風，無從托足。天津則有黄蓋壩以守門户，利津則有牡蠣嘴以作咽喉，奉天地勢，東抱旅順，南對登州，堪作海防關鍵。此四省洋面天然之保障也。或慮外番市舶，潛上北洋遊逸。不知外番水土，仰給中華藥物，以養命者急於水火，方皆感懼不遑，奚敢潛遊犯法？且其所經海面，如七洲、沙頭、清水、瀉水、萬里長沙、千里石塘，皆屬海中極險之區，非船身巨大，不能駕駛，而船身既大，行走必遲。我國家戰艦商船，便捷如飛，利鈍懸殊，防禦尤易。至其分駕散船，在閩廣淺洋，猶可齊驅並駕，若至北海大洋，斷難魚貫而行。即如江南商船，同日揚帆出海，雖有百號之多，次日一至大洋，前後左右，四散開行，影踪莫指，直至朝見登州山島，方能進島會齊。而巡緝營船，星羅碁布，常在島外巡查，不容匪船混跡。此海面之遼闊，捍衛之森嚴，可想而知矣。如運漕糧，必欲籌及萬全，祇須江南戰艦在江、浙交界之盡山防護。南海懸山，至此而盡，故名盡山。中抱内港，或恐匪類潛藏。此外直至天津，並無懸海山島可以潛匿者。即登州緊對之大欽、小欽、大黑、小黑、大竹、小竹等山，皆係海面孤山，並無環抱内港。四面受風，不能停泊，且與登州近在咫尺，登鎮哨船，巡查最密。或謂糧運大事，雖北洋無須爲護送之計，而國家體制，亦宜有官兵押運。爲稽查船户之需，似祇須糧道大員、運糧千總，以及各省水師千把百員，各省水師壯兵千名，分船押運，足資彈壓，兼可使水師後進新兵，習嫻海性，經歷波濤，實於海防大有裨益。七曰水匯籌。江、浙兩省商船，邇年陸續加增，擇其船户殷實、槓具堅固者，足有一千餘號。大小統計，每船可裝倉斛南糧一千餘石。至於水腳價目，原有貴廉不齊，大抵隨貨利之厚薄，定水腳之重輕。數十年來，僱船大概情形，極貴之時，每關石計水腳規銀三兩，每兩折實錢六百七十六文。每關擔計倉斛二石五斗有零。合計每倉斛水脚實錢八百十文。蓋水脚每石三兩，間有是價，而銀非足銀，斗非倉斗，不可不明辨也。其每年攬載商貨，可運三四次不等。今如夏季順帶便裝漕米一次，每倉石酌與水脚若干，春、秋、冬三季仍可運裝商貨三次。統計所獲水脚價銀，仍如統年運商貨四次矣。惟必須每年春季，准其先運商貨一次，立夏前後，必可如期回南。夏至以前，將江、浙等處糧米駁至上海，裝下海船，陸續開行。至大暑節，必可齊到天津，停泊海口，即用官備駁船卸存天津北倉，再爲轉駁通倉。處暑以前，務使海船掃數回空，使其再裝秋、冬兩次商貨回南。庶官商並運，兩無延誤。蓋彼船户之所深慮者，惟恐裝卸漕糧，遷延日月，錯過順風時令，以爲一年僅行兩次，則所獲水脚價銀，不敷水手辛工及添補槓具之用，又慮南地兑糧，米色不乾，到北交卸，升斗不敷，天津駁運通倉，不知作何經理，一切章程，茫無頭緒。此所以有畏難不前之勢也。殊不知升斗例有盈餘，駁船自有官備。南裝北卸，自可刻期趕緊。兑漕米色定例乾圓潔净，而海船順風運北，爲日無多，既無耗散，亦不蒸霉，且可安插氣筒，露風透氣，各令包封樣米，可期一色無差。果能立法之初，官事民情妥爲參議，予以平允，則船户莫不踴躍趨从，始終遵奉。且殷商富户將必有添造海船以覓利者，雖全漕亦可裝運。如現在商船暫時趕運全漕，則須春、夏兩次裝運，方資應用。至於東、直兩省所需南省貨物，内河減運之後，海船裝帶南貨，趨利如飛，更必易於充裕。即逢北地歉收、南省豐稔之時，更可額外添運川、廣、臺灣米石，源源接濟，尤爲迅速。所慮者事固難於圖始，又更難於成終。如果僱船運糧，裝卸日期必須限定節氣，勿令逾期。若使日久弊生，南北胥役，需索陋規，駁船裝卸，輾轉延遲，給與水脚，扣色減平，種種侵肥，必致公私兩誤。甚至該船殷户求爲無業之窮民而不可得，又不可不預爲防及也。八曰春夏兼運時日。海船運漕，夏季最爲便捷。如欲權時趕運全漕，惟有春、夏兩次運裝。其裝糧時日，須在年内兑糧，陸續駁裝海船，新正一齊開放。迨天津開凍後，必可到齊，駁卸天津北倉，限以一月卸通。至穀雨節，海船全數回空，趕赴關東，運裝客貨。至小滿節，必可如數回南，再裝漕米。夏至後赴北，立秋以前又可到齊天津交卸，仍限一月卸通。白露節回空，再運關東客貨。如能九月内到南，尚可赴山東近處趕裝客貨，年底全數回南，再裝次年漕米，則海船更有裨益矣。〔施彦士曰〕以今日而籌海運，其至便者有四，其無可疑者有四。昔邱濬慮海道不熟，擬募漁户造艘，往返十餘次，以尋元人故道。隆慶間，王宗沐以不習海道，有鶯游山之失。崇明沈廷揚，生長海上，猶抗疏三上，始行踏勘小試，以漸加增。今開海禁百三十餘年，江浙濱海多以船爲業，往來天津，熟習有素，皆踏勘之人，即皆歷試之人，無庸别募屢試。其便一。昔人擬於崑山、太倉起厰造船，然一經官造，率虚器不堪用。今沙船大者二三千石，小亦千餘石不等。募其堅緻牢實，百無一失，無庸别造。其便二。又漕運多置儹督官員，今即擇船户殷良者督之，無庸别委，反多掣肘。其便三。其僱價似可照沈廷揚議，每石二兩六錢，折合蘇石六百餘文，即以造船銀及旂丁行糧給之，已省其大半，無庸别開帑藏。其便四。然而有疑大洋之險，或不免漂溺者。不知商民往來海外，遭覆溺者百不一二，又率在秋、冬。若春、夏二運，南風甚利，至爲穩當。況兑糧時原有每石加耗，今可量裁之，取一斗與船户，以備各船通融賠補，而正額萬無一失。其無可疑一也。然而有疑改運後，旂丁難於安置者。不知朝廷簽丁，所以濟運，非爲丁無生計而以漕運濟之也。況變通之初，即事有漸，近海如蘇、松、常、鎮四十七幫，約計軍船二千四百餘隻，每年約須造船二百數十隻。今先舉二百餘船米數由海通，而省該丁造船勞費，仍給月糧，休歸軍伍，或别開屯田，俾安耕鑿，以漸轉移，有何不便？其無可疑二也。前嘉慶十六年，籌辦海運，督撫以十二不可行奏覆。所云頭號沙船不過五六十號，每船不過帶米四百石。此乃有意从少而言，若實計全數，則沙船大者二三千石，即慎重正供，七分裝載，亦可裝一二千石，況其餘次號沙船力勝一千餘石者，亦不下千有餘號。其無可疑者三也。至所稱帶米四百石，須水腳一千餘兩，蓋就前明沈廷揚所議每石二兩六錢計之也。若就現在民價每石一兩四錢，每兩折錢六百三十文，合足錢八百八十二文，而關東一石當江蘇二石五斗，則蘇石祇須錢三百餘文。即極貴之價如沈議二兩六錢者，折合蘇石，亦止須錢六百餘文。況現定價值，酌議加增，有不踴躍从事者乎？其無可疑者四也。其所可慮者，蓋不在受載而在卸載，恐斛手舞弊也；不在水力短少而在胥吏需索，恐浮費無窮也。誠俾船户知隨到隨卸，絶無抑勒稽留，方且争先恐後，而何海運之不可行哉！至程志忠所禀五條沙之險，蓋爲尖底閩船言之。若平底沙船，遠在沙外往來，過成山時，風利不必泊，無風可以守風，絶不聞沙船畏其險也。沈廷揚有言：「耕須問奴，織須問婢。而以海道問諸素不習海之委員，其可據乎！」〔阮閣部曰〕海道如果行，則浙江之糧當从何處起運？或疑即由杭、嘉、寧、台諸府入海，而不知非也。案此事元、明兩《史》雖未明言，然以事蹟覈之，似皆運至太倉劉家港，上海船啓行。攷史至元二十二年，以軍萬人載江淮米泛海，由利津達京師。又二十五年，以前江南米陸負至淮安，易牐七，然後入海。則其時尚未全用劉家港海道。迨武宗至大四年，以江東寧國、池、饒、建康等處運糧，率領海航，从洋子江逆流而上，江水湍急，又多石磯，走沙漲淺，糧船易壞。又湖廣、江西之糧運至真州，泊入海船，船大底小，亦非江中所宜。於是以嘉興、松江秋糧，并江淮、江浙財賦府歲辦糧充運。此乃全用劉家港入海之始。自後海運之船，總泊于此。故至元十四年十一月，詔江、浙等處糧盡數赴倉候海運。則劉家港當自有倉，浙江斷無別自赴海起運之理。且元末方、張之亂，史特書詔遣兵部尚書巴延特穆爾（《元史》作伯顔帖木兒）、户部尚書齊履亨，徵海運于江、浙。先由海道至慶元抵杭，率海舟候于嘉興之澉浦，而平江之粟展轉以達杭之石墩，又一舍而後抵澉浦，乃載于舟。海灘淺澀，躬履艱苦，則前此之不由斯道可知。雖其後户部尚書貢師泰，以閩鹽易糧，由海道運京師，或仍由此處，然皆多事之秋，其實非本意也。明太祖洪武元年，命征南大將軍湯和，造舟明州，運糧輸直沽。又二年，令户部於蘇州太倉儲糧，以備海運，供給遼東。五年，命靖海侯吴楨督海運，總舟師數萬，由登州餉遼陽。此皆兵戈中權宜之制，故入海處不一，然大局亦祗由太倉。故《萬曆會計録》云：「永樂元年，令江南民糧悉運太倉州，于平江劉家港，用海船繞出登、萊大洋，以達直沽。」改崑山州爲太倉衛，當亦由此。〔陶宫保曰〕海運與河道相表裏。《禹貢》載揚州貢賦，沿海達淮，冀州夾右碣石入海，即海運之始。秦、唐雖亦偶行，其道難稽。明則由膠萊内河轉般登州，實爲勞費。惟元代海運最久，尋因其路險惡，别開生道。明人沿嶼求道，非嶕即淺，無怪其難，自不若元代所開生道，即今沙船所行吴淞口至十滧一路爲宜。而由此運米入海，實創自今年。第屬初行，不敢不倍加慎重，詳加詢問，證以紀載，得其逕道。至于大洋浩瀚，本無畔岸，雖舟人定以更香，驗以水色，格以針盤，究難確指其道里數目。惟有就西岸對出之州縣汛地，比照核計，不相逕庭，其小島微嶼，亦難盡載。謹摘敘大凡，略分段落，并繪圖貼説焉。第一段，自上海縣黄浦口岸東行五十里，出吴淞口入洋，繞行寶山縣之復寶沙，迤至崇明縣之新開河，一百一十里，又七十里至十滧，是爲内洋。可泊船，爲候風放洋之所，崇明縣地。第二段，自十滧開行，即屬外洋。東迤百八十里至佘山，一名蛇山，又名南槎山，係荒礁，無居民，不可泊，但能寄椗，爲東出大洋之標準。蘇松鎮所轄。第三段，自佘山向正北微偏東行，至通州吕泗場對出之洋面，約二百餘里，水深十丈，可寄椗。从此以北，入黑水大洋，至大洋梢對出之洋面，約百四十里，狼山鎮右營所轄。又北如臯縣對出之洋面起，至黄沙洋港對出之洋面，約二百六十里。又北泰州對出之洋面起，至黄家港對出之洋面，約二百二十里，狼山鎮掘港營所轄。又北至鬬龍港對出之洋面，約二百里，又北至射陽湖對出之洋面，鹽城營所轄。又北至黄河口對出之洋面，廟灣營所轄。均百二十里。黄河口稍南有沙埂五條，宜避之。又北至安東縣灌河口對出之洋面，約九十里，佃湖營所轄。又北至海州贛榆縣鷹游門對出之洋面，約一百八十里，東海營所轄。計自佘山至鷹游門，一千五六百里，統歸狼山鎮汛地。凡舟過佘山，即無島嶼可依，用羅盤格定方向，轉針向北略東行。如東南風，則針頭偏東一個字。如西南風，則針用子午。江南佘山與山東鐵槎山遥對，謂之南槎、北槎，行船應用子午正針。因江南雲梯關外迤東，有大沙一道，自西向東，接漲甚遠，暗伏海中。恐東風過旺，船行落西，是以針頭必須偏東，避過暗沙，再换正針。此沙徑東北積爲沙埂，舟人呼爲沙頭山。若船行過于偏東，一直上北，便見高麗諸山。故將近大沙，仍須偏西，始能對成山一帶也。第四段，過鷹游門往北，即山東日照縣界，山東水師南洋汛所轄。又北至文登縣之鐵槎山。自佘山至此始見島嶼。又北至文登縣之馬頭嘴，入東洋汛界。經由蘇山島、靖海衛，及榮成縣之石島、養魚池。石島居民稠密，可泊，惟島門東南向，春時乘風，易入難出。自鷹游門至石島，約六百餘里，雖以針盤定方向，猶須常用水托。水托者，以鉛爲墜，用繩繫之，探水取則也。每五尺爲一托，十溦開船試水，自十托至二十托上下。行過佘山試水，均在三十托上下。順風二日餘，均係黑水，再試，至十托上下，即知船到大沙洋面。行過大沙，試水漸深，至五十托上下，視水緑色，則係山東洋面。順風再一日，試水二十托上下，水仍緑色。遥望北槎及石島一帶，山頭隱隱可見。再行半日，即至石島洋面。此赴北一定針路也。第五段，自石島至俚島洋面，約百六十里。俚島至成山洋面，約百四十里。俱榮成縣地，爲南北扼要之所，可泊。水緑色，針盤仍用子午略偏東。从成山轉頭，改針向西略北，入北洋汛界。至文登縣之劉公島，約百餘里。又西至威海衛，百餘里。又西至福山縣之之罘島，百餘里。又北至蓬萊縣之廟島，二百餘里。自石島起至廟島止，九百餘里。之罘島西北一帶有暗礁，船行偏東以避之。又廟島之東有常山頭淺灘，宜避，試水在十五六托至二十托不等。船至廟島，以東南風爲大順。計東省洋面一百零五島，中有二十五島爲海道要地，而廟島尤大，可以停泊。第六段，自廟島過掖縣小石島，即入直隸天津海口，約九百里，針對大西偏北。沿途試水在十四五托。再至六托上下，水黄色，水底軟泥，可抛錨候潮進口。約計海口逆流，挽縴百八十餘里，即抵天津東關外。計自吴淞口出十濈，東向大洋至佘山，北向鐵槎山，歷成山，西轉之罘島，稍北抵天津，總計水程四千餘里。〔又曰〕古來海運，如《禹貢》碣石入河，秦起黄、腄，輓遼左，乃在瀛、滄、登、萊境内，對渡關東，道里無多。唐、宋偶一餽運，其數更微，故史不載。明初張赫等初運三十萬，最多至七十萬。永樂中，陳瑄始建倉于直沽，亦正以百萬爲名。其後沈廷揚自淮河口開洋，七日抵天津，一時詫爲異事。其實經營已閱年餘，所運二萬六千石而已。即元代海運最多，其初運亦僅四萬三千石，行之七八年，猶衹運米數十萬，漂失動以萬計。从未有初次試行，即裝米一百六十餘萬，自始至終，不溺一人，不損額漕一稊米，如今之所運者。仰惟聖人在位，海若、馮夷，莫不效職。而瀛民蜑客，生長承平，習于沙線，操駕日精。昔之望洋興歎，以爲波濤不測者，久已視爲坦途。揚帆直上，無嶕崖之崷崒，無港汊之灣環，轉較諸内河爲易。議者每謂河運費財，海運費人，由今觀之，海運果費人否耶？然則費財之説，舍海運亦奚以易之？蘇、松數府州漕額甲天下，而丁船經行内河，提溜挽閘，剥淺般壩，與夫押運、交兑、儹驗之費，多不能省。丁疲索之官，官復問之民，民力憊矣，而官與丁亦敝。使蘇屬海運遂行，省歲費不啻十之四五，東南民力庶有鳩乎？若夫難海運者，曰盜賊，曰潮濕，曰侵蝕，實皆無可慮，但患南兑易而北卸難，章程不可不豫立耳。〔汝成案〕先生《郡國利病書》引王氏宗沐議云：「別通海運，兩漕並輸，國計益足，彼不來而此來，先臣邱濬固已言之。此國家至深至遠之計，一利也。漕河身狹，閘座珠聯，漕船勢必立幫，以防爭越，守候日久，則百弊生而軍食費。今海運開洋，不必立幫，二利也。海運既通，雖有漂流，實無挂欠。且漂流亦不待于勘報稽違，以誤總計，三利也。今漕河浙江、蘇、松、常、鎮、寧國、太平，共糧幾二百萬石。每石扣過江米七升，共費米十三萬二百石。而入淮以後，遇淺又需船剥。今海運，則過江米與盤剥費數十萬省，四利也。漕河運軍兑米已畢，憚于空歸牽挽之勞，往往將船鑿沈而逃，每歲計費不貲。今海運無船將不能歸，則沈船可省，五利也。各軍有行糧，有賞錢，有安家。今行海運，舟大人多，許其稍帶南貨，免其抽税，漸減行糧諸色，六利也。漕河行糧，有在水次隨支者，每每徵收不齊，即改本色，守候頗艱。若海運，則須盡給，凡一應料價、輕齎、月糧等項，料理自齊，七利也。漕行日久，耗米不貲。海運則行甚迅急，耗米可節，八利也。海運既行，百貨湊合，物價既輕，行户亦裕。以貨推米，亦深計者所不廢，九利也。遼東孤懸，餉饋甚艱，海運既通，則一水可達，如洪武三十年故事。十利也。歷代漕運，大率雇募轉般，今行直達，往返疲勞。若海運，則每行五鼓開船，巳時即住，春初入兑，夏盡即休，疲困自蘇，十一利也。兑運之弊，盜賣侵剋，甚或官軍俱逃。今行海運，欲盜誰市，欲逃焉往？十二利也。」其言得失，雖屬蹄筌，然海運之利，在前明已略見矣。

《舊唐書・懿宗紀》：「咸通三年，南蠻陷交阯，徵諸道兵赴嶺南。時湘、灕泝運，功役艱難，軍屯廣州，乏食。潤州人陳磻石詣闕上書，言：『江西、湖南泝流運糧，不濟軍師，士卒食盡則散，此宜深慮。臣有奇計，以饋南軍。』天子召見。磻石因奏：『臣弟聽思曾任雷州刺史，家人隨海船至福建。往來大船一隻，可致千石。自福建裝船，不一月至廣州。得船數十艘，便可致三萬石至廣府。』又引劉裕海路進軍破盧循故事。執政是之，以磻石爲鹽鐵巡官，往揚子院專督海運，於是康承訓之軍皆不闕供。」〔沈氏曰〕邱濬曰：「海運自秦已有之，而唐人亦轉東吴粳稻以給幽燕，然以給邊方之用而已。用之以足國，則始於元初，伯顔平宋，命張瑄、朱清等以宋圖籍，自崇明由海道入京師。至元十九年，始建海運之策，命羅璧等造平底海船運糧，从海道抵直沽。是時猶有中灤之運，不專於海道。二十八年，立都轉運萬户府，督歲運。至大中，以江淮、江浙財賦府所辦糧充運。自此至末年，專仰海運矣。說者謂雖有風濤漂溺之虞，然視河漕之費所得益多，故終元之世，海運不廢。」梁夢龍曰：「《元史》稱元人海運，民無輓輸之勞，國有儲蓄之富。今國家都燕，財賦自東南而來者，僅恃會通一河，識者不無意外之慮。若尋元人海運之道，別通海運一路，與河漕並行。江西、湖廣、江東之粟照舊河運，而以浙西東瀕海一帶由海運，未爲非策也。」又曰：「元人由海運或至損壞者，以起自太倉、嘉定而北也。若但自淮安而東，循登萊以泊天津，本名北海，中多島嶼，可以避風，與東南之海渺茫無際者迥異。誠議運於此，是名雖同於元人，而利實專於便易矣。」《山居贅論》曰：「《禹貢》言『浮於江海，達於淮泗』，又曰『夾右碣石入於河』，是貢賦之道，未嘗不兼用海也。秦人飛芻輓粟，起於黄、腄、琅琊負海之郡，轉輸北河，其制未盡非，而用民失其道矣。說者謂海運作俑於秦，而效法於元，豈通論哉。」

燒荒

守邊將士，每至秋月草枯，出塞縱火，謂之「燒荒」。《唐書》「契丹每入寇幽、薊，劉仁恭歲燎塞下草，使不得留牧，馬多死，契丹乃乞盟」是也。其法自七國時已有之，《戰國策》：公孫衍謂義渠君曰：「中國無事於秦，則秦且燒焫，獲君之國。」

《英宗實録》：「正統七年十一月，錦衣衛指揮僉事王瑛言：『禦鹵莫善於燒荒，❶蓋鹵之所恃者

---

❶「鹵」，據《校記》，鈔本作「虜」。下一「鹵」字同。

馬，馬之所恃者草。近年燒荒，遠者不過百里，近者五六十里，鹵馬來侵，❶半日可至。乞敕邊將，遇秋深，率兵約日同出，數百里外縱火焚燒，使鹵馬無水草可恃，如此則在我雖有一時之勞，而一冬坐卧可安矣。』翰林院編修徐珵〔原注〕後改名有貞。亦請每年九月，盡勑坐營將官巡邊，分爲三路：一出宣府，抵赤城、獨石；一出大同，抵萬全；一出山海，抵遼東。各出塞三五百里，燒荒哨瞭，如遇邊寇出没，❷即相機勦殺。」此先朝燒荒舊制，❸誠守邊之良法也。

家兵

古之爲將者，必有素豫之卒。《春秋傳》：「冉求以武城人三百爲己徒卒。」《後漢書·朱儁傳》：「交阯賊反。拜儁刺史，令過本郡簡募家兵。」張燕寇河内，逼近京師，出儁爲河内太守，將家兵擊卻之。」《三國志·吕虔傳》：「領泰山太守，將家兵到郡。郭祖、公孫犢等皆降。」《晋書·王渾傳》：「爲司徒。楚王瑋將害汝南王亮，渾辭疾歸第，以家兵千餘人閉門距瑋，瑋不敢逼。」〔汝成案〕將帥家丁，前代多有。《明史》所載，如王越、馬永、馬芳、梁震、李成梁、滿桂、張神武、趙率教、金國鳳、侯良柱等

❶「鹵」，據《校記》，鈔本作「胡」。下一「鹵」字同。
❷「邊」，據《校記》，鈔本作「虜」。
❸「先」，據《校記》，鈔本作「本」。

傳，皆有之，並著成效。其始則出于戰國時之陰養死士，漢李陵之荆楚劍客亦其類也。盛于唐，藩鎮之牙兵，謂之外宅兒，至結爲義子。大約在兵間久，不得不用選鋒，以求制勝。然養之不易，散之尤難，以此召亂，亦時時有之。任師中者惟當簡擇士伍，拔其豪俊，優其獎賞，勤其訓練，則屠沽皆可使成勁旅。雖官有遷移，或有數年之功廢于一旦之歎，然所至如此，轉移非難，衛身衛國，所裨多矣。

少林僧兵

少林寺中有唐太宗爲秦王時賜寺僧教，其辭曰：「王世充叨竊非據，敢違天常。法師等並能深悟幾變，早識妙因，擒彼兇孽，廓兹浄土。聞以欣尚，不可思議。今東都危急，旦夕殄除。並宜勉終茂功，以垂令範。」是時立功十有三人，裴漼《少林寺碑》所稱志操、惠瑒、曇宗等，惟曇宗拜大將軍，餘不受官，賜地四十頃。此少林僧兵所起。考之《魏書》：孝武帝西奔，以五千騎宿于瀍西楊王別舍。沙門都維那惠臻，負璽，持千牛刀以從。《舊唐書》：元和十年，嵩山僧圓浄與淄青節度使李師道謀反，結勇士數百人，伏于東都進奏院。乘雒城無兵，欲竊發焚燒宮殿。小將楊進、李再興告變，留守吕元膺乃出兵圍之，賊突圍而出，入嵩岳，山棚盡擒之。《宋史》：范致虚以僧趙宗印充宣撫司參議官，兼節制軍馬。「宗印以僧爲一軍，號尊勝隊；童子行爲一軍，號淨勝隊。」然則嵩雒之間，固世有異僧矣。

嘉靖中，少林僧月空受都督萬表檄，禦倭於松江。其徒三十餘人，自爲部伍，持鐵棒擊殺倭甚衆，皆戰死。嗟乎，能執干戈以扞疆埸，則不得以其髡徒而外之矣。宋靖康時，有五臺僧真寶，與其徒習武事於山中。欽宗召對便殿，命之還山，聚兵拒金。晝夜苦戰，寺舍盡焚，爲金所得，❶誘勸百方，終不顧，曰：「吾法中有口回之罪，吾既許宋皇帝以死，豈當妄言也。」怡然受戮。而德祐之末，常州有萬安僧起義者，作詩曰：「時危聊作將，事定復爲僧。」其亦有屠羊説之遺意者哉。〔趙氏曰〕《後周書》：「齊主緯既被擒，任城王湝猶固守，沙門來應募者亦數千人。」《唐書》：「李罕之少爲浮屠，後去爲盜。」曾堯臣《獨醒志》：「廬山圓通寺，南唐時賜田千頃，養之極厚。曹彬等渡江，寺僧來抗，金陵陷，乃遁去。」金主亮死，山東豪傑皆起兵。有僧義端，亦聚衆千餘，欲遁。辛棄疾知其將奔金，追殺之。《金宣宗紀》：「夏人犯積石州羌界，寺族多陷，惟桑逋寺僧看逋、昭逋、斯没及答那寺僧奔鞫等，拒而不從。詔賞諸僧鈐轄、正將等官。」明成化中，劉千斤之亂，康都督募紫微山僧惠通勦之。通直入賊營，與千斤鬬，千斤乃降。崇禎中，史記言知陳州，以流賊充斥，乃募士，聘少室僧訓練之。此皆僧兵故事也。

毛葫蘆兵

《元史·順帝紀》：「至正十三年，立南陽鄧州等處毛葫蘆義兵萬户府，募土人爲軍，免其差役，令防城自效。因其鄉人自相團結，號毛葫蘆軍，故以名之。」《朵爾直班傳》：「金、商義兵以獸皮爲

❶「金」，據《校記》，鈔本作「酋」。

矢房，如瓠，號毛葫蘆軍，甚精鋭。」《大學衍義補》：「今唐、鄧山居者，以毒藥漬矢，以射獸，應弦而倒，謂之毛葫蘆。」

成化三年，國子監學録黄明義言：「宋時多剛縣夷爲寇，用白艻子兵破之。白艻子者，即今之民壯也。」

方音

五方之語，雖各不同，然使友天下之士而操一鄉之音，亦君子之所不取也。故仲由之喭，夫子病之，鴃舌之人，孟子所斥。而《宋書》謂「高祖雖累葉江南，楚言未變，雅道風流，無聞焉爾」。又謂長沙王道憐「素無才能，言音甚楚，舉止施爲，多諸鄙拙」。《世説》言：「劉真長見王丞相，既出，人問見王公云何？ 答曰：『未見他異，惟聞作吴語耳。』」又言：「王大將軍年少時，舊有田舍名，語音亦楚。」又言：「支道林入東，見王子猷兄弟。還，人問見諸王何如？ 答曰：『見一羣白項烏，但聞唤啞啞聲。』」《北史》謂：「丹楊王劉昶呵罵僮僕，音雜夷夏，雖在公坐，諸王每侮弄之。」夫以創業之君，中興之相，不免時人之議，而況於士大夫乎？ 北齊楊愔稱裴讞之曰：「河東士族，京官不少，惟此家兄弟，全無鄉音。」其所賤可知矣。至於著書作文，尤忌俚俗。《公羊》多齊言，《淮南》多楚語，若《易傳》《論語》，何嘗有一字哉！ 若乃講經授學，彌重文言，是以孫詳、蔣顯曾習《周官》而音乖楚夏，〔原注〕左思《魏都賦》：「蓋音有楚夏者，土風之乖也。」則學徒不至。〔原注〕《梁書·儒林傳》陸倕云。 李業興學問深博，而舊音不改，則爲梁人所笑。〔原注〕《北史》本傳。鄴下人士，音辭鄙陋，風操蚩拙，則顔之推不願以爲兒師。〔原注〕《家訓》。是則惟君子爲能通天下之志，蓋必自其發言始也。

《金史·國語解序》曰：「今文《尚書》辭多奇澀，蓋亦當世之方音也。」《荀子》每言「案」，《楚辭》每言「羌」，皆方音。劉勰《文心雕龍》云：「張華論韻，謂士衡多楚。可謂銜靈均之聲餘，失黄鍾之正響也。」

國語

後魏初定中原，軍容號令，皆本國語。❶後染華俗，多不能通，故録其本言，相傳教習，謂之「國語」。孝文帝命侯伏侯可悉陵以國語譯《孝經》之旨，❷教於國人，謂之《國語孝經》。〔原注〕並《隋書·經籍志》。而歷考後魏、北齊二《書》，若孟威以明解北人語，敕在著作，以備推訪；孫搴以能通鮮卑語，宣傳號令；祖珽以解鮮卑語，免罪復參相府；劉世清以能通四裔語，❸爲當時第一，後主命作突厥語翻《涅槃經》，以遺突厥可汗，並見遇時主，寵絶羣僚。然其官名制度，無一不用漢語。而

❶「本國」，據《校記》，鈔本作「以夷」。
❷「國語」，據《校記》，鈔本作「夷言」。
❸「裔」，據《校記》，鈔本作「夷」。

魏孝文太和十九年六月己亥詔：「不得以北俗之語言於朝廷，違者免所居官。」〔原注〕《魏書·咸陽王禧傳》：❶「孝文引見朝臣，詔斷北語，一从正音。禧贊成其事。於是詔年三十已上，習性已久，容或不可卒革，三十已下，見在朝廷之人，語音不聽仍舊。若有故爲，當降爵黜官。若仍舊俗，恐數世之後，伊雒之下，復成被髮之人。朕嘗與李沖論此。沖言：『四方之語，竟知誰是？帝者言之，即爲正矣，何必改舊从新？』沖之此言，應合死罪，乃謂沖曰：『卿實負社稷。』沖免冠陳謝。」《北齊書·高昂傳》：「於時鮮卑共輕中華朝士，唯憚服於昂。高祖每申令三軍，常鮮卑語。昂若在列，則爲華言。」孝文用夏變夷之主，齊神武亦英雄有大畧者也。契丹偏居北陲，始以本國之言爲官名、號令，而《遼史》創立《國語解》一篇，自是金、元亦多循之。〔錢氏曰〕《元史》無《國語解》。而北俗之語，遂載之史書，傳於後代矣。

《後魏·平陽公丕傳》：「丕雅愛本風，不達新式。至於變俗遷雒，改官制服，禁絶舊言，皆所不願。帝亦不逼之，但誘示大理，令其不生同異。」變俗之難如此。今則拓跋、宇文之語不傳於史册者已蕩然無餘，一時衆楚之咻，固不能勝三紀遷殷之化也。

後唐康福，善諸蕃語。明宗聽政之暇，每召入便殿，咨訪時事。福即以蕃語奏之。樞密使安重誨惡焉，嘗面戒之曰：「康福但亂奏事，有日斬之！」

❶「魏書」，據下引文，應作「北史」。

外國風俗❶

歷九州之風俗，考前代之史書，中國之不如外國者有之矣。❷《遼史》言：「契丹部族生生之資，仰給畜牧，績毛飲湩，以爲衣食。各安舊風，狃習勞事，不見紛華異物而遷。故家給人足，戎備整完，卒之虎視四方，强朝弱附。」《金史》：世宗嘗謂宰臣曰：「朕嘗見女直風俗，迄今不忘。今之燕飲音樂皆習漢風，非朕心所好。東宫不知女直風俗，第以朕故，猶尚存之，恐異日一變此風，非長久之計。」他日與臣下論及古今，又曰：「女直舊風，雖不知書，然其祭天地，敬親戚，尊耆老，接賓客，信朋友，禮意款曲，皆出自然。其善與古書所載無異，汝輩不可忘也。」乃禁女直人不得改稱漢姓，學南人衣裝，犯者抵罪。又曰：「女直舊風，凡酒食會聚，以騎射爲樂，今則奕碁、雙陸，宜悉禁止，令習騎射。」又曰：「遼不忘舊俗，朕以爲是。海陵習學漢人風俗，是忘本也。若依國家舊風，四境可以無虞，此長久之計也。」❸《邵氏聞見録》言：❹回紇風俗樸厚，君臣之等不甚異，故衆志專一，勁

---

❶「外國風俗」，據《校記》，鈔本作「夷狄」。
❷「外國」，據《校記》，鈔本作「夷狄」。
❸「又曰遼不忘舊俗」至「此長久之計也」，據《校記》，鈔本無此四十一字，應是潘耒所加。
❹「邵氏聞見録」，據此下引文，應爲《邵氏聞見後録》。

健無敵。自有功於唐，賜遺豐腴，登里可汗始自尊大，築宮室以居，婦人有粉黛文繡之飾。中國爲之虛耗，而其俗亦壞。」❶昔者祭公謀父之言，「犬戎樹惇，能帥舊德，而守終純固」，由余之對穆公言，「戎夷之俗，上含淳德，以遇其下，下懷忠信，以事其上。一國之政猶一身之治」。其所以有國而長世，用此道也。及乎薦居日久，漸染華風，不務《詩》《書》，唯徵玩好，服飾競于無等，財賄溢于靡用，驕淫矜侉，浸以成習，於是中行有變俗之譏，賈生有五餌之策。又其末也，則有如張昭遠以皇弟、皇子喜俳優，飾姬妾，而卜沙陀之不永；張舜民見太孫好音樂、美姝、名茶、古畫，而知契丹之將亡。❷後之君子誠監於斯，則知所以勝之之道矣。

《史記》言：「匈奴獄久者不過十日，一國之囚不過數人。」《鹽鐵論》言：「匈奴之俗，略於文而敏於事。」宋鄧肅對高宗言：「外國之巧在文書簡，❸簡故速；中國之患在文書繁，繁故遲。」《遼史》言：「朝廷之上，事簡職專，此遼之所以興也。」〔原注〕又曰：「皇帝四時巡守，宰相已下於中京居守。一切公事，除拜官僚，止行堂帖權差，俟行在所取旨，出給誥勑。文官縣令、録事已下，更不奏聞，聽中書銓選。」然則

---

❶「其」，據《校記》，鈔本作「虜」。

❷「契丹之將亡」下，據《校記》，鈔本有「此固人情之所必至，而戎狄之敗特速於中華者，他日未嘗學問也」凡二十六字。

❸「國」，據《校記》，鈔本作「夷」。

外國之能勝於中國者，❶惟其「簡易」而已。若舍其所長而效人之短，吾見其立弊也。

《金史·食貨志》言：「金起東海，其俗純實，可與返古。初入中夏，民多流亡，土多曠閒，遺黎惴惴，何求不獲？於斯時縱不能復井地溝洫之制，若用唐之永業、口分以制民産，放其租庸調之法以足國計，何至百年之内，所爲經畫紛紛然，與其國相終始邪！其弊在於急一時之利，踵久壞之法。及其中葉，鄙遼儉朴，襲宋繁縟之文；懲宋寬柔，加遼操切之政。是棄二國之所長，而併用其所短也。繁縟勝必至於傷財，操切勝必至於害民。訖金之世，國用易匱，民心易離，豈不繇是與？作法不慎厥初，變法以救其弊，祇益甚焉耳。」其論金時之弊至爲明切。❷

魏太武始制反逆、殺人、姦盜之法，號令明白，政事清簡，無繫訊連逮之煩，百姓安之。宋余靖言：「燕薊之地，陷入契丹且百年，而民亡南顧心者，以契丹之法簡易，鹽麴俱賤，科役不煩故也。」是則省刑薄斂之效，無所分於中外矣。❸

---

❶「外國」，據《校記》，鈔本作「戎狄」。

❷「至爲明切」下，據《校記》，鈔本有「今之爲金者有甚於此」九字。

❸「無所分於中外矣」，據《校記》，鈔本作「無論於華夷矣」。

徙戎

武后時，外國多遣子入侍，❶其論欽陵、阿史德元珍、孫萬榮等，皆因充侍子，得徧觀中國形勢，其後竟爲邊害。先是，天授三年，左補闕薛謙光上疏曰：「臣聞戎夏不雜，自古所誡。蠻貊無信，❷易動難安，故斥居塞外，不邇中國。前史所稱，其來久矣。然而帝德廣被，有時朝謁，願受向化之誠，請納梯山之禮，貢事畢則歸其父母之國，導以指南之車，此三王之盛典也。自漢、魏以後，遂革其風，務飾虛名，徵求侍子。諭令解辮，使襲衣冠，築室京師，不令歸國，此又中葉之故事也。較其利害，則三王是而漢、魏非；論其得失，則距邊長而徵質短。殷鑒在昔，豈可不慮。昔郭欽獻策於武皇，江統納諫於惠主，咸以戎翟入居，❸必生事變。晋帝不用二臣之遠策，好慕向化之虛名，縱其習《史》《漢》等書，官之以五部都尉，此皆計之失也。竊惟突厥、吐蕃、契丹等，往因入侍，並叨殊獎。或執戟丹墀，策名戎秩；或曳裾庠序，高步黌門。服改氈裘，語兼中夏。明習漢法，覩衣冠之儀；目覽朝章，知經國之要。窺成敗於圖史，察安危於古今。識邊塞之盈虛，知山川之險易。或委以經

❶「外國」，據《校記》，鈔本作「四夷」。
❷「蠻貊」，據《校記》，鈔本作「夷狄」。
❸「翟」，據《校記》，鈔本作「狄」。

略之功，令其展效；或矜其首丘之志，放使歸蕃。於國家雖有冠帶之名，在戎人廣其縱横之智。❶雖有慕化之美，苟悦於當時；而狼子野心，旋生於異日。及歸部落，鮮不稱兵。邊鄙罹災，實繇於此。故《老子》曰：『國之利器，不可以示人。』在於齊人，猶不可以示之，況於寇戎乎？❷謹按，楚申公巫臣奔晋，而使於吴，使其子狐庸爲吴行人，教吴戰陳，使之叛楚。吴於是伐楚，取巢，取駕，克棘，入州來，子反一歲七奔命。其所以能謀楚，良以此也。又按《漢書》，桓帝遷五部匈奴於汾晋，其後卒有劉、石之難。向使五部不徙，則晋祚猶未可量也。鮮卑不遷幽州，則慕容無中原之僭。又按《漢書》陳湯云：『夫匈奴兵五而當漢兵一，❸何者？兵刃朴鈍，弓弩不利。今聞頗得漢巧，然猶三而當一。』繇是言之，利兵尚不可使敵人得法，❹況處之中國而使之習見哉！昔漢東平王請《太史公書》，朝臣以爲《太史公書》有戰國從横之説，不可以與諸侯。此則本朝諸王尚不可與，況外國乎！臣竊計秦并天下，及劉、項之際，累載用兵，人户彫散。以晋惠方之，八王之喪師，輕於楚、漢之割地；冒頓之全實，過於五部之微弱。當曩時冒頓之彊盛，乘中國之虚弊，高祖餒戹平城，而冒

❶「戎人」，據《校記》，鈔本作「夷狄」。
❷「寇戎」，據《校記》，鈔本作「夷狄」。
❸「匈奴」，據《校記》，鈔本作「胡」。
❹「敵」，據《校記》，鈔本作「胡」。

頓不能入中國者，何也？非兵不足以侵諸夏，力不足以破汾晋，其所以解圍而縱高祖者，爲不習中土之風，不安中國之美。生長磧漠之北，以穹廬勝於城邑，以氈罽美於章紱，既安其所習而樂其所生，是以無窺中國之心者，爲生不習漢故也。豈有心不樂漢而欲深入者乎？劉元海五部離散之餘，而卒能自振於中國者，爲少居内地，明習漢法，非但元海悦漢，而漢亦悦之。一朝背誕，四人〔原注〕謂四民。響應，遂鄙單于之號，竊帝王之名，賤沙漠而不居，擁平陽而鼎峙者，爲居漢故也。向使元海不曾内徙，正當劫邊人繒綵麴糵，以歸陰山之北，安能使倡亂邪？當今皇風遐覃，含識革面，凡在虺性，莫不懷馴，方使由余效忠，日磾盡節。以臣愚慮者，國家方傳無窮之祚於後，脱備守不謹，邊臣失圖，則狡寇稱兵，❶不在方外，非所以肥中國，削外蕃，❷經營萬乘之業，貽厥孫謀之道也。臣愚以爲願充侍子者一皆禁絶，必若先在中國者亦不可更使歸蕃，則戎人保疆，❸邊邑無事矣。」

明永樂、❹宣德間，韃靼來降，❺多乞留居京師，授以指揮、千百户之職，賜之俸禄及銀鈔、衣服、

---

❶「狡寇」，據《校記》，鈔本作「夷狄」。
❷「外蕃」，據《校記》，鈔本作「四夷」。
❸「戎」，據《校記》，鈔本作「夷」。
❹「明」，據《校記》，鈔本作「本朝」。
❺「韃靼」，據《校記》，鈔本作「達虜」。

房屋、什器，安插居住，名曰「降人」。❶ 正統元年十二月，行在吏部主事李賢言：「臣聞帝王之道，在赤子黎民而禽獸蠻貊。❷ 待黎民如赤子，親之也；待蠻貊如禽獸，疏之也。雖聖人一視同仁，其施也必自親以及疏，未有赤子不得其所，而先施惠於禽獸，況奪赤子之食以養禽獸，聖人忍爲之哉！竊見京師降人不下萬餘，❸較之畿民三分之一。其月支俸米，較之在朝官員亦三分之一，而實支之數，或全或半，又倍蓰矣。且以米俸言之，在京指揮使正三品該俸三十五石，實支一石，而達官則實支十七石五斗，是贍京官十七員半矣。夫以有限之糧而資無限之費，欲百姓富庶而倉廩充實，未之有也。近者連年荒旱，五穀不登，而國家之用則不可缺。是以天下米粟水陸並進，歲入京師數百萬石，而軍民竭財殫力，涉寒暑，冒風霜，苦不勝言，然後一夫得數斛米至京師者，幸也。若其運至中塗，食不足，衣不贍，而有司督責之愈急，是以不暇救死，往往枕籍而亡者，不可勝計。其降人坐享俸禄，❹施施自得。嗚呼，既奪赤子之食以養禽獸，而又驅其力使餽之，赤子卒至於饑困以死，而禽獸則充實厭足，仁人君子所宜痛心者。若夫俸禄所以養廉也，今在朝官員皆實關俸米一石，以一身

❶「降人」，據《校記》鈔本作「達官」。
❷「蠻貊」，據《校記》鈔本作「夷狄」。下「蠻貊」字同。
❸「降」，據《校記》鈔本作「達」。
❹「降人」，據《校記》鈔本作「達官」。下二「降人」同。

計之，其日用之費不過十日，況其父母妻子乎？臣以爲欲其無貪，不可得也。備邊所以禦侮也，今邊軍長居苦寒之地，其所以保妻子、禦饑寒者，月糧而已。糧不足以贍其所需，欲其守死，不可得也。今若去此降人，臣愚以爲除一害而得三利焉。何則？計降人一歲之俸不下數十萬，省之可以全生民之命，可以贍邊軍之給，可以足京官之俸。全生民之命，則本固而邦寧也；贍邊軍之給，則效死而守職也；足京官之俸，則知耻而守廉也。得此三者，利莫大焉。臣又聞，聖王之道，貴乎消患於未萌。《易》曰：『履霜堅冰至。』臣竊見達人來降，絡繹不絶，朝廷授以官職，足其俸禄，使之久處不去，腥羶畿内，無益之費尚不足惜，又有甚焉者。夫蕃人貪而好利，❶乍臣乍叛，荒忽無常。彼來降者，非心悦而誠服也，實慕中國之利也。且降人在彼，❷未必不自種而食，自織而衣。今在中國，則不勞力而坐享其有，是故其來之不絶者，中國誘之也。誘之不衰，則來之愈廣。一旦邊方有警，其勢必不自安矣。前世劉、石之亂，❸可不鑒哉！是故聖人以禽獸畜之，其來也懲而禦之，不使之久處。其去也守而備之，不誘其復來。其爲社稷生民之慮至深遠也。近日邊塵數警，而降人

---

❶「蕃人」，據《校記》，鈔本作「夷狄人面獸心」。
❷「降人在彼」，據《校記》，鈔本作「達人在胡」。
❸「劉石」，據《校記》，鈔本作「五胡」。

羣聚京師，❶臣嘗恐懼而不安寢。伏願陛下斷自宸衷，爲萬世長久之計，乞勑兵部，將降人漸次調除天下各都司衛所。彼勢既分，必能各安其生，不惟省國家萬萬無益之費，而又消其未萌之患矣。」上是其言。

土木之變，達官、達軍之編置近畿者，❷一時蠢動，肆掠村莊，❸至有驅迫漢人以歸寇者。户科給事中王竑、翰林院侍講劉定之並言：宜設法遷徙，俾居南土。於是命左都督毛福壽充左副總兵，選領河間、東昌達軍，往湖廣辰州等處征苗，巡撫江西、刑部右侍郎楊寧，奏請賊平之後，就分布彼處各衛所守禦，然其去者無多。〔原注〕天順元年七月丁丑，兵部奏：自正統七年至景泰七年調去雲南、廣東、廣西、福建等處隨征達官達軍共一千八百人。❹而天順初，兵部尚書陳汝言阿附權宦，盡令取回，遂令曹欽得結其驍豪，與之同反。而河間、東昌之間，至今響馬不絶，亦自達軍倡之也。❺

---

❶「降人」，據《校記》，鈔本作「達官」。下一「降人」同。

❷「達軍」，據《校記》，鈔本作「東人」。

❸「村莊」下，據《校記》，鈔本有「人謂之家達子」六字。

❹下「達」字，據《校記》，鈔本作「衰」。

❺「倡之」下，據《校記》，鈔本有「□有中國誰之咎」一空及六字。又「□」，據張京華《日知録校釋》，雍正鈔本作「据」，北大鈔本作「戎」。

明初，❶安置土達於寧夏、甘涼等處。承平日久，種類蕃息，至成化四年，遂有滿四之變。

樓煩

樓煩乃趙西北邊之國，其人强悍，習騎射。《史記·趙世家》：武靈王「行新地，遂出代，西遇樓煩王於西河而致其兵」。「致」云者，致其人而用之也。是以楚、漢之際，多用樓煩人別爲一軍。《高祖功臣侯年表》「陽都侯丁復，以趙將从起鄴，至霸上，爲樓煩將」，而《項羽本紀》「漢有善騎射者樓煩」，〔原注〕應劭曰：「樓煩，胡也。今樓煩縣。」按樓煩地大，不止一縣之人。則漢有樓煩之兵矣。《灌嬰傳》：「擊破柘公王武，斬樓煩將五人。攻龍且，生得樓煩將十人。擊項籍軍陳下，斬樓煩將二人。攻騶布別將于相，斬樓煩將三人。」《功臣表》：「平定侯齊受，以驍騎都尉擊項籍，得樓煩將。」則項王及布亦各有樓煩之兵矣。蓋自古用蠻夷攻中國者，❷始自周武王，牧野之師有庸、蜀、羌、髳、微、盧、彭、濮。而晉襄公敗秦于殽，實用姜戎爲掎角之勢。大者王，小者霸，於是武靈王踵此，用以謀秦，而鮮卑、突厥、回紇、沙陀，自此不絶於中國矣。

---

❶「明」，據《校記》，鈔本作「國」。

❷「蠻」，據《校記》，鈔本作「四」。

吐蕃回紇

大抵外國之音，❶皆無正字。唐之吐蕃，即今之「土魯番」是也；唐之回紇，即今之「回回」是也。《唐書》回紇一名「回鶻」，《元史》有畏兀兒部，「畏」即「回」，「兀」即「鶻」也，其曰「回回」者，亦「回鶻」之轉聲也。〔原注〕《遼史·天祚紀》有「回回國王」。《元史·太祖紀》以回鶻、回回爲二國，恐非。〔錢氏曰〕謂今之回回即古之回紇者，非也。其謂元之畏兀即回鶻之轉聲，則是也。元時畏兀兒亦稱畏吾兒。趙子昂譔《趙國文定公碑》云：「回鶻北庭人，今所謂畏吾兒也。」歐陽原功譔《高昌偰氏家傳》云：「偉兀者，回鶻之轉聲也。其地本在哈剌和林，今之和寧路也。後徙居北庭，北庭者，今之别失八里城也。會高昌國微，乃併取高昌有之。高昌者，今之哈剌和綽也。」偉兀亦畏兀之異文，而回鶻即回紇，趙、歐二公言之詳矣。回回與回鶻實非一種。《元史·太祖紀》：「汪罕走河西、回鶻、回回三國。」《世祖紀》：「定擬軍官格例，以河西、回回、畏吾兒等，依各官品充萬户府達魯花赤。」《文宗紀》：「各道廉訪司官，用蒙古二人，畏兀、河西、回回、漢人各一人。」《薛塔剌海傳》：「从征回回、河西、欽察、畏吾兒諸國。」《明史·哈密傳》云：「其地種落雜居，曰回回，曰畏兀兒，曰哈剌灰，不相統屬。」又云：「哈密故有回回、畏兀兒、哈剌灰三種。」則回回與回鶻故區以别矣。惟阿合馬本回回人，而《元史·姦臣傳》以爲回鶻，此或轉寫之譌。其曰「畏吾兒」者，又「畏兀兒」之轉聲也。〔原注〕《册府元龜》：「按國史敘

❶ 「外國之」，據《校記》，鈔本作「夷」。

鐵勒種類云：伊吾以西，焉耆以北，有契弊、烏護、紇骨等部。契弊則契苾也，烏護則烏紇也，後爲回鶻。紇骨則紇扢斯也，轉爲黠戛斯，蓋夷音有緩急，即傳譯語不同。」《大明會典》：「哈密，古伊吾廬地，在燉煌北大磧外，爲西域諸番往來要路。其國部落與回回、畏兀兒三種雜居。」則回回與畏兀兒又爲二種矣。〔原注〕鄭所南《心史》：「畏吾兒乃韃靼爲父、回回爲母者也。」〔錢氏曰〕《心史》乃僞造，不可信。自唐會昌中，回紇衰弱，降幽州者前後三萬餘人，皆散隸諸道，始雜居於中華而不變其本俗。杜子美《留花門》詩：「連雲屯左輔，百里見積雪。」李衛公《上尊號玉册文》：「種類磐互，縞衣如荼，挾邪作蠱，浸淫宇內。」今之遺風亦未衰於昔日也。

《舊唐書·憲宗紀》：「元和二年正月庚子，回紇請於河南府、太原府置摩尼寺。許之。」此即今禮拜寺之所从立也。

《新唐書·常袞傳》言：「始，回紇有戰功者，得留京師。戎性易驕，❶後乃創邸第、佛祠，或伏甲其間。數出中渭橋，與軍人格鬭，奪含光門魚契走城外。」然則自肅、代以來，回紇固已有居京師者矣。

《實録》：「正統元年六月乙卯，徙甘州、涼州寄居回回於江南各衛，凡四百三十六户，一千七百四十九口。」其時西陲有警，不得已爲徙戎之策，然其種類遂蕃於江左矣。〔原注〕正統三年八月，有歸

---

❶「戎」，據《校記》，鈔本作「虜」。

附回回二百二人，自涼州徙至浙江。

明初，❶於其來降者待之雖優，而防之未嘗不至。福建漳州衛指揮僉事楊榮因進表至京，爲回回之編置漳州者寄書於其同類，奉旨坐以交通外夷，黜爲爲事官，於大同立功。〔原注〕正統四年七月辛未。其後文教涵濡，戎心漸革，❷而蠻貊之裔遂有登科第，❸襲冠裳者。惟回回自守其國俗，終不肯變，結成黨夥，爲暴閭閻。以累朝之德化，而不能訓其頑獷之習，所謂食桑葚而懷好音，❹固難言之矣。

天子無故不殺牛，而今之回子終日殺牛爲膳。宜先禁此，則夷風可以漸革。唐時赦文每曰：「十惡五逆，火光行劫，持刃殺人，官典犯贓，屠牛鑄錢，合造毒藥，不在原赦之限。」可見古法以屠牛爲重也。若韓滉之治江東，以賊非牛酒不嘯結，乃禁屠牛，以絶其謀，此又明識之士所宜豫防者矣。

---

❶「明」，據《校記》，鈔本作「國」。

❷「戎心」，據《校記》，鈔本作「夷風」。

❸「蠻貊」，據《校記》，鈔本作「夷狄」。

❹「所謂食桑葚」，據《校記》，鈔本作「所謂鐵中錚錚、庸中佼佼者乎」。

西域天文

西域人善天文，自古已然。《唐書》：「泥婆羅國，頗解推測盈虚，兼通曆術事。」「天竺國，善天文曆算之術。」「罽賓國，遣使進天文經。」「拂菻國，其王城門樓中懸一大金稱，以金丸十二枚屬於衡端，以候日之十二時。爲一金人，其大如人，立於側，每至一時，其金丸輒落，鏗然發聲引唱，以紀日時，毫釐無失。」蓋不始於回回、西洋也。〔原注〕《元史·張思明傳》：「大德初，擢左司都事，有獻西域稱法，思明以惑衆不用。」

《王忠文褘集》有《阿都刺除回回司天少監誥》曰：「天文之學，其出於西域者，約而能精。雖其術不與中國古法同，然以其多驗，故近代多用之。別設官署，以掌其職。」

《册府元龜》載：「開元七年，吐火羅國王上表：獻解天文人大慕闍。智慧幽深，問無不知。伏乞天恩，唤取問諸教法，知其人有如此之藝能，請置一法堂，依本教供養。」此與今之利瑪竇天主堂相似，而不能行於玄宗之世者，豈非其時在朝多學識之人哉！

三　韓

今人謂遼東爲「三韓」者，考之《書序》「成王既伐東夷」，傳：「海東諸夷駒麗、扶餘、馯貊之屬。」《正義》：「《漢書》有高駒麗、扶餘、韓，無此馯，馯即韓也，音同而字異耳。」《後漢·光武紀》：「建武二十年，東夷韓國人率衆詣樂浪内附。」《東夷傳》：「韓有三種，一曰馬韓，二曰辰韓，三曰弁辰。〔原注〕晋、梁二《書》作「弁韓」。馬韓在西，有五十四國，其北與樂浪、南與倭接。辰韓在東，十有二國，其北與濊貊接。弁辰在辰韓之南，亦十有二國，其南亦與倭接。凡七十八國，百濟是其一國焉。大者萬餘户，小者數千家，各在山海間，地合方四千餘里，東西以海爲限，皆古之辰國也。馬韓最大，共立其種爲辰王，盡王三韓之地。」〔原注〕《漢書・朝鮮傳》：「真番、辰國欲上書見天子，又雍閼弗通。」師古曰：「辰謂辰韓之國。」《史記》誤作「真番旁衆國」。《三國・魏志》：「齊王正始七年，幽州刺史毌丘儉破高句驪，濊貊，韓那奚等數十國各率種落降。」「陳留王景元二年，樂浪外夷韓、濊貊各率其屬來朝貢。」《晋書・張華傳》：「東夷馬韓、新彌諸國，依山帶海，去州四千餘里，歷世未附者二十餘國，並遣使朝獻。」杜氏《通典》：「三韓之地，在海島之上，朝鮮之東南。」此其封域與朝貢之本末也。劉熙《釋名》：「韓羊、韓兔、韓雞，本法出韓國所爲也。」後魏陽固《演賾賦》：「覩三韓之累累兮，見卉服之悠悠。」此其風土也。《宋史・天文志》：「狗國四星在建星東南，主三韓、鮮卑、烏桓、玁狁、沃沮之屬。」此其占象也。《宋史・高麗傳》言：「崇寧後始鑄三韓通寶。」而《遼史・外記》有高麗王子、三韓國公勳、三韓國公頤、三韓國公俁。其《地理志》有「高州三韓縣。辰韓爲扶餘，弁韓爲新羅，〔原注〕《北史》以辰韓爲新羅。馬韓爲高麗」。開泰中，聖宗伐高麗，俘三國之遺人置縣。據此，乃俘三國之人置縣於内地，而取三韓之名爾。〔原注〕正如漢時上郡有龜兹縣，不可便以爲西域之國。今人乃謂遼東爲三韓，是以内地而目之爲外國也。原其故，本於天啟初失遼陽，以後章奏之文遂有謂遼人爲

「三韓」者，外之也。今遼人乃以之自稱，夫亦自外也已。

《北史》：「新羅者，其先本辰韓種也。地在高麗東南。辰韓亦曰秦韓，相傳言秦世亡人避役來適，馬韓割其東界居之。以秦人，故名之曰秦韓。其言語名物有似中國人。辰韓王常用馬韓人作之，世世相傳。辰韓不得自立王，明其流移之人故也，恒爲馬韓所制。辰韓之始，有六國，稍分爲十二，新羅則其一也。」此又與前史不同。而《唐書·東夷傳》：「顯慶五年，平百濟，分其地置五都督府，其一曰馬韓。」

大　秦

今之佛經皆題云「大秦鳩摩羅什譯」，謂是姚興國號，非也。〔孫氏曰〕徧探釋藏佛經，皆題「姚秦鳩摩羅什譯」，無有云「大秦」者，不知亭林何據？且鳩摩羅什生於天竺，距大秦國尚遠，不當題云「大秦」也。大秦乃西域國名。《後漢書·西域傳》言：「大秦國，在海西，地方數千里，有四百餘城，小國役屬者數十。」又云：「天竺國，西與大秦通。」此其國名之偶同。而《傳》以爲「其人民皆長大平正，有類中國，故謂之大秦」，固未必然。而《晋書·載記》「石季龍時有安定人侯子光，自稱佛太子，謂大秦國來，當王小秦國」，以中國爲小秦，則益爲夸誕矣。

干陀利

韓文公《廣州記》〔楊氏曰〕昌黎並無《廣州記》，是《送鄭權序》耳。有「干陀利」，注家皆闕。按《梁書·海南諸夷傳》：「干陀利國，在南海洲上，其俗與林邑、扶南略同，出斑布、吉貝、檳榔。檳榔特精好，爲諸國之最。」〔原注〕梁王僧孺有《謝賜干陀利所獻檳榔啟》。《周弘正傳》：「有罪應流徙，勑以賜干陀利國。」《陳書·世祖紀》：「天嘉四年，干陀利國遣使獻方物。」惟《宋書·孝武帝紀》「孝建二年，斤陀利國遣使獻方物」，〔原注〕《南史》同。以干爲斤，疑誤。〔汝成案〕《梁書》無《周弘正傳》，傳見《陳書》。至「有罪應流徙」云云，則見《南史》。玫原本亦誤，當是傳寫時脱「南史」二字。

日知録集釋卷三十

崑山顧炎武著　嘉定後學黄汝成集釋

天文

三代以上，人人皆知天文。「七月流火」，農夫之辭也。「三星在天」，婦人之語也。「月離于畢」，戍卒之作也。「龍尾伏辰」，兒童之謡也。後世文人學士，有問之而茫然不知者矣。若曆法，則古人不及近代之密。〔沈氏曰〕《明世宗實録》：「嘉靖二年九月戊寅，欽天監掌監事、光禄寺少卿華湘奏：『歷代治曆，更改不一，不數世輒差者，由天周有餘、日周不足所致。元至元辛巳，造《授時曆》，天正冬至，歲差迄今不同。是以正德戊寅日食，己卯、庚辰月食，時刻分秒、起復方位與本監所推不合。乞賜中祕《曆書》及國朝《曆志》，准臣親督中官正周濂等，及選諳曉本業、善于推算者，及今冬至以前，詣觀象臺，晨昏晝夜，推測日景、赤道、黄道、中星分秒，日記月書，俟至來年冬至，以驗二十四氣、二至、二分、日月交食、合朔弦望，并日躔月離、黄赤二道及昏旦夜半中星、七政躔度，紫炁、月孛、羅睺、計都等類，視至元辛巳果否有差，備録上之。并延訪知曆理、善立差法之人，令其參别同異，重建曆元，詳定歲差，以成一代之制。』下禮部議，請如所奏。得旨：『允其測候，訪取秘書報罷。』」《神宗實録》：「萬曆二十三年九月，禮部議罷鄭世子載堉所進《萬年曆》，内云『近有言曆法差謬當正者，然于何正之？一曰考《月令》之中星移次應節，二曰測二至之日景長短應候，三曰驗交食之分秒起復應時。即如世子言，取《大統》《授時》二曆相較，氣差三日，時差九刻，在亥子之交則移一日，在晦朔之交則移一月，則弦望亦宜各差一日，今似未至此也』。」

樊深《河間府志》曰：「愚初讀律書，見私習天文者有禁。後讀制書，見仁廟語楊士奇等曰：『此律自爲民間設耳，卿等安得有禁？』遂以《天元玉曆祥異賦》賜羣臣。由律書之言觀之，乃知聖人所憂者深。由制書之言觀之，乃知聖人之所見者大。」〔梅氏曰〕心之神明，無有窮盡，雖以天之高，星辰之遠，有遲之數千百年始見端緒，而人輒知之，輒有新法以追其變。故世愈降，曆愈密。而要其大法，則定于唐、虞之時。今夫曆所步有四，曰恒星，曰日，曰月，曰五星。治曆之具有三，曰算數，曰圖象，曰測驗之器。由是三者以得前四者躔離、朓朒、盈縮、交蝕、遲留、伏逆、掩犯之度。古今作曆者七十餘家，疏密代殊，制作各異，其法具在，可攷而知。然大約三者盡之矣。堯命羲和「曆象日月星辰」，舜在「璇璣玉衡，以齊七政」。曆者，算數也。象者，圖也，渾象也。璇璣玉衡，測驗之器也。故曰定于唐、虞之世也。曆之最難知者有二。其一里差，其一歲差。是二差者，有微有著。非積差而至于著，雖聖人不能知。而非其距之甚遠，則所差甚微，非目力可至，不能入算。故古未有知歲差者，自晉虞喜、宋何承天、祖沖之，隋劉焯，唐一行，始覺之。或以百年差一度，或以五十年，或以七十五年，或以八十三年，未有定説。元郭守敬定爲六十六年有八月，回回、泰西差法略似。而守敬又有上攷下求，增減歲餘天周之法，則古之差遲，而今之差速，是謂歲差之差，可謂精到。若夫日月星辰之行度不變，而人所居有東西南北、正視側視之殊，則所見各異，謂之里差，亦曰視差，自漢及晉，未有知之者。北齊張子信始測交道有表裏，此方不見食者，人在月外必反見食。《宣明曆》本之，爲氣刻、時三差。而《大衍曆》有九服測食定晷漏法。元人四海測驗二十七所。而近世歐邏巴航海數萬里，以身所經山海之程，測北極爲南北差，測月食爲東西差，里差之説，至是而確。是蓋合數千年之積測以定歲差，合數萬里之實驗以定里差，距數逾遠，差積逾多，而曉然易辨。且其爲法，既推之數千年、數萬里而準，則施之近用可以無惑，曆至近日屢變益精，以此。然余亦謂定于唐、虞之時，何也？不能預知者差之數，萬世不易者求差之法。古聖人以日之所在不可以目視而器窺也，故爲中星以紀之。鳥、火、虚、昴，萬世求歲差之根數也。以日之出入發斂，不可以一方所見爲定，故爲嵎夷、昧谷、南交、朔方之宅以分候之，萬世求里差之定法也。嗚呼，至矣！學者知合數千年、數萬里之心思耳目以治曆，而後成古聖人未竟之緒，則當思羲和以後，凡能出一新智，立一捷法，垂之至今者，皆有所以立法之故。及其久而必變也，又皆有所以變之説。于是反覆推論，無纖毫疑似于吾心，則吾之心即古聖之心，亦即天之心。而古今中外之見，可以不設而要于至是。過此以往，或有差變之微，出于今法之外，亦可本其常然，以深求其變，而徐爲修改，以衷于無弊，是則吾輯《曆法通考》之意也。〔又曰〕或問：「律何以禁私習？」曰：「律所禁者，天文也，非曆也。」曰：「二者異乎？」曰：「以日月暈珥、彗孛飛流、芒角動摇預斷吉凶者，天文家也。本躔離之行，度中星之次，以察發斂進退，敬授民事者，曆家也。《漢・藝文志》天文廿一家，曆譜十八家，判然二矣。且私習之禁，禁其妄言禍福，惑世誣民耳。若夫日月星辰，有目共睹，古者率作興事，皆用爲候，又何禁焉？自梓慎、裨竈之徒以星氣言事應，始有災祥之占，而説有驗有不驗，惟子産、昭子深明理數之實，乃有以折服矯誣之論。故曆學大著，則機祥小數無所依而自不行。」曰：「其説可得聞乎？」曰：「古之曆疏，所步或多不效，求其説不得，而占家得以附會于其閒。是故日月之遇交則食，以實會視會爲斷，有常度也。而古曆未精，有當食不食、不當食而食之。占日食必于朔也，而古用平朔，有食在晦、二之占。月行有遲疾，日行有盈縮，皆一定之數，可以小輪爲法也。而古唯平度占日，晦而月見西方，謂之朓，朓則侯王其舒；朔而月見東方，謂之仄慝，仄慝則侯王其肅。月行陰陽曆以不足廿年而周，其交也于黄道。其交之半也，則出入黄道之南北五度有奇，皆有常也。而古占曰：『天有三門，猶房四表，房中央曰天街，南間曰陽環，北間曰陰環月由天街，天下和平。陽道主喪，陰道主水。』夫黄道且有歲差，況月道出入黄道，時時不同，而欲定于房中央，不已謬乎？ 月出入黄道既有南北，而其與黄道同升，又有正升斜降、斜升正降之殊，故月始生有平有偃。而古占曰：『月始生，仰，天下有兵；偃，有兵兵罷，無兵兵起。』月于黄道有南北，一因也；正斜升降，二因也；盈縮遲疾，三因也；南北里差，見月有早晚，四因也。故月初見有初二、初三之殊，極其變則有朔、初四之異。而古占曰：『當見不見，不當見而見。』食日者月，不關雲氣。而占曰：『食前數日，日已有謫。』日大月小，日高月卑，人所見之日月大小略等者，乃其遠近爲之，非本形也。然日月之行，各有最高卑而影徑爲之異，故有時月正掩日，而四面露光如環。而占以『金環食爲陽德盛』。五星有遲疾留逆，而古唯知順行，占以逆行爲災，曰：『未當居而居，當去不去，當居不居，未當去而去，皆變行也。』五星之出入黄道，亦如日月，故所犯星座可預求。而古無緯度，占爲失行，爲之例，曰凌，曰犯，曰鬬，曰食，曰掩，曰合，曰句己，曰圍繞。五星離黄道不過八度，則中宫紫微及外宫距遠之星必無犯理，而占書皆有之。近有著《賢相通占》者，删去黄道極遠之星，亦既知其非矣。至于恒星有定數，亦有定距，而占者無儀器以知其度，又不知星座出入地平有蒙氣之差，或以横斜視差妄謂移動，于是曰：『王良策馬，車騎滿野。天鉤直則地維坼。泰階平，人主有福。』中州以北，去北極近，老人星遠而近濁，不常見。占曰：『老人星見，王者多壽。』以二分日候之江南，老人星高，三時皆見，而猶歲以二分占星密疏貢諛。此其仍訛習欺，尤大彰明者矣。」曰：「然則占驗可廢乎？ 將天變不足畏邪？」曰：「惡，是何言也！ 吾所謂辨惑，辨其誣也。若夫王者遇災而懼，側身修省，以答天戒，固欽若之精意也。古者日食修德，月食修刑。夫德刑固不以日月之食而始修也，遇其變加警惕焉。此則理之當然，非以數之有常而或懈也。」

日食

劉向言：「春秋二百四十二年，日食三十六。今連三年比食。自建始以來，二十歲間而八食，率二歲六月而一發，古今罕有。異有大小希稠，占有舒疾緩急。」余所見崇禎之世十七年而八食，〔原注〕二年五月乙酉朔。四年十月辛丑朔。七年三月丁亥朔。九年七月癸卯朔。十年正月辛丑朔。十二月乙未朔。十四年十月癸卯朔。十七年八月丙辰朔。與漢成略同，而稠急過之矣。然則謂日食爲一定之數，無關於人事者，豈非溺於疇人之術，而不覺其自蹈於邪臣之説乎？

《春秋》昭公二十一年：「秋七月壬午朔，日有食之。公問於梓慎曰：『是何物也？禍福何爲？』對曰：『二至二分，日有食之，不爲災。日月之行也，分，同道也；至，相過也。其他月則爲災。』」非也。夫日月之在于天，莫非一定之數。〔沈氏曰〕談遷《國榷》：「李天經曰：『太陽行黃道中線，迨二分，而黃道與赤道相交，是爲同道。二至，則過赤道内外各二十三度，是謂相過。』又曰：『過赤道二十三度則爲真至，兩道相交于一線則爲真分。今日節變之差，皆由推測，不能準此耳。』」然天象見於上，而人事應於下矣。爲此言者，殆於後世以「天變不足畏」之説進其君者也。《漢書·五行志》亦知其説之非，而依違其間，以爲「食輕，不爲大災，水旱而已」，然則食重也如之何？是故日食之咎，無論分至。〔陸氏曰」西學絶不言占驗。其説以爲：日月之食，五緯之行，皆有常道常度，豈可據以爲吉凶？此殊近理。但七政之行雖有常道常度，然當其時而交食凌犯，亦屬氣運。國家與百姓皆在氣運中，固不能無關涉也。此如星命之家談五星之恩仇，五星之行與人無與，然值之者亦皆有微驗，況國命之大乎？或以爲西學有所慎而不言，則得之矣。

月食

日食，月揜日也。月食，地揜月也。今西洋天文説如此。自其法未入中國，而已有此論。陸文裕《金臺紀聞》曰：「嘗聞西域人算日月食者，謂日、月與地同大，若地體正掩日輪上，則月爲之食。」南城萬實《月食辨》曰：「凡黄道平分各一百八十二度半强，對衝處必爲地所隔，望時月行適當黄道交處，與日正相對，則地隔日光，而月爲之食矣。」按其説亦不始於近代。漢張衡《靈憲》曰：「當日之衝，光常不合者，蔽於地也。是謂闇虚，在星星微，月過則食。」載《續漢・天文志》中。俗本「地」字有誤作「他」者，遂疑别有所謂「闇虚」，而致紛紛之説。〔原注〕《宋史・天文志》「日火外明，其對必有闇氣，大小與日體同」者，非。

静樂李鱸習西洋之學，述其言曰：「月本無光，借日之照以爲光曜。至望日，與地、日爲一線，月見地不見日，不得借光，是以無光也。或曰：『不然。曾有一年月食之時，當在日没後，乃日尚未沈，而出地之月已食矣。東月初升，西日未没，人兩見之，則地固未嘗遮日月也，何以云見地不見日乎？』答曰：子所見者，非月也，月之影也，月固未嘗出地也。何以驗之？今試以一文錢置虚器中，前之卻之，不見錢形矣，卻貯水令滿而錢見，則知所見者非錢也，乃錢之影也。日將落時，東方蒼蒼涼涼，海氣升騰，猶夫水然，其映而升之，亦月影也。如必以東方之月爲真月，則是以水面之錢爲真錢也。然乎？否乎？又如漁者見魚浮水面，而投叉刺之，必稍下於魚乃能得魚。其浮於水面者，魚之影也。舟人刺篙，其半在水，視之若曲焉。此皆水之能影物也。然則月之受隔於地，又何疑哉！」〔楊氏曰〕以火近火而光奪，此「精不可有二」之説也。金水内景，此「闇虚」之説也。地影之云，最爲明晳。

歲星

吴伐越，歲在越，故卒受其凶。苻秦滅燕，歲在燕，故燕之復建，不過一紀。二者信矣。慕容超之亡，歲在齊，而爲劉裕所破，國遂以亡。豈非天道有時而不驗邪？是以天時不如地利。

歲星固有居其國而不吉者，其行有贏縮。《春秋傳》：「歲棄其次而旅於明年之次。」《史記·天官書》：「已居之，又東西去之，國凶。」《淮南子》：「當居不居，越而之他處。」以近事考之，歲星當居不居，其地必有殃咎。〔原注〕考《授時曆》段目，歲星未有不退之時，但晨退四十六日，夕退四十六日，各有奇，共止得九度七十六分有奇，而十二宫大約各三十度，以出宫爲災，不出宫不爲災也。

五星聚

史言：「周將代殷，五星聚房。齊桓將伯，五星聚箕。」〔原注〕沈約《宋書·天文志》云。《竹書紀年》：「帝辛三十二年，五星聚於房。」漢元年十月，五星聚東井。唐天寶九載八月，五星聚尾、箕。大曆三年七月，五星聚東井。宋乾德五年三月，五星聚奎。〔原注〕景德四年六月，司天監言：「五星聚而伏于鶉火。」淳熙十三年閏七月，五星聚軫。元太祖二十一年十一月，五星聚，見於西南。明嘉靖三年正月丙子，❶五星聚營室。天啟四年七月丙寅，五星聚張。〔原注〕丙寅月之十四日，日在張九度，木十六度，火七度，土三度，金三度，水一度，凡聚者四日。占曰：「五星若合，是謂易行。有德受慶，改立王者，奄有四方，子孫蕃昌。無德受殃，離其國家，滅其宗廟，百姓離去，被滿四方。」考之前史所載，惟天寶不吉，蓋玄宗之政荒矣。或曰：漢從歲，宋從填，唐從熒惑云。〔梁氏曰〕《古今鮭》謂「五星聚非吉祥，乃兵象，爲秦亡之應」，因歷引唐世五星聚爲証，其大者，天寶九年五星聚燕，禍至累世。《通鑑》不載漢五星聚東井事，良是。

四星之聚，占家不以爲吉。驗之前代，于張，光武帝漢；〔原注〕《蜀志》：劉豹等言：「建安二十一年，太白、熒惑、填星常從歲星。」于牛、女，中宗紹晉；〔原注〕《晉書·懷帝紀》：「永嘉六年七月，歲星、熒惑、

❶「明」上，據《校記》，鈔本有「皇」字。

太白聚于斗、牛。」《天文志》同，但云「聚于牛、女」，而《元帝紀》則云：「永嘉中，歲、填、熒惑、太白聚牛、女之間。」一云四星，一云三星，不同。庾信《哀江南賦》：「值五馬之南奔，逢三星之東聚。」于觜、參，神武王齊；于危，文宣代魏；于東井，肅宗復唐；于張，高祖王周，皆爲有國之祥也。故漢獻帝初，韓馥以四星會于箕尾，欲立劉虞爲帝。唐咸通十年，熒惑、填星、太白、辰星會于畢、昴，詔王景崇被衮冕，軍府稱臣以厭之。然亦有不同者，如慕容超之滅，四星聚奎、婁；姚泓之滅，四星聚東井；〔原注〕至德二載四月壬寅，四星聚鶉首。後晋天福五年，術士孫智永以四星聚斗，分野有災，勸南唐主巡東都；宋靖康元年，太白、熒惑、歲、填四星合于張；嘉熙元年，太白、歲、辰、熒惑合于斗，詔避殿減膳，以圖消弭。此則天官家所謂「四星若合，其國兵喪並起，君子憂，小人流」，而不可泥於一家之占者矣。

海中五星二十八宿

《漢書·藝文志》：「《海中星占驗》十二卷，《海中五星經雜事》二十二卷，《海中五星順逆》二十八卷，《海中二十八宿國分》二十八卷，《海中二十八宿臣分》二十八卷，《海中日月彗虹雜占》十八卷。」「海中」者，中國也。故《天文志》曰：「甲乙海外，日月不占。」蓋天象所臨者廣，而二十八宿專主中國，故曰「海中二十八宿」。

星名

今天官家所傳星名，皆起於甘、石。如郎將、羽林，三代以下之官；左更、右更，三代以下之爵；王良、造父，三代以下之人；巴蜀、河間，三代以下之國，春秋時無此名也。

人事感天

《易傳》言「先天」「後天」。考之史書所載，人事動於下而天象變於上，有驗於頃刻之間而不容遲者。宋武帝欲受晋禪，乃集朝臣宴飲，日晚坐散，中書令傅亮叩扉入見，請還都謀禪代之事。及出已夜，見長星竟天，拊髀歎曰：「我常不信天文，今始驗矣。」隋文帝立晋王廣爲皇太子，「其夜烈風大雪，地震山崩，民舍多壞，壓死者百餘口」。唐玄宗爲臨淄王，將誅韋氏，與劉幽求等微服入苑中。向二鼓，天星散落如雪，幽求曰：「天道如此，時不可失。」文宗以右軍中尉王守澄之言，召鄭注對于浴堂門，「是夜彗出東方，長三尺」。然則荆軻爲燕太子丹謀刺秦王，而白虹貫日，衛先生爲秦昭王畫長平之事，而太白食昴，固理之所有。《孟子》言「氣壹則動志」，其此之謂與？〔趙氏曰〕上古之時，人之視天甚近。《易》所言皆天道。《尚書·洪範》備言「五福」「六極」之徵，其他詔誥亦無不以惠迪從逆爲吉凶。《春秋》記人事，兼記天變，蓋猶是三代以來記載之法，非孔子所創也。漢興，董仲舒治《公羊春秋》，推陰陽，爲儒者宗。宣、元之後，劉向治《穀梁》，數其禍福，傳以《洪範》。觀《五行志》所載，天象每一變，必驗一事。

推既往以占將來，雖其中不免附會，然亦非盡空言也。昌邑王數出微行，夏侯勝諫曰：「久陰不雨，臣下有謀上者。」時霍光方與張安世謀廢立，疑安世漏言。召問勝，勝對：「《洪範五行傳》云：『皇之不極，厥罰常陰，時則有下人謀上者。』」光、安世大驚。宣帝將祠昭帝廟，旄頭劍落泥中，刃向乘輿。帝令梁邱賀筮之，云：「有兵謀，不吉。」上乃還，果有任宣子章匿廟間，欲俟上至爲逆，事發伏誅。京房以《易》六十四卦更直日用事，以風雨寒温爲候，各有占驗，每先上疏言其將然，近者或數月，遠或一歲，無不屢中。翼奉以成帝獨親異姓之臣，爲陰氣太甚，極陰生陽，恐反有火災，未幾孝武園白鶴館火。是漢儒之言天者，實有驗于人，故諸上疏者皆言之深切著明，無復忌諱。翼奉謂：「人氣内逆則感動天地，變見于星氣，猶人之五藏六體，藏病則氣色發于面，體病則欠伸動于貌也。」言之最切者，莫如董仲舒，謂：「國家將有失道之敗，天乃先出災害以譴告之，以此見天心之仁愛人君，欲止其亂也。」谷永亦言：「災異者，天所以儆人君過失，猶父之明誡，改則禍消，不改則咎罰。」是皆援天道以証人事，若有秒忽不爽者。而其時人君亦多遇災而懼，如成帝以災異用翟方進言，遂出寵臣張放於外，賜蕭望之爵，登用周堪爲諫大夫。又因何武言，擢用辛慶忌。哀帝亦因災異用鮑宣言，召用彭宣、孔光、何武，而罷孫寵、息夫躬等。其視天猶有影響相應之理，故應之以實不以文。降及後世，機智競興，若天下事皆可以人力致而天無權，即有志圖治者，亦無復有求端於天之意。故自漢以後，無復援災異以規時政者，覺天自天，人自人，空虚寥廓，與人無涉。抑思孔子修《春秋》，災異無大小必書，如果與人無涉，聖人亦何事多言哉！

黄河清

漢桓帝延熹九年，濟陰、東郡、濟北、平原河水清，襄楷上言：「河者，諸侯位也。清者屬陽，濁者屬陰。河當濁而反清者，陰欲爲陽，諸侯欲爲帝也。」明年帝崩，靈帝以解瀆亭侯入繼。《隋書》言：「齊武成帝河清元年四月，河、濟清。後十餘歲，隋有天下。隋煬帝大業三年，武陽郡河清數里。十二年，龍門河清。後二歲，唐受禪。」金衛紹王大安元年，徐、邳黄河清，❶臨洮人楊珪上書，亦引襄楷之言。後四歲，宣宗立。元順帝至正二十一年十一月戊辰，黄河自平陸三門磧下至孟津，五百餘里皆清，凡七日，而明太祖興。❷至先朝尤驗，❸正德河清，世宗以興王即位；泰昌河清，崇禎帝以信王即位。❹

妖人闌入宫禁

自古國家中葉，多有妖人闌入宫禁之事，固氣運之疵，亦是法紀廢弛所致。如漢武帝征和元年，上居建章宫，見一男子帶劍入中龍華門，疑其異人，命收之，男子捐劍走，逐之弗獲，上怒，斬門候。成帝建始三年十月丁未，渭水虒上小女陳持弓，年九歲，走入横城門，入未央宫尚方掖門殿門，

❶「邳」，原作「沛」，今據《金史·五行志》改。
❷「明」，據《校記》，鈔本作「我」。
❸「先」，據《校記》，鈔本作「本」。
❹「崇禎」，據《校記》，鈔本作「先」。

門衛户者莫見，至句盾禁中而覺得。綏和二年八月庚申，鄭通里男子王褒，〔原注〕師古曰：「鄭縣之通里。」衣絳衣，小冠，帶劍，入北司馬門殿東門，上前殿入非常室中，解帷組結佩之。收縛考問。褒，故公車大誰卒，病狂易，不自知入宫狀，下獄死。後漢靈帝光和元年五月壬午，有人白衣入德陽門，言「梁伯夏教我上殿爲天子」。中黄門桓賢等呼門吏僕射欲收縛，吏未到，須臾還走，求索不得，不知姓名。四年，魏郡男子張博，送鐵盧詣太官。博上書室殿山居屋後宫禁，落屋讙呼，上收縛考問，辭「忽不自覺」。晉惠帝太安元年四月癸酉，有人自雲龍門入殿前，北面再拜曰：「我當作中書監。」即收斬之。〔原注〕《五行志》干寶曰：「夫禁庭尊秘之處，今賤人徑入，而門衛不覺者，宫室將虚，而下人踰之之妖也。」成帝咸康五年十一月，有人持柘杖，絳衣，詣止車門，口列爲聖人使求見天子。❶門候受辭，辭稱姓吕名賜，其言「王和女可右足下有七星，星皆有毛，長七寸，天今命可爲天下母」，❷奏聞，即伏誅，並下晉陵誅可。秦苻堅時，有人入明光殿，大呼曰：「甲申乙酉，魚羊食人，悲哉無復遺！」堅命執之，俄而不見。陳後主爲太子時，有婦人突入東宫，大言曰：「畢國主。」唐高宗永隆二年九月一日，萬年縣女子劉凝静，乘白馬，著白衣，男子從者八九十人，入太史局，升令廳牀坐，勘問比有何災異。太史令姚玄辨執之，以聞。是夜彗見西方天市中，長五尺。武后神功元年二月庚子，有人走

---

❶「口」，原作「上」，今據《晉書·五行志》改。

❷「今」，原作「令」，今據《晉書·五行志》改。

入端門，又入則天門，至通天宫，閽者及仗衛不之覺。睿宗太極元年，狂人段萬謙潛入承天門，登太極殿，升御牀，自稱天子，呼宿衛兵士，令稱萬歲。德宗貞元八年二月丁亥，許州人李狗兒持杖入含元殿，擊欄檻，擒得伏誅。敬宗〔原注〕即位。長慶四年三月戊辰，狂人徐忠信闌入浴堂門，杖四十，配流天德。文宗開成二年十一月癸亥，〔原注〕《新書》作太和二年十月。狂人劉德廣突入含元殿，詔付京兆府杖殺之。宋高宗建炎二年十一月，帝在揚州郊祀，後數日，有狂人具衣冠，執香爐，攜絳囊，拜於行宫門外，自言「天遣我爲官家兒」，書於囊紙，刻於右臂皆是語。鞫之，不得姓名，帝以其狂，釋不問。孝宗淳熙十四年正月，紹興府有狂人突入恩平郡王第，升堂踐王坐，曰：「我太上皇孫，來赴郡。」鞫訊終不語。元順帝至正十年春，京師麗正門樓斗拱内有人伏其中，不知何自而至，遠近聚觀之。有旨，取付法司鞫問。但云薊州人，詰其所從來，皆惘若無知。乃以不應之罪笞之，忽不知所在。史家並書之以爲異。先朝景泰三年五月癸巳朔，以明日立太子，具香亭於奉天門，有一人自外徑入，執紅棍擊香亭，曰：「先打東南甲乙木。」内使執之，命付錦衣衛，亦書於《英宗實録》。然未有若萬曆四十三年張差一事，❶宫中府中幾成莫解之禍，更歷五朝，流言未息。天乎？人乎？吾不得而知之矣。

《周禮·閽人職》云「奇服怪民不入宫」，注曰：「怪民狂易。」是則先王固知其有此事而豫爲之

❶「萬曆」上，據《校記》，鈔本有「今」字。

防矣。〔惠侍讀曰〕怪民未有不奇服者，觀漢江充可悟。

詐稱太子

建炎南渡，有詐稱徐王棣者，詐稱信王榛者，詐稱越王偲次子者，詐稱淵聖第二皇子者，詐稱榮德帝姬者，詐稱柔福帝姬者，莫不伏法，訖無異言。乃弘光時王之明一事，中外流言，洶洶不息，藩鎮稱兵，遂以藉口，至今民閒尚有疑以爲真者，此亦亡國之妖也已。

衛太子自殺於湖，武帝爲築歸來望思之臺，事狀明白。十年之後，猶有如成方遂之乘黄犢車詣北闕，吏民聚觀至數萬人，公卿莫敢發言者。況值非常之變，事未一年，吾君之子，天下屬心，衆口諠騰，卒難徧喻者乎！寄之中城獄舍，不加刑鞫，是爲得理，不可以亡國之君臣而加之誣詆也。

晉會稽王道子爲桓玄所害，以臨川王寶子修之爲道子嗣，尊妃王氏爲太妃。義熙中，有稱元顯〔原注〕道子世子。子秀熙避難蠻中而至者，太妃請以爲嗣，於是修之歸於別第。劉裕意其詐而案驗之，果散騎郎滕羨奴勺藥也，竟坐棄市。太妃不悟，哭之甚慟。〔原注〕本傳。近時之論，多有似乎此者。

外國天象❶

昔人言朔漢諸國唯占於昴北，❷亦不盡然。〔原注〕《晉志》云：「是時雖二石僭號，而其彊弱常占於昴，不關太微、紫宫。」考之史，流星入紫宫而劉聰死，熒惑守心而石虎死，孛星、太微、大角、熒惑、太白入東井而苻生弑，彗起尾箕、掃東井而燕滅秦，彗起奎婁、掃虚危而慕容德有齊地，太白犯虚危而南燕亡，熒惑在匏瓜中、忽亡入東井而姚秦亡，熒惑守心而李勢亡，熒惑犯帝座而吕隆滅，月掩心大星而魏宣武弑，熒惑入南斗而孝武西奔，月掩心星而齊文宣死，彗星見而武成傳位，彗星歷虚危而齊亡，太白犯軒轅而周閔帝弑，熒惑入軒轅而明帝弑，歲星掩太微上將而宇文護誅，熒惑入太微而武帝死。若金時，則太白入太微而海陵弑，白氣貫紫微而高琪殺胡沙虎，彗星起大角而哀宗滅。其他難以悉數。夫中國之有都邑，猶人家之有宅舍；星氣之失，如宅舍之有妖祥。主人在則主人當之，主人不在則居者當之。此一定之理，而以中外爲限斷，❸乃儒生之見，不可語於天道也。

魏明帝問黄權曰：「天下鼎立，何地爲正？」對曰：「當驗天文。往者熒惑守心而文帝崩，吴、

---

❶「外國天象」，原目録作「外國應天象」。據《校記》，鈔本作「五胡應天象」。
❷「朔漢」，據《校記》，鈔本作「五胡」。
❸「中外」，據《校記》，鈔本作「華□」、「□」，疑是「夷」字。

蜀無事,此其徵也。」晋康帝建元元年,歲星犯天關,安西將軍庾翼與兄冰書曰:「歲星犯天關,占云『關梁當分』,比來江東無他故,江道亦不艱難,而石虎頻年再閉關,不通信使,此復是天公憒憒,無皁白之徵也。」梁武帝中大通六年,先是熒惑入南斗,去而復還,留止六旬。上以諺云「熒惑入南斗,天子下殿走」,乃跣而下殿以禳之。及聞魏主西奔,慙曰:「鹵亦應天象邪?」❶

星事多凶

淮南王安以客言「彗星長竟天,天下兵當大起」,謀爲畔逆,而自剄國除。眭孟言「大石自立,僵柳復起,當有從匹夫爲天子者」,而以祅言誅。趙廣漢問太史知星氣者,言「今年當有戮死大臣」,即上書告丞相罪,而身坐要斬。甘忠可推「漢有再受命之運」,而以罔上惑衆,下獄病死。弟子夏賀良等用其説以誅。齊康侯知東郡有兵,❷私語門人,爲王莽所殺。卜者王況以「劉氏復興,李氏爲輔」,爲李焉作讖書十餘萬言,莽皆殺之。國師公劉秀女愔言宫中當有白衣會,乃以自殺。西門君惠語王涉以「國師公姓名當爲天子」,遂謀以所部兵劫莽,事發被誅。王郎明星曆,嘗以河北有天子氣,而以僭位誅死。襄楷言「天文不利黄門、常侍,當族滅」,而卒陷王芬自殺。劉焉聞董扶言「益州

❶「鹵」,據《校記》,鈔本作「虜」。

❷「齊」,《漢書·王昌傳》作「高」。

有天子氣」，求爲益州牧，而以天火燒城，憂懼病卒，子璋降於昭烈。孔熙先推宋文帝必以非道晏駕，禍由骨肉，江州當出天子，而卒與范曄等謀反，棄市，並害彭城王。郭麐言「代吕者王」，又言「涼州分野有大兵」，故舉事，先推王詳，後推王乞基，而卒之代吕隆者王尚。又言「滅秦者晋」，遂南奔，秦人追而殺之。劉靈助占「爾朱當滅」，又言「三月末我必入定州」，遂舉兵以三月，被擒，斬於定州。苗昌裔言「太祖後當再有天下」，趙子崧習聞其説，靖康末起兵，檄文頗涉不遜，卒以貶死。成祖永樂末，欽天監官王射成言「天象將有易主之變」，孟賢等信之，謀立趙王高燧，並以伏誅。是數子者之占，不可謂不驗，而適以自禍其身。是故占事知來之術，惟正人可以學。〔胡氏曰〕攷受命之符，五經皆無是説，其起於東漢乎？何以徵之？虢之亡也，蓐收告之；秦之亡也，華陰神告之；劉曜之亡也，浮圖相輪告之；苻堅之亡，武庫兵器告之。此皆有物憑焉。蓋改革之際，必大殺戮而後定，先事死者皆無罪之人，天心所哀也。彼鬼神者，宣二氣之化爲職。天下有必亂之形，是以起而告人，俾知趨避，非故爲靈爽以自詫也。若夫天下大亂，豪傑並起，皇矣上帝，必擇愛人之尤者而後授以天下。漢之二祖，當天下大亂，能愛天所生之民，是以天命歸之。項羽、樊崇有天下大半，不愛天所生之民，是以天命去之。兵起數年之閒，天心決于用兵之際，非可前定者，此其事鬼神何由知之？故鬼神能言亡國之徵，不能言受命之人也。光武爲符命之説以自神，故自此以後，不軌之徒多假符命惑衆。如山賊張滿，兵敗被執，猶曰「讖文誤我」，則光武啟之也。且牧野之師，勇不鼓於躍魚；武關之入，鋒不礪乎擊蛇。黄星起四紀以前，似有乖于助順；野雉鳴神祠之側，亦何當於與賢？況張掖石瑞，在晋爲符，在魏爲妖。青蓋入洛，燕馬飲渭，不爲時巡，而爲降旗。赤精之讖，祥發濟陽，而賀良不知；僵柳之書，兆成公孫，而眭孟未識。由是觀之，彼李守之占，西門君惠之語，如梟鳴彈丸之側，鼃語網罟之内，適自速其斃爾。天之愛人甚矣，豈留此影響妄誕、疑誤無知之人駢首就戮？必不然矣。

《漢書》謂：「夫子之言性與天道，不可得聞。而仲舒下吏，夏侯囚執，眭孟誅戮，李尋流放，此學者之大戒。」〔原注〕《眭兩夏侯京翼李傳贊》。又曰：「星事凶悍，非湛密者弗能由也。」〔原注〕《藝文志》。蜀漢杜瓊精於術學，初不視天文，無所論説。❶譙周常問其意，瓊曰：「欲明此術甚難，須當身視，識其形色，不可信人也。晨夜苦劇，然後知之。復憂漏泄，不如不知，是以不復視也。」後魏高允精於天文，游雅數以災異問允。允曰：「陰陽災異，知之甚難。既已知之，復恐漏泄，不如不知也。天下妙理至多，何遽問此？」雅乃止。北齊權會明風角玄象，學徒有請問者，終無所説。每云：「此學可知不可言，諸君並貴游子弟，不由此進，何煩問也？」惟有一子，亦不授此術。〔陸氏曰〕曆數難而易，占驗易而難。曆數所争，常在分秒之微，非理明心細者不能窺其門户，然有成法可按而知。占驗則占書具在，然以二十一史觀之，或同一災變而事應各異，或災變甚大而絶無事應，非心通造化，未足以語此矣。

石虎之太史令趙攬以天文死，苻生之太醫令程延以方脈死。故《淮南子》曰：「好事者未嘗不中。」〔原注〕注：「中，傷也。」

❶「無」，《三國志·蜀書·杜瓊傳》作「有」。

圖讖

《史記·趙世家》：「扁鵲言秦穆公寤而述上帝之言，公孫支書而藏之，秦讖於是出矣。」《秦本紀》：❶「燕人盧生使入海還，以鬼神事，因奏録圖書，曰：『亡秦者胡也。』」然則讖記之興，實始於秦人，而盛於西京之末也。〔原注〕褚先生《三代世表論》引《黄帝終始傳》。

始皇備匈奴，而亡秦者少子胡亥。漢武殺中都官詔獄繫者，而即帝位者皇曾孫病已。苻生殺魚遵，而代生者東海王堅。宋廢帝欲南巡湘中，而代子業者湘東王彧。齊神武惡見沙門，而亡高者宇文。周武殺紇豆陵，而篡周者楊堅。〔原注〕見《隋書·王劭傳》。隋煬族李渾，而禪隋者李淵。唐太宗誅李君羨，而革唐者武后。周世宗代張永德，而繼周者藝祖。〔胡氏曰〕考古占測之學，信而有徵者善，然雖有徵，無益禍福之定數也。漢建始三年，日食、地震，同日俱發。谷永曰：「但日食則妾不見，但地震則后不見。二者俱發，明同事異人。」杜欽曰：「日食，中宫之部。地震，掖庭之中。此必適妾争寵而爲害者。」欽、永同辭，皆知致災者二人，一正后，一嬖妾，炯然在目，但不能言其名氏爾。厥後昭儀姊妹非二人乎？所謂信而有徵也。然而妨嗣傷主之害，不在日食地震時，而在永始、元延之閒與綏和之末，相距廿有餘年。當二異俱發，適有一許后代之受其譴責，舉朝泰然以爲咎在許后矣。永等不能言其非許后也，所謂無益禍福之定數也。嬖色入

❶「秦本紀」，據《史記》，此下引文見《秦始皇本紀》。

宫,處耳目之前,妨繼嗣,傷聖躬,在二紀後。告戒則爲日太早,徵應則爲期太遠,此天心之不可知也。李淳風謂太宗曰:「臣仰稽天象,俯察曆數,其人已在宫中。」淳風之術,壹似優于永、欽,要不能指其人而去之,雖知其人未必敢斥言也,雖斥言之未必能決去也,其實一也,故曰信而無益也。

孔子閉房記

自漢以後,凡世人所傳帝王易姓受命之説,一切附之孔子。如沙丘之亡,卯金之興,皆謂夫子前知而預爲之讖,其書蓋不一矣。魏高祖太和九年詔:「自今圖讖、祕緯及名爲《孔子閉房記》者,一皆焚之。留者以大辟論。」《舊唐書·王世充傳》:「世充將謀篡位,有道士桓法嗣者,自言解圖讖,乃上《孔子閉房記》,畫作丈夫持一竿以驅羊,釋云:『隋,楊姓也。「干一」者,「王」字也。王居羊後,明相國代隋爲帝也。』世充大悦。」詳此,乃似今人所云《推背圖》者,今則託之李淳風而不言孔子。〔原注〕《隋書·藝術傳》:臨孝恭著《孔子馬頭易卜書》一卷。

百　刻

一日十二時,計刻則以「百刻」爲日。今曆家每時有十刻,則一百二十刻矣,何以謂之「百刻」乎?曰:曆家有大刻,有小刻。初一、初二、初三、初四、正一、正二、正三、正四,謂之「大刻」。合一日計之,得九十六刻,其不盡者,置一「初初」於初一之上,置一「正初」於正一之上,謂之「小刻」。

每刻止當大刻六分之一，合一日計之，爲初初者十二，爲正初者十二，又得四大刻，合前爲百刻。

宋王逵《蠡海集》言：「百刻之説，每刻分爲六十分，百刻共得六千分，散於十二時，每時得五百分。如此則一時占八刻零二十分，將八刻截作初、正各四刻，卻將二十分零數分作初初、正初微刻各一十分也。」《困學紀聞》所載易氏之説亦同。

《周禮・挈壺氏》注：「漏箭晝夜共百刻。」〔原注〕「刻」字始見《漢書・宣帝紀》，五鳳三年詔曰：「神光並見，燭燿齋宫十有餘刻。」又曰：「鸞凰集長樂宫東闕樹上，飛下止地，留十餘刻。」《禮記・樂記》「百度得數而有常」，注：「百度，百刻也。」《靈樞經》：「漏水下百刻，以分晝夜。」《説文》：「漏，以銅受水，刻節，晝夜百節。」《隋書・天文志》：「昔黄帝創觀漏水，制器取則，以分晝夜，其後因以命官。《周禮》挈壺氏則其職也，其法總以百刻分於晝夜。」〔汪氏曰〕昭五年《傳》：「日之數十，故有十時，亦當十位。」凡數以十計者，古皆以甲乙爲次。而十時則自日中以至日昳，其序自日中而逆數至食時，又逆至旦時。若以今十二時計之，乃以午、辰、寅、丑、子、亥、戌、酉、申、未爲十位一二三四之次，古但以晝夜各分五時耳。梁天監六年，武帝以晝夜百刻分配十二辰，辰得八刻，仍有餘分，乃以晝夜爲九十六刻。一辰有全刻八焉。〔原注〕漢哀、新莽以百二十刻爲日。梁武以九十六刻爲日。〔錢氏曰〕今法以九十六刻爲日，蓋本於蕭梁。是知每辰得八刻仍有餘分者，古法也。《五代史・馬重績傳》：「重績言漏刻之法：『以中星考晝夜爲一百刻，八刻六十分刻之二十爲一時，時以四刻十分爲正，此自古所用也。今失其傳，以午正爲時始，下侵未四刻十分而爲午，由是晝夜昏曉，皆失其正。請依古改正。』從之。」《五代會要》：「晉天福三年,司天監奏《漏刻經》云:晝夜一百刻,分爲十二時,每時有八刻三分之一。六十分爲一刻,一時有八刻二十分。」《玉海》:「每時初行一刻至四刻六分之一爲時正,終八刻三分之一則交入次時。」「《國史志》:『每時八刻二十分,每刻一擊鼓,八鼓後進時牌。餘二十分爲雞唱,唱絶,擊一十五鼓,爲時正。』」

雨水

《禮記·月令》:「仲春之月,始雨水,桃始華,倉庚鳴,鷹化爲鳩。」「始雨水」者,謂天所雨者水而非雪也。今曆去此一句,嫌於雨水爲正月中氣也。鄭康成《月令注》曰:「《夏小正》:『正月啓蟄。』漢始亦以驚蟄爲正月中。」疏引《漢書·律曆志》云:「正月立春節,雨水中。二月驚蟄節,春分中。」是前漢之末,劉歆作《三統曆》,改驚蟄爲二月節也。然《淮南子》先雨水,後驚蟄,則漢初已有此説。〔原注〕《逸周書·周月解》:「春三中氣,雨水、春分、穀雨。」而蔡邕《月令問答》云:「問者曰:『既不用《三統》,以驚蟄爲正月中,雨水爲二月節,皆《三統》法也,獨用之何?』曰:『孟春,《月令》曰「蟄蟲始震」,〔原注〕今作「振」。在正月也。「仲春始雨水」,則雨水二月也。以其合,故用之。』」是則《三統》未嘗改雨水在驚蟄之前也,改之者《四分曆》耳,〔梁氏曰〕古曆以驚蟄居雨水之前,穀雨居清明之前。自漢迄今,雨水先于驚蟄,清明先于穀雨。攷《禮·月令》疏,謂劉歆更改氣名。洪容齋依《春秋》疏,謂太初時改。二説皆非也。《漢志》歲術是依劉歆《三統曆》所載,節氣與古不殊,則氣名之改,不但非始太初,並非始于子驗。蓋東漢章帝時，用《四分曆》乃改之，司馬彪《續志》可證。故康成《月令注》云「漢始亦以驚蟄爲正月中」，「漢始以雨水爲二月節」。《漢志》注云「今曰雨水」，「今曰驚蟄」，「今曰清明」，「今曰穀雨」。鄭、班二公處于孝章改曆之後，特注以明之。獨蔡邕《月令問答》謂《四分》仍用《三統》以驚蟄先雨水，不解何以岐異？記疏誤也。今二月閒尚有雨雪，唯南方地煖，有正月雨水者。〔原注〕《南史·宋孝武帝紀》：「大明元年正月庚午，都下雨水。」蓋以雨水爲異。《左傳》桓五年「啓蟄而郊」注：「啓蟄，夏正建寅之月。」《夏小正》：「正月啓蟄。」〔原注〕王應麟曰：「改『啓』爲『驚』，蓋避景帝諱。」則當依古以驚蟄爲正月中，雨水爲二月節爲是。〔原注〕《律曆志》又先穀雨，後清明。

五　行

《淮南子》：「五行子生母曰義，母生子曰保，子母相得曰專，母勝子曰制，子勝母曰困。」《抱朴子》引《靈寶經》謂：「支干上生下曰寶，下生上曰義，上克下曰制，下克上曰伐，上下同曰專。」以「保」爲「寶」，以困爲「伐」，今曆家承用之。

建　除

「建除」之名，自斗而起。始見於《太公六韜》，云：「開牙門常背建向破。」《越絶書》：「黄帝之元，執辰破巳，霸王之氣，見於地户。」《淮南子·天文訓》：「寅爲建，卯爲除，辰爲滿，巳爲平，午爲定，未爲執，申爲破，酉爲危，戌爲成，亥爲收，子爲開，丑爲閉。」《漢書·王莽傳》：「十一月壬子直建，戊辰直定。」蓋是戰國後語。《史記·日者傳》有「建除家」。〔陸學博曰〕《抱朴子》：「入名山，以甲子開除日。」則十二字輪直，自古有之，亦月與日相直也。

解縉封事言：「治曆明時，授民作事，但伸播種之宜，何用建除之謬？方向煞神，事甚無謂；孤虛宜忌，亦且不經。東行西行之論，天德月德之書，臣料唐虞之曆，必無此等之文。所宜著者，日月之行，星辰之次，仰觀俯察，事合逆順，七政之齊，正此類也。」

艮巽坤乾

曆家天盤二十四時，有所謂艮、巽、坤、乾者，不知其所始。按《淮南子·天文訓》曰：「子午、卯酉爲二繩，丑寅、辰巳、未申、戌亥爲四鉤，東北爲報德之維，西南爲背陽之維，東南爲常羊之維，西北爲蹏通之維。斗指子，則冬至。加十五日指癸，則小寒。加十五日指丑，則大寒。加十五日指報德之維，則越陰在地，故曰距日冬至四十六日而立春。加十五日指寅，則雨水。加十五日指甲，則雷驚蟄。加十五日指卯中繩，故曰春分，則雷行。加十五日指乙，則清明，風至。加十五日指辰，則穀雨。加十五日指常羊之維，則春分盡，故曰有四十六日而立夏。加十五日指巳，則小滿。加十五日指丙，則芒種。加十五日指午，則陽氣極，故曰有四十六日而夏至。加十五日指丁，則小暑。加十五日指未，則大暑。加十五日指背陽之維，則夏分盡，故曰有四十六日而立秋。加十五日指申，則處暑。加十五日指庚，則白露降。加十五日指酉中繩，故曰秋分。加十五日指辛，則寒露。加十五日指戌，則霜降。加十五日指蹏通之維，則秋分盡，故曰有四十六日而立冬。加十五日指亥，則小雪。加十五日指壬，則大雪。加十五日指子。」所謂報德之維、常羊之維、背陽之維、蹏通之維，即艮、巽、坤、乾也，後人省文，取卦名當之爾。

太一

〔錢學博曰〕紫宮太一，即耀魄寶。故《隋志》云：「北極大星，太一座也。」〔又曰〕曆家謂之太歲。

太一之名，不知始於何時。〔原注〕呂東萊《大事記》曰：「古之醫者，觀八風之虚實邪正以治病，因有太一九宮之説。」《黄氏日鈔》注《吕氏春秋》「太一」曰：「此時未爲神名也。」〔楊氏曰〕夫禮必本於太一，此所始也。又《楚辭》有「東皇太一」，稱之爲「上皇」。《史記·天官書》：「中宮天極星，其一明者爲太一常居。」〔原注〕《周禮》注：「昊天上帝，又名太一。」《封禪書》：「亳人謬忌奏祠太一方曰：『天神貴者太一，太一佐曰五帝。古者天子以春秋祭太一東南郊，用太牢，七日，爲壇開八通之鬼道。』於是天子令太祝立其祠長安東南郊，常奉祠如忌方。其後人有上書，言『古者天子三年一用太牢，祠神三，一天、一地、一太一』。天子許之。令太祝領祠之於忌太一壇上，如其方。」此太一之祠所自起。《易乾鑿度》曰：「太一取其數以行九宮。」〔原注〕《河圖》之數，戴九履一，左三右七，二四爲肩，六八爲足，五居中央，從横十五。故曰「太一取其數以行九宮」。〔惠氏曰〕案九宮之法，一二三四五六七八九，一北，九南，三東，七西，四東南，六西北，二西南，八東北，五居中。方位與《説卦》同。《乾鑿度》所謂「四正四維，皆合于十五」，是以五乘十，即大衍之數。劉牧謂之《河圖》。宋姚小彭謂：今所傳《戴九履一之圖》，乃《易乾鑿度》九宮之法，自有《易》以來，諸易師未有以此爲《河圖》者。鄭玄注曰：「太一者，北辰神名也。下行八卦之宫，每四乃還於中央。中央者，地神〔原注〕「地神」疑作「北辰」。之所居，故謂之九宮。天數以陽出，以陰入；陽起於子，陰起於午。是以太一下行九宮，從坎宮始，自此而坤宮，又自此而震宮，既又自此而巽宮，所行者半矣，還息於中央之宮。既又自此而乾宮，自此而兑宮，自此而艮宮，自此而離宮，行則周矣，上游息於太一之宮而反紫宮。❶行起從坎宮，終於離宮也。」〔原注〕後漢黄香作《九宮賦》。《南齊書·高帝紀》，案《太一九宮占》歷推自漢高帝五年至宋順帝昇明元年太一所在。「《易乾鑿度》曰：『太一取其數以行九宮。』九宮者，一爲天蓬，以制冀州之野。二爲天内，以制荆州之野。三爲天衝，其應在青。四爲天輔，其應在徐。五爲天禽，其應在豫。六爲天心，七爲天柱，八爲天任，九爲天英，其應在雍，在梁，在兖，在揚。天衝者，木也。天輔者，亦木也。故木行太過不及，其眚在青、在徐。天柱，金也，天心亦金也，故金行太過不及，其眚在梁、在雍。惟水無應宫也。此謂以九宮制九分野也。」《山堂考索》：「漢立太一祠，即甘泉泰畤也。唐謂之太清紫極宫。宋謂之太一宫。宋朝尤重太一之祠，以太一飛在九宫，每四十餘年而一徙，所臨之地則兵疫不興，水旱不作。在太平興國中，太宗立祠於東南郊而祀之，則謂之東太一。在天聖中，仁宗立祠於西南郊而祀之，則謂之西太一。在熙寧中，

---

❶ 「宫」，據《後漢書·張衡傳》注引《易乾鑿度》鄭注，應作「星」。

神宗建集福宫而祀之，则谓之中太一。」

《宋史·刘黻傳》言：「西太一之役，佞者進曰：『太一所臨分野則有福。近歲自吴移蜀。』信如祈禳之説，西北坤維按堵可也。〔原注〕當作西南。今五六十州，安全者不能十數，敗降者相繼，福何在耶？武帝祠太一於長安，至晚年以虚耗受禍，而後悔方士之謬。雖其悔之弗早，猶愈於終不知悔者也。」

正五九月〔閻氏曰〕宋王勉夫《野客叢書》載正、五、九月爲忌月，其説尤詳，當參閲。

唐朝《新格》以正、五、九月爲「忌月」，今人相沿，以爲不宜上任。考《唐書》，武德二年正月甲子詔：「自今正月、五月、九月不得行刑，禁屠殺。」〔原注〕詔曰：「釋典微妙，淨業始於慈悲；道教沖虚，至德去其殘殺。四時之禁，無伐麛卵，三驅之化，不取前禽。蓋欲敦崇仁惠，蕃衍庶物，立政經邦，咸率兹道。朕祗膺靈命，撫遂羣生，言念亭育，無忘鑒寐。殷帝去網，庶踵前修；齊王捨牛，實符本志。自今以後，每年正月、五月、九月及每月十齋日，並不得行刑。所在公私，宜斷屠殺。」白居易《在杭州》詩曰：「仲夏齋戒月，三旬斷腥羶。」《雲麓漫鈔》曰：「釋氏《智論》云：『天帝釋以大寶鏡照四大神洲，每月一移，察人善惡。正、五、九月照南贍部洲。』唐太宗崇其教，〔原注〕太宗當作高祖。故正、五、九月不食葷，百官不支羊錢。」其後因此遂不上官。《菽園雜記》謂：「新官上任，應祭告神祇，必須宰殺，故忌之也。」愚按，正、五、九月不上任，自是五行家言，不緣屠宰，其傳已久，亦不始於唐時。《南齊書·張融傳》：「攝祠部、倉部二曹，倉曹以『正月俗人所忌，太倉爲可開不』，融議『不宜拘束小忌』。」《北齊書・宋景業傳》：「顯祖將受魏禪，或曰：『《陰陽書》五月不可入官，犯之終於其位。』景業曰：『王爲天子，無復下期，豈得不終於其位乎？』顯祖大悦。」〔原注〕《南史・王鎮惡傳》：「鎮惡以五月五日生，其祖猛曰：『昔孟嘗君以惡月生而相齊。』」是以五月爲「惡月」。又考《左傳》，鄭厲公復公父定叔之位，使以十月入，曰：「良月也，就盈數焉。」而顔師古注《漢書》「李廣數奇」，以爲「命隻不耦」。〔原注〕《段會宗傳》「亦足以復雁門之踦」。應劭曰：「踦，隻也。會宗從沛郡下爲雁門，又坐法免，爲踦隻不耦也。」《霍去病傳》：「諸宿將常留落不耦。」是則以雙月爲良，隻月爲忌，喜耦憎奇，古人已有之矣。〔原注〕《後漢書・桓譚傳》言「卜數隻偶之類」，蓋古已有此術。《遼史》：「正旦日，上於牕閒擲米團，得隻數爲不利。」

《册府元龜》：「德宗貞元十五年九月乙巳詔：自今二月一日、九月九日，每節前放開屠一日。」〔原注〕中和、重陽二節。

唐人正、五、九月齋戒，不禁閏月。白居易有《閏九月九日獨飲》詩云：「自從九月持齋戒，不醉重陽十五年。」是閏九月可以飲酒也。

《册府元龜》載唐開元二十二年十月敕曰：「道家三元，誠有科誡。朕嘗精意，禱亦久矣，而初未蒙福，念不在兹。今月十四日、十五日是下元齋日，都内人應有屠宰，令河南尹李適之句當，總與贖取。其百司諸厨日有肉料，亦責數奏來。並百姓間是日並停宰殺漁獵等，兼肉料食。自今以後，兩都及天下諸州，每年正月、七月、十月元日起，十三至十五，兼宜禁斷。」又《舊唐書・武宗紀》：會昌四年春正月乙酉朔，敕：「齋月斷屠，出於釋氏。國家創業，猶近梁、隋。卿相大臣，或沿兹弊。鼓刀者既獲厚利，糾察者潛受請求。正以萬物生植之初，❶宜斷三日。列聖忌斷一日。仍準開元二十二年敕，三元日各斷三日，餘月不禁。」此則道家之説，乃正、七、十月而非正、五、九月，又與武德二年之詔不同。〔原注〕今人所謂「三官齋」用此。

《後漢書・南匈奴傳》：「匈奴俗歲有三龍祠，常以正月、五月、九月戊日祭天神。」此與三隻月同。

古今神祠

《史記・封禪書》言：秦雍旁有百數十祠，而陳寶尤著。「其神或歲不至，或歲數來，來常以夜，光輝若流星。從東南來，集於祠城，則若雄雞，其聲殷殷云，野雞夜雊。」又云：「雍菅廟有杜主。杜主，故周之右將軍。其在秦中，最小鬼之神者。」自西京以下，而秦時所奉之神絶無影響。《後漢・劉盆子傳》：「軍中常有齊巫鼓舞，祠城陽景王以求福助。巫狂言景王大怒曰：『當爲縣官，何故爲賊？』有笑巫者輒病，軍中驚動。」《琅邪王京傳》：「國中有城陽景王祠，吏人奉祀，神數下言宫中多不便利。」《魏書》：「初，城陽景王劉章以有功於漢，故其國爲立祠。青州諸郡轉相倣效，濟南尤盛，

❶「正」下，《舊唐書・武宗紀》有「月」字。

至六百餘祠。賈人或假二千石輿服導從作倡樂，奢侈日甚，民坐貧窮，歷世長吏無敢禁絶者。太祖到，〔原注〕時爲濟南相。皆毁壞祠屋，止絶官吏民不得祠祀。」〔原注〕應劭《風俗通》曰：「自琅邪、青州六郡及渤海都邑鄉亭聚落，皆爲立祠，造飾五二千石車，商人次第爲之，立服帶綬，備置官屬，烹殺謳歌，紛籍連日，轉相誑耀，言有神明，其譴問禍福立應。歷載彌久，莫之匡糾，惟樂安太傅陳蕃、濟南相曹操，一切禁絶，肅然政清。陳、曹之後，稍復如故。」然考之於史，晋時猶有其祠。《晋書・五行志》：「臨淄有大蛇負二小蛇，入漢城陽景王祠中。」《慕容德載記》：「德如齊城，登營丘，至漢城陽景王廟。」而今并無其廟。《宋書・元凶劭傳》：「以輦迎蔣侯神像於宫内，啟〔原注〕即「稽」字。顙乞恩，拜爲大司馬，封鍾山郡王，食邑萬户，加節鉞。蘇侯爲驃騎將軍。」〔原注〕胡三省《通鑑注》曰：「蘇侯神即蘇峻。」《南齊書・崔祖思傳》：「爲都昌令，隨青州刺史垣護之入堯廟，廟有蘇侯神偶坐。護之曰：『唐堯聖人，而與蘇侯神共坐，今欲正之，何如？』祖思曰：『使君若清蕩此坐，則是堯廟重去四凶。』繇是諸雜神並除。」《禮志》：「明帝立九州廟於雞籠山，大聚羣神。蔣侯加爵位至相國、大都督、中外諸軍事、鍾山王，蘇侯至驃騎大將軍。」《南史・齊東昏侯紀》：「迎蔣侯神入宫，晝夜祈禱，自誅始安王遥光，遂加位相國，末又號爲靈帝，車服羽儀一依王者。」《曹景宗傳》：「梁武帝時，旱甚，詔祈蔣帝神。十旬不雨。帝怒，命載荻欲焚其廟。將起火，當神上忽有雲如繖，倏忽驟雨如瀉，臺中宫殿皆自振動。帝懼，馳詔追停。少時還静。自此帝畏信遂深。自踐阼以來，未嘗躬自到廟，於是備法駕，將朝臣修謁。」《陳書・武帝紀》：「十月乙亥，即皇帝位。丙子，幸鍾山祀蔣帝廟。」《宋書・孔季恭傳》：「先是，吴興頻喪太守，云項羽神爲卞山王，居郡聽事，二千石至，常避之。」《南齊書・李安民傳》：「太守到郡，必須祀以軛下牛。安民奉佛法，不與神牛，著屐上聽事，又於廳上八關齋。俄而牛死，安民亦卒，世以神爲祟。」今南京十廟雖有蔣侯，湖州亦有卞山王，而亦不聞靈響。〔原注〕《魏書》：「任城王澄除揚州刺史，下車毀蔣子文之廟。」《梁簡文帝集》有《吴興楚王神廟碑》云：「楚王既弘兹釋教，止獻車牛。」是神牛自武帝時革之也。江總《卞山楚廟》詩：「盛祀流百世，英威定幾何。」而梓潼、二郎、三官、純陽之類，以後出而反受世人之崇奉，關壯繆之祠至徧於天下，封爲帝君。豈鬼神之道，亦與時爲代謝者乎？應劭言：「平帝時，天地六宗已下及諸小神凡千七百所，今營寓夷泯，宰器闕亡。蓋物盛則衰，自然之道，天其或者欲反本也。」而《水經注》引吴猛語廬山神之言，謂「神道之事，亦有换轉」。昔夫子答宰我「黄帝」之問，謂：「生而民得其利百年，死而民畏其神百年，亡而民用其教百年，故曰黄帝三百年。」烈山氏之子曰柱，食于稷，湯遷之而祀棄。以帝王神聖且然，則其他人鬼之屬又可知矣。

春秋之世，猶知淫祀之非，故衛侯夢夏相而甯子弗祀，晋侯卜《桑林》而荀罃弗禱。楚昭王有疾，卜曰「河爲祟」，王弗祭，曰：「三代命祀，祭不越望。江、漢、睢、漳，楚之望也。不穀雖不德，河非所獲罪也。」至屈原之世，而沅、湘之閒並祀河伯，豈所謂楚人鬼而越人禨，亦皆起於戰國之際乎？夫以昭王之所弗祭者而屈子歌之，可以知風俗之所從變矣。」〔原注〕《雲麓漫鈔》言：「自釋氏書入中國，有龍王之説，而河伯無聞矣。」

洪武三年六月癸亥詔曰：「五嶽、五鎮、四海、四瀆之封，起自唐世。崇名美號，歷代有加。在朕思之，則有不然。夫嶽、鎮、海、瀆，皆高山廣水，自天地開闢以至於今，英靈之氣萃而爲神，必皆受命於上帝，幽微莫測，豈國家封號之所可加？瀆禮不經，莫此爲甚。至如忠臣烈士，雖可加以封號，亦惟當時爲宜。夫禮所以明神人，正名分，不可以僭差。今宜依古定制，凡嶽、鎮、海、瀆，並去其前代所封名號，止以山水本名稱其神。郡縣城隍神號一體改正。歷代忠臣烈士亦依當時初封以爲實號，後世溢美之稱，皆與革去。庶幾神人之際，名正言順，於禮爲當，用稱朕以禮事神之意。」其《東嶽祝文》曰：「神有歷代之封號，予詳之再三，畏不敢效。」可謂卓絶千古之見。乃永樂七年正月丙子，進封漢秣陵尉蔣君之神爲忠烈武順昭靈嘉佑王，則何不考之聖祖之成憲也？

佛寺

晋許榮上疏言：「臣聞佛者，清遠玄虛之神。今僧尼往往依傍法服，五戒麤澀尚不能遵，而流惑之徒，競加敬事，又侵漁百姓，取財爲惠，亦未合布施之道也。」《雒陽伽藍記》有比丘惠凝，死去復活，見閻羅王閱一比丘，是靈覺寺寶明，自云：「出家之前，嘗作隴西太守，造靈覺寺成，棄官入道。」閻羅王曰：「卿作太守之日，曲理枉法，劫奪民財，假作此寺，非卿之力，何勞説此！」付司送入黑門。此雖寓言，乃居官佞佛者之箴砭也。❶

---

❶ 「乃」下，據《校記》，鈔本有「當今」二字。

梁武帝問達磨曰：「朕自即位以來，造寺寫經，度僧不可勝紀，有何功德？」答曰：「並無功德。」帝曰：「何以無功德？」答曰：「此但人天小果有漏之因，如影隨形，雖有非實。」在彼瀼中已有能爲是言者！

宋明帝以故第爲湘宮寺，備極壯麗。欲造十級浮圖而不能，乃分爲二。新安太守巢尚之罷郡入見，上謂曰：「卿至湘宮寺未？此是我大功德，用錢不少。」通直散騎侍郎虞愿侍側，曰：「此皆百姓賣兒貼婦錢所爲，佛若有知，當慈悲嗟憫。罪高浮圖，何功德之有！」〔趙氏曰〕天下邪教惑人者，佛爲最，次之則天主教，如前後藏、准噶爾、喀爾喀蒙古等部，悉奉佛教，中國亦佛教盛行，如西洋之古里國、錫蘭國諸國，南洋之占城等國，東洋之日本、琉球等國，皆奉佛教。其餘海外諸番，則皆奉天主教矣。〔嚴氏曰〕白蓮教者，漢末張魯之遺也。魯父子居漢中，以妖術惑衆，其長曰祭酒。從之者人出米五斗，時稱「米賊」。自漢以來，歷代皆有其患。近聞教中亦有祖師名色，從教者先送供給米若干，入教之後，教中所獲貲物悉以均分。而小小邪術足以眩人，故愚者多爲所惑。然其教以奉釋念經、持齋戒殺爲名，所聚之徒多脆弱不堪戰鬭。〔洪氏曰〕今者楚蜀之民，聚徒劫衆，陸梁一隅。始則惑於白蓮、八卦等教，欲以祈福，繼因地方官挾制萬端，又以黔省苗氛不靖，派及數省，橫求無藝，忿不思患，借起事以避禍。邪教之蠢動由此。〔錢氏曰〕向讀沈繼祖劾朱文公疏，有「喫菜事魔」之語，不解所謂。頃讀李心傳《繫年要録》，載紹興四年五月起居舍人王居正言：「伏見兩浙州縣有喫菜事魔之俗，方臘以前，法禁尚寬，而事魔之俗猶未甚熾。方臘之後，法禁愈嚴，而事魔之俗愈不可勝禁。州縣之吏平居坐視，一切不問則已，間有貪功或畏事者稍蹤跡之，則一方之地流血積屍，至于廬舍積聚山林雞犬之屬，焚燒殺戮，靡有孑遺。自方臘之平，至今十餘年間，不幸而死者，不知幾千萬人矣。所宜惻然動心，而思欲究其所以然之説也。臣聞事魔者，每鄉每村有一二桀黠，謂之魔頭。盡録其鄉村姓名，相與詛盟爲黨。凡事魔者，不肉食，而一家有事，同黨之人皆出力以相賑恤。蓋不肉食則費省，故易足，同黨則相親，相親故相卹，而事易濟。臣以爲此先王導其民使相親、相友、相助之意，而甘淡泊，務節儉，有古淳樸之風。今民之師帥既不能以是爲政，乃爲魔頭者竊取，以瞽惑其黨，使皆歸德于魔，于是從而附益之以邪僻害教之説。民愚無知，謂吾從魔而食易足，事易濟也，故以魔説爲皆可信，而争趨歸之，此所以法禁愈嚴而愈不可勝禁。伏望陛下念民迷之日久，下哀矜之詔書，使人曉然知，以爲不肉食則費省，故易足，同黨則相親，故相卹而事易濟，此自然之理，非魔之力。而至于邪僻害教，如不祭其先之類，則事魔之罪也。部責監司，郡縣責守令，宣明詔旨，許以自新。又擇平昔言行爲鄉曲所信者，家至而户曉之。其閒有能至誠用心，率衆歸善者，優加激賞，以勵其徒。庶幾舊染之俗，聞風丕變，實一方生靈赤子之幸。」詔諸路帥憲司措置，毋得騷擾生事。乃知喫菜事魔，即今人所謂邪教也。陸游《條對狀》：「自古盜賊之興，若止因水旱飢饉，迫于寒餓，嘯聚攻劫，則措置有方，便可撫定，必不能大爲朝廷憂。唯是妖勾邪人，平時誑惑良民，結連素定，待時而發，則其爲害未易可測。伏緣此色人處處皆有，淮南謂之二檜子，兩浙謂之牟尼教，江東謂之四果，江西謂之金剛禪，福建謂之明教、揭諦齋之類。名號不一，明教尤甚。甚至有秀才、吏人、軍兵亦相傳習。其神號曰明使，又有肉佛、骨佛、血佛等號。白衣烏帽，所在成社。僞經妖像，刻板流布。以祭祖考爲引鬼，永絶血食。以溺爲法水，用以沐浴。其他妖濫，未易概舉。更相結習，有同膠漆，萬一竊發，可爲寒心。」〔汝成案〕今之所謂教者，隨處有之，而處處不同，其名目至多，不可究詰。大抵依附佛法，以禍福惑人。其斂錢聚衆，則張魯法也。入教者率因迫於窮困，既入教即可傳徒斂錢，故甚易蔓延，或牽涉三四省。

煽惑既衆，黠者乘之，偶激於長吏之不平，遂至蠢動，其實非有心背逆者。錢氏所引，深中情事，古今未嘗不同也。

泰山治鬼

嘗考泰山之故，仙論起於周末，鬼論起於漢末。《左氏》《國語》未有封禪之文，是三代以上無仙論也。《史記》《漢書》未有考鬼之説，是元、成以上無鬼論也。《鹽鐵論》云：「古者庶人，魚菽之祭，士一廟，大夫三，以時有事於五祀，無出門之祭。今富者祈名嶽，望山川，椎牛擊鼓，戲倡舞像。」則出門進香之俗，已自西京而有之矣。自哀、平之際，而讖緯之書出，然後有如《遁甲開山圖》所云「泰山在左，亢父在右，亢父知生，梁父主死」，〔汝成案〕《史記·趙世家》「霍泰山山陽侯天使」云云，則泰山爲神，當由霍泰山傳訛始云。《博物志》所云「泰山一曰天孫，言爲天帝之孫，主召人魂魄，知生命之長短」者。其見於史者，則《後漢書·方術傳》許峻自云「嘗篤病三年不愈，乃謁泰山請命」，《烏桓傳》「死者神靈歸赤山，赤山在遼東西北數千里，如中國人死者魂神歸泰山也」，《三國志·管輅傳》謂「其弟辰曰：但恐至泰山治鬼，不得治生人，如何？」而古辭《怨詩行》云：「齊度游四方，名繫泰山録。人間樂未央，忽然歸東嶽。」陳思王《驅車篇》云：「魂神所繫屬，逝者感斯征。」劉楨《贈五官中郎將》詩云：「常恐游岱宗，不復見故人。」應璩《百一》詩云：「年命在桑榆，東嶽與我期。」然則鬼論之興，其在東京之世乎？

或曰：地獄之説，本於宋玉《招魂》之篇。「長人」「土伯」，則夜叉、羅刹之倫也；「爛土」「雷淵」，則刀山劍樹之地也。雖文人之寓言，而意已近之矣。於是魏、晋以下之人，遂演其説，而附之釋氏之書。昔宋胡寅謂閻立本寫地獄變相，而周興、來俊臣得之以濟其酷。又孰知宋玉之文實爲之祖，孔子謂「爲俑者不仁」，有以也夫！

蕃俗信鬼❶

蕃俗信鬼。❷匈奴欲殺貳師，貳師罵曰：「我死必滅匈奴！」遂屠貳師以祠。會連雨雪數月，畜産死，人民疫病，穀稼不熟。單于恐，爲貳師立祠室。慕容儁斬冉閔於龍城遏陘山，山左右七里草木悉枯，蝗蟲大起。人言閔爲祟。儁遣使祀之，謚曰「悼武天王」。其日大雪。魏太祖殺和跋，誅其家。後世祖西巡五原，回幸豺山，校獵，忽遇暴風，雲霧四塞。世祖怪而問之，羣下言「跋世居此土，祠冢猶存，或者能致斯變」。帝遣古弼祭以三牲，霧即除散。後世祖蒐狩之日，每先祭之。蓋伯有爲厲，理固有之，而蕃俗之畏鬼神，❸則又不可以常情論矣。

❶「蕃」，據《校記》，鈔本作「胡」。
❷「蕃」，據《校記》，鈔本作「胡」。
❸「蕃俗」，據《校記》，鈔本作「胡人」。

日知録集釋卷三十一

崑山顧炎武著　嘉定後學黄汝成集釋

河東山西

河東、山西，一地也。唐之京師在關中，而其東則河，故謂之河東。元之京師在薊門，而其西則山，故謂之山西。各自其畿甸之所近而言之也。〔楊氏曰〕此據河山言之耳。如顧氏言，當説成「東河」「西山」矣。

古之所謂「山西」，即今關中。《史記·太史公自序》：「蕭何填撫山西。」《方言》：「自山而東，五國之郊。」郭璞解曰：「六國惟秦在山西。」王伯厚《地理通釋》曰：「秦、漢之間，稱山北、山南、山東、山西者，皆指太行，以其在天下之中，故指此山以表地勢。」《正義》以爲華山之西，非也。〔王氏曰〕《後漢·鄧禹傳》：「禹率諸軍大破樊參、王匡等軍，遂定河東。光武使使持節拜禹大司徒。策曰：『前將軍禹，斬將破軍，平定山西。』」是謂河東爲山西也。漢河東、太原、上黨諸郡，皆在太行之西，即今山西省太原、平陽、蒲州、潞安、汾州、澤州等府。自漢以來，名稱不易。或謂惟河東一郡在山西，殊非。又鄭興説更始曰「陛下一朝建號，山西雄桀争誅王莽，開關郊迎」云云，注：「山西謂陜山以西也。」陜，隘也，侯夾切。大約即謂關中，今陝西西安等府是。若《吴蓋陳臧傳論》「山西既定，威臨天下」，注「謂誅隗囂、公孫述」，則隴、蜀皆得名山西，又不但如《興傳》以關中謂山西矣。〔汝成案〕《説文》：「陝，弘農陝也，夾聲。」「陜，隘也。夾聲。」王氏引「陜，隘也，侯夾切」，是誤以「陝」爲「陜」，蓋二字俗舛久矣。

陝　西

《續漢·郡國志》：「陝縣，有陝陌，〔原注〕即今之陝州。二伯所分，故有陝東、陝西之稱。」《水經注》：「河水，又東得七里澗，澗在陝西七里。」《宋書·柳元景傳》：「龐季明率軍向陝西七里谷。」《北史·魏孝武帝紀》：「高昂率勁騎及帝於陝西。」《舊唐書·太宗紀》：「貞觀十一年九月丁亥，河溢，壞陝西河北縣。」〔原注〕今平陸縣。《肅宗紀》：「乾元三年四月庚申，以右羽林大將軍郭英乂爲陝州刺史、陝西節度潼關防禦等使。」《肅宗諸子傳》：「杞王倕可充陝西節度大使。」《李渤傳》：「澤潞節度使郗士美卒，渤充弔祭使，路次陝西。」〔原注〕按其疏云「已至閿鄉縣」。《回紇傳》：「廣平王、副元帥郭子儀領回紇兵馬，與賊戰於陝西。」皆謂今陝州之西。後人遂以潼關以西通謂之陝西。

晉時以關中爲陝西。《晉書·宣帝紀》「西屯長安，天子命之曰『昔周公旦輔成王，有素雉之貢。今君受陝西之任，有白鹿之獻』」，《張寔傳》「愍帝末，拜都督陝西諸軍事」，張華《祖道梁王肜應詔詩》「二跡陝西，實在我王」是也。東晉則以荆州爲陝西。《南齊書》曰：「江左大鎮，莫過荆、揚。周世二伯總諸侯，周公主陝東，召公主陝西，故稱荆州爲陝西也。」〔原注〕《宋書》「荆州刺史」下云：「王敦治武昌，陶侃前治沔陽，後治武昌。王廙治江陵。庾亮治武昌。庾翼進襄陽，復還夏口。桓温治江陵。桓冲治上明。王説還江陵，此後遂治江陵。而晉孝武於襄陽僑立雍州。」考之於史，桓冲爲荆州刺史，安帝詔曰「故太尉冲，昔藩陝西，忠誠王室」，《毛穆之傳》「庾翼專威陝西」，劉毅爲荆州刺史，安帝詔曰「劉毅推轂陝西」，《南史・宋文帝紀》「命王華知州府留鎮陝西」，《宋書》蔡興宗爲輔國將軍、南郡太守行荆州事，袁顗曰「舅今出居陝西」，《鄧琬傳》晉安王子勛檄曰「前將軍荆州刺史、臨海王子頊，練甲陝西，獻徒萬數」是也。

亦有稱陝東者。《晉書・載記》：「劉聰署石勒大都督陝東諸軍事，又加崇爲陝東伯。」〔原注〕《慕容暐載記》：「秦揚兵講武，運粟陝東。」唐太宗爲秦王時，拜使持節陝東道大行臺。〔楊氏曰〕又晉愍建興元年，以琅邪王睿爲左丞相、都督陝東諸軍事。

山東河内

古所謂山東者，華山以東。《管子》言：「楚者，山東之强國也。」《史記》引賈生言：「秦并兼諸侯山東三十餘郡。」《後漢・陳元傳》言：「陛下不當都山東。」〔原注〕謂光武都雒陽。蓋自函谷關以東，總謂之山東，〔原注〕唐人則以太行山之東爲山東。杜牧謂「山東之地，禹畫九土，曰冀州」是也。而非若今之但以齊魯爲山東也。〔錢氏曰〕《漢書・儒林傳》：「伏生教齊、魯之間，齊學者由此頗能言《尚書》，山東大師亡不涉《尚書》以教。」《酷吏傳》：「御史大夫弘曰：『臣居山東爲小吏時，甯成爲濟南都尉。』」〔錢氏又曰〕今山東乃宋之京東東西路，金改爲山東。〔王氏曰〕河北之山，莫大于太行，故謂太行以東爲山東。《鄧禹傳》：「光武安集河北，在鄴。及王郎起兵，光武自薊至信都，使禹别攻樂陽，從至廣阿。」以上所説，皆在今河北之彰德、大名、廣平、真定等府。而其下文則言：「赤眉西入關，光武籌長安必破，乘釁并關中，而方自事山東，未知所寄。」是謂河北爲山東也。下至李唐，尚有河北爲山東之言。《鄭興傳》：「更始諸將皆山東人，勸留洛陽，弗遷都長安。」大約亦是指陝山以東而言，與《禹傳》據太行分西、東自别。〔汝成案〕蓋唐之河南，今之河南、山東是也。唐之河北，今之直隸。是自關中而言，統謂之山東可矣。顧氏注杜牧云云，似謂專指今之山西，亦未盡。《通鑑綱目分注》：「晉王曰：『吾以數萬之衆平定山東。』」是時晉王并有河北，所謂山東者，太行、常山之東也。「晉主再命知遠會兵山東，皆不至。」是時知遠在晉陽，所謂山東者，亦太行之東也。《五代史・義兒傳》：「晉已得澤、潞，歲出山東，與孟方立争邢、洺、磁。」《死事傳》：「晉已先下全燕，而鎮、定皆附于晉，自河以北，山以東，皆歸晉。」此山東亦謂太行山之東，即以河北爲山東也。大約自秦、漢以來之謂山東、西者，隨時異稱，不能畫一，非若今之有定地矣。古所謂河内者，在冀州三面距河之内。《史記正義》曰：「古帝王之都多在河東、河北，故呼河北爲河内，河南爲河外。」又云：「河從龍門南至華陰，東至衛州，東北入海，曲繞冀州，故言河内。」蓋自大河以北總謂之河内，而非若今之但以懷州爲河内也。〔閻氏曰〕按《戰國策》黄歇説秦昭王曰：「王大舉甲兵而攻魏，杜大梁之門，舉河内。」注：「屬司隸。」《正義》：「即懷州也。在河南之北，西河之東，東河之西。」是古未嘗不專以懷州爲河内也。《漢書・地理志》「河内郡有懷縣」，注：「莽曰河内。」是莽已以懷爲河内。

吴會

宋施宿《會稽志》曰：「按《三國志》，吴郡、會稽爲吴、會二郡。張紘謂『收兵吴、會，則荆、揚可一』，《孫賁傳》云『策已平吴、會二郡』，《朱桓傳》云『使部伍吴、會二郡』，《全琮傳》云『分丹陽、吴、會三郡險地爲東安郡』是也。前輩讀爲『都會』之『會』，殆未是。」錢康功曰：「今平江府署之南名吴會坊。《漢書・吴王濞傳》：『上患吴會輕悍。』」按今本《史記》《漢書》並作「上患吴、會稽」，不知順帝時始分二郡，〔原注〕《順帝紀》：「永建四年，分會稽爲吴郡。」漢初安得言「吴、會稽」？當是錢所見本未誤，後人妄增之。〔原注〕本傳：「吴有章郡銅山。」亦爲後人於「章」上妄增一「豫」字，正與此同。〔錢氏云〕范成大《吴郡志》：「世多偁吴門爲吴會，意謂吴爲東南一都會也。自唐以來已然，此殊未穩。今客館有吴會亭，尤誤。天下都會之處多矣，未有以其地名冠于『會』之一字而偁之者。吴本秦會稽郡，後漢分爲吴、會稽二郡，後世指二浙之地，通偁吴會，謂吴與會稽也。諸葛亮曰：『荆州北據漢沔，西通巴蜀，南則吴與會。』皆指兩地爲説。『南連吴會』，通言二淛、江南形勢，豈謂荆州獨連吴門一郡乎？《莊子釋文》『淛江』注云：『浙江，今在餘杭郡。後漢以爲吴、會分界，今在會稽錢塘。』其言分界，則言兩地尤明。褚伯玉，吴郡錢塘人，隱居剡山。齊太祖即位，手詔吴、會二郡以禮迎遣，此證尤切。六朝時亦有『下吴、會兩郡，各造船若干』者。如此類甚多。」《灌嬰傳》：「渡江，破吴郡，長吴下，得吴守，遂定吴、豫章、會稽郡。」是漢初固有吴郡也。〔又曰〕巴、蜀，二郡名，則吴、會亦二郡名也。魏文帝詩：「吹我東南行，行行至吴會。」陳思王《求自試表》曰：「撫劍東顧，而心已馳於吴會矣。」晋文王《與孫皓書》曰：「惠矜吴會，施及中土。」魏元帝《加晋文王九錫文》曰：「埽平區宇，信威吴會。」阮籍《爲鄭冲勸晋王箋》曰：「朝服濟江，埽除吴會。」陳壽《上諸葛亮集》曰：「身使孫權，求援吴會。」羊祜上疏曰：「西平巴蜀，南和吴會。」荀勖《食舉樂東西廂歌》曰：「既禽庸蜀，吴會是賓。」左思《魏都賦》曰：「覽麥秀與黍離，可作謡於吴會。」武帝問劉毅曰：「吾平吴會，一同天下。」石崇奏惠帝曰：「吴會僭逆，幾於百年。」石勒表王浚曰：「晋祚淪夷，遠播吴會。」慕容廆謂高瞻曰：「翦鯨豕於二京，迎天子于吴會。」丁琪諫張祚曰：「先公累執忠節，遠宗吴會。」此不得以爲「會稽」之「會」也。〔錢氏曰〕以上所引諸吴會事，未見其必非指「會稽」之「會」。蓋漢初元有此名，如曰「吴都」云爾。〔原注〕胡三省《通鑑辨誤》：「太史公謂吴爲江南一都會，故後人謂吴爲吴會。」若孫賁、朱桓《傳》，則後人之文偶合此二字，不可以證《吴王濞傳》也。〔趙氏曰〕西漢初，會稽郡治本在吴縣，故項梁殺會稽守，舉吴中兵八千人渡江而西。守所駐在吴，故殺守即起吴兵。又朱買臣本吴人，出爲會稽守，即其鄉郡也。是西漢時所謂「吴會」，本已讀作「會稽」之「會」矣。〔梁氏曰〕昔人以錢塘爲吴、越之界。唐釋處默詩有「到江吴地盡，隔岸越山多」之句，宋陳師道亦有句云「吴越到江分」，蓋爲《史記・楚世家》「盡取故吴地，至浙江」句所誤。以《春秋》内、外傳考之，吴地止於松江，非浙江也。浙江乃越地，故《國語》曰：「句踐之地，北至禦兒，西至姑蔑。」

江西廣東廣西

「江西」之名，殆不可曉，全司之地並在江南，不得言西。考之六朝以前，其稱江西者並在秦郡、〔原注〕今六合。歷陽、〔原注〕今和州。廬江〔原注〕今廬州府。之境。蓋大江自歷陽斜北下京口，故有東、西之名。〔原注〕胡三省《通鑑注》：「大江東北流，故自歷陽至濡須口，皆謂之江西，而建業謂之江東。」《史記・項羽本紀》：「江西皆反。」《揚子法言》：「楚分江西。」《三國志・魏武帝紀》：「進軍屯江西郝谿。」《吴主傳》：「民轉相驚，自廬江、九江、〔原注〕今壽州。蘄春、廣陵，户十餘萬，皆東渡江，江西遂虚，合肥以南惟有皖城。」《孫瑜傳》：「賓客諸將多江西人。」《晋書·武帝紀》：「安東將軍王渾出江西。」《穆帝紀》：「江西乞活郭敞等執陳留内史劉仕而叛。」〔原注〕時分北譙置陳留郡。《郗鑒傳》：「拜安西將軍、兖州刺史、都督揚州江西諸軍事，鎮合肥。」《桓伊傳》：「進督豫州之十二郡、揚州之江西五郡軍事。」今之所謂「江北」，昔之所謂江西也。〔王氏曰〕《項羽本紀》曰：「江西皆反。」《陳涉世家》：「發閭左適戍漁陽九百人，屯大澤鄉，涉爲屯長。」徐廣注：「大澤鄉，在沛郡蘄縣。」然則所云江西，乃指江北言。項梁收會稽兵得八千人，召平矯立梁爲上柱國，曰：「江東已定，急引兵西擊秦。」梁乃以八千人渡江而西。羽軍敗，欲渡烏江。烏江亭長曰：「江東雖小，亦足王也。」臣瓚曰：「烏江在牛渚以上。」則所言江東，指今之江寧、鎮江、常州、蘇州，松江、嘉興、湖州等府。而江西，則古人西北通稱，非以對東乃得稱之。若《三國志》「曹公恐江濱郡縣爲權所略，徵令内移，自廬江、九江、蘄春、廣陵户十餘萬，皆東渡江，江西遂虚」，則所云江東、江西，約略可見。要皆据大勢言之，非有擘分定界。故《晋·地理志》以廬江、九江自合肥以北至壽春，皆謂之江西。〔原注〕《南齊書·州郡志》：「左僕射王儉啟：江西連接汝、潁。」今人以江、饒、洪、吉諸州爲江西，是因唐貞觀十年分天下爲十道，其八曰江南道，開元二十一年又分天下爲十五道，而江南爲東、西二道，江南東道理蘇州，江南西道理洪州，後人省文，但稱「江東」「江西」爾。〔原注〕始見於《舊唐書·李峘傳》：「乾元初，兼御史大夫、持節都統淮南、江東、江西節度、宣慰、觀察處置等使。」《德宗紀》：「建中三年十月辛亥，以嗣曹王皋爲洪州刺史、江西節度使。」劉禹錫《和吴方之》詩：「今歲雒中無雨雪，眼前風景是江西。」亦是中唐以後始有此稱。〔閻氏曰〕《南史・文學・祖皓傳》:「大同中爲江都令,後拜廣陵太守。侯景陷臺城,皓在城中,將見害,乃逃歸江西。百姓感其遺惠,每相蔽匿。」是今揚州亦名江西。則江西有三,顧氏僅知其二。今之作文者乃曰「大江以西」,謬矣。

今之廣東、廣西亦廣南東路、廣南西路之省文也。《文獻通考》:「太宗至道三年,分天下爲十五路,其後又增三路,其十七曰廣南東路,其十八曰廣南西路。」

四川

唐時,劍南一道止分東、西兩川而已。至宋,則爲益州路、〔原注〕後改爲成都府路。梓州路、〔原注〕後改爲潼川府路,即今潼川州。利州路、〔原注〕今保寧府廣元縣。夔州路,謂之「川峽四路」。後遂省文名爲「四川」。

史記菑川國薛縣之誤

漢魯國有薛縣。《史記・公孫弘傳》「齊菑川國薛縣人也」,言齊又言菑川,而薛並不屬二國,殊不可曉。《正義》曰:「《表》云:『菑川國,文帝分齊置,都劇。』《括地志》云:『故劇城在青州壽光縣南三十一里。』故薛城在徐州滕縣界。』《地理志》:『薛縣屬魯國。』按薛與劇隔兗州及泰山,未詳。」今考《儒林傳》言「薛人公孫弘」,是弘審爲薛人,上言「齊菑川」者,誤耳。〔錢氏曰〕《漢書》本傳:「菑川薛人也。」「元光元年，徵賢良文學，菑川國復推上弘，弘謝不能，國人固推弘。」「汲黯詰弘，稱齊人多詐而無情。」五鳳中，青州刺史奏菑川王終古禽獸行，請逮捕。有詔，削四縣。薛縣當即所削四縣之一。

《續漢・郡國志》「薛本國」注引《地道記》曰：「夏車正奚仲所封，冢在城南二十里山上。」《皇覽》曰：「靖郭君冢在魯國薛城中東南陬。孟嘗君冢在城中向門東。向門，出北邊門也。」《詩》云「居常與許」，鄭玄曰：「常，或作嘗，在薛之旁，爲孟嘗君食邑。」《史記・越世家》「願齊之試兵南陽莒地，以聚常、郯之境」，《索隱》曰：「常，邑名。蓋田文所封者。」《魏書・地形志》：「薛縣，彭城郡，有奚公山、奚仲廟、孟嘗君冢。」《水經注》：「今薛縣故城側猶有文冢，結石爲郭，作制嚴固，瑩麗可尋。」而《史記・孟嘗君傳》正義曰：「薛故城在徐州滕縣南四十四里。」今《淄川縣志》據《公孫弘傳》之誤文，而以爲孟嘗君封邑，失之矣。〔原注〕《路史》云：「公孫弘生山今淄川南四十里。」亦誤。又按《地理志》：「菑川國，三縣，劇、東安平、樓鄉。」劇在今壽光縣西南，東安平在今臨淄縣東南一十里，樓鄉未詳所在。又《高五王傳》：「武帝爲悼惠王冢園在齊，迺割臨菑東圜悼惠王冢園邑，盡以予菑川。」足明菑川在臨菑之東矣。今之淄川不但非薛，並非漢之菑川，乃般陽縣耳。以爲漢之菑川，而又以爲孟嘗君之薛，此誤而又誤也。

曾子南武城人

《史記・仲尼弟子傳》：「曾參，南武城人。」「澹臺滅明，武城人。」同一武城，而曾子獨加「南」

字。南武城故城在今費縣西南八十里石門山下。《正義》曰：「《地理志》定襄有武城，清河有武城，故此云南武城。」《春秋》襄公十九年「城武城」，杜氏注云：「泰山南武城縣。」然《漢書》泰山郡無南武城，而有南成縣，屬東海郡，《續漢志》作「南城」，屬泰山郡，至晋始爲南武城。〔錢氏曰〕《晋志》雖備南武城，而《羊祜傳》仍作南城。此後人之所以疑也。宋程大昌《澹臺祠友教堂記》曰：「武城有四，左馮翊、泰山、清河、定襄，皆以名縣。而清河特曰東武城者，〔原注〕《史記・平原君傳》：「封于東武城。」以其與定襄皆隸趙，且定襄在西故也。若子游之所宰其實魯邑，而東武城者魯之北也，故漢儒又加『南』以別之。史遷之傳曾參曰『南武城人』者，創加也。子羽傳次曾子，省文但曰武城。」而《水經注》引京相璠曰：「今泰山南武城縣，有澹臺子羽冢，縣人也。」可以見武城之即爲南武城也。《孟子》言：「曾子居武城，有越寇，或曰：『寇至，盍去諸？』曰：『無寓人於我室，毀傷其薪木。』」《新序》則云：「魯人攻鄪，〔原注〕即費字。曾子辭于鄪君曰：『請出，寇罷而後復來，毋使狗豕入吾舍。』」〔原注〕仁山金氏言：「曾子書有此事，作魯人攻費。」《戰國策》甘茂亦言「曾子處費」，則曾子所居之武城，費邑也。〔雷氏曰〕或以曾子居武城即是南武城，是祖宗邱墓之鄉，一旦寇至，竟可委而去之，此實大誤。哀公八年《傳》：「吴伐我。子洩率，故道險，從武城。」又曰：「吴師克東陽而進，舍于五梧。」《續漢志》云「南城有東陽城」，引此爲證。〔原注〕今費縣西南七十里關陽鎮。又可以見南城之即爲武城也。「南城」之名見於《史記》，齊威王曰：「吾臣有檀子者，使守南城，則楚人不敢爲寇東取，泗上十二諸侯皆來朝。」《漢書》但作「南成」，「孝武封城陽共王子貞爲南成侯」。而後漢王符《潛夫論》云：「鄗畢之山，南城之冢。」章懷太子注：「南城，曾子父所葬，在今沂州費縣西南。」此又「南成」之即「南城」，而在費之證也。〔原注〕《晉書》南武城縣屬泰山郡，費縣屬琅邪郡。成化中，或言嘉祥之南武山有曾子墓，有漁者陷入其穴，得石碣而封志之。〔原注〕疑周世未有石碣，科斗古文，亦非今人所識。〔錢氏曰〕嘉祥，漢任城縣地。南武山，當因武氏所居得名。漁者所見，殆即武氏石室也。嘉靖十二年，吏部侍郎顧鼎臣奏求曾氏後，得裔孫質粹於吉安之永豐，遷居嘉祥。〔孫氏曰〕《大戴禮·衛將軍文子》篇注云：「曾參，魯南武城人。澹臺滅明，魯東武城人。」其爲兩地判然。東武城亦單稱武城，《左傳》《論語》《孟子》所言皆是，在今費縣。南武城自在嘉祥縣，於曲阜爲西南，與費縣之在曲阜東北者不同，故加「南」以别之。十八年，授翰林院五經博士，世襲。夫曹縣之冉堌，爲秦相穰侯魏冉之冢，〔原注〕《史記》：「穰侯卒于陶，因葬焉。」《水經注·濟水》：「又東逕秦相魏冉冢南。」而近人之譔志者以爲仲弓，如此之類，蓋難以盡信也。

漢書二燕王傳

《漢書·燕王定國傳》：「殺肥如令郢人。」按《地理志》，肥如自屬遼西郡，不屬燕。《武帝本紀》：「元朔元年秋，匈奴入遼西，殺太守。」《諸侯王表》言：「武帝下推恩之令，而藩國自析，長沙、燕、代雖有舊名，皆亡南北邊矣。」然則肥如令之殺於燕，必在元朔以前未析邊郡之時也。〔楊氏曰〕肥如即不屬燕，定國亦取而殺之。《燕王旦傳》：「發民會圍，大獵文安縣，以講士馬。」其上云：「武帝時，旦坐臧匿亡命，削良鄉、安次、文安三縣。」是文安已削，不屬燕。又云：「昭帝立，大將軍霍光秉政，褒賜燕王錢三千萬，益封萬三千户。」《昭帝本紀》亦云：「始元元年，益封燕王、廣陵王及鄂邑長公主各萬三千户。」然則文安縣之仍屬於燕，必在益封萬三千户之後也。此皆史文之互見者，可以參考而得之也。

徐樂傳

《漢書》：「徐樂，燕郡無終人也。」《地理志》無燕郡，而無終屬右北平。考燕王定國以元朔二年秋有罪自殺，國除，而元狩六年夏四月，始立皇子旦爲燕王，而其間爲「燕郡」者十年，而志軼之也。徐樂上書當在此時，而無終以其時屬燕，後改屬右北平耳。

水經注大梁靈丘之誤

《左傳》桓九年「梁伯伐曲沃」，注：「梁國在馮翊夏陽縣。」郤芮曰「梁近秦而幸焉」是也。《漢書·地理志》云：「馮翊夏陽縣，故少梁也。」《水經注》乃曰：「大梁，周梁伯之居也。梁伯好土功，大其城，號曰新里。民疲而潰，秦遂取焉。後魏惠王自安邑徙都之。《竹書紀年》『梁惠成王六年四月甲寅，徙都於大梁』是也。」是誤以「少梁」爲「大梁」，而不知大梁不近秦也。〔原注〕《續漢志·河南尹》「梁故國，伯翳後」注引《博物記》曰：「梁伯好土功，今梁多有城。」亦誤。《漢書》「代郡靈丘」，應劭曰：「趙武靈王葬其東南二十里，故縣氏之。」《水經注》曰：「《史記》趙敬侯二年敗齊于靈丘，則名不因靈王也。」按《史記·田敬仲完世家》：「齊威王元年，三晉因齊喪來伐我靈丘。」〔原注〕《六國表》及趙、魏、韓《世家》並同。《趙世家》：「惠文王十四年，相國樂毅將趙、秦、韓、魏、燕攻齊，取靈丘。十五年，趙與韓、魏、燕共擊齊，湣王敗走，燕獨深入取臨淄。」而孟子謂蚳鼃曰：「子之辭靈丘而請士師。」此別一靈丘，必在齊境，後入於趙。〔原注〕胡三省以爲即漢清河郡之靈縣，今之高唐、夏津皆其故地。于欽《齊乘》則云：「今滕縣東三十里明水河之南，有靈丘故城。」未知何據。趙岐《孟子注》但云：「靈丘，齊下邑。」而孝成王以靈丘封楚相春申君，益明其不在代郡矣。《水經注》云云，是誤以趙之靈丘爲齊之靈丘，而不知齊境不得至代也。〔原注〕《孟子正義》引《地理志》：「代郡有靈丘縣。」《史記正義》曰：「靈丘，蔚州縣。」並誤。

三輔黄圖

漢西京宫殿甚多，讀史殊不易曉。《三輔黄圖》敘次頗悉，以長樂、未央、建章、北宫、甘泉宫爲綱，而以其中宫室臺殿爲目，甚得體要。但其無所附麗者悉入「北宫」及「甘泉宫」下，則舛矣。〔原注〕《雍録》駁此書思子宫、萬歲宫隸甘泉之誤，而謂元書已亡，此出唐人所作，誠然。今當以明光宫、太子宫二宫别爲一條，爲長安城内諸宫。永信宫、中安宫、養德宫别爲一條，爲長安宫異名。長門宫、鉤弋宫、儲元宫、宣曲宫别爲一條，爲長安城外離宫。昭臺宫、犬臺宫、扶荔宫、蒲萄宫别爲一條，爲上林苑内離宫。宜春宫、五柞宫、集靈宫、鼎湖宫、〔原注〕湖，當作「胡」，見《漢書·揚雄傳》。思子宫、黄山宫、池陽宫、步壽宫、萬歲宫、梁山宫、回中宫、首山宫別爲一條，爲各郡縣離宫。〔原注〕程大昌曰：「思子宫在湖，萬歲宫在汾陰，今皆以隸甘泉，與史不合。」別有明光宫，不知其地，附列於後。而梁山宫當并入秦梁山宫下，則區分各當矣。

大明一統志

永樂中，命儒臣纂天下輿地書。至天順五年乃成，賜名曰《大明一統志》，御製序文。而前代相傳如《括地志》《太平寰宇記》之書皆廢。今考其書，舛謬特甚，畧摘數事，以資後人之改定云。

《一統志》：「三河，本漢臨泃縣地。」今考兩《漢書》，並無臨泃縣。《唐書·地理志》「幽州范陽郡潞縣」下云：「武德二年，置臨泃縣。貞觀元年，省臨泃。」而「薊州漁陽郡三河」下云：「開元四年，析潞縣置。」❶故知本是一地，先分爲臨泃，後分爲三河，皆自唐，非漢也。

《一統志》引古事舛戾最多，未有若密雲山之可笑者。《晉書·石季龍載記》：「段遼棄令支奔密雲山，遣使詐降，季龍使征東將軍麻秋迎之。遼又遣使降于慕容皝，曰：『彼貪而無謀，❷吾今請降求迎，彼不疑也。若伏重兵要之，可以得志。』皝遣子恪伏兵於密雲。麻秋統兵三萬迎遼，爲恪所

❶「潞」，原作「路」，據張京華《日知録校釋》，雍正鈔本、北大鈔本作「潞」，今據改。
❷「彼」，據《校記》，鈔本作「胡」。

襲，死者什六七，秋步遁而歸。」是段遼與燕合謀而敗趙之衆也。今《一統志》云：「密雲山，在密雲縣南一十五里，亦名横山。昔燕、趙伏兵於此，大獲遼衆。」是反以爲趙與燕謀而敗遼之衆，又不言段而曰遼，似以「遼」爲國名，豈修志諸臣并《晉書》而未之見乎？

《一統志》：「楊令公祠在密雲縣古北口，祀宋楊業。」按《宋史·楊業傳》：「業本太原降將，太宗以業老於邊事，遷代州，兼三交〔原注〕今陽曲縣。駐泊兵馬都部署。會契丹入雁門，業領麾下數千騎，自西京而出，由小陘至雁門北口，南嚮背擊之，契丹大敗。以功遷雲州觀察使。雍熙三年，大兵北征，以忠武軍節度使潘美爲雲應路行營都部署，命業副之。以西上閤門使、蔚州刺史王侁，車器庫使、順州團練使劉文裕護其軍。諸軍連拔雲、應、寰、朔四州，師次桑乾河。會曹彬之師不利，諸路班師，美等歸代州。未幾，詔遷四州之民於内地，令美等以所部兵護之。時契丹復陷寰州，侁令業趨雁門北川。業以爲必敗，不可。侁偪之行，業指陳家谷口曰：『諸君於此張步兵强弩，爲左右翼以援。』美即與侁領麾下兵陳於谷口。自寅至巳，侁使人登托邏臺望之，以爲契丹敗走，欲争其功，即領兵離谷口。美不能制，乃緣交河西南行二十里。俄聞業敗，即麾兵却走。業力戰，至谷口，望見無人，即拊膺大慟。再率帳下士力戰，身被數十創，士卒殆盡，業猶手刃數十人，馬重傷，不能進，爲契丹所擒，不食三日死。」是業生平未嘗至燕，況古北口又在燕東北二百餘里，地屬契丹久矣，業安得而至此？且史明言雁門之北口，而以爲密雲之古北口，是作志者東西尚不辨，何論史傳哉！又按《遼史·聖宗紀》「統和四年七月丙子，樞密使斜軫奏復朔州，擒宋將楊繼業」，《耶律斜軫傳》「繼業敗走，至狼牙村，衆軍皆潰，繼業爲飛矢所中，被擒」，與《宋史》畧同。《密雲縣志》：「威靈廟在古北口北門外一里，祀宋贈太尉大同軍節度使楊公。」成化十八年禮部尚書周洪範《記》引《宋史》全文，而不辨雁門北口之非其地。《豐潤縣志》：「令公村在縣西十五里，宋楊業屯兵拒遼於此。有功，故名。」並承《一統志》而誤。

《一統志》：「遼章宗陵，在三河縣北五十五里。」考遼無章宗，其一代諸帝亦無葬三河者。

《一統志》：「金太祖陵、世宗陵，俱在房山縣西二十里三峯山下。宣宗陵、章宗陵，俱在房山縣西大房山東北。」按《金史・海陵紀》：「貞元三年三月乙卯，命以大房山雲峰寺爲山陵，建行宮其麓。五月乙卯，命判大宗正事京等如上京，奉遷太祖、太宗梓宮。十一月乙巳朔，梓宮發丕承殿。戊申，山陵禮成。正隆元年七月己酉，命太保昂如上京，奉遷始祖以下梓宮。八月丁丑，如大房山，行視山陵。十月乙酉，葬始祖以下十帝於大房山。閏月己亥朔，山陵禮成。」又《太祖紀》「太祖葬睿陵」，《太宗紀》「太宗葬恭陵」，《世宗紀》「世宗葬興陵」，《章宗紀》「章宗葬道陵」。又《熙宗紀》：「帝被弑，葬於皇后裴滿氏墓中。貞元三年，改葬於大房山蓼香甸，諸王同兆域。大定初，追上謚號，陵曰思陵。二十八年，改葬於峨眉谷，仍號思陵。」又《海陵紀》：「葬於大房山鹿門谷，後降爲庶人，改葬於山陵西南四十里。」又《睿宗紀》：「大定二年，改葬於大房山，號景陵。」《顯宗紀》：「大定二十五年十一月庚寅，葬於大房山，章宗即位，號曰裕陵。」是則金代之陵，自上京而遷者十二帝，其陵曰光，曰熙，曰建，曰輝，曰安，曰定，曰永，曰泰，曰獻，曰喬，曰睿，曰恭。其崩於中都而葬者二帝，其陵曰興，曰道。被弑者一帝，其陵曰思。追謚者二帝，其陵曰景，曰裕。被弑而降爲庶人者一帝，葬在兆域之外。而宣宗則自即位之二年遷於南京，三年五月，中都爲蒙古所陷，葬在大梁，非房山矣。今《一統志》止有四陵，而誤列宣宗，又躋於章宗之上，諸臣不學之甚也。

《漢書·地理志》：「樂浪郡之縣二十五，其一曰朝鮮。」應劭曰：「故朝鮮國，武王封箕子於此。」《志》曰：「殷道衰，箕子去之朝鮮。」《山海經》曰：「朝鮮在列陽東，海北山南。」注：「朝鮮，今樂浪縣，箕子所封也。」在今高麗國境内。慕容氏於營州之境立朝鮮縣，魏又於平州之境立朝鮮縣，但取其名，與漢縣相去則千有餘里。《一統志》乃曰：「朝鮮城，在永平府境内，箕子受封之地。」則是箕子封於今之永平矣。當日儒臣令稍知今古者爲之，何至於此！爲之太息。〔沈氏曰〕《京東考古録》有「《通鑒》朝鮮令孫泳，非箕子朝鮮」十二字。

《一統志·登州府·名宦》下云：「劉興居，高祖孫，齊悼惠王肥子。誅諸吕有功，封東牟侯。惠澤及於邦人，至今廟祀不絶。」考《史記》《漢書》本紀、年表，興居以高后六年四月丁酉封，孝文帝二年冬十月始令列侯就國，春二月乙卯立東牟侯興居爲濟北王，其明年秋以反誅。是興居之侯於東牟僅三年，其奉就國之令至立爲濟北王，相距僅五月，其曾到國與否不可知，安得有惠澤及人之事，歷二千年而思之不絶者乎？甚矣，修志者之妄也！

王文公《虔州學記》：「虔州，江南地最曠，大山長谷，荒翳險阻。」以「曠」字絶爲一句，「谷」字絶爲一句，「阻」字絶爲一句，文理甚明。今《一統志·贛州府·形勝》條下摘其二語曰：「地最曠大，山長谷荒。」句讀之不通，而欲從事於九丘之書，真可爲千載笑端矣。

交阯

《大學衍義補》曰：「交阯本秦、漢以來中國郡縣之地，〔原注〕秦爲象郡地。漢武帝平南越，置交趾、九真、日南三郡。〔王氏曰〕《水經·葉榆水》篇注：「羸泠縣，漢武帝元鼎六年開，都尉治。交阯郡及州本治于此。」然則交阯郡太守及交州刺史與都尉皆同治此縣也。此南蠻地新開者，不可以一例論。五代時爲劉隱所并。至宋初，始封爲郡王，然猶授中國官爵勳階，如所謂特進檢校太尉、静海軍節度觀察等，使及賜號，推誠順化功臣，皆如内地之臣，未始以國稱也。其後封南平王，奏章文移猶稱安南道。孝宗時，始封以王，稱國，而天下因以高麗、真臘視之，不復知其爲中國之郡縣矣。李氏傳八世，陳氏傳十二世，至日焜爲黎季犛所篡。季犛上表，竄姓名爲胡一元，子蒼，易名奝，詐稱陳氏絶嗣，奝爲甥，求權署國事。太宗皇帝從其請。❶ 逾年，陳氏孫名添平者，始遁至京，愬其實。季犛乃表請迎添平還國，朝廷不逆其詐，遣使送添平歸。抵其境，季犛伏兵殺之，并及使者。事聞，太宗徧告於天地神祇，聲罪致討，遣征夷將軍朱能等征之。能道卒，命副將張輔總其兵，生禽季犛及其子蒼、澄，獻俘京師。詔求陳氏遺裔立之，國人咸稱季犛殺之盡，無可繼者，僉請復古郡縣，遂如今制，立交阯都、

---

❶ 「太」上，據《校記》，鈔本有「我」字。

布、按三司及各府、州、縣、衛所諸司，一如内地。其後有黎利者，乃彼中么麽小醜耳，❶中官庇之，遂致猖肆，上表請立陳氏後。宣宗皇帝謂此皇祖意也，遂聽之，即棄其地，俾復爲國。嗚呼！自秦并百粤，交阯之地已與南海、桂林同入中國。漢武立嶺南九郡，而九真、日南、交阯與焉。在唐中葉，江南之人仕中國顯者猶少，而愛州人姜公輔〔原注〕《唐書》：「姜公輔，愛州日南人。」已仕中朝，爲學士、宰相，與中州之士相頡頏矣。柰何世歷五代，爲土豪所據。宋興，不能討之，遂使兹地淪於蠻夷之域，而爲侏儺藍縷之俗三百餘年，而不得與南海、桂林等六郡同爲衣冠禮樂之區，一何不幸哉！」按交阯，自漢至唐爲中國之地，在宋爲化外州，雖貢賦版籍不上户部，然聲教所及，皆邊州帥府領之。永樂間平定其地，設交阯都指揮使司、布政使司、按察司各一，衛十，千户所二，府十三，〔原注〕六年十月，自州陞爲府者二。州四十一，縣二百八，市舶提舉司一，巡檢司百，税課司局等衙門九十二。而升遐之後，上尊謚，議以復交阯郡縣於數千載之後，驅漠北殘寇於數萬里之外爲言。❷既述武功之成，亦侈輿圖之廣，後以兵力不及而棄之。乃天順中修《一統志》，竟以安南與占城、暹羅等國同爲一卷！〔原注〕天順八年七月《實録》：「寧遠州，本中國地，國初屬雲南布政司。宣德初，黎利叛，朝廷予之故地，乃并寧遠州及廣西太平府之禄州爲所占。當時有司失於檢察，今遂陷於夷。」嗟乎，巴、濮、楚、鄧，吾南

❶「乃彼中么麽小醜耳」，據《校記》，鈔本作「乃其夷中之夷也」。
❷「寇」，據《校記》，鈔本作「虜」。

土也。狃域中之見，而忘無外之規，吾不能無議夫儒臣者。

《大明清類天文分野書》，洪武十七年閏十月進。其中如上都、大寧、遼東諸郡縣，並載前代沿革，而云「本朝未立」。内地如河間府之莫州、莫亭、會川、樂壽，亦具前代沿革，而云「本朝未立」。不以一時郡縣之有無，而去歷代相因之版籍，甚爲有體。

薊

《漢書》：「薊，故燕國，召公所封。」《後漢書》：「薊，本燕國，刺史治。」自七國時，燕都於此。項羽立臧荼爲燕王，都薊。高帝因之，爲燕國。元鳳元年，燕剌王旦自殺，國除，爲廣陽郡。本始元年，爲廣陽國。建武十三年，省，屬上谷。永平八年，〔原注〕一作永元六年。復爲廣陽郡。晉復爲燕國。魏爲燕郡。隋開皇初廢，大業初置涿郡。唐天寶元年更名范陽郡，並治薊。《水經·濕水》「過廣陽薊縣北」，❶又東至漁陽雍奴縣」，注：「今城内西北隅有薊丘，因丘以名邑也。」《後漢書·彭寵傳》：「寵反漁陽，自將二萬餘人攻朱浮於薊。」《晉書·載記》：「魏圍燕中山，清河王會自龍城遣兵赴救。建威將軍餘崇爲前鋒，至漁陽，遇魏千餘騎，鼓譟直進，殺十餘人，魏騎潰去，崇亦引還。會乃上道徐進，始達薊城。」即此三事，可見薊在漁陽之西。《唐書·地理志》：「幽州范陽郡，治薊。」

---

❶ 「濕」，據《水經注》，應作「㶟」。

開元十八年，析置薊州漁陽郡，治漁陽。及遼，改薊爲析津縣，因此薊之名遂没於此而存於彼。今人乃以漁陽爲薊而忘其本矣。《史記》樂毅書「薊丘之植，植於汶篁」，〔沈氏曰〕《京東考古録》下有「《一統志》云：城西北隅即古薊門，舊有樓館，並廢，但門外存二土阜，旁多林木，頗爲近之」二十三字，無下一句。此即《水經注》所言薊丘。

《禮記・樂記》：「武王克殷反商，未及下車，而封黄帝之後於薊。」〔原注〕《史記》及《水經注》並云堯後。疏云：「今涿郡薊縣是也。即燕國之都。孔安國、司馬遷及鄭皆云燕祖召公與周同姓。按黄帝姓姬，召公蓋其後也。」〔原注〕《穀梁傳》曰：「燕，周之分子也。」皇甫謐因謂召公爲文王之庶子，而范甯注又以爲成王所封。然考《左傳》富辰之言，不敘及燕。按此以薊、燕爲一國，而召公即黄帝之後。《史記・周本紀》：「武王封帝堯之後於薊，封召公奭於北燕。」《正義》曰：「按周封以五等之爵，薊、燕二國俱武王立，因燕山、薊丘爲名，其地足自立國。後薊微燕盛，乃并薊居之。」其説爲長。〔王氏曰〕《説文・邑部》：「⿰契阝，周封黄帝之後于⿰契阝也。从邑，契聲，讀若薊。上谷有⿰契阝縣。」《樂記釋文》云：「黄帝姓姬，君奭蓋其後也。」又云：「或黄帝後封薊者滅絶，而更封燕乎？」攷成王崩後，召公尚在朝，未就封，則武王未下車所封，必非召公矣。又羣書皆作薊，而《説文》獨作「⿰契阝」，雖讀若薊，《漢志》上谷郡皆無⿰契阝縣。而既云黄帝之後所封，似⿰契阝即薊矣。乃不云廣陽，反云上谷，亦不可解。

夏謙澤

《晉書·載記》：「慕容寶盡徙薊中府庫北趨龍城，魏石河頭引兵追及之于夏謙澤。」胡三省《通鑑注》：「夏謙澤，在薊北二百餘里。」恐非。按《水經注》：「鮑丘水東南流，逕潞城南，又東南入夏澤。澤南紆曲渚一十餘里，北佩謙澤，眇望無垠也。」下云「鮑丘水又東與泃河合」。《三河志》：「鮑丘河在縣西二十五里，源自口外，南流逕九莊嶺，過密雲，合道人溪，至通州之米莊村，合沽水，入泃河。」今三河縣西三十里地名夏店，舊有驛，鮑丘水逕其下。而泃河自縣城南至寶坻，下入於海。疑夏店之名因古夏澤，其東彌望皆陂澤，與《水經注》正合。自薊至龍城，此其孔道。寶以丙辰行，魏人以戊午及之，相距二日，適當其地也。

石門

《後漢書·公孫瓚傳》：「中平中，張純與烏桓丘力居等入寇。瓚追擊，戰於屬國石門，大敗之。」注：「石門山在今營州柳城縣西南。」而《水經注》云：「灅水又東南逕石門峽，山高嶄絶，壁立洞開，俗謂之石門口。漢中平五年，公孫瓚討張純，戰于石門，大破之。」今薊州東北六十里石門驛，即《水經注》之石門是也。按史《本紀》但言「石門」，而《傳》言「屬國石門」，明有兩石門。〔原注〕《北齊書》：「皮慶賓，正光中，因使懷朔，遇世亂，遂家廣寧之石門縣。」《水經注》所指乃漁陽之石門，非遼東屬國之石門，當以柳城爲是。《通典》：「柳城有石門山。」

無　終

玉田，漢無終縣。《漢書·地理志》：「故無終子國，浭水西至雍奴入海。」《史記》：「項羽封韓廣爲遼東王，都無終。」《後漢書》：「吴漢將二十騎先馳至無終。」韋昭《國語解》：「無終，山戎之國，今爲縣，在北平。」《水經注》：「藍水出北山，東屈而南流，逕無終縣故城東。故城，無終子國也。《魏氏土地記》曰：『右北平城西北百三十里有無終城。』」無終之爲今玉田，無可疑者。然《左傳》襄公四年，「無終子使孟樂如晉，因魏莊子納虎豹之皮，以請和諸戎」，昭公元年，「晉中行穆子敗無終及羣狄于太原」，《漢書·樊噲傳》「擊陳豨，破，得綦毋卬、尹潘軍於無終、廣昌」，則去玉田千有餘里。豈無終之國先在雲中、代郡之境，而後遷于右北平與？〔原注〕《左傳正義》曰：「《釋例·土地名》以北戎、山戎、無終三名爲一。北平有無終縣，太原即太原郡晉陽縣是也。計無終在太原東北二千許里，遠就太原來與晉戰，不知其何故也？蓋與諸戎近晉者相率而來也。」

柳　城

〔汝成案〕下引《遼史》「龍山之南」，諸本皆誤作「龍城」，今改。此云「龍山之西」，攷《載記》無此文，豈史即《遼史》歟？

史言：「慕容皝以柳城之北，龍山之西，福德之地，乃營立宗廟宫闕，命曰龍城。」《一統志》：

「柳城在永平府西二十里，龍山在府西四十里。」《永平府舊志》：「柳城在昌黎縣西南六十里。漢末爲烏桓所據，曹操滅之，歷魏、晋，爲慕容氏父子所據。隋置縣，屬遼西郡。唐置營州。元省入昌黎，爲静安社。」其説與史不同。今府西二十里全無遺跡，而静安社則嘉靖三十一年立爲堡，然皆非柳城之舊也。按《唐書》「營州柳城郡」下云：「城西四百八十里，有渝關守捉城。」又云：「西北接奚，北接契丹。」《通典》「營州柳城郡」下云：「東至遼河四百八十里，南至海二百六十里，西至北平郡七百里，北至契丹界五十里，東南到安東府二百七十里，西南到北平郡七百里，西北到契丹界七十里，東北到契丹界九十里。」而「平州北平郡」下云：「東至柳城郡七百里，西至漁陽郡三百里，東北到柳城郡七百里。」是柳城在今永平之東北七百里，而慕容氏之龍城、昌黎及魏以後之營州並在其地。唐萬歲通天元年，爲契丹所陷。聖曆二年，僑治漁陽。開元五年，又還治柳城。〔原注〕《舊唐書·宋慶禮傳》：「初，營州都督府置在柳城，控帶奚、契丹。則天時，都督趙文翽政理乖方，兩蕃反叛，攻陷州城。其後移於幽州東二百里漁陽城安置。開元五年，奚、契丹各款塞歸附。玄宗乃詔慶禮及太子詹事姜師度、左驍衛將軍邵宏等充使，更於柳城築營州城，興役三旬而畢。」詔書見《册府元龜》。而今之昌黎乃金之廣寧縣，大定二十九年改爲昌黎，名同而地異也。

《三國志》：「魏武帝用田疇之言，上徐無山，塹山堙谷五百餘里，經白檀，歷平岡，涉鮮卑庭，東指柳城。」徐無山在今玉田，則柳城在玉田之東北數百里也。《北齊書》：「顯祖伐契丹，以十月丁酉至平州，從西道趨長塹。辛丑，至白狼城。壬寅，至昌黎城。」是昌黎在平州之東北，齊主之行急，猶五日而後至也。《隋書》：「漢王諒伐高麗，軍出臨渝關，至柳城。」《唐書》：「太宗伐高麗還，以十月丙午次營州，詔遼東戰亡士卒骸骨並集柳城東南，命有司設太牢，上自作文以祭之。丙辰，皇太子迎謁於臨渝關。」關在今撫寧之東，則柳城又在其東。太宗之行遲，故十日而後至也。

《遼史》載柳城曰：「興中府。古孤竹國，漢柳城縣地。慕容皝以柳城之北，龍山之南，福德之地，乃築龍城，構宫廟，改柳城爲龍城縣，而遷都之，號曰和龍宫。慕容垂復居焉。〔原注〕垂都鄴，其子寶始還龍城，非垂也。後爲馮跋所滅。〔原注〕高雲滅慕容氏，馮跋代高雲，非跋滅慕容氏也。〔楊氏曰〕雲初亦姓慕容氏，本文不誤。〔又曰〕雲之篡亦跋之謀，謂跋滅慕容，無可易。魏取之，爲遼西郡。隋平高寶寧，置營州。煬帝改柳城郡。唐武德初，改營州總管府，尋爲都督府。萬歲通天元年，陷李萬榮。神龍初，徙府幽州。開元四年，復治柳城。八年，徙漁陽。十年，還柳城。〔原注〕《舊唐書・奚傳》：「李大輔與契丹首領李失活，請於柳城依舊置營州都督府，從之。」後爲奚所據。太祖平奚及俘燕民，將建城，命韓知方擇其處，乃完葺柳城，號霸州彰武軍節度。重熙十年，升興中府。有太華山、小華山、香高山、麝香崖，天授皇帝刻石在焉，駐龍峪、神射泉、小靈河。統州二，縣四。其一曰興中縣，本漢柳城縣地。太祖掠漢民居此，置霸城縣。重熙中置府，更名。」此文述柳城之故，頗爲詳備。元世祖至元七年十月己丑，降興中府爲州，以地圖案之，當在今前屯衛之北。但《唐書》「平州」下云：「又有柳城軍，永泰元年置。」蓋唐時柳城之地，屢被陷没，移徙無常。此其在平州者，或即今之静安社未可知，〔原注〕《通典》：「醫無閭山，在遼東，今於柳城郡東置祠遥禮。」此即是移置之柳城。然不可以永泰元年之柳城爲古之柳城也。

《一統志》采輯諸書，不出一人之手。如柳城廢縣，既云「在府城西二十里」矣，而於土産則云人參、麝香、豹尾，俱廢柳城縣出。今府西二十里乃灤河之西，洞山之南，沙土之地，其能出此三物乎？按《唐書》「營州柳城郡貢人蓡、麝香、豹尾、皮骨䶌」，《志》本引之，而不知所指府西二十里廢柳城縣之誤也。

昌黎

按昌黎有五。《漢書》遼西郡之縣，其八曰：「交黎，渝水首受塞外，南入海。東部都尉治。」應劭曰：「今昌黎。」〔王氏曰〕按《地理志》「遼西郡交黎縣」，應劭注曰：「今昌黎。」昌黎之名始見于此，而西漢實無昌黎縣。應劭于後漢雖言昌黎，而《郡國志》亦無此縣。唐貞觀八年置此縣，隸營州都督，地在異域，茫昧難知。今之昌黎縣隸永平府者，則金所改移之名，又非唐之昌黎也。若漢遼東之西部都尉治無慮縣，不治交黎縣，《郡國志》注以漢遼西交黎之名被之遼東，殊誤。《水經注》：「白狼水又東北逕昌黎縣故城西。《地理志》曰：『交黎也。』」《通鑑》注：「昌黎，漢交黎縣，屬遼西郡，後漢屬遼東屬國都尉。魏齊王正始五年，鮮卑内附，復置遼東屬國，立昌黎縣以居之。後立昌黎郡。」《晋書·武帝紀》：「太康二年，慕容廆寇昌黎。二年，❶安北將軍嚴詢敗慕容廆於昌黎。成帝咸康二年，慕容皝自昌黎東踐冰而進，凡三百餘里，至歷林口。」是則在渝水下流而當海口，此一昌黎也。《晉書·載記》：「慕容皝徙昌黎郡。」又云：「破宇文歸之衆，徙其部人五萬餘落於昌黎。」及慕容盛之世，有昌黎尹張順、劉忠。高雲以馮素弗爲昌黎尹。馮跋之世，有昌黎尹孫伯仁。以史考之，當去龍城不遠，此又一昌黎也。魏併柳城、昌黎、棘城於龍城，而立昌黎郡。〔楊氏曰〕按文直以龍城爲昌黎爾，魏人從之，非別置。《志》云有堯祠、榆頓城、狼水，而列傳如韓麒麟、韓秀、谷渾、孫紹之倫，皆昌黎人。即燕之舊都龍城，此又一昌黎也。齊以後，昌黎之名廢。至唐太宗貞觀三年，更崇州爲北黎州，治營州之東北廢陽師鎮，八年，復爲崇州，置昌黎縣，後淪於奚。《遼史》：「建州永康縣，本唐昌黎縣地。」此又一昌黎也。遼太祖以定州俘户置營州鄰海軍，其縣一，曰廣寧。金世宗大定二十九年，改爲昌黎，相沿以至於今，在永平府城東南七十里。此又一昌黎也。郭造卿《永平志》辨昌黎有二，而不知其有五，今序而列之，論古者可以無惑焉。

韓文公多自稱昌黎。《唐書》載韓氏世系則云：「漢弓高侯頽當裔孫，世居潁川，徙安定、武安、常山、九門，而生安定桓王茂，爲公之六世祖。」與昌黎之韓支派各别，故先儒以爲公之自稱，本其郡望。宋元豐七年，封公爲昌黎伯，亦是取其本望。〔原注〕唐、宋封爵必取本望。元和中，朔方帥天水閻某者

❶「二」，《晉書》作「三」。

封邑太原，乃自言非本郡。上謂宰相李吉甫曰：「有司之誤，不可再也。宜使儒生條其源系，考其郡望，子孫職任，並總輯之，每加爵邑，則令閲視。」乃命林寶譔次《元和姓纂》十一卷。明初亦如之，❶太平忠臣祠追封花雲東丘郡侯，許瑗高陽郡侯，王鼎太原郡侯是也。如韓長鸞、韓建封昌黎王，韓擇木封昌黎伯，韓偓封昌黎男之比。若昌黎之韓，最著於魏，如麒麟、顯宗，史明言其爲昌黎棘城人，又非今之昌黎也。然則文公之没二百六十年而始封昌黎伯，又一百六年而始立今之昌黎縣，以金之縣而合宋之封，遂謂文公爲此縣之人，其亦未之考矣。〔王氏曰〕韓文公自稱昌黎，《舊唐書》亦云昌黎人，而韓實南陽人。

石城

漢右北平郡之縣十六，其三曰石城。後漢無之，蓋光武所併省也。至燕分置石城郡。考之《通鑑》及《晋・載記》，得二事：「慕容寶宿廣都黄榆谷，清河王會勒兵攻寶。寶帥輕騎馳二百里，晡時至龍城。會遣騎追至石城，不及。」是廣都去龍城二百里，而石城在其中間也。「慕容熙畋于北原，石城令高和與尚方兵於後作亂」，注云：「高和，本爲石城令，時以大喪，會於龍城。」是石城去龍城不遠也。《魏書・地形志》「廣興」下云：「有雞鳴山、石城、大柳城。」此即漢之石城矣。魏太平真君八年，置建德郡，治白狼城，領縣三，其一曰石城，有白鹿山祠，其二曰廣都。《水經注》：「石城川水

❶「明」，據《校記》，鈔本作「本朝」。

出西南石城山，東流逕石城縣故城南，北屈逕白鹿山西，即白狼山也，又東北入廣成縣東。」廣成即廣都城，燕之石城在廣都之東北，而此在廣都之西南，是魏之石城非燕之石城矣。《隋書》始無石城，云北齊廢之，而《唐書》「平州石城」下云：「本臨渝。武德七年省，貞觀十五年復置，萬歲通天二年更名。有臨渝關，有大海，有碣石山。」是武后所更名之石城，又非魏之石城矣。〔原注〕《舊唐書·回紇傳》：「追躡史朝義至平州石城縣，梟其首。」《遼史》「灤州統縣三，其三曰石城」，下云：「唐貞觀中，於此置臨渝縣。萬歲通天元年，改石城縣。在灤州南三十里。唐儀鳳石刻在焉。」今縣又在其南五十里，遼徙置，以就鹽官。是遼之石城又非唐之石城矣。今之開平中屯衛，自永樂三年徙於石城廢縣，在灤州西九十里，乃遼之石城。而《一統志》以爲漢舊縣，何其謬與！

木刀溝

新樂縣西南三十里有水名木刀溝。《新唐書·地理志》「新樂」下云：「東南二十里有木刀溝。有民木刀，居溝旁，因名之。」〔原注〕予過新樂林君華皖，見示所修縣志，以木刀爲不典，改爲木鐸。因取笥中《唐志》示之，林君爽然自失。《憲宗紀》：「元和五年四月丁亥，河東節度使范希朝、義武軍節度使張茂昭，及王承宗戰於木刀溝，敗之。」〔原注〕《范希朝傳》同。《張茂昭傳》：「承宗以騎二萬踰木刀溝，與王師薄戰。茂昭躬擐甲爲前鋒，令其子克讓、從子克儉，與諸軍分左右翼繞戰，大破之。」《沙陀傳》：「王承宗衆數萬，伏木刀溝，與朱邪執宜遇，飛矢雨集。執宜提軍橫貫賊陣鏖鬭，李光顔等乘之，斬首萬級。」而《舊書・李光進傳》：「范希朝引師救易、定，表光進爲步都虞候。戰於木刀溝，有功。」此溝在鎮、定二節度之界，古爲戰地。

江乘

古時未有瓜洲。蔡寬夫《詩話》：「潤州大江本與今揚子橋對岸，而瓜洲乃江中一洲耳，今與揚子橋相連矣。以故自古南北之津，上則由采石，下則由江乘，而京口不當往來之道。」《史記》：「秦始皇登會稽，還，從江乘渡。」《正義》云：「江乘故縣在今潤州句容縣北六十里。」吳徐盛「作疑城，自石頭至江乘」。晉蔡謨「自土山至江乘，鎮守八所，城壘凡十一處」，皆以沿江爲防守之要。今其地在上元縣東北五十里。唐肅宗上元元年，李峘闢北固爲兵場，插木以塞江口。「劉展軍于白沙，設疑兵於瓜洲，多張火鼓，若將趨北固者。如是累日，峘悉鋭兵守京口以待之。展乃自上流濟，襲下蜀。」胡三省《通鑑注》云：「此自白沙濟江也。昇州東北九十里至句容縣有下蜀戍，在句容縣北，近江津。」今江乘去江幾二十里以外，皆爲洲渚，而渡口乃移于龍潭。又瓜洲既連揚子橋，江面益狹。而隋、唐之代，復以丹陽郡移治丹徒，於是渡者舍江乘而趨京口。〔原注〕《舊唐書・張延賞傳》：「邊江之瓜洲，舟航湊會，而縣屬江南。延賞奏請以江爲界，人甚便之。」宋乾道四年，築瓜洲南北城，而京口之渡，至今因之。

瓜洲得名，本以瓜步山之尾生此一洲故爾。《舊唐書・齊澣傳》：「潤州北界隔江，至瓜步尾紆滙六十里，船繞瓜步，多爲風濤漂損。瀚乃移漕路於京口塘下，直渡江二十里，又開伊婁河二十五里，即達揚子縣。〔原注〕胡三省《通鑑注》：「今之揚子橋，或是唐之揚子縣治所，橋以此得名也。」自是免漂損之災，歲減腳錢數十萬。又立伊婁埭，官收其課，迄今利濟焉。」此京口漕路繇瓜洲之始。《玄宗紀》載此事，則謂之瓜洲浦。而《五行志》：「開元十四年七月，潤州大風，從東北，海濤奔上，没瓜步洲，損居人。」《永王璘傳》：「李承式使判官評事裴茂，以步卒三千拒於瓜步洲伊婁埭。」則此洲本亦謂之瓜步洲也。〔王氏曰〕瓜步鎮，在六合縣東南二十五里瓜步山下是也。自開邗溝，江、淮已通，道猶淺狹。六朝皆都建業，南北往來，以瓜步就近爲便，故不取邗溝與京口相對之路。《庾子山集・將命使北始渡瓜步江》詩倪璠注：「《隋志》：『江都六合有瓜步山。』《述異紀》：『水際謂之步。瓜步在吴中，吴人賣瓜于江畔，因以名焉。』鮑昭《瓜步山楬文》有曰『鮑子辭吴客楚，指兖歸揚，道出關津，升高問途』云云。」即此觀之，則南北朝之以瓜步爲通津明矣。隋既大開邗溝，加濬深澗。至唐皆南北混一，無所事于建業，而都在關中，自宜取邗溝自江入淮，自淮入汴，以泝河渭，乃猶因循瓜步之舊，直至齊瀚始改。瀚雖改道，卻于京口遥領。張延賞，代宗時爲揚州刺史、淮南節度觀察等使，邊江之瓜洲，舟航湊會，而縣屬江南，延賞奏請以江爲界，人甚爲便。延賞以瓜洲本在江北，而反屬江南之潤州爲不便，故請改屬揚州，此與瓜步何涉？「没瓜步洲」、「拒於瓜步洲」，「步」字蓋衍文。〔又曰〕《宋書・索虜傳》：「劉遵考與左軍將軍尹宏守横江，少府劉興祖守白下，建威將軍黄門侍郎蕭元邕守禅州，❶羽林左

❶「州」，《宋書・索虜傳》作「洲」。

監孟宗嗣守新洲上，建武將車泰容守新洲下，征北中兵參軍事向柳守貴洲，司馬到元度守蒜山。」時魏主在六合瓜步，與南岸采石對，而横江即采石也。自横江以下六地名，皆自采石至今京口幾百里中地名。如以今瓜洲爲瓜步，則與蒜山相對，其上安得更容六地名哉？

郭璞墓

《晉書·郭璞傳》：「璞以母憂去職，卜葬地于暨陽，去水百步許。人以近水爲言。璞曰：『當即爲陸矣。』其後沙漲，去墓數十里，皆爲桑田。」《王惲集》乃云：「金山西北大江中亂石間，有叢薄，鴉鵲棲集，爲郭璞墓。」按史文元謂去水百步許，不在大江之中，且當時即已沙漲爲田。而暨陽在今江陰縣界，不在京口。又所葬者璞之母，而非璞也。世之所傳皆誤。〔原注〕《世説》載璞詩曰：「北阜烈烈，巨海混混，壘壘三墳，惟母與昆。」則璞又有二兄同葬。〔楊氏曰〕既云母葬江陰，則璞不妨在京口。王惲之言未可駁。

蟂磯

蕪湖縣西南七里大江中蟂磯，相傳昭烈孫夫人自沈於此，有廟在焉。按《水經注》：「武陵孱陵縣故城，王莽更名孱陸也。劉備孫夫人，權妹也，又更修之。」則是隨昭烈而至荊州矣。《蜀志》曰：「先主既定益州，而孫夫人還吴。」又裴松之注引《趙雲列傳》曰：〔楊氏曰〕「列」當是「别」字之譌。「先主入益州，雲領留營司馬，時孫夫人以權妹，驕豪，多將吴吏兵，縱横不法。先主以雲嚴重，必能整齊，特任掌内事。權聞備西征，大遣舟船迎妹，而夫人欲將後主還吴，雲與張飛勒兵截江，乃得後主還。」〔孫氏曰〕據此，則孫夫人之還吴與沈江俱未可知，不宜竟斷爲妄。且黄山谷文云：「磯有靈澤夫人廟，相傳蜀先主夫人葬此。」元林坤《誠齋雜記》：「先主入蜀，權遣船迎妹。妹同至焦磯，溺水而死，今俗呼爲焦磯娘娘。」則自宋、元以來，相傳久矣。是孫夫人自荆州復歸于權，而後不知所終，蟂磯之傳殆妄。

胥門

《史記》：吴王既殺子胥，「吴人爲立祠於江上，號曰胥山」。《水經注》引虞氏曰：「松江北去吴國五十里，江側有丞、胥二山，山各有廟。魯哀公十三年，越使二大夫疇無餘、謳陽等伐吴。吴人敗之，獲二大夫，大夫死，故立廟於山上，號曰丞、胥二王也。胥山上今有壇石，長老云：胥神所治也。」一以爲子胥，一以爲越大夫。今蘇州城之西南門曰胥門，陸廣微《吴地記》云：「本伍子胥宅，因名。」非也。趙樞生曰：「按《吴越春秋》：吴王夫差『十三年，將與齊戰，道出胥門，因過姑胥之臺』。則子胥未死，已名爲胥門。」愚考《左傳》哀公十一年「艾陵之戰，胥門巢將上軍」。胥門，氏；巢，名。蓋居此門而以爲氏者，如東門遂、桐門右師之類。〔原注〕《周禮·大司馬》「帥以門名」，注：「古者軍將，蓋爲營治于國門，魯有東門襄仲，宋有桐門右師，皆上卿爲軍將者也。」則是門之名，又必在夫差以前矣。《淮南子》：「句踐甲卒三千人，以擒夫差於姑胥。」《越絶書》：「吴王起姑胥之臺，五年乃成。」

姑胥，山名也，不可知其所始。其字亦爲「姑蘇」。《國語》：「吴王帥其賢良與其重禄以上姑蘇。」《史記》：「越伐吴，敗之姑蘇。」伍被對淮南王言「見麋鹿游姑蘇之臺」。古胥、蘇二字多通用。〔原注〕《戰國策》以「包胥」爲「勃蘇」。《詩·山有扶蘇》傳曰：「扶蘇，扶胥。」

潮信

白樂天詩：「早潮纔落晚潮來，一月周流六十回。」白是北人，未諳潮候。今杭州之潮，每月朔日以子、午二時到。每日遲三刻有餘，至望日則子潮降而爲午，午潮降而爲夜子，以後半月復然。〔原注〕西興江岸上有候潮碑。故大月之潮一月五十八回，小月則五十六回，無六十回也。水、月皆陰之屬，月之麗天，出東入西，大月二十九回，小月二十八回，亦無三十回也。所以然者，陽有餘而陰不足，自然之理也。

晋國

晋自武公滅翼，〔原注〕今翼城縣。而王命曲沃伯以一軍爲晋侯，其時疆土未廣，至獻公始大。考之於《傳》，滅楊，〔原注〕今洪洞縣。滅霍，〔原注〕今霍州。滅耿，〔原注〕在今河津縣。滅魏，〔原注〕在今蒲州。滅虞，〔原注〕在今平陸縣。重耳居蒲，〔原注〕在今隰州。夷吾居屈，〔原注〕在今吉州。太子居曲沃，〔原注〕在今聞喜縣。而公都絳，〔原注〕在今太平縣。不過今平陽一府之境。〔原注〕《國語》「宰孔謂晋侯，景霍以爲城，而汾、河、涑、澮以爲淵」是也。而滅虢，〔原注〕在今陝州。滅焦，〔原注〕今陝州。則跨大河之南。〔原注〕《史記·晉世家》言：「獻公時，晉彊，西有河西，與秦接境。北邊翟，東至河内。」《索隱》曰：「河内，河曲也。内音汭。」蓋即今平陸芮城之地。至惠公敗韓之後，秦征河東，則内及解梁，〔原注〕在今臨晉縣。狄取狐厨，〔原注〕在今鄉寧縣。涉汾，而晉境稍蹙。文公始啓南陽，得今之懷慶，襄公敗秦于殽，自此惠公賂秦之地，復爲晉有，而以河西爲境。若霍太山以北，大都皆狄地，不屬於晉。文公作三行以禦狄，襄公敗狄于箕，而狄患始稀。悼公用魏絳和戎之謀，以貨易土。〔原注〕在文公後六十年。平公用荀吴敗狄于太原，於是晉之北境至於洞渦、雒陰之間，而鄔、祁、〔原注〕並今祁縣。平陵、梗陽、〔原注〕今清源縣。塗水、〔原注〕在今榆次縣。馬首、盂〔原注〕今盂縣。爲祁氏之邑，晉陽〔原注〕今太原縣。爲趙氏之邑矣。若成公滅赤狄潞氏，而得今之潞安。頃公滅肥，滅鼓，而得今之真定，皆一一可考。吾於杜氏之解綿上、箕而不能無疑，并唐叔之封晉陽亦未敢以爲然也。

緜上

《左傳》僖二十四年，「晉侯賞從亡者，介子推不言禄，禄亦弗及，遂隱而死。晉侯求之不獲，以緜上爲之田」。杜氏曰：「西河界休縣南有地名緜上。」《水經注》：「石桐水即緜水，出介休縣之綿山。北流逕石桐寺西，即介子推之祠也。袁崧《郡國志》曰：『界休縣有介山，有緜上聚、子推廟。』」今其山南跨靈石，東跨沁源，世以爲之推所隱。而漢、魏以來，傳有焚山之事，大原、上黨、西河、雁門之民，至寒食不敢舉火。石勒禁之，而雹起西河介山，大如雞子，平地三尺，前史載之，無異辭也。然考之於《傳》，襄公十三年，「晋悼公蒐于緜上以治兵，使士匄將中軍，讓于荀偃」，此必在近國都之地。又定公六年，「趙簡子逆宋樂祁，飲之酒于緜上」，自宋如晋，其路豈出於西河界休乎？況文公之時，霍山以北，大抵皆狄地，與晋都遠不相及。今翼城縣西亦有緜山，俗謂之小緜山，近曲沃，當必是簡子逆樂祁之地。〔原注〕襄公二十九年，齊高竪致盧而出奔晋，晋人城緜而寘旃。緜或即緜山。今萬泉縣南二里有介山，《漢書・武帝紀》詔曰：「朕用事介山，祭后土，皆有光應。」《地理志》：「汾陰，介山在南。」〔原注〕今萬泉，古汾陰地。《揚雄傳》：「其三月，將祭后土，上迺帥羣臣，横大河，湊汾陰。既祭，行游介山，回安邑，顧龍門，覽鹽池，登歷觀，陟西岳以望八荒。雄作《河東賦》曰：『靈輿安步，周流容與，以覽于介山，嗟文公而愍推兮，勤大禹於龍門。』」《水經注》亦引此，謂「《晋太康記》及《地道記》與《永初記》並言子推隱於是山」，而辨之以爲非然。可見漢時已有二説矣。

箕

《左傳》僖公三十三年，「狄伐晋，及箕」。解曰：「太原陽邑縣南有箕城。」非也。陽邑在今之太谷縣，襄公時未爲晋有。《傳》言「狄伐晋，及箕」，猶之言「齊伐我，及清」也，必其近國之地也。成公十三年：「厲公使呂相絶秦，曰：『入我河縣，焚我箕、郜。』」〔原注〕無解。又必其邊河之邑，秦、狄皆可以爭。而文公八年有箕鄭父，襄公二十一年有箕遺，當亦以邑氏其人者矣。

唐

《左傳》昭公元年:「遷實沈于大夏。」定公四年:「命以《唐誥》,而封于夏虚。」服虔曰:「大夏在汾、澮之間。」杜氏則以爲太原晉陽縣。按晉之始見《春秋》,其都在翼。《括地志》:「故唐城在絳州翼城縣西二十里。堯裔子所封,成王滅之而封太叔也。」北距晉陽七百餘里,即後世遷都亦遠不相及。〔原注〕《竹書紀年》:「康王九年,唐遷于晉。宣王十六年,晉遷于絳。」況霍山以北,自悼公以後始開縣邑,而前此不見於《傳》。又《史記·晉世家》曰:「成王封叔虞于唐。唐在河、汾之東,方百里。」翼城正在二水之東,而晉陽在汾水之西,又不相合。竊疑唐叔之封以至侯緡之滅,並在於翼。〔全氏曰〕或問:「亭林謂唐叔所封以至翼侯之亡,疑皆在翼而不在晉陽,然則燮父何以改國號曰晉乎?唐城畢竟安在?」曰:「既改唐曰晉,則其在晉陽可知。然亭林之言亦自有故,難以口舌辨也。《括地志》所述唐城有二,一在并州晉陽縣北二里,是太原之唐城,一在絳州翼城縣西二十里;是平陽之唐城,相去七百餘里。而《史記·晉世家》謂唐叔封于河汾之東,則當在平陽,張守節亦主此説。若太原,則在河汾之西矣。故亭林疑唐叔本封在翼者,以此故也。但燮父之改號曰晉,以晉水,則自在太原。而《詩譜》明曰『穆侯始遷于翼』,則《史記》謂河汾之東者,未可信也。而平陽亦有唐城者,蓋必既遷之後,不忘其故而築之,如後此之所謂故絳、新絳,二絳異地而同名耳。至于晉自唐叔以後,靖侯以前,年數且不可考,何況其他,則其中必累遷而至翼,亦必無一徙而相去七百餘里也。亭林於《括地志》之唐城引其一,遺其一,則稍未覈也。」《史記》屢言「禹鑿龍門,通大夏」,《吕氏春秋》言「龍門未闢，吕梁未鑿。河出孟門之上」，則所謂大夏者，正今晉、絳、吉、隰之間，《書》所云「維彼陶唐，有此冀方」，而舜之命皋陶曰「蠻夷猾夏」者也，當以服氏之説爲信。又齊桓公伐晉之師，僅及高梁，〔原注〕在今臨汾縣。而《封禪書》述桓公之言，以爲「西伐大夏」，大夏之在平陽明矣。〔原注〕《漢書・地理志》注，臣瓚曰：「所謂唐，今河東永安是也。」師古以瓚説爲是。按永安乃今之霍州，亦非也。

晉都

春秋時，晉國本都翼，在今之翼城縣。及昭侯，封文侯之弟桓叔于曲沃。桓叔之孫武公滅翼，而代爲晉侯，都曲沃，在今聞喜縣。〔原注〕《漢志》：「聞喜，故曲沃。」其子獻公城絳，居之。在今太平縣之南，絳州之北。〔原注〕今太平縣南二十五里，城址尚存。歷惠、懷、文、襄、靈、成六公，至景公，遷于新田。在今曲沃縣，〔原注〕杜氏曰：「新田，今平陽絳邑縣。」是後魏始名曲沃。當汾、澮二水之間。於是命新田爲絳，而以其故都之絳爲故絳，此晉國前後四都之故蹟也。

晉自都絳之後，遂以曲沃爲下國，〔原注〕僖公十年，「狐突適下國」。然其宗廟在焉。考悼公之立，〔原注〕成公十八年。「大夫逆于清原」，〔原注〕杜氏曰：「河東聞喜縣北有清原。」是次郊外。「庚午，盟而入。辛巳，朝于武宫」，是入曲沃而朝于廟。二月乙酉朔，「即位于朝」，是至絳都。而平公之立，〔原注〕襄公十六年。亦云「改服、修官，烝于曲沃」，但不知其後何以遂爲欒氏之邑。而欒盈之入絳，范宣子執魏獻子之手，賂之以曲沃。〔原注〕襄公二十三年。夫以宗邑而與之其臣，聽其所自爲，端氏之封，屯留之徒，其所由來者漸矣。

瑕

晋有二瑕。其一，《左傳》成公六年，諸大夫皆曰：「必居郇瑕氏之地。」杜氏曰：「郇瑕，古國名。」《水經注》：「涑水又西南逕瑕城。京相璠曰：今河東解縣西南五里，有故瑕城是也。」〔原注〕杜以郇瑕爲一地，酈以爲二地。〔江氏曰〕解縣西南故瑕城，實爲晋之瑕。所謂「内及解梁城」，瑕正是解梁間一邑也。焦在河外。燭之武于河外舉焦，内舉瑕，以二邑該其餘，亦臨文省便之法。顧氏謂晋有二瑕，以焦、瑕爲河外五城之二，是忘「内及解梁城」一句矣。求河外之瑕不可得，謂「瑕」有「胡」音，以湖縣當之，謬矣。在今之臨晋縣境。其一，僖公三十年，燭之武見秦伯，曰：「許君焦、瑕，朝濟而夕設版焉。」解：「焦、瑕，晋河外五城之二邑。」文公十二年，「晋人、秦人戰于河曲，秦師夜遁，復侵晋入瑕」。解以「河曲爲河東蒲阪縣南」，則瑕必在河外。十三年，「晋侯使詹嘉處瑕，以守桃林之塞」。按《漢書・地理志》「湖，故曰胡，武帝建元年更名湖」。《水經・河水》「又東逕湖縣故城北」，酈氏注云：「《晋書・地道記》《太康記》並言胡縣，漢武帝改作湖，其北有林焉，名曰桃林。」古「瑕」「胡」二字通用。《禮記》引《詩》「心乎愛矣，瑕不謂矣」，鄭氏注云：「『瑕』之言『胡』也。『瑕』『胡』音同，故《記》用其字。」是「瑕」轉爲「胡」，又改爲「湖」，而瑕邑即桃林之塞也，〔原注〕《書》「放牛于桃林之野」，注云：「在華山東。」今爲閿鄉縣治。而成公十三年，「伐秦，成肅公卒于瑕」，亦此地也。道元以郇瑕之瑕爲詹嘉之邑，誤矣。〔原

注〕《左傳》有三瑕，而郇瑕不與焉。桓公六年，「軍於瑕以待之」，注：「瑕，隨地。」成公十六年，「楚師還及瑕」，注：「瑕，楚地。」昭公二十四年，「王子朝之師攻瑕及杏，皆潰」，注：「瑕、杏，敬王邑。」

僖公十五年，「晉侯賂秦伯以河外列城五，東盡虢略，南及華山」。《正義》曰：「自華山之東，盡虢之東界，其間有五城也。《傳》稱焦、瑕，蓋是其二。」〔原注〕《水經注》：「陝縣，故焦國。」《竹書紀年》：「幽王七年，虢人滅焦。」

成公元年，「晉侯使瑕嘉平戎于王」。瑕嘉即詹嘉，以邑爲氏。僖公十五年「瑕吕飴甥」，當亦同此。〔原注〕《竹書紀年》：「惠王十九年，晉獻公滅虢，命瑕父吕甥邑于虢都。」《傳》謂之「陰飴甥」者，陰亦虢地，或兼食之也。而解以「瑕吕」爲姓，恐非。

九　原

《禮記·檀弓》：「趙文子與叔譽觀乎九原。」《水經注》以爲在京陵縣。《漢志》「太原郡京陵」，師古曰「即九京」，因《記》文或作「九京」而傅會之爾。〔原注〕文子曰：「是全要領以從先大夫於九京也。」方氏曰：「九京即九原，指其冢之高曰京，指其地之廣曰原。」古者卿大夫之葬必在國都之北，不得遠涉數百里而葬於今之平遥也。《志》以爲太平之西南二十五里有九原山，近是。

昔陽

《左傳》昭公十二年：「晉荀吴僞會齊師者假道于鮮虞，遂入昔陽。秋八月壬午，滅肥，以肥子緜皋歸。」杜氏謂「鮮虞，白狄别種，在中山新市縣」，〔原注〕今新樂縣。又謂「鉅鹿下曲陽縣西有肥纍城」，〔原注〕在今藁城縣西南七十里。是也。其曰「昔陽，肥國都，樂平沾縣東有昔陽城」，則非也。疏載劉炫之言，以爲：「齊在晋東，『僞會齊師』，當自晋而東行也。『假道鮮虞，遂入昔陽』，則昔陽當在鮮虞之東也。今按樂平沾縣在中山新市西南五百餘里，何當假道於東北之鮮虞，而反入西南之昔陽也？既入昔陽，而别言滅肥，則肥與昔陽不得爲一，安得以昔陽爲肥國之都也？昔陽既是肥都，何以復言鉅鹿下曲陽有肥纍之城？疑是肥名取於彼也。肥爲小國，境必不遠，豈肥名取鉅鹿之城，建都於樂平之縣也？十五年，『荀吴伐鮮虞，圍鼓』，杜云：『鼓，白狄之别，鉅鹿下曲陽縣有鼓聚。』炫謂肥、鼓並在鉅鹿。昔陽即是鼓都，在鮮虞以東南也。二十二年《傳》曰『晋荀吴使師僞糴者，負甲以息于昔陽之門外，遂襲鼓，滅之』，則昔陽之爲鼓都斷可知矣。」〔原注〕杜解：「昔陽，故肥子所都。」果爾，則其地已入晋，何用僞糴以息其門外乎？《漢書·地理志》「鉅鹿下曲陽」，應劭曰：「晋荀吴滅鼓，今鼓聚昔陽亭是也。」《水經注》：「泜水東逕肥纍縣之故城南，又東逕昔陽城南，本鼓聚。《十三州志》曰：『今其城昔陽亭是矣。』京相璠曰：『白狄之别也。』下曲陽有鼓聚。」其説皆同。〔原注〕《水經注》一卷中昔陽城兩見，一在下曲陽，一在沾縣，亦酈氏之誤也。《史記·趙世家》：「惠文王十六年，廉頗將攻齊昔陽，取之。」夫昔陽在鉅鹿，故屬之齊，豈得越太行而有樂平乎？〔原注〕《正義》亦謬。

晋之滅狄，其用兵有次第。宣公十五年，滅潞氏。十六年，滅甲氏及留吁。成公十一年，伐廧咎如，而上黨爲晋有矣。昭公元年，敗無終及羣狄於大鹵，而大原爲晋有矣。然後出師以臨山東。昭公十二年，滅肥。二十二年，滅鼓。於是太行以南之地謂之「南陽」，太行以東之地謂之「東陽」，〔原注〕《水經注》引馬季長曰：「晋地自朝歌以北至中山爲東陽，自朝歌以南至軹爲南陽。」而晋境東接於齊。蓋先後之勤且八十年，而鮮虞猶不服焉，〔原注〕至魏文侯始克中山。平狄之難如此。

太　原

太原府在唐爲北都。《唐書·地理志》曰：「晋陽宫，在都之西北。宫城周二千五百二十步，崇四丈八尺。都城左汾右晋，潛丘在中。〔原注〕《爾雅》「晋有潛丘」注：「在太原晋陽縣，今已不存。」《志》曰：「相傳宋修惠明寺浮屠，陶土爲瓦用。」長四千三百二十一步，廣三千一百二十二步，周萬五千一百五十三步，其崇四丈。汾東曰東城，貞觀十一年長史李勣築。兩城之間有中城，武后時築，以合東城。〔原注〕《宋史·太宗紀》謂之連城。宫南有大明城，故宫城也。宫城東有起義堂，倉城中有受瑞壇。」當日規模之閎壯可見。自齊神武創建别都，與鄴城東西並立。隋煬繼修宫室。唐高祖因以克關中，有天下。則天以後名爲北都。五代李氏、石氏、劉氏三主皆興於此。及劉繼元之降，宋太宗以此地久爲創霸之府，又宋主大火，有參辰不兩盛之説，於是一舉而焚之矣。《宋史·太宗紀》：

「太平興國四年五月戊子，以榆次縣爲新并州。乙未，築新城。丙申，幸城北御沙河門樓，盡徙餘民於新城，遣使督之，既出，即命縱火。丁酉，以行宫爲平晋寺。」陸游《老學庵筆記》曰：「大宋太平興國四年，平太原，降爲并州。廢舊城，徙州於榆次。今太原則又非榆次，乃三交城也。城在舊城東北三十里，亦形勝之地，本名故軍，又嘗爲唐明鎮，有晋文公廟，甚盛。平太原後三年，帥潘美奏乞以爲并州，從之。於是徙晋文公廟，以廟之故址爲州治。又徙陽曲縣於三交，而榆次復爲縣。」然則今之太原府乃三交城，而太原縣不過唐都城之一隅耳。〔王氏曰〕武后名北都，中宗即位之初已依舊改爲并州大都督府矣。其遺文舊蹟，一切不可得而見矣。

《舊唐書・崔神慶傳》曰：「則天時，擢拜并州長史。先是并州有東西二城，隔汾水，〔原注〕唐張南史《送鄭録事》詩：「六月胡天冷，雙城汾水流。」神慶始築城相接，每歲省防禦兵數千人，邊州甚以爲便。」此即《志》所云「兩城之間有中城」者也。〔原注〕僖宗乾符六年，河東軍亂，焚掠三城，以朱玫爲三城斬斫使。汾水湍悍，古人何以架橋立城如此之易？〔閻氏曰〕按《水經注・汾水》云：「水上舊有梁，清洴殞于梁下，豫讓死於津側，亦襄子解衣之所在也。」此即指晋陽縣。又按唐李勣、馬燧俱引晋水架汾河而東去，故汾河東有晋祠水利。如長安東、中、西三渭橋，昔爲方軌，而今則咸陽縣每至冬月乃設一版；河陽驛，杜預所立浮橋，其遺跡亦復泯然；〔原注〕《魏書・崔亮傳》：「除安西將軍、雍州刺史。城北渭水淺不通船，行人艱阻。亮謂寮佐曰：『昔杜預乃造河梁，況此有異長河。且魏、晋之日，亦自有橋，吾今決欲營之。』咸曰：『水淺，不可爲浮橋，汎漲無恒，又不可施柱，恐難成立。』亮曰：『昔秦居咸陽，横橋渡渭，以象閣道，此即以柱爲橋。今惟慮長柱不可得耳。』會天大雨，山水暴至，浮出長木數百根，藉此爲用，橋遂成立。百姓利之，至今猶名崔公橋。」《北史·于栗磾傳》：「爲豫州刺史。明元帝南幸盟津，謂栗磾曰：『河可橋乎？』栗磾曰：『杜預造橋，遺事可想。』乃編大船構橋於野坂，六軍既濟，帝深歎美之。」蒲津鐵牛，求一僧懷丙其人不可得。〔原注〕《宋史·方技傳》。國有六職，百工與居一焉，不但坐而論道者不如古人而已。

代

春秋時，代尚未通中國。趙襄子乃言：「從常山上臨代，代可取也。」《正義》曰：「《地道記》云：恒山在上曲陽縣西北一百四十里，北行四百五十里得恒山岋，號飛狐口，北則代郡也。」《水經注》引梅福上事曰：「代谷者，恒山在其南，北塞在其北。谷中之地，上谷在東，代郡在西。」此則今之蔚州，乃古代國。項羽徙趙王歇爲代王，歇更立陳餘爲代王，漢高帝立兄劉仲爲代王，皆此地也。〔原注〕今蔚州東二十里相傳有代王城。十年，陳豨反。十一年，破豨，立子恒爲代王，都晉陽，〔原注〕《高祖紀》。則今之太原縣矣。《孝文紀》則云都中都。〔原注〕《陳豨傳》同。而文帝過太原，復晉陽、中都二歲。〔原注〕如淳以爲先都晉陽，後遷中都。又立子武爲代王，都中都，則今之平遥縣矣。〔原注〕《正義》引《括地志》：「中都故城在汾州平遥縣西南十二里。」又按衛綰，代大陵人。大陵今在文水縣北，而屬代，代都中都故也。代凡三遷，而皆非今代州，今代州之名自隋始。〔閻氏曰〕漢光武以盧芳爲代王，居高柳。高柳故城在唐雲州定襄縣。晉愍帝以猗盧爲代王城，盛樂爲北都，修故平城爲南都。拓跋珪立爲代王，都雲中，在朔州北三百餘里，後徙都平城，置代尹。是代尚有四，不止如顧氏云三遷也。

闕　里

《水經注》「孔廟東南五百步有雙石闕」，故名闕里。按《春秋》定公二年，「夏五月壬辰，雉門及兩觀災。冬十月，新作雉門及兩觀」。注：「雉門，公宫之南門。兩觀，闕也。」《禮記》：「昔者仲尼與於蜡賓，事畢，出游於觀之上。」《史記・魯世家》：「煬公築茅闕門。」蓋闕門之下，其里即名「闕里」，而夫子之宅在焉。亦謂之「闕黨」，《魯論》有「闕黨童子」，《荀子》仲尼「居於闕黨」是也。後人有以居爲氏者，《漢書・儒林傳》有鄒人闕門慶忌，注云：「姓闕門，名慶忌。」〔原注〕《後漢書・獻帝紀》「下邳賊闕宣」，注：「闕黨童子之後。」讖文言「代漢者當塗高」。當塗而高者，闕也，故闕宣自稱天子。

杏　壇

今夫子廟庭中有壇，石刻曰「杏壇」。《闕里志》：「杏壇，在殿前，夫子舊居。」非也。杏壇之名出自《莊子》。《莊子》曰：「孔子遊乎緇帷之林，休坐乎杏壇之上。弟子讀書，孔子弦歌鼓琴。奏曲未半，有漁父者下船而來，須眉交白，被髮揄袂，行原以上，距陸而止，左手據膝，右手持頤，以聽曲終。」又曰：「孔子乃下求之，至於澤畔，方將杖拏而引其船，顧見孔子，還鄉而立，孔子反走，再拜而進。」又曰：「客乃刺船而去，延緣葦間。顔淵還車，子路授綏，孔子不顧，待水波定，不聞拏音而後敢乘。」司馬彪云：「緇帷，黑林名也。杏壇，澤中高處也。《莊子》書凡述孔子，皆是寓言。漁父不必有其人，杏壇不必有其地，即有之，亦在水上葦間、依陂旁渚之地，不在魯國之中也明矣。今之杏壇，乃宋乾興間四十五代孫道輔增修祖廟，移大殿於後，因以講堂舊基甃石爲壇，環植以杏，取杏壇之名名之耳。」

徐州

《史記·齊太公世家》：「田常執簡公于徐州。」《田敬仲完世家》：「宣王九年，與魏襄王會徐州，諸侯相王也。十年，楚圍我徐州。」《魏世家》：「襄王元年，與諸侯會徐州。」《楚世家》：「威王七年，齊孟嘗君父田嬰欺楚，楚伐齊，敗之於徐州。」《越世家》：「句踐已平吳，乃以兵北渡淮，與齊、晉諸侯會於徐州。」《魯世家》：「頃公十九年，楚伐我，取徐州。」〔原注〕《索隱》曰：「徐音舒。徐州，齊邑薛縣是也。非九州之徐。」按《續漢書·志》：「薛本國，六國時曰徐州。」在今滕縣之南，薛河北有大城，田文所築也。此與楚、魏二國爲境，而威王曰：「吾吏有黔夫者，使守徐州，則燕人祭北門，趙人祭西門，徙而從者七千餘家。」蓋與梁惠王言，不欲斥魏，更以燕、趙夸之耳。

《索隱》曰：「《説文》：『𨛜，邾之下邑，在魯東。』又《竹書紀年》云：『梁惠成王三十一年，邳遷于薛，改名曰徐州。』則『徐』與『𨛜』並音舒也。」今讀爲《禹貢》「徐州」之「徐」者，誤。《齊世家》「田常執簡公于徐州」，《春秋》正作「舒州」。〔汝成案〕邳遷於薛，沈校本「邳」上有「下」字，蓋從《史記索隱》引《紀年》

增也。今删去，從元文。

向

《春秋》隱二年，「莒人入向」，杜氏解曰：「譙國龍亢縣東南有向城。」桓十六年，「城向」，無解。宣四年，「公及齊侯平莒及郯。莒人不肯，公伐莒，取向」，解曰：「向，莒邑，東海承縣東南有向城。遠，疑也。」襄二十年，「仲孫速會莒人，盟于向」，解曰：「莒邑。」按《春秋》，向之名四見於經，而杜氏注爲二地，然其實一向也。先爲國，後并於莒，而或屬莒，或屬魯，則以攝乎大國之間耳。承縣，今在嶧，杜氏以其遠而疑之，況龍亢在今鳳陽之懷遠乎？〔原注〕《水經注》於「軹縣向城」下引「向姜不安於莒而歸」，尤誤。《齊乘》以爲今沂州之向城鎮，〔原注〕州西南一百里。近之矣。〔汝成案〕向地見經傳者凡六。隱二年，「莒人入向」。十一年，「王與鄭人蘇忿生之田向」。宣四年，「公伐莒取向」。僖二十六年，「公會莒子、衛甯速盟于向」。襄十一年《傳》，「諸侯會于北林，師于向」。十四年，「會吴于向」。杜注于「入向」以爲古龍亢東南，于「與鄭」之向云在軹縣西，于「取向」「盟向」云莒邑，于「師向」云在潁川長社縣東北，于「會向」但云鄭地。古今地志書著向地者，《漢書·地理志》「沛郡向縣，古向國」，又《郡國志》「潁川長社縣有向鄉」，于欽《齊乘》「沂州西南一百里有向城」，《太平寰宇記》「莒縣西南有向城」。龍亢之向，今鳳陽府懷遠縣地。長社之向，今開封府尉氏縣地。莒邑沂州之向，今莒州地。軹縣之向，今懷慶府濟源縣地，《詩》「皇甫作都于向」即此。杜氏沿《漢志》之説，以「莒人入向」爲沛國之向，恐非是。《春秋》之莒，即今莒州，距今懷遠且千里。蕞爾之莒，豈能懸師遠入人國？竊意莒所入之向乃沂州之向，莒入向而兼其地，而魯復伐莒而取之，後遂爲會盟所耳。沛國之向乃會吴之向，中國會吴皆就之于淮上，如鍾離，今鳳陽；善道，今盱眙，皆是也。

小　穀〔汝成案〕此已詳卷四「城小穀」條，可并入。

《春秋》莊三十二年，「城小穀」，《左氏傳》曰：「爲管仲也。」蓋見昭公十一年申無宇之言曰：「齊桓公城穀，而寘管仲焉，至於今賴之。」而又見僖二年經書「城楚丘」之出於諸侯，謂仲父得君之專，亦可勤諸侯以自封也。是不然，仲所居者，穀也，此所城者，小穀也。《春秋》有言「穀」不言「小」者，莊二十三年「公及齊侯遇于穀」，僖二十六年「公以楚師伐齊，取穀」，文十七年「公及齊侯盟于穀」，成三年「叔孫僑如會晋荀首于穀」，四書「穀」而一書「小穀」，别於穀也。范甯曰：「小穀，魯地。」然則城小穀者，内城也，故不繫之齊，而與管仲無與也。漢高帝以魯公禮葬項羽于穀城，即此魯之小穀，而注引《皇覽》以爲東郡之穀城，與留侯所葆之黄石同其地，其不然明矣。《春秋發微》曰：「曲阜西北有小穀城。」

泰山立石〔汝成案〕《漢紀》注，應劭曰：「立石三丈一尺。」下云：「武帝封，廣丈二尺，高九尺。」姜氏注殊舛誤。

嶽頂無字碑，世傳爲秦始皇立。按秦碑在玉女池上，李斯篆書，高不過五尺，而銘文并二世詔書咸具，不當又立此大碑也。考之宋以前，亦無此説，因取《史記》反覆讀之，知爲漢武帝所立也。《史記·秦始皇本紀》云：「上泰山，立石，封，祠祀。」其下云：「刻所立石。」是秦石有文字之證，今李斯碑是也。《封禪書》云：「東上泰山，泰山之草木葉未生，乃令人上石，立之泰山巔。上遂東巡海上。四月，還至奉高。」上泰山封而不言刻石，是漢石無文字之證，今碑是也。《續漢書·祭祀志》亦云：「上東上泰山，乃上石，立之泰山巔。」然則此無字碑明爲漢武帝所立，而後之不讀史者誤以爲秦耳。〔姜氏曰〕《史記·封禪書》、《漢書·武帝紀》注引《風俗通》曰：「石廣二丈一尺，刻之曰：『事天以禮，立身以義，事父以孝，成民以仁。四海之内，莫不爲郡縣。四夷八蠻，咸來貢職。與天無極，人民蕃息，天禄永得』云。」此古制也，則武帝已用之矣。又《後漢書·張純傳》：「帝乃東巡岱宗，純從，上元封舊儀及刻石文。」若無文字，則不當云「刻石文」矣。

始皇刻石之處凡六，《史記》書之甚明。於鄒嶧山則上云「立石」，下云「刻石頌秦德」。於泰山則上云「立石」，下云「刻所立石」。於之罘則二十八年云「立石」，二十九年云「刻石」。於瑯邪則云「立石，刻頌秦德」。於會稽則云「立石刻頌秦德」。無不先言立，後言刻者。惟於碣石則云「刻碣石門」，門自是石，不須立也。古人作史，文字之密如此。使秦皇别立此石，秦史焉得不紀？使漢武有文刻石，漢史又安敢不録乎？

泰山都尉〔錢氏曰〕《漢書·地理志》泰山郡有盧縣，都尉治。

《後漢書·桓帝紀》：「永興二年，泰山琅邪賊公孫舉等反，殺長史。永壽元年七月，初置泰山琅邪都尉官。延熹五年八月己卯，罷琅邪都尉官。八年五月壬申，罷泰山都尉官。」《金石録》載《漢泰山都尉孔宙碑》，云「宙以延熹四年卒」，蓋卒後四年官遂廢矣。然泰山都尉實不始於此，光武時曾置之。《文苑傳》：「夏恭，光武時拜郎中，再遷泰山都尉。」又按《光武紀》：「建武六年，初罷郡國都尉官。」恭之遷，蓋在此年前也。

泰山自公孫舉、東郭竇、勞丙叔、孫無忌相繼叛亂，以是置都尉之官。以後官雖不設，而郡兵領於太守，其力素厚。故何進使府掾泰山王匡東發其郡强弩，而應劭、夏侯淵亦以之破黄巾，可見漢代不廢郡兵之效。而建安中，曹公表曰：「泰山郡界曠遠，舊多輕悍，權時之宜，可分五縣爲嬴郡。」則其時之習俗又可知矣。

社首〔汝成案〕此條從沈氏校本補。

《史記》：「周成王封泰山，禪社首。」《唐書》：「高宗乾封元年正月庚午，禪社首。玄宗開元十三年十一月辛卯，禪社首。」《宋史》：「真宗大中祥符元年十月壬子，禪社首。」今高里山之左有小山，其高可四五丈，志云即社首山，在嶽旁諸山中最卑小，不知古人何取于此？意者封于高，欲其近天；禪于下，欲其近地。且山卑而附嶽址，便于將事，初陟高之後不欲更勞民力邪？〔沈氏曰〕右一條見《山東考古録》，當補此。

濟南都尉

漢濟南郡太守，治東平陵。而都尉治於陵者，以長白山也。〔原注〕今龍山驛東有東平陵城。《後漢書·侯霸傳》注："於陵故城在今淄川長山縣南。"《魏書·辛子馥傳》："長白山連接三齊，瑕丘數州之界，多有盜賊。子馥受使檢覆，因辨山谷要害，宜立鎮戍之所。又諸州豪右在山鼓鑄，姦黨多依之，又得密造兵仗，亦請破罷諸冶。朝廷善而從之。"隋大業九年，齊人孟讓、王薄等衆十餘萬，據長白山，攻剽諸郡。以張須陀、王世充之力不能滅，訖于隋亡。觀此二事，則知漢人立都尉治於陵之意矣。

鄒平臺二縣

《漢書》濟南郡之縣十四，一曰東平陵，二曰鄒平，三曰臺，四曰梁鄒。《功臣表》則有臺定侯戴野，梁鄒孝侯武虎，是二縣並爲侯國。《續漢志》濟南郡十城，其一曰東平陵，其四曰臺，其七曰梁鄒，其八曰鄒平。而《安帝紀》云："延光三年二月戊子，濟南上言，鳳皇集臺縣丞霍收舍樹上。"章懷太子注云："臺縣屬濟南郡，故城在今齊州平陵縣北。"《晏子春秋》："景公爲晏子封邑，使田無宇致臺與無鹽。"《水經注》亦云："濟水又東北過臺縣北。"尋其上下文句，本自了然。後人讀《漢書》，誤從「鄒」字絶句，因以鄒爲一縣，平臺爲一縣，《齊乘》遂謂漢濟南郡有鄒縣，後漢改爲鄒平。又以臺、平臺爲二縣，此不得其句讀而妄爲之説也。

漢以「鄒」名縣者五。魯國有騶，亦作「鄒」。膠東國有鄒盧，千乘郡有東鄒，與濟南之鄒平、梁鄒，凡五。其單稱鄒者，今兖州府之鄒縣也。亦有平臺，屬常山郡。《外戚恩澤侯表》「平臺康侯史玄」，《後漢書・邳彤傳》「尹綏封平臺侯」是也。有鄒平，有臺，而亦有鄒，有平臺，不可不辨也。

晋時縣名多沿漢舊。按史《何曾傳》「曾孫機爲鄒平令」，是有鄒平矣。《解系傳》「父修，封梁鄒侯」，《劉頌傳》「追封梁鄒縣侯」，是有梁鄒矣。《宋書》言：「晋太康六年三月戊辰，樂安、梁鄒等八縣隕霜，傷桑麥。」《文帝紀》：「元嘉二十八年五月乙酉，亡命司馬順則自號齊王，據梁鄒城。八月癸亥，梁鄒平，斬司馬順。」則是宋有梁鄒矣。不知何故，《晋書・地理志》於樂安國下單書一「鄒」字，此史之闕文。〔錢氏曰〕當是史誤脱「梁」字耳。而《齊乘》乃云「晋省梁鄒入鄒縣」。夫晋以前此地本無鄒縣，而何從入之乎？蓋不知而妄作者矣。

夾谷

《春秋》定公十年，「夏，公會齊侯于夾谷」，《傳》曰：「公會齊侯于祝其，實夾谷。」杜預解及服虔注《史記》，皆云在東海祝其縣。劉昭《志》、杜佑《通典》因之，遂謂夾谷山在今贛榆縣西五十里。按贛榆在春秋爲莒地，與齊、魯之都相去各五六百里，何必若此之遠？當時景公之觀，不過曰「遵海而南，放於琅邪」而已，未聞越他國之境。《金史》云：「淄川有夾谷山。」《一統志》云：「夾谷山在淄川縣西南三十里，舊名祝其山，其陽即齊、魯會盟之處，萌水發源於此。」《水經注》：「萌水出般陽縣西南甲山。」是以甲山爲夾谷也。而《萊蕪縣志》則又云：「夾谷在縣南三十里，接新泰界。」未知其何所據。然齊、魯之境正在萊蕪。東至淄川，則已入齊地百餘里。二説俱通。又按《水經注》「萊蕪縣」曰：「城在萊蕪谷，當路岨絶，兩山間道，由南北門。舊説云：齊靈公滅萊，萊民播流此谷，邑落荒蕪，故曰萊蕪。《禹貢》所謂『萊夷』也。夾谷之會，齊侯使萊人以兵劫魯侯，宣尼稱『夷不亂華』是也。」是則會於此地，故得有萊人，非召之東萊千里之外也，〔原注〕萊人遷此已久，號其故國爲東萊。不可泥祝其之名，而遠求之海上矣。〔汝成案〕司馬彪《續漢志》劉昭注文中間誤作「後漢」，今俱改。此云「劉昭志」，當脱「郡國」及「注」字。

濰水

濰水出琅邪郡箕屋山。〔原注〕今在莒州西北九十里。《書·禹貢》「濰、淄其道」，《左傳》襄公十八年「晉師東侵及濰」是也。其字或省「水」作「維」，或省「糸」作「淮」，又或从「心」作「惟」，總是一字。《漢書·地理志》「琅邪郡朱虚」下、「箕」下作「維」，「靈門」下、「横」下、「折泉」下作「淮」，上文引《禹貢》「惟淄其道」又作「惟」。一卷之中，異文三見。〔原注〕馬文煒曰：「《漢書·王子侯表》：『城陽頃王子東淮侯類，封北海。』按北海郡别無淮水，蓋亦『濰』字之異文。」《通鑑·梁武帝紀》：「魏李叔仁擊邢杲于惟水。」〔原注〕胡三省注：「惟，當作『濰』。」古人之文，或省或借，其旁並从「鳥隹」之「隹」，則一爾。後人誤讀爲「淮沂其乂」之「淮」，而呼此水爲「槐河」，失之矣。〔原注〕按「淮」字當从「佳人」之「佳」，乃得聲。今本《説文》亦誤。〔錢氏曰〕「淮」从「隹」聲，亦可讀爲「惟」。顧氏欲分而二之，乃謂「淮泗」之「淮」當从「佳人」之「佳」，妄矣。〔梁氏曰〕按字書無从「佳」之字，豈可以《説文》爲誤乎！

又如《三國志・吴主傳》「作棠邑涂塘，以淹北道」，《晋書・宣帝紀》「王淩詐言吴人塞涂水」，《武帝紀》「琅邪王伷出塗中」，《海西公紀》「桓温自山陽及會稽王昱會于涂中」，《孝武紀》「遣征虜將軍謝石帥舟師屯涂中」，《安帝紀》「譙王尚之衆潰逃于涂中」，並是「滁」字，《南史・程文季傳》「秦郡前江浦通涂水」是也。古「滁」省作「涂」，與「濰」省作「淮」正同，韻書並不收此二字。

勞山

勞山之名，《齊乘》以爲「登之者勞」，又云「一作牢」，丘長春又改爲「鼇」，皆鄙淺可笑。按《南史》「明僧紹隱于長廣郡之嶗山」，《本草》「天麻生太山、嶗山諸山」，則字本作「嶗」。若《魏書・地形志》《唐書・姜撫傳》《宋史・甄棲真傳》並作「牢」，乃傳寫之誤。〔原注〕《魏書・高祖紀》《釋老志》並仍作「勞山」。

《詩》「山川悠遠，維其勞矣」，箋云：「勞勞，廣闊。」則此山或取其廣闊而名之。鄭康成，齊人，勞勞，齊語也。

《山海經·西山經》亦有勞山，與此同名。

《寰宇記》：「秦始皇登勞盛山，望蓬萊，後人因謂此山一名勞盛山。」誤也。勞、盛，二山名，勞即勞山，盛即成山。《史記·封禪書》「七曰日主，祠成山」，「成山斗入海」，《漢書》作「盛山」，古字通用。齊之東偏，環以大海，海岸之山，莫大於勞、成二山，故始皇登之。《史記·秦始皇紀》：「令入海者齎捕巨魚具，而自以連弩，候大魚至，射之。自琅邪北至榮成山，弗見。至之罘，見巨魚，射殺一魚。」《正義》曰：「榮成山，即成山也。」按史書及前代地理書並無榮成山，予向疑之，以爲其文在「琅邪」之下，「成山」之上，必「勞」字之誤。後見王充《論衡》引此，正作「勞成山」，乃知昔人傳寫之誤，唐時諸君亦未之詳考也，遂使勞山併盛之名，成山冒榮之號，今特著之，以正史書二千年之誤。

先生《勞山圖志序》略曰：勞山在今即墨縣東南海上，距城四五十里或八九十里，有大勞、小勞，其峰數十，總名曰勞。志言秦始皇「登勞盛山，望蓬萊」，因謂此山一名勞盛，而不得其所以立名之義。《漢書》成山作盛山，在今文登縣東北，則勞、盛自是二山。古人立言尚簡。齊之東偏，三面環海，其斗入海處，南勞而北盛，則盡乎齊東境矣。其山高大深阻，旁薄二三百里，以其僻在海隅，故人跡罕至。秦皇登之，是必萬人除道，百官扈從，千人擁輓而後上也。五穀不生，環山以外，土皆疏脊，海濱斥鹵，僅有魚蛤，亦須其時。秦皇登之，必一郡供張，數縣儲偫，四民廢業，千里驛騷而後上也。于是齊人苦之，而名之曰勞山，其以是夫？古之聖王勞民而民忘之，秦皇一出游而勞之名傳之千萬年，然而致此則有由矣。《漢志》言齊俗夸詐，自太公、管仲之餘，其言霸術已無遺策，而一二智慧之士倡爲迂怪之談，以聳動天下之聽，不過欲時君擁篲，辯士詘服，爲名高而已，❶豈知其患之至于此也！

楚丘

《春秋》隱公七年，「戎伐凡伯于楚丘以歸」，杜氏曰：「楚丘，衛地，在濟陰成武縣西南。」夫濟陰之成武，此曹地也，而言衛，非也。蓋爲僖公二年「城楚丘」同名而誤。按衛國之封，本在汲郡朝歌。〔原注〕隱公元年解云：「衛國在汲郡朝歌縣。」今衛輝府淇縣。懿公爲狄所滅，渡河而東，立戴公，以廬于曹。杜氏曰：「曹，衛下邑。」《詩》所謂「思須與漕」。廬者，無城郭之稱，而非曹國之曹也。僖公三年，「城楚丘」，杜氏曰：「楚丘，衛邑。」《詩》所謂「作于楚宫」，而非戎伐凡伯之楚丘也。但曰衛邑而不詳其地，然必在今滑縣、開州之間。滑在河東，故唐人有魏、滑分河之録矣。《水經注》乃曰：「楚丘，在成武西南，即衛文公所徙。」誤矣。彼曹國之地，齊桓安得取之而封衛乎？以曹名同，楚丘之名又同，遂附爲一地爾。

今曹縣東南四十里有景山，疑即《商頌》所云「陟彼景山，松柏丸丸」，而《左傳》昭公四年椒舉言「商湯有景亳之命」者也。〔原注〕《詩正義》引皇甫謐曰：「蒙爲北亳，即景亳，是湯所受命也。」《鄘詩》「望楚

---

❶「爲」上，《四部叢刊》影清康熙本《亭林詩文集》有「以」字。

與堂，景山與京」，則不在此也。

東昏

漢陳留郡有東昏。《續漢志》注云：「《陳留志》曰：『故户牖鄉有陳平祠。』」而山陽郡有東緡。《續漢志》「春秋時曰緡」，注云：「《左傳》僖公二十三年，『齊侯伐宋，圍緡』。」《前書》師古曰：「緡音旻。」《左傳》解：「緡，宋邑。高平昌邑縣東南有東緡城。」《史記·絳侯周勃世家》「攻爰戚、東緡以往」，《索隱》曰：「山陽有東緡縣。屬陳留者音昏，屬山陽者音旻。」《括地志》云：「東緡故城，在兖州金鄉縣界。」《水經注》引《王誨碑》辭曰：「使河隄謁者山陽東昏司馬登。」是以「緡」爲「昏」，誤矣。《隸釋·酸棗令劉熊碑陰》「故守東昏長蘇勝」，則陳留之東昏也。〔原注〕《通鑑》注「李愬攻金鄉」，引「東緡者，故陽武户牖鄉」，亦誤。

長城

春秋之世，田有封洫，故隨地可以設關。而阡陌之間，一縱一横，亦非戎車之利也，觀國佐之對晋人則可知矣。至於戰國，井田始廢，而車變爲騎，於是寇鈔易而防守難，不得已而有長城之築。《史記·蘇代傳》，燕王曰：「齊有長城鉅防，足以爲塞。」《竹書紀年》：「梁惠成王二十年，齊閔王築防，以爲長城。」《續漢志》：「濟北國盧〔原注〕今長清縣。有長城至東海。」《泰山記》：「泰山西有長城，緣河經泰山，一千餘里，至琅邪臺入海。」此齊之長城也。《史記・秦本紀》：「魏築長城，自鄭〔原注〕今華州。濱洛以北，有上郡。」《蘇秦傳》，説魏襄王曰：「西有長城之界。」《竹書紀年》：「惠成王十二年，龍賈帥師築長城于西邊。」此魏之長城也。《續漢志》：河南郡「卷〔原注〕《絳侯世家》正義引《括地志》云：「故卷城在鄭州原武縣西北七里。」《釋例・地名》云：「卷縣所理垣雍城也。」有長城，經陽武到密」。此韓之長城也。〔沈氏曰〕《京東考古録》以《續漢志》一條亦屬魏，而無「韓之長城」句。《水經注》盛弘之云：「葉東界有故城始犨縣，東至瀙水，達泚陽，南北數百里，號爲方城，一謂之長城。」《郡國志》曰：「葉縣有長城，曰方城。」〔原注〕又《越世家》正義引《括地志》云：「故長城在鄧州内鄉縣東七十五里，南入穰縣，北連翼望山。無土之處，累石爲固。楚襄王作霸南土，争强中國，多築列城於北方，以通華夏，號爲方城。」此楚之長城也。若《趙世家》「成侯六年，中山築長城」，又言「肅侯十七年，築長城」，〔原注〕劉伯莊云：「從雲中以北至代。」非也。武靈王時始有雲中。《正義》曰：「此長城疑在漳水之北，趙南界。」則趙與中山亦有長城矣。以此言之，中國多有長城，不但北邊也。

其在北邊者，《史記・匈奴傳》：「秦宣太后起兵，伐殘義渠，於是秦有隴西、北地、上郡，築長城以拒胡。」此秦之長城也。《魏世家》：「惠王十九年，築長城，塞固陽。」〔原注〕《正義》曰：「《括地志》云：『椆陽縣，漢舊縣也，在銀川銀城縣界。』椆陽有連山，東至黄河，西南至夏、會等州。」此魏之長城也。《匈奴傳》又言：「趙武靈王北破林胡、樓煩，築長城。〔原注〕《正義》曰：「《括地志》云：『趙武靈王長城在朔州善陽縣北，按《水經》云，百道長城，北山上有長垣，若頽毁焉，沇溪亘嶺，東西無極，蓋趙武靈王所築也。』」自代並陰山，〔原注〕《索隱》曰：「徐廣云：西安陽縣北有陰山，陰山在河南陽山北也。」《正義》曰：「《括地志》云：陰山在朔州絶塞外突厥界。」下至高闕爲塞，〔原注〕徐廣曰：「在朔方。」《正義》曰：「《地理志》云：朔方臨戎縣北有連山，險於長城，其山中斷，兩峰俱峻，俗名爲高闕也。」而置雲中、雁門、代郡。」此趙之長城也。「燕將秦開襲破東胡，東胡卻千餘里，燕亦築長城，自造陽〔原注〕韋昭曰：「地名，在上谷。」《正義》曰：「按上谷郡，今嬀州。」至襄平，〔原注〕《索隱》曰：「韋昭云：今遼東所理也。」置上谷、漁陽、右北平、遼西、遼東郡以拒胡。」此燕之長城也。「秦滅六國，而始皇帝使蒙恬將十萬之衆，北擊胡，悉收河南地，因河爲塞，〔原注〕《索隱》曰：「按《太康地記》，秦塞自五原北九里謂之造陽，東行終利賁山南，漢陽西是也。」築四十四縣城臨河，徙適戍以充之，而通直道，〔原注〕《索隱》曰：蘇林云：「去長安千里，正南北相直道也。」自九原至雲陽，〔原注〕《索隱》曰：「韋昭云：九原縣屬五原。」《正義》曰：「《括地志》云：勝州連谷縣，本秦九原郡。漢武帝更名五原。雲陽，雍縣。秦之林光宮，即漢之甘泉宮在焉。又云：秦故道在慶州華池縣西四十五里子午山上，自九原至雲陽千八百里。」因邊山險塹谿谷可繕者治之，起臨洮，至遼東，萬餘里。〔原注〕《索隱》曰：「韋昭曰：臨洮隴西縣。」《正義》曰：「《括地志》云：秦隴西郡臨洮縣，即今岷州城。本秦長城，首起岷州西十二里，延袤萬餘里，東入遼水。」又度河據陽山北假中。」〔原注〕北假，北方田官，主以田假與貧人，故云北假。《索隱》曰：「應劭云：『北假在北地陽山北。』韋昭云：『北假，地名。』」《正義》曰：「《括地志》云：『漢五原郡河目縣，故城在北假中。北假在河北，今屬勝州銀城縣。』《漢書・王莽傳》云：『五原北假，膏壤殖穀。』」此秦并天下之後所築之長城也。自此以後，則漢武帝元朔二年，遣將軍衛青等擊匈奴，取河南地，築朔方，復繕故秦時蒙恬所爲塞，因河爲固。魏明元帝泰常八年二月戊辰，築長城於長川之南，起自赤城，西至五原，延袤二千餘里。太武帝太平真君七年五月丙戌，發司、幽、定、冀四州十萬人築城〔原注〕《北史》作「畿」。上塞圍，起上谷，西至河，廣袤皆千里。北齊文宣帝天保三年十月乙未，起長城，自黄櫨嶺，北至社平戍，四百餘里，立三十六戍。〔原注〕《通鑑》注：「此長城蓋起於唐石州，北抵武州之境。」六年，發民一百八十萬築長城，自幽州北夏口，至恒州，九百餘里。〔原注〕《通鑑》注：「幽州夏口即居庸下口也。幽州軍都縣西北有居庸關。」先是，自西河總秦戍築長城東至於海，前後所築東西凡三千餘里，率十里一戍，其要害置州鎮凡二十五所。八年，於長城内築重城。自庫洛拔而東至於塢紇戍，凡四百餘里。而《斛律羨傳》云：「羨以北鹵屢犯邊，❶須備不虞。自庫堆戍東距於海，隨山屈曲二千餘里，其間二百里中，凡有險要，或斬山築城，或斷谷起障，并置立戍邏五十餘所。」周宣帝大象元年六月，發山東諸州民修長城，立亭障，西自雁門，東至碣石。隋文帝開皇元年四月，發稽胡修築長城。五年，使司農少卿崔仲方發丁三萬，於朔方、靈武築長城，東距黄河，西至綏州，南至勃出嶺，綿歷七百里。六年二月丁亥，復令崔仲方發丁十五萬，於朔方以東，緣邊險要築數十城。七年，發丁男十萬餘人修長城。大業三年七月，發丁男百餘萬築長城，西踰榆林，東至紫河。四年七月辛巳，發丁男二十餘萬築長城，自榆林谷而東。此又後史所載繼築長城之事也。

---

❶「鹵」，據《校記》，鈔本作「虜」。

日知録集釋卷三十二

崑山顧炎武著　嘉定後學黄汝成集釋

而

《孟子》「望道而未之見」，《集注》：「『而』讀爲『如』，古字通用。」朱子答門人，引《詩》「垂帶而厲」、《春秋》「星隕如雨」爲證。〔原注〕《詩》「垂帶而厲」箋云：「而，亦如也。」《春秋》莊七年「夜中星隕如雨」注：「如，而也。」今考之，又得二十餘事。《易》「君子以蒞衆用晦而明」，虞翻解：「而，如也。」《書·顧命》「其能而亂四方」，傳釋爲「如」。《孟子》「九一而助」，趙岐解：「而，如也。」〔原注〕「夫然後之中國，踐天子位焉，而居堯之宫，逼堯之子，是篡也。」劉炫曰：「『而』當讀作『如』。」今按「而主癰疽與侍人瘠環，是無義無命也」，「而」字亦當讀「如」。《左傳》隱七年「歃如忘」，服虔曰：「如，而也。」僖二十六年「室如懸罄」，注：「如，而也。」昭四年，「牛謂叔孫，見仲而何」，注：「而何，如何。」《史記·賈生傳》「化變而嬗」，韋昭曰：「而，如也。如蟬之蜕化也。」《戰國策》「威王不應而此者三」，「嗣公知之，故而駕鹿」，《吕氏春秋》「静郭君泫而曰不可」，〔原注〕近本爲不通者添作「泫泣而曰」。又曰「而固賢者也，用之未晚也」，《荀子》「黤然而雷擊之，如牆厭之」。〔錢氏曰〕《荀子·儒效篇》：「鄉是如不臧，倍是如不亡者，自古及今，未嘗有也。」〔汝成案〕錢氏引《荀子・儒效篇》云云，當注在「皆當作『而』」文下，今從元校云。《説苑》「越諸發曰：意而安之，願假冠以見。意如不安，願無變國俗」，又曰「而有用我者，吾其爲東周乎」，《新序》引鄒陽書「白頭而新，傾蓋而故」，後漢《督郵斑碑》「柔遠而邇」，皆當作「如」。《戰國策》「昭奚恤曰：請而不得，有説色，非故如何也？ 綈疵曰：是非反如何也」，《大戴禮》「使有司日省如時考之」，又曰「然如曰禮云禮云」，又曰「安如易，樂而湛」，又曰「不賞不罰，如民咸盡力」，又曰「知一如不可以解也」，❶《春秋繁露》「施其時而成之，法其命如循之」，《淮南子》「嘗一哈水如甘苦知矣」，漢樂府「艾如張」，後漢《濟陰太守孟郁修堯廟碑》「無爲如治，高如不危，滿如不溢」，《太尉劉寬碑》「去鞭拊如獲其情，弗用刑如弭其姦」，《郭輔碑》「其少也孝友而悦學，其長也寬舒如好施」，《易》王弼注「革而大亨以正，非當如何」，皆當作「而」。《漢書・地理志》遼西郡肥如，「莽曰肥而」，《左傳》襄十二年「夫婦所生若而人」注云「若如人」，《説文》「需从雨，而聲」，蓋即讀「而」爲「如」也。唐人詩多用「而今」，亦作「如今」。今江西人言「如何」，亦曰「而何」。〔原注〕《左傳》襄三年「齊侯與士匄盟于耏

---

❶「如」，原作「而」。《刊誤》卷下云：「『而』，諸本同，原寫本作『如』。汝成案：此條自『望道而未之見』下釋諸書『而』當作『如』，自《戰國策》下又釋諸書『如』當作『而』，此句自當從原寫本改『如』，第考《大戴記・文王官人篇》作『而』，似顧氏誤記，未可改經徇《録》，仍之。」按，如依《刊誤》之説爲「而」字，則此文不可讀矣，今據原寫本改作「如」。

外」。《水經注》云：「即《地理志》曰如水矣。耏、如聲相似。」古「而」字即讀爲「如」，故「耎」字《説文》曰「从大而聲」。〔臧氏曰〕《詩·常武》「如震如怒」，《釋文》：「一本兩『如』字皆作『而』。」箋云：「王奮揚其威武，而震揚其聲，而勃怒其色。」則經本作「而」甚明，此又而、如之訛也。

《周禮·旅師》「而用之以質劑」注：「而讀爲若，聲之誤也。」陸德明《音義》云：「而音若。」《儀禮·鄉飲酒禮》「公如大夫入」注：「如讀爲若。」〔錢氏曰〕《孟子》「而居堯之宫，逼堯之子」，《晋書·段灼傳》引此文，「而」作「若」。

柰何

「柰何」二字，始於《五子之歌》：「爲人上者，柰何不敬。」〔錢氏曰〕《五子之歌》，此晚出古文，當以《召誥》「曷其柰何不敬」爲始。《左傳》：「河魚腹疾，柰何。」《曲禮》曰：「國君去其國，止之曰『柰何去社稷也』；大夫，曰『柰何去宗廟也』；士，曰『柰何去墳墓也』。」《楚辭·九歌·大司命》：「愁人兮柰何。」《九辯》：「君不知兮可柰何。」此「柰何」二字之祖。《左傳》華元之歌曰：「牛則有皮，犀兕尚多，棄甲則那。」直言之曰「那」，長言之曰「柰何」，一也。又《書》「如五器」，鄭康成讀「如」爲「乃箇反」。《論語》「吾末如之何也已矣」，音亦與「柰」同。〔原注〕按古人曰「如」，曰「若」，曰「柰」，其義則一，音不必同。

六朝人多書「柰」爲「那」。《三國志》注，文欽與郭淮書曰：「所向全勝，要那後無繼何。」《宋書·劉敬宣傳》：牢之曰：「平玄之後，令我那驃騎何。」唐人詩多以「無奈」爲「無那」。〔楊氏曰〕「是韓伯休那」，却是語辭。

語急

《公羊傳》隱元年「母欲立之，己殺之，如勿與而已矣」，注：「如即不如，齊人語也。」按此不必齊人語。《左傳》僖二十二年，宋子魚曰：「若愛重傷，則如勿傷；愛其二毛則如服焉。」成二年，衛孫良夫曰：「若知不能，則如無出。」昭十三年，蔡朝吴曰：「二三子若能死亡，則如違之，以待所濟。若求安定，則如與之，以濟所欲。」二十一年，宋華多僚曰：「君若愛司馬，則如亡。」定五年，楚子西曰：「不能如辭。」八年，衛王孫賈曰：「然則如叛之。」《漢書·翟義傳》義曰：「欲令都尉自送，則如勿收邪。」《左傳正義》曰：「古人語然，猶不敢之言敢也。」〔原注〕莊二十二年，「敢辱高位，以速官謗」注：「敢，不敢也。」昭二年，「敢辱大館」注：「敢，不敢。」《儀禮·聘禮》：「辭曰：『非禮也，敢。』對曰：『非禮也，敢。』」❶注：「敢，言不敢。」

古人多以語急而省其文者。《詩》「亦不夷懌」，「懌」下省一「乎」字。《書》「弗慎厥德，雖悔可追」，「可」上省一「不」字。「我生不有命在天」，「不」上省一「豈」字。「在今爾安百姓，何擇，非人？

---

❶ 「敢」下，《儀禮》有「辭」字。

何敬，非刑？何度，非及？」「人」下、「刑」下、「及」下各省一「乎」字。《孟子》「雖褐寬博，吾不惴焉」，「不」上省一「豈」字。《禮記》「幼壯孝弟，耆耋好禮，不從流俗，修身以俟死者，不，在此位也。好學不倦，好禮不變，旄期稱道不亂者，不，在此位也」，「幼」上、「好」上各省一「非」字。

《公羊傳》隱公七年，「母弟稱弟，母兄稱兄」，注：「母弟，同母弟；母兄，同母兄。不言『同母』，言『母弟』者，若謂『不如』言『如』矣，齊人語也。」〔臧氏曰〕古人之言，多氣急而文簡。如《毛詩》以「不寧」爲「豈」，「不寧不康」爲「豈不康」。《堯典》「試可乃已」，《史記》作「試不可用而已」。《論語》「患得之」，《集解》：「患不能得之，楚俗語。」皆語急反言之證。「楚俗語」，猶言「齊人語」也。

歲

天之行謂之歲。《書》「以閏月定四時，成歲」，「歲二月，東巡狩」是也。人之行謂之年。《書》「維呂命，王享國百年」，《左傳》季隗曰「我二十五年矣」，〔原注〕僖公二十三年。絳縣人「有與疑年，使之年」，師曠曰「七十三年矣」，〔原注〕襄公三十年。「於是昭公十九年矣」，〔原注〕襄公三十一年。《史記》「蓋太公之卒百有餘年」是也。今人多謂年爲「歲」。

《周禮·太史》注：「中數曰歲，朔數曰年。」自今年冬至至明年冬至，歲也；自今年正月朔至明年正月朔，年也。

古人但曰「年幾何」，不言「歲」也。自太史公始變之，《秦始皇本紀》曰「年十三歲」。〔梁氏曰〕錢廣伯云：「《孟子》：『鄉人長于伯兄一歲。』《趙策》：『太后曰：年幾何矣？對曰：十五歲矣。』則言歲不始于太史公。」

今人以歲初之日而增年，古人以歲盡之日而後增之。《史記・倉公傳》：「臣意年盡三年，年三十九歲也。」

月半

今人謂十五爲「月半」，蓋古經已有之。《儀禮・士喪禮》：「月半不殷奠。」《禮記・祭義》：「朔月、月半君巡牲。」《周禮・大司樂》「王大食三侑」注：「大食，朔月、月半，以樂侑食時也。」晋温嶠與陶侃書：「剋後月半大舉。」然亦有以上下弦爲「月半」者。劉熙《釋名》：「弦，月半之名也。其形一旁曲，一旁直，若張弓施弦也。望，月滿之名也。月大十六日，小十五日，月在東，月在西，遥相望也。」是則所謂「月半」者，弦也；禮經之所謂「月半」者，望也。弦曰半，以月體而言之也；望曰半，以日數而言之也。〔原注〕岑參詩：「涼州三月半，猶未脱春衣。」韓愈詩：「南方二月半，春物亦已少。」李商隱詩：「白日當天三月半。」

巳〔汝成案〕巳，古讀若「目」。故經史訓詁，凡語詞之「已」皆作「巳」，蓋一字二義，形聲皆同，無可别云。

吴才老《韻補》：「古『巳午』之『巳』，亦謂如『巳矣』之『巳』。《漢・律曆志》：『振美於辰，巳盛於巳。』《史記》：『巳者，言陽氣之巳盡也。』鄭玄夢孔子告之曰：『起起，今年歲在辰，明年歲在巳。』」〔原注〕洪容齋《三筆》亦引《曆書》爲證。愚按古人讀「巳」爲「矣」之證不止此。《淮南子》：「斗指巳，巳則生已定也。」《説文》：「巳，已也。四月陽氣已出，陰氣已藏，萬物見成文章，故巳爲蛇，象形。」《釋名》：「巳，已也。陽氣畢布已也。」《詩》「似續妣祖」箋云：「『似』讀如『巳午』之『巳』。『巳續妣祖』者，謂已成其宫廟也。」《五經文字》：「起，從『辰巳』之『巳』。」《白虎通》：「太陽見於巳，巳者，物必起。」《晉書・樂志》：「四月之辰謂之巳。巳者，起也，物至此時畢盡而起也。」《詩》「江有汜」，亦讀爲「矣」。《釋名》：「水決復入爲汜，汜，已也。如出有所爲，畢已復還而入也。」「以享以祀」亦讀爲「矣」，《説文》：「祭無已也。从示，巳聲。」《公羊傳》何休注：「言祀者，無已長久之辭。」《釋名》：「商曰祀。祀，已也，新氣升，故氣已也。」今人以「辰巳」之「巳」讀爲「士」音。宋毛晃曰：「陽氣生於子，終於巳。巳者，終已也，象陽氣既極回復之形。故又爲終已之義。」今俗以有鉤爲「終已」之「已」，無鉤爲「辰巳」之「巳」，是未知字義也。

季春之月，辰爲建，巳爲除，故用三月上巳祓除不祥。古人謂病愈爲「已」，亦此意也。〔原注〕《韓詩》曰：「鄭國之俗，三月上巳，之溱、洧二水之上，招魂續魄，秉蘭草，祓不祥。」《後漢書・周舉傳》：「三月上巳，大將軍梁商大會賓客，讌於雒水。」《袁紹傳》：「三月上巳，大會賓從於薄落津。」周公謹《癸辛雜識》以爲「戊己」之「己」者，非。〔楊氏曰〕其必以三月除，亦有所由起。不然，正月寅爲建，卯爲除，是上卯亦可除邪？

「戊己」之「己」，篆作「己」。「辰巳」之「巳」，篆作，象蛇形。隸書則混而相類，止以直筆上缺

爲「己」，上滿爲「巳」。

里

《穀梁傳》：「古者三百步爲里。」今以三百六十步爲里，而尺又大於古四之一，今之六十二里遂當古之百里。《穀梁傳》「鞍，去國五百里」，今自歷城至臨淄僅三百三十里。《左傳》「黄人謂自郢及我九百里」，今自江陵至光州僅七百里。郳子謂「吴二千里，不三月不至」，今自蘇州至鄒縣僅一千五百里。《孟子》「不遠千里而來」，「千里而見王」，今自鄒至齊、至梁亦不過五六百里。又謂「舜卒鳴條，文王生岐周，相去千有餘里」，今自安邑至岐山，亦不過八百里。《史記》張儀説魏王，言「從鄭至梁二百餘里」，今自鄭州至開封僅一百四十里。戚夫人歌「相離三千里，當誰使告汝」，貢禹上書言「自痛去家三千里」，自今瑯邪至長安亦但二千餘里，趙則二千里而近。是則《荀子》所謂「日中而趨百里」者，不過六十餘里，而千里之馬亦日馳五六百里耳。

《王制》：「古者百里，當今百二十一里六十步四尺二寸二分。」殆未然。〔楊氏曰〕《王制》是漢人之作，不知其尺步緣何反小。

仞

《説文》：「仞，伸臂一尋八尺。〔原注〕《家語》孔子所謂「舒肘知尋」。从人，刃聲。」《書》「爲山九仞」，孔傳：「八尺曰仞。」《正義》曰：「《考工記・匠人》有畎、遂、溝、洫，皆廣深等。而澮云『廣二尋，深二仞』，則澮亦廣深等，仞與尋同，故知八尺曰仞。」〔原注〕《左傳》昭三十二年「仞溝洫」注：「度深曰仞。」王肅《聖證論》及注《家語》皆云「八尺曰仞」，與孔義同。鄭玄云「七尺曰仞」，與孔義異。〔原注〕王逸注《楚辭・大招》亦云「七尺」。《論語》「夫子之牆數仞」注，包云「七尺」。《孟子》「掘井九軔」，〔原注〕與「仞」同。注「八尺」。朱子乃兩從之，〔原注〕「堂高數仞」趙注亦云八尺。當以八尺爲是。若《小爾雅》云「四尺」，《漢書》應劭注云「五尺六寸」，則益非矣。〔楊氏曰〕七尺爲仞，周尺八寸，故仲援云五尺六寸。

不淑

人死謂之「不淑」，《禮記》「如何不淑」是也。生離亦謂之「不淑」，《詩・中谷有蓷》「遇人之不淑矣」是也。失德亦謂之「不淑」，《詩・君子偕老》「子之不淑，云如之何」是也。國亡亦謂之「不淑」，《逸周書》「王乃升汾之阜，以望商邑，曰『嗚呼不淑』」是也。

不弔

古人言「不弔」者，猶曰「不仁」。《左傳》成十三年「穆爲不弔」，襄十三年「君子以吴爲不弔」，十四年「有君不弔」，昭七年「兄弟之不睦，於是乎不弔」，二十六年「帥羣不弔之人以行亂于王室」，皆是「不仁」之意。襄二十三年「敢告不弔」，及《詩》之「不弔昊天」「不弔不祥」，《書》之「弗弔，天降喪于殷」，則以爲哀閔之辭，杜氏注皆以爲「不相弔恤」，而於「羣不弔之人」則曰「弔，至也」，於義不通。惟成七年「中國不振旅，蠻夷入伐，而莫之或恤，無弔者也夫」，乃當謂大國無恤鄰之義耳。

亡

「亡」有三義，有以死而名之，《中庸》「事亡如事存」是也。有以出奔於外而名之，晋公子稱「亡人」是也。有但以不在而名之，《詩》「予美亡此」，《論語》「孔子時其亡也，而往拜之」是也。《漢書・袁盎傳》：「不以在亡爲辭。」〔原注〕謂託故而辭以不在。柳子厚詩「在亡均寂寞」，《宋史・高定子傳》「制置使未知在亡」，則以在亡爲存亡，非《漢書》之意也。

乾没

《史記・酷吏傳》「張湯始爲小吏乾没」，徐廣曰：「乾没，隨勢沈浮也。」服虔曰：「乾没，射成敗也。」如淳曰：「豫居物以待之，得利爲乾，失利爲没。」《三國志・傅嘏傳》「豈敢寄命洪流，以徼乾没」，裴松之注：「有所徼射，不計乾燥之與沈没而爲之也。」《晋書・潘岳傳》：「其母數誚之曰：『爾當知足，而乾没不已乎？』」《張駿傳》：「從事劉慶諫曰：『霸王不以喜怒興師，不以乾没取勝。』」《盧循傳》：「姊夫徐道覆素有膽決，知劉裕已還，欲乾没一戰。」《魏書・宋維傳》：「維見乂〔原注〕元乂。寵勢日隆，便至乾没。」《北史・王劭傳贊》：「爲河朔清流，而乾没榮利。」《梁書・止足傳序》：「其進也光寵夷易，故愚夫之所乾没。」晉《鼙舞歌・明君篇》：「昧死射乾没，覺露則滅族。」《抱朴子》：「忘髪膚之明戒，尋乾没於難冀。」

乾没大抵是「徼幸取利」之意。《史記・春申君傳》「没利於前而易患於後也」，即此意。〔楊氏曰〕愚謂乾没者，乾而亦没，知進不知退，知得不知喪之義。

辱

《儀禮》注：「以白造緇曰辱。」故老子謂楊朱曰「大白若辱」。

姦

《廣韻》：「姦，古顔切。私也，詐也。亦作『姧』。」今本誤「姧」作「奸」，非也。奸音干，犯也。左氏僖公七年《傳》曰「君以禮與信屬諸侯，而以姦終之」，曰「子父不奸之謂禮」，一傳之中，二字各出，而義不同。《釋名》：「姦，奸也，言奸正法也。」以「奸」釋「姦」，其爲兩字審矣。又「奸」字亦可訓爲「干禄」之「干」，《漢書・荆燕吴傳》「齊人田生以畫奸澤」，《史記》作「干」。然則「奸」但與「干」通用，而不可以爲「姦」也。後人於案牘文移中以「姦」字畫多，省作「奸」字，此如「繁」之爲「煩」，「衝」之爲「沖」，「驛」之爲「馹」，「臺」之爲「台」，皆借用之字。

訛

「訛」字古作「譌」，「僞」字古亦音「訛」。《詩·小雅》「民之訛言」，箋云：「僞也，小人好詐僞，爲交易之言。」〔原注〕《正義》曰：「謂以善言爲惡，以惡言爲善，交而换易其辭。」《爾雅》注：「世以妖言爲訛。」《太平御覽》引武王之書鑰曰：「昬謹守，深察訛。」泰昌元年八月，御史張潑言：「京師姧宄叢集，游手成羣，有謂之『把棍』者，有謂之『拏訛頭』者。〔原注〕偵知一人作姧，則尾隨其後，陷人於罪，從而嚇詐金錢，謂之「拏訛頭」。即漢律所謂「恐愒受賕」。請將巡城改爲中差，一年一代。」

誰何

《詩》「室人交偏摧我」，《韓詩》作「䜅」。《玉篇》作「𡏖」，「丁回切，謫也」。《六韜》：「令我壘上，誰何不絶。」《史記》賈誼《過秦論》：「陳利兵而誰何。」「誰」「䜅」同，「何」「呵」同。〔原注〕《韓非子》：「王出而何之？」《賈誼傳》：「其在大譴大何之域者。」《漢書·五行志》「公車大誰卒」，❶注：「大誰，主問非常之人，云姓名是誰何也。」此解未當。《焦氏易林》：「當年少寡，獨與孤處，雞鳴犬吠，無敢誰者。」《説苑》：「民知十己，則尚與之争，曰不如吾也。百己則疵其過，千己則誰而不信。」揚雄《衛尉

---

❶「五行志」下，原衍「主」字，今據《漢書·五行志》删。

箴》：「二世妄宿，敗於望夷。閻樂矯搜，戟者不誰。」《史記·衛綰傳》：「歲餘不譙呵綰。」《漢書》作「不孰何綰」，難曉，疑「譙」譌爲「誰」，「誰」又轉爲「孰」也。〔楊氏曰〕「孰何」與「誰何」同，非譌。

《周禮·射人》「不敬者苛罰之」，注：「苛，謂詰問之。」按此「苛」亦「呵」字。

信

《東觀餘論》引晉武帝、王右軍、陶隱居帖及《謝宣城傳》謂「凡言信者，皆謂使人」，楊用修又引古樂府「有信數寄書，無信長相憶」爲證，良是。然此語起於東漢以下。楊太尉夫人袁氏答曹公卞夫人書云「輒付往信」，《古詩爲焦仲卿妻作》「自可斷來信，徐徐更謂之」，魏杜摯《贈毋丘儉》詩「聞有韓衆藥，信來給一丸」，以使人爲信，始見於此。〔錢氏曰〕《晋陽秋》：「胡威後因他信，具以白質。」《三國志·胡質傳》注。〔汝成案〕司馬相如《諭巴蜀檄》云：「故遣信使。」是西漢已然。若古人所謂「信」者，乃符驗之别名。《墨子》：「大將使人行守，操信符。」《史記·刺客傳》：「今行而無信，則秦未可親也。」《漢書·石顯傳》：「迺時歸誠，取一信以爲驗。」《西域傳》：「匈奴使持單于一信到國，國傳送食。」《後漢書·齊武王傳》：「得司徒劉公一信，願先下。」《周禮》「掌節」注：「節，猶信也。行者所執之信。」此如今人言印信、信牌之信，不得謂爲使人也。故梁武帝賜到溉《連珠》曰：「研磨墨以騰文，筆飛豪〔原注〕毫同。以書信。」而今人遂有書信之名。

出

《爾雅》：「男子謂姊妹之子爲出。」《傳》中凡言出者，皆是外甥。《左氏》莊二十二年「陳厲公，蔡出也」，僖七年「申侯，申出也」，成十三年「康公，我之自出」，（原注）注：「晉外甥。」襄二十五年「我周之自出」，（原注）注：「言陳，周之甥。」又「桓公之亂，蔡人欲立其出」，二十九年「晉平公，杞出也」，三十一年莒「去疾奔齊，齊出也，展輿，吴出也」，昭四年「徐子，吴出也」。公羊文十四年《傳》：「接菑，晋出也。貜且，齊出也。」《史記・秦本紀》：「晉襄公之弟名雍，秦出也。」《漢書・五行志》：「王子鼂，楚之出也。」而公羊襄五年《傳》「蓋舅出也」，則以「舅甥」爲「舅出」矣。（原注）《後漢書・光武十王傳》：「竇太后及憲等，東海出也。」（楊氏曰）「外甥」二字本不典，不知何自起，大約緣「外舅」之名而生。

鰥寡

「鰥」者，無妻之稱。但有妻而于役者，則亦可謂之鰥，《詩》「何草不玄，何人不矜」，「矜」讀爲「鰥」是也。「寡」者，無夫之稱，但有夫而獨守者，則亦可謂之寡，《越絶書》「獨婦山者，句踐將伐吴，徙寡婦獨山上，以爲死士，示得專一」，陳琳詩「邊城多健少，内舍多寡婦」是也。鮑照《行路難》「來時聞君婦，閨中孀居獨宿有貞名」，亦是此義。

婦人以夫亡爲寡，夫亦以婦亡爲寡。《左傳》襄二十七年：「齊崔杼生成及彊而寡。」《小爾雅》

曰：「凡無妻無夫通謂之寡。」《焦氏易林》：「久鰥無偶，思配織女。求其非望，自令寡處。」

丁中

唐高祖武德六年三月：「人始生爲黄，四歲爲小，十六爲中，二十一爲丁，六十爲老。」玄宗天寶三載十二月癸丑詔曰：「比者成童之歲，即挂輕徭。既冠之年，便當正役。憫其勞苦，用軫於懷。自今宜以十八已上爲中男，二十三已上成丁。」杜子美《新安吏》詩：「府帖昨夜下，次選中男行。」是十八以上皆發之也。然史文多有言「丁、中」者，舉丁、中可以該黄、小矣。《遼史·耶律學古傳》：「多張旗幟，雜丁、黄爲疑兵。」蓋中、小皆雜用之，而史文代以黄字。黄者四歲以下，何可雜之兵間邪？

阿

《隸釋·漢殺阬碑陰》云：「其間四十人，皆字其名，而繫以『阿』字，如『劉興阿興』『潘京阿京』之類，必編户民未嘗表其德，書石者欲其整齊而强加之，猶今閭巷之婦以『阿』挈其姓也。」《成陽靈臺碑陰》有「主吏仲阿東」，❶又云：「惟仲阿東年在元冠，幼有中質。」又可見其年少而未有字。《抱

---

❶「仲」下，原衍「東」字，今據下引文及影印文淵閣《四庫全書》本《隸釋》卷一删。

朴子》：「禰衡游許下，自公卿國士以下，衡初不稱其官，皆名之云『阿某』，或以姓呼之爲『某兒』。」《三國志・吕蒙傳》注：「魯肅拊蒙背曰：『非復吴下阿蒙。』」《世説》注：「阮籍謂王渾曰：『與卿語，不如與阿戎語。』」〔原注〕渾子戎。皆是其小時之稱也。〔原注〕亦有以「阿」挈其字者。《世説》桓公謂殷淵源爲阿源，謝太傅謂王修齡爲阿齡，謂王子敬爲阿敬。婦人以「阿」挈姓，則隋獨孤后謂雲昭訓爲阿雲，唐蕭淑妃謂武后爲阿武，韋后降爲庶人稱阿韋，劉從諫妻裴氏稱阿裴，吴湘娶顔悦女，其母焦氏稱阿顔，阿焦是也。亦可以自稱其親，《焦仲卿妻》詩「堂上啟阿母，阿母謂阿女」是也。亦可爲不定何人之辭，古詩「道逢鄉里人，家中有阿誰」，《三國志・龐統傳》「先主謂曰：向者之論，阿誰爲失」，《晋書・沈充傳》「敦作色曰，小人阿誰」是也。〔原注〕亦有作「何誰」者，晋劉實《崇讓論》：「不知何誰最賢」，「不知何誰最不肖」。阿者，助語之辭，古人以爲慢應聲。《老子》：「唯之與阿，相去幾何。」今南人讀爲入聲，非。〔原注〕《魏志・東夷傳》：「東方人名我爲阿。」

幺

一爲數之本，故可以大名之，一年之稱「元年」，長子之稱「元子」是也。又爲數之初，故可以小名之，骰子之謂一爲「幺」是也。《爾雅》「幺，幼」，注曰：「豕子最後生者，俗呼爲幺豚。」故後人有「幺麼」之稱。《説文》：「幺，小也。象子初生之形。」「幼」字從幺，亦取此義。《漢書・食貨志》：「王莽作錢貨六品，小錢、幺錢、幼錢、中錢、壯錢、大錢。貝貨五品，大貝、壯貝、幺貝、小貝及不盈寸二分者。布貨十品，大布、次布、弟布、壯布、中布、差布、厚布、幼布、幺布、小布。」《隋書・律曆志》：「凡日不全爲餘，積以成餘者曰秒。度不全爲分，積以成分者曰篾。其有不成秒曰麼，不成篾曰幺。」班彪《王命論》：「幺麿尚不及數子。」蔡邕《短人賦》：「其餘尫幺。」晉陸機《文賦》：「猶弦幺而徽急，故雖和而不悲。」郭璞《螢火贊》：「熠熠宵行，蟲之微幺。」盧諶《蟋蟀賦》：「享神氣之幺丼。」並用此字。《唐書・楊炎傳》：「盧杞貌幺陋。」《宋史・岳飛傳》：「楊幺本名楊太。太年幼，楚人謂小爲幺，故曰楊幺。」俗作「么」，非。

元

元者，本也。本官曰「元官」，本籍曰「元籍」，本來曰「元來」，唐、宋人多此語。後人以「原」字代之，不知何解。原者，再也。〔原注〕《爾雅》：「原，再也。」《易》「原筮」，《周禮・馬質》《禮記・月令》「原蠶」，《文王世子》「末有原」，漢「原廟」之「原」，皆作「再」字解，〔原注〕《漢書》注，師古曰：「原，重也。言已有正廟，更重立也。」與「本來」之義全不相同。或以爲洪武中臣下有稱「元任官」者，嫌於元朝之官，故改此字。〔汝成案〕《月令》無「原蠶」字。

古人亦有稱「原官」者。後漢張衡《應間》：「曩滯日官，今又原之。」注：「《爾雅》曰：『原，再也。』」衡爲太史令，去官五載，復爲太史令，故曰「原之」。然則原官乃再官之義也。

寫

寫，《説文》曰：「置物也。」《詩》：「駕言出游，以寫我憂。」「既見君子，我心寫兮。」〔原注〕傳曰：「寫，輸寫也。」《周禮・稻人》：「以澮寫水。」《儀禮・特牲饋食禮》：「主人出，寫嗇于房。」《禮記・曲禮》：「器之溉者不寫，其餘皆寫。」〔原注〕注：「傳之器中。」《韓非子》：「衛靈公召師涓而告之曰：有鼓新聲者，其狀似鬼神，子爲聽而寫之。」《國語》：「王命工以良金寫范蠡之狀而朝禮之。」《史記・秦始皇紀》：「寫放其宫室，作之咸陽北坂上。」《蘇秦傳》：「宋王無道，爲木人以寫寡人。」《新序》：「葉公子高好龍，鉤以寫龍，鑿以寫龍，屋室雕文以寫龍。」《周髀經》：「笠以寫天。」《上林賦》：「肸蠁布寫。」《漢書・賈捐之傳》：「淮南王盗寫虎符。」今人以書爲寫，蓋以此本傳於彼本，猶之以此器傳於彼器也。〔原注〕《説文》：「謄，移書也。」徐氏曰：「謂移寫之也。」始自《特牲饋食禮》「卒筮寫卦」注：「卦者主畫地識爻，爻備，以方寫之。」《漢書・藝文志》：「孝武置寫書之官。」《河間獻王傳》：「從民得善書，必爲好寫與之，留其真。」《路温舒傳》：「取澤中蒲，截以爲牒，編用寫書。」《霍光傳》：「山又坐寫祕書。」《師丹傳》：「吏私寫其草。」《淮南子・説山訓》：「竊簡而寫法律。」孔安國《尚書序》：「更以竹簡寫之。」至後漢而有「圖寫」〔原注〕《李恂傳》。「繕寫」〔原注〕《盧植傳》。之稱，傳之至今矣。

今人謂馬去鞍曰「寫」，貨物去舟車亦曰「寫」，與「器之溉者不寫」義同。《後漢書・皇甫規傳》：「旋車完封，寫之權門。」《晋書・潘岳傳》：「發槅寫鞍，皆有所憩。」《説文》作「卸」：「舍車解馬也。讀若汝南人寫書之『寫』。」

行李

古者謂行人爲「行李」，亦曰「行理」。《左傳》僖三十年「行李之往來，共其乏困」，襄八年「亦不使一介行李告于寡君」，皆作「李」。昭十三年「行理之命，無月不至」，作「理」。《國語》：「周之《秩官》有之曰：『敵國賓至，關尹以告，行理以節逆之。』」賈逵曰：「理，吏也。小行人也。」漢李翕《析里橋郙閣頌》：「行理咨嗟。」〔臧氏曰〕「李」「理」通用。《管子·法法》篇：「皋陶爲李。」《大匡》篇：「國子爲李。」房注：「獄官也。李、理同。」《漢書·蘇建傳》：「《黄帝李法》。」《天文志》：「左角李，右角將。」師古曰：「李者，法官之號，故稱其書曰《李法》。」至唐時，謂官府導從之人亦曰「行李」。《舊唐書·温造傳》：左拾遺舒元褒言：「元和、長慶中，中丞行李不過半坊，今乃遠至兩坊，謂之『籠街喝道』。」勑曰：「憲官之職，在指佞觸邪，不在行李。」豈其不敢稱鹵簿，而别爲是名邪？

秏

今人以音問爲「秏」，起自《後漢書·章德竇皇后紀》：「家既廢壞，數呼相工問息秏。」注引薛氏《韓詩章句》曰：「秏，惡也。息秏，猶言善惡也。」

量移

唐朝人得罪，貶竄遠方，遇赦改近地，謂之量移。《舊唐書・玄宗紀》：「開元二十年十一月庚午，祀后土于脽上，大赦天下，左降官量移近處。二十七年二月己巳，加尊號，大赦天下，左降官量移近處。」「量移」字始見於此。李白《贈京兆韋參軍量移東陽》詩云：「潮水還歸海，流人却到吴。相逢問愁苦，淚盡日南珠。」白居易貶江州司馬，自題云：「一旦失恩先左降，三年隨例未量移。」〔原注〕「量」讀平聲。及遷忠州刺史，又云：「流落多年應是命，量移遠郡未成官。」故韓愈自潮州刺史量移袁州，有「遇赦移官罪未除」之句。而《宋史》盧多遜貶崖州，詔曰：「縱經大赦，不在量移之限。」今人乃稱遷職爲量移，誤矣。

罘罳

「罘罳」字雖从「网」，其實屏也。《漢書・文帝紀》：「七年六月癸酉，未央宫東闕罘罳災。」師古曰：「罘罳，謂連闕曲閣也，以覆重刻垣墉之處，其形罘罳然。一曰屏也。」崔豹《古今注》曰：「罘罳，屏之遺象也。臣朝君，行至門内屏外，復應思惟。罘罳，復思也。〔原注〕《釋名》：「罘罳，在門外。罘，復也。罳，思也。臣將入請事，於此復重思之地。」漢西京罘罳，合板爲之，亦築土爲之，每門闕殿舍前皆有焉。於今郡國廳前亦樹之。」〔原注〕今人謂之影壁。《考工記・匠人》「宫隅之制七雉，城隅之制九雉」，注：「宫隅、城隅，謂角浮思也。」《廣雅》：「罘罳謂之屏。」《越絶書》：「巫門外罘罳者，春申君去吴，假君所思處也。」〔原注〕春申君相楚，使其子爲假君治吴。魚豢《魏略》：「黄初三年築諸門闕外罘罳。」❶參考諸書，當從「屏」説。又《五行志》：「劉向以爲：東闕所以朝諸侯之門也，罘罳在其外，諸侯之象也。」則其爲屏明甚。而或在門内，或在門外，則制各不同耳。《鹽鐵論》：「祠堂屏閣，垣闕罘罳。」《董賢傳》：「外爲徼道，周垣數里，門闕罘罳甚盛。」《王莽傳》：「遣使壞渭陵、延陵園門罘罳，曰：『毋使民復思也。』」《後漢書·靈帝紀》：「中平四年二月己亥，南宫内殿罘罳自壞。」〔原注〕杜子美《大雲寺贊公房》詩：「紫鴿下罘罳。」

《西陽雜俎》曰：「今人多呼殿榱桷護雀綱爲罘罳，誤也。《禮記·明堂位》疏：『屏，天子之廟飾也。』注云：『屏謂之樹，〔原注〕《爾雅·釋宫》文。今桴思也，刻之爲雲氣、蟲獸，如今闕上爲之矣。』〔原注〕《正義》曰：『漢時謂屏爲桴思，解者以爲天子外屏，人臣至屏，俯伏思念其事。案《匠人》注云：『城隅謂闕桴思也。』漢時東闕桴思災。以此諸文參之，則桴思，小樓也，故城隅闕上皆有之。然則屏上亦爲屋以覆屏牆，故稱屏曰桴思。」亦引《廣雅》及劉熙《釋名》爲證。作書者段成式，蓋唐時有呼護雀綱爲罘罳之目，故史言甘露之變，宦者扶上升輿，決殿後罘罳，疾趨北出，而温庭筠亦有「罘罳晝捲，閶闔夜開」之句矣。「罘罳」字有作「桴思」者，《禮記·明堂位》注；有作「浮思」者，《考工記》注，並見上。有作「罦

---

❶ 「黄初」，《三國志·魏書·明帝紀》注引《魏略》作「青龍」。

罳」者,《博雅》:「罘罳謂之屏。」有作「復思」者,《水經注》:「象魏之上加復思以易觀。」又云:「譙城南有曹嵩冢,冢北有廟堂,榱櫨及柱皆彫鏤雲矩,上復思已碎。」有作「覆思」者,宋玉《大言賦》:「大笑至兮摧覆思。」言一笑而垣屏爲之傾倒也。若摧護雀網,亦不足「大」也。

陳氏《禮書》曰:「古者門皆有屏,天子設之於外,諸侯設之於内。《禮》:『臺門而旅樹。』旅,道也。當道而設屏,此外門之屏也。治朝在路門之外,『天子當宁而立』,宁在門屏之間,此路門之屏也。《國語》曰:『王背屏而立,夫人向屏。』此寢門内之屏也。魯廟『疏屏,天子之廟飾』。此廟門之屏也。《月令》:天子田獵,『整設于屏外』。此田防之屏也。《晉·天文志》:『屏四星,在端門之内,近右執法。』然則先王設屏,非苟然也。」

場屋

「場屋」者,於廣場之中而爲屋,不必皆開科試士之地也。《隋書·音樂志》:「每歲正月,萬國來朝,留至十五日,於端門外建國門内,綿亘八里,列爲戲場。百官起棚夾路,從昏達旦,以縱觀之,至晦而罷。」故戲場亦謂之「場屋」。唐元微之《連昌宫辭》:「夜半月高絃索鳴,賀老琵琶定場屋。」

豆

《戰國策》張儀説韓王曰:「五穀所生,非麥而豆。民之所食,大抵豆飯藿羹。」姚宏注曰:「《史記》作『飯菽而麥』，下文亦作『菽』。古語但稱『菽』，漢以後方謂之『豆』。」今按《本草》有赤小豆、大豆之名。《本草》不皆神農所著。《越絶書》：「丙貨之户曰赤豆爲下物，石五十。己貨之户曰大豆爲下物，石二十。」《越絶書》亦非子貢所作。《漢書・楊惲傳》：「種一頃豆，落而爲萁。」

陘

今井陘之「陘」，古書有作「鈃」者，《穆天子傳》「至於鈃山之下」〔原注〕注：「今在常山石邑縣。鈃音邢。」是也。有作「研」者，《漢書・地理志》上黨郡「有石研關」是也。❶ 有作「岍」者，《晉書・石勒載記》「使石季龍擊託候部掘咄哪于岍北，大破之」是也。有作「硜」者，《晉書・胡奮傳》「頓軍硜北」是也。有作「㮇」者，《揚子法言》「山㮇之蹊」是也。有作「徑」者，李尤《函谷關賦》「於北則有蕭居天井、壺口石徑，貫越代朔，以臨北庭」是也。❷

豸

《莊子・在宥》篇：「災及草木，禍及止蟲。」「止」當作「豸」，古「止」「豸」通用。《左傳》宣十七

---

❶ 「關」，原作「闕」，今據《漢書・地理志》改。

❷ 「北」，據《校記》，鈔本作「胡」。

年：「庶有豸乎。」豸，止也。

關〔汝成案〕《左傳》：「臧紇斬鹿門之關。」此衍「孫」字。

關者，所以拒門之木。《説文》：「關以木横持門户也。」《左傳》：「臧孫紇斬鹿門之關。」《吕氏春秋》：「孔子之勁，舉國門之關，而不肯以力聞。」賈誼《新書》：「豫讓曰：『我事中行之君，與帷而衣之，與關而枕之。』」《魯連子》：「譬若門關，舉之以便，則可以一指持中而舉之；非便，則兩手不能。關非益加重，手非加罷也，彼所起者，非舉勢也。」皆謂拒門之木，後人因之，遂謂門爲關也。〔原注〕《周禮》「司關」注：「關，界上之門。」

《史記》謂拒門之木爲關。《漢書·楊惲傳》：「有犇車抵殿門，門關折，馬死。」《趙廣漢傳》：「斬其門關而去。」《宋書·少帝紀》：「突走出昌門，追者以門關踣之。」《王鎮惡傳》：「軍人緣城得入門，猶未及下關。」《唐書·李訓傳》：「閹者欲扃鐍之，爲中人所叱，執關而不能下。」

宙

《説文》：「宙，舟輿所極覆也。」此解未明。《淮南子·覽冥訓》：「燕雀佼之，以爲不能與之争於宇宙之間。」高誘注：「宙，棟梁也。」似合。「宙」字從宀，本是宫室之象，後人借爲往古來今之號耳。〔原注〕《説文》：「上下四方曰宇，古往今來曰宙。」

石炭

今人謂石炭爲墨。按《水經注》：「冰井臺，井深十五丈，藏冰及石墨焉。石墨可書，又然之難盡，亦謂之石炭。」是知石炭、石墨一物也，有精麤爾。〔原注〕《史記・外戚世家》：「竇少君爲其主入山作炭。」《後漢書・黨錮傳》：「夏馥入林慮山中，親突煙炭。」皆此物也。北人凡入聲字皆轉爲平，故呼「墨」爲「煤」，而俗竟作「煤」字，非也。《玉篇》：「煤，炱煤也。」《韻會》：「煤，炱灰集屋者。」《吕氏春秋》：「孔子窮於陳、蔡之間，七月不嘗粒，晝寢。顏回索米，得而爨之，幾熟，孔子望見顏回攫其甑中而食之。選間，食熟，謁孔子而進食。孔子起曰：『今者夢見先君，食潔而後饋。』顏回對曰：『不可。嚮者煤室入甑中，棄食不祥，回攫而飯之。』」高誘曰：「煤室，煙塵之煤也。」《素問》：「黑如炲者死。」注：「炲，謂炲煤也。」唐張祜詩：「古牆丹雘盡，深棟墨煤生。」李商隱詩：「敵國軍營漂木柹，〔原注〕方吠反。按《説文》當作「柿」，削木札樸也。《後漢書・方術・楊方傳》：「風吹札柹。」前朝神廟鎖煙煤。」温庭筠詩：「煙煤朝奠處，風雨夜歸時。」是煤乃梁上煙煤之名，非石炭也。崔銑《彰德志》作「烸」，〔原注〕志曰：「安陽縣龍山出石炭，入穴取之無窮。取深數百丈，必先見水，水盡然後炭可取也。炭有數品，其堅者謂之石，軟者謂之烸。氣愈臭者然之愈難盡。水可以煎礬，終不若晉、絳者云。」按《玉篇》《廣韻》並無「烸」字。

終葵

《考工記》：「大圭長三尺，杼上終葵首。」〔原注〕注：「終葵，椎也。爲椎於其杼上，明無所屈也。」《禮記·玉藻》：「終葵，椎也。」《方言》：「齊人謂椎爲終葵。」馬融《廣成頌》：「翬〔原注〕「揮」同。終葵，揚關斧。」〔原注〕《博雅》作「柊楑」。蓋古人以椎逐鬼，若大儺之爲耳。今人於户上畫鍾馗像，云唐時人能捕鬼者，玄宗嘗夢見之，事載沈存中《補筆談》，未必然也。〔原注〕《五代史·吴越世家》：「歲除，畫工獻《鍾馗擊鬼圖》。」《魏書》：「堯暄本名鍾葵，字辟邪。」則古人固以鍾葵爲辟邪之物矣。〔趙氏曰〕終葵字辟邪，意「葵」字傳譌，而捉鬼之説起于此也。蓋終葵本以逐鬼，後世以其有辟邪之用，遂取爲人名。流傳既久，則又忘其辟邪之物，而意其爲逐鬼之人，乃附會爲真有是食鬼之人，姓鍾名馗者耳。《天中記》《補筆談》所載皆不足信。而唐時每歲暮以鍾馗與曆日同賜大臣，多有謝表，則訛謬相傳，已非一日也。又有淮南王佗子名鍾葵，有楊鍾葵、丘鍾葵、李鍾葵、慕容鍾葵、喬鍾葵、〔原注〕《北史·庶人諒傳》作喬鍾馗，又《恩幸傳》末有宫鍾馗，「馗」字兩見。而《楊義臣傳》仍作喬鍾葵。段鍾葵，于勁字鍾葵，張白澤本字鍾葵，《唐書》有王武俊將張鍾葵，〔原注〕《通鑑》作「終葵」。則以此爲名者甚多，豈以其形似而名之，抑取辟邪之義與？《左傳》定四年「分康叔以殷民七族，有終葵氏」，是又不可知其立名之意也。

魁

今人所奉魁星，不知始自何年。以奎爲文章之府，〔錢氏曰〕《天官書》：「奎爲封豕，爲溝瀆。」不云「文章之府」。宋初五星聚奎，説者謂：孔子魯人，奎、婁爲魯分野，儒教當興之象。特史官傅會之詞。學校祀魁星，雖非古禮，然《新定續志·學校門》云：「魁星樓，爲一邑偉觀，其上以奉魁星。」則是南宋時已有之矣。故立廟祀之，乃不能像奎，而改「奎」爲「魁」，又不能像魁，而取之字形，爲鬼舉足而起其斗。不知奎爲北方玄武七宿之一，〔錢氏曰〕奎，西方七宿之一，非北方也。魁爲北斗之第一星，所主不同，而二字之音亦異。今以文而祀，乃不于奎而于魁，宜乎今之應試而獲中者皆不識字之人與！又今人以榜前五名爲「五魁」，《漢書·酷吏傳》：「所置皆其魁宿。」《游俠傳》「閭里之俠，原涉爲魁」，師古曰：「魁者，斗之所用盛而杓之本也。〔原注〕天文，北斗魁爲首，末爲杓。《淮南子》注：「斗第一星至第四爲魁，第五星至第七爲杓。」故言根本者皆云魁。」《説文》：「魁，羹斗也。」趙宧光曰：「斗首曰魁，因借凡首皆謂之魁。」其見於經者，《書·胤征》之『殲厥渠魁』，《記·曲禮》之『不爲魁，主人能，則執兵而陪其後』。」然則「五魁」之名，豈佳語哉！或曰：「里有里魁，市有市魁，皆長帥之意。」要非雅俊之目。〔原注〕《吕氏春秋》有「魁士名人」，此用「魁」字之始。《國語》：「幽王蕩以爲魁陵、糞土、溝瀆。」韋昭解：「小阜曰魁。」《列子》：「以君之力，曾不能損魁父之丘。」《史記·趙世家》：「嬴姓將大敗周人於范魁之西。」《鮑宣傳》：「白首耆艾，魁壘之士。」《揚雄傳》：《甘泉賦》「冠倫魁能」。陸機《感丘賦》：「羅魁封之纍纍。」又《文選》潘岳《笙賦》：「統大魁以爲筌。」李周翰曰：「大魁，謂匏中也。」又《儀禮・士冠禮》「素積白屨，以魁柎之」，注：「魁，蜃蛤。」

近時人好以魁命名，亦取「五魁」之義。古人以「魁」命名者絶少。《左傳》有鄭魁壘、盧蒲就魁，《吕氏春秋》「齊王殺燕將張魁」。

桑梓

《容齋隨筆》謂：「《小雅》『維桑與梓，必恭敬止』，並無鄉里之説，而後人文字乃作鄉里事用。」愚考之，張衡《南都賦》云：「永世克孝，懷桑梓焉。真人南巡，覩舊里焉。」蔡邕作《光武濟陽宫碑》云：「來在濟陽，顧見神宫，追惟桑梓，褒述之義。」陳琳爲袁紹檄云：「梁孝王先帝母弟，墳陵尊顯，松柏桑梓，猶宜肅恭。」漢人之文，必有所據，齊、魯、韓三家之《詩》不傳，未可知其説也。〔原注〕胡三省《通鑑注》：「桑梓謂其故鄉，祖父之所樹者。」以後魏鍾會《與蔣斌書》：「桑梓之敬，古今所敦。」晋左思《魏都賦》：「畢、昴之所應，虞、夏之餘人，先王之桑梓，列聖之遺塵。」陸機《思親賦》：「悲桑梓之悠曠，愧烝嘗之弗營。」《贈弟士龍》詩：「迫彼窀穸，載驅東路。繼其桑梓，肆力丘墓。」《贈顧彦先》詩：「眷言懷桑梓，無乃將爲魚。」《百年歌》：「辭官致禄歸桑梓。」潘尼《贈陸機出爲吴王郎中令》詩：「祁祁大邦，惟桑與梓。」《贈滎陽太守吴子仲》詩：「垂覆豈他鄉，迴光臨桑梓。」潘岳《爲賈謐作贈陸機》詩：「旋反桑梓，帝弟作弼。」陸雲《答張士然》詩：「感念桑梓域，髣髴眼中人。」〔原注〕《九愍》：「望龍門而屢顧，攀維桑而祇泣。」《歲暮賦》：「虔孝敬於神丘兮，結祗慕於維桑。」閻式《復羅尚書》：「人懷桑梓。」劉琨《上愍帝表》：「燕嘗之敬在心，桑梓之情未克。」袁宏《三國名臣贊》：「子布擅名，遭世方擾，撫翼桑梓，息肩江表。」宋武帝《復彭沛下邳三郡租詔》：「彭城桑梓本鄉，加隆攸在。」文帝《復丹徒租詔》：「丹徒桑梓，綢繆大業攸始。」謝靈運《孝感賦》：「戀丘墳而縈心，憶桑梓而零淚。」《會吟行》：「東方就旅逸，梁鴻去桑梓。」何承天《鐃歌》：「願言桑梓思舊遊。」鮑照《從過舊宮》詩：「嚴恭履桑梓，加敬覽枌榆。」梁武帝《幸蘭陵詔》：「朕自違桑梓五十餘載。」劉峻《辨命論》：「居先王之桑梓，竊名號於中縣。」江淹《擬陸平原》詩：「明發眷桑梓，永歎懷密親。」則又從《南都賦》之文而承用之矣。

按古人桑梓之説，不過敬老之意。《説苑》：「常樅謂老子曰：『過喬木而趨，子知之乎？』老子曰：『過喬木而趨，非謂敬老邪？』常樅曰：『嘻，是已。』」此於詩爲興體，言桑梓猶當養敬，而況父母爲人子之所瞻依。

胡嚨

《説文》：「胡，牛頷垂也。」徐曰：「牛頷下垂皮也。」《釋名》：「胡，互也。在咽下垂，能斂互物也。」《詩》：「狼跋其胡。」狼之老者，頷下垂胡。《漢書·郊祀志》：「有龍垂胡顮，下迎黄帝。」師古曰：「胡，頸下垂肉也。」《金日磾傳》：「捽胡投何羅殿下。」晉灼曰：「胡，頸也。」《張敖傳》「仰絶亢而死」注，蘇林曰：「亢，頸大脈也，俗所謂胡脈也。」《後漢書》：「請爲諸君鼓嚨胡。」《太玄經》：「七爲嘏咄。」范望解「謂唐胡也。」古人讀「侯」爲「胡」。《息夫躬傳》師古曰：「咽，喉嚨。」即今人言「胡嚨」耳。

胡

《説文》：❶「胡，牛頷垂也。从肉，古聲。」〔原注〕《説文》：「𢄙，幅胡也。」臣鉉等曰：「胡，幅之垂者也。」亦取下垂爲義。《續漢·輿服志》「聖人見鳥獸，有冠角頓胡之制」是也。《詩》曰「狼跋其胡」，狼之老者頷下垂胡，故以爲壽考之稱。《詩》曰：「胡考之寧。」《傳》曰：「雖及胡耇。」〔原注〕《釋名》：「胡耇，咽皮如雞胡也。」《謚法》：「彌年壽考曰胡。保民耆艾曰胡。」陳有胡公，而蔡仲及周厲王名胡，似亦皆取此義。〔原注〕晉王胡之字修齡。《考工記》：「戈廣二寸，内倍之，胡三之。」謂戈鋒之曲而旁出者，猶牛胡也。《周禮·大行人》「侯伯七十步，立當前疾」，注：「前疾，謂駟馬車轅前胡下垂柱地者。」《禮記·深衣》「袂圜以應規」，注：「謂胡下也。下垂曰胡。」《方言》「凡箭鏃胡合嬴者」，郭璞解：「胡鏑在於喉下。」則亦取象於牛胡也。又國名。今之胡姓，以國爲氏，或以謚爲氏者也。又與「何」字義同，如「胡能有定」「胡然而天」「胡斯畏忌」之類。〔原注〕箋云：「胡之言何也。」見於經傳，如此而已。《史記·匈奴傳》曰：「晉北有林胡、樓煩之戎，燕北有東胡、山戎。」蓋必時人因此名戎爲「胡」，〔原注〕《趙世家》：「變服騎射，以備燕、三胡、秦、韓之邊。」注：「林胡、樓煩、東胡爲三胡。」武靈王言：「襄

❶「説文」上，據《校記》，鈔本有「三代時，外國之名曰戎曰狄而已。專言之則曰葷粥，曰玁狁，至趙武靈王始名曰胡。按」凡三十三字。又「曰狄而已」下有小字注「《禮記·王制》：東方曰夷，南方曰蠻，西方曰戎，北方曰狄」凡二十字。

王并戎取代；以攘諸胡。」謂之「諸胡」者，猶《左傳》之言「羣舒」。而下文遂云「築長城以拒胡」，是以二國之人而槩北方之種，一時之號而蒙千載之呼也。〔原注〕猶之羯，本地名，上黨武鄉縣羯室。晉時匈奴別部入居之，後因號胡戎爲羯。蓋北狄之名胡，自此始。而《考工記》亦曰：「粤無鎛，燕無函，秦無廬，胡無弓車。」春秋，北燕僅再見於經，而於越至哀公時始盛，以此知《考工》之篇亦必七國以後之人所增益矣。又「虜」者，俘獲之稱。《曲禮》：「獻民虜者，操右袂。」《公羊傳》：「閔公矜此婦人，妬其言，顧曰：『此虜也。爾虜焉故。』」魯仲連所謂「虜使其民」，韓非所謂「臣虜之勞」，〔原注〕《史記·李斯傳》：「嚴家無格虜。」《索隱》曰：「虜，奴隸也。」而戚夫人歌所謂「子爲王，母爲虜」，東方朔《答客難》所謂「尊之則爲將，卑之則爲虜」者也。故漢高帝言「虜中吾指」，而罵婁敬爲「齊虜」，戾太子罵江充爲「趙虜」，《水經注》臨淄外郭，「世謂之虜城，言齊湣王伐燕，燕王噲死，虜其民實居郭，因以名之」是矣。❶自南北朝以後，其名遂以加之北翟，❷亦習而不察也。

草馬

《爾雅》：「馬屬，牡曰隲，牝曰騇。」郭璞注以牡爲「騭馬」，牝爲「草馬」。《魏志·杜畿傳》：「爲

---

❶「是矣」下，據《校記》，鈔本有「後人以此罵外夷而」八字。

❷「以加之北翟」，據《校記》，鈔本作「專之於北狄」。

河東太守，課民畜牸牛草馬。」《晉書・涼武昭王傳》：「家有騧草馬生白額駒。」《魏書・蠕蠕傳》：「賜阿那瓌父草馬五百匹。」《吐谷渾傳》：「吐谷渾嘗得波斯草馬，放入海，因生驄駒。」《隋書・許善心傳》：「賜草馬二十匹。」〔原注〕《廣韻》：「牝馬曰騲。」《顏氏家訓》有云「騲騭」。今人則以牡爲「兒馬」，牝爲「騍馬」，而唯牝驢乃言「草驢」。

草驢女猫

今人謂牝驢爲草驢。《北齊書・楊愔傳》：「選人魯漫漢在元子思坊，騎秃尾草驢。」是北齊時已有此語。山東、河北人謂牝猫爲「女猫」。《隋書・外戚・獨孤陁傳》：「猫女可來，無住宫中。」是隋時已有此語。

雌雄牝牡

飛曰雌雄，走曰牝牡。「雉鳴求其牡」，詩人以爲不倫之刺。然亦有不一者。《周禮》疏引《詩》「雄狐綏綏」，走亦曰雄。《書》「牝雞無晨」，飛亦曰牝。今按經傳之文，不止於此。如《詩》：「爾牧來思，以薪以蒸，以雌以雄。」《左傳》：「千乘三去，三去之餘，獲其雄狐。」《莊子》：「猨猵狙〔原注〕音旦。以爲雌。」《焦氏易林》「雄犬夜鳴」，「雄羆在後」。《晉書・五行志》：「吴郡婁縣人家聞地中有犬子聲，掘之，得雌雄各一。」《木蘭詩》：「雄兔脚撲朔，雌兔眼迷離。」皆走而稱雌雄者也。《爾雅》：「鷯鶉，其雄鶛牝痺。」《山海經》：「帶山有鳥焉，其狀如烏，五采而赤文，名曰鵸鵌，是自爲牝牡。」「陽山有鳥焉，其狀如雌雉，而五采以文，是自爲牝牡，名曰象蛇。」則飛而稱牝牡者也。龍亦可稱雌雄，《左傳》「帝賜之乘龍，河、漢各二，各有雌雄」是也。蟲亦可稱雌雄，《列子》「純雌其名大菁，純雄其名稺蜂」是也。介蟲亦可稱雌雄，《莊子》注，司馬云「雄者黿類，雌者鼈類」是也。人亦可稱雌雄，《管子》「楚人攻宋、鄭，令其人有喪雌雄」，《莊子》魯哀公之言哀駘他曰「且而雌雄合乎前」是也。虹亦可稱雌雄，《詩》疏「虹雙出，色鮮盛者爲雄，雄曰虹；闇者爲雌，雌曰蜺」是也。〔原注〕《容齋三筆》引宋玉賦「雄風」「雌風」，及師曠占有「雄雷」「雌雷」之説。干支亦可稱雌雄，《史記索隱》「歲雄在閼逢，雌在攝提格。月雄在畢，雌在訾。日雄在甲，雌在子」是也。金亦可稱雌雄，王子年《拾遺記》「禹鑄九鼎，擇雌金爲陰鼎，雄金爲陽鼎」是也。石亦可稱雌雄，《續漢・郡國志》「夜郎出雄黄、雌黄」是也。符契亦可稱雌雄，《隋書・高祖紀》「頒木魚符於總管、刺史，雌一雄一」，《唐六典》「太府寺置木契九十五隻，雄付少府將作監，雌留太府寺」是也。箭亦可稱雌雄，《遼史・儀衛志》「木箭内箭爲雄，外箭爲雌。皇帝行幸則用之，還宫，勘箭官執雌箭，東上閤門使執雄箭」是也。〔原注〕亦可稱牝牡。宋沈括《筆談》：「大駕鹵簿中有勘箭，如古之勘契也。其牡謂之雄牡箭，牝謂之闢仗箭。本胡法也，熙寧中罷之。」草木亦可稱牡，《周禮》「牡橭」「牡蘜」，〔原注〕注謂蘜之不華者。《檀弓》「牡麻」，《爾雅》「牡菣」「牡贊」「牡茅」，《儀禮》注「牡蒲」，《史記・封禪書》「牡荆」，《本草》「牡桂」是也。車箱亦可稱牝，《考工記》「牝服」，《正義》云「車較，即今人謂之平鬲，皆有孔，内軨子於其中，而又向下服，故謂之牝服」是也。管籥亦可稱牝牡，《漢書·五行志》「長安章城門，門牡自亡」，《月令》注「鍵牡閉牝也」，《正義》「凡鑠器入者謂之牡，受者謂之牝」是也。棺蓋亦可稱牝牡，《禮記·喪大記》「君蓋用漆」，《正義》「用漆者，塗合牝牡之中也」是也。瓦亦可稱牝，《廣韻》「瓪，牝瓦」是也。五藏亦可稱牝牡，《靈樞經》肝、心、脾爲「牡藏」，肺、腎爲「牝藏」是也。齒牙亦可稱牡，《説文》「牙，牡齒」是也。〔原注〕徐曰：「此於齒爲牡也。《九經字樣》作壯齒。」病亦可稱牡，《史記·倉公傳》「牡疝」是也。星亦可稱牝牡，《天文志》「太白在南，歲在北，名曰牝牡」是也。〔原注〕《法苑珠林》：「虞喜《天文論》：漢太初曆，十一月甲子夜半冬至。歲雄在閼逢，雌在攝提格。月雄在畢，雌在訾。日雄在甲，雌在子。大抵以十干爲歲陽，故謂之雄，十二支爲歲陰，故謂之雌。但畢、訾爲月雌雄，不可曉。今之言陰陽者，未嘗用雌雄二字也。《郎顗傳》引《易雌雄祕曆》，今亡此書。」五行亦可稱牝牡，《左傳》「水，火之牡也」是也。銅亦可稱牝牡，《抱朴子》「灌銅當以在火中向赤時，有凸起者牡銅，凹陷者牝銅」是也。若《淮南子》云「北斗之神有雌雄，月從一辰，雄左行，雌右行」，而《隋書·經籍志》有《孝經雌雄圖》三卷，《五代史·四夷附録》「高麗王建進《孝經雌圖》一卷，載日食星變不經之説」，則近於誕矣。〔原注〕後周有典牝、典牡、上士、中士，以牝牡名官。〔閻氏曰〕考《國語》「凡陳之道，設右以爲牝，益左以爲牡」。《淮南子·墜形訓》「邱陵爲牡，谿谷爲牝」。又「牝土之氣，御于玄天」。又「所謂地利者，左牡而右牝」。〔楊氏曰〕古八陳，三日牝陳，四曰牡陳是也。

日知録之餘卷一

崐山顧炎武寧人氏述

書　法

晋衛恒《四體書勢·序》曰：「昔在黄帝，創制造物，有沮誦、倉頡者，始作書契，以代結繩，蓋觀鳥跡以興思也。因而遂滋，則謂之字。有六義焉：一曰指事，上、下是也；二曰象形，日、月是也；三曰形聲，江、河是也；四曰會意，武、信是也；五曰轉注，老、考是也；六曰假借，令、長是也。夫指事者，在上爲上，在下爲下也。象形者，日滿月虧，效其形也。形聲者，以類爲形，配以聲也。會意者，止戈爲武，人言爲信也。轉注者，以老爲考也。假借者，數言同字，其聲雖異，其意一也。自黄帝至三代，其文不改。及秦用篆書，焚燒先典，而古文絶矣。漢武帝時，魯共王壞孔子宅，得《尚書》《春秋》《論語》《孝經》，時人已不復知有古文，謂之科斗書。漢世秘藏，希得見之。魏初傳古文者，出于邯鄲淳。恒祖敬侯寫淳《尚書》，後以示淳，而淳不别。至正始中，立三字石經，轉失淳法，因科斗之名，遂效其形。太康元年，汲縣人盗發魏襄王冢，得策書十餘萬言。案敬侯所書，猶有髣髴。古書亦有數種，其一卷論楚事者，最爲工妙，恒竊説之，故竭愚思，以贊其美，愧不足厠前賢之作，冀以存古人之象焉。昔周宣王時，史籀始著大篆十五篇，或與古同，或與古異，世謂之籀書者也。及平王東遷，諸侯立政，家殊國異，而文字乖形。秦始皇帝初兼天下，丞相李斯乃奏益之，罷不合秦文者。斯乃作《蒼頡篇》，中車府令趙高作《爰歷篇》，太史令胡毋敬作《博學篇》，皆取史籀大篆，或頗省改，所謂小篆者。自秦壞古文，有八體：一曰大篆，二曰小篆，三曰刻符，四曰蟲書，五曰摹印，六曰署書，七曰殳文，八曰隸書。王莽時，使司徒甄豐校文字部，改定古文，復有六書：一曰古文，孔氏壁中書也；二曰奇字，即古文而異者也；三曰篆書，秦篆書也；四曰佐書，即隸書也；五曰繆篆，所以摹印也；六曰鳥書，所以書幡信也。及許慎撰《説文》用篆書爲正，以爲體例，最可得而論也。秦時李斯，號爲二篆，諸山及銅人銘皆斯書也。漢建初中，扶風曹喜少異于斯，而亦稱善。邯鄲淳師焉，略究其妙。韋誕師淳而不及也。太和中，誕爲武都太守，以能書，留補侍中，魏氏寶器銘題皆誕書也。漢末又有蔡邕，采斯、喜之法，爲古今雜形，然精密閑理不如淳也。❶秦既用篆，奏事繁多，篆字難成，即令隸人佐書，曰隸字。漢因行之，獨符、印璽、幡信、題署用篆。隸書者，篆之捷也。上谷王次仲始作楷法。至靈帝好書，時多能者，而師宜官爲最，❷大則一字徑丈，小則方寸千言，甚矜其能。或時不持錢詣酒家飲，因壁書，過觀者以酒讎，討錢足而滅之。每書輒削而焚其柎。梁鵠

❶「理」，原作「禮」，今據鄒刻本改。

❷「官」，原作「修」，今據鄒刻本改。

乃益爲版而飲之酒，❶候其醉而竊其柎，鵠卒以書至選部尚書。宜官、鵠宜爲大字，邯鄲淳宜爲小字。鵠謂淳得次仲法，然鵠之用筆盡其勢矣。漢末，有左子邑，小與淳、鵠不同，然亦有名。魏初有鍾、胡二家爲行書法，俱學之于劉德升，❷而鍾氏少異，然亦各有巧，今大行于世。漢興而有草書，不知作者姓名。至章帝時，齊相杜度號善作篇。後有崔瑗、崔寔，❸亦皆稱工。杜氏殺字甚安，而書體微瘦。崔氏甚得筆勢，而結字小疏。弘農張伯英者，因而轉精甚巧，凡家之布帛必書而後練之，臨池學書，池水盡黑，下筆必爲楷則，號『忩忩不暇草書』，寸紙不見遺，至今猶寶其書，韋仲將謂之『草聖』。伯英弟文舒者，次伯英。又有姜孟潁、梁孔達、田彦和及韋仲將之徒，皆伯英弟子，有名于世，然殊不及文舒也。羅叔景、趙元嗣者，與伯英並時，見稱于西州，而矜巧自與，衆頗惑之。故英自稱『上比崔、杜不足，❹下方羅、趙有餘』。河間張超亦有名，然雖與崔氏同州，不如伯英之得其法也。」

「漢時策書，其制二尺，短者半之，篆書，起年月，稱皇帝，以命諸侯王。三公其罪免亦賜策，其

❶「版」，原作「判」，今據《晋書·衛恒傳》改。
❷「于劉」，原作「劉于」，今據鄒刻本乙正。
❸「寔」，原作「實」，今據鄒刻本及《晋書·衛恒傳》改。
❹「杜」，原作「仲」，今據鄒刻本改。

異者，隸書，用尺一木兩行而已。」

隸書

《漢書·藝文志》：❶「《史籀篇》者，周時史官教學童書也，與孔氏壁中古文異體。《蒼頡》七篇者，秦丞相李斯所作也。《爰歷》六章者，車府令趙高所作也。《博學》七章者，太史令胡毋敬所作也。文字多取《史籀篇》，而篆體復頗異，所謂秦篆者也。是時始造隸書矣，起于官獄多事，苟趨省易，施之于徒隸也。漢興，閭里書師合《蒼頡》《爰歷》《博學》三書，斷六十字以爲一章，凡五十五章，並爲《蒼頡篇》。武帝時，司馬相如作《凡將篇》，無復字。師古曰：「復，重也。」元帝時黄門令史游作《急就篇》，❷成帝時將作大匠李長作《元尚篇》，皆《蒼頡》中正字也，❸《凡將》則頗有出矣。至元始中，徵天下通小學者以百數，各令記字于庭中。揚雄取其有用者，以作《訓纂篇》，順續《蒼頡》，又易《蒼頡》中重復之字，凡八十九章。臣復續揚雄作十三篇，韋昭曰：「臣，班固自謂也。」作十三章，後人不

---

❶「書」，原作「時」，今據鄒刻本改。

❷「門」下，原衍「帝」字，今據鄒刻本及《漢書·藝文志》删。

❸「皆」，原倒於下句「頗」字下，今據鄒刻本乙正。

别，疑在《蒼頡》下篇三十四章中。」凡一百二章，❶無復字，六藝羣書所載略備矣。《蒼頡》多古字，俗師失其讀。宣帝時，徵齊人能正讀者，張敞從受之。傳至外孫之子杜林，爲作訓故，並列焉。」庾肩吾《書品序》：「隸體發源秦時，隸人下邳程邈所作。始皇見而重之。以奏事繁多，篆字難製，遂作此法，故曰隸書。今時正書是也。」

張守節《史記正義·論字例》曰：❷「程邈變篆爲隸，楷則有常。後代作文，隨時改易，衛宏官書數體，吕忱或字多奇，鍾、王等家以能爲法，致令楷文改變，非復一端。」

《南齊書·劉休傳》：「元嘉世，羊欣受子敬正隸法，❸世共宗之，右軍之體微古，不復見貴。休始好此法，至今此體大行。」

《梁書·蕭子雲傳》：「子雲善草隸書，爲世楷法。自云善效鍾元常、王逸少，而微變字體。答敕云：『臣昔不能賞拔，隨世所貴，規摹子敬，多歷年所。年二十六，著《晋史》，❹至《二王列傳》，欲作論語草隸法，言不盡意，遂不能成，略指論飛白一勢而已。十許年來，始見敕旨《論書》一卷，商略

❶「二」，原作「三」，今據鄒刻本改。
❷「字」，原脱，今據《史記正義》補。
❸「子」，原作「字」，今據《南齊書·劉休傳》改。
❹「晋」下，原衍「書」字，今據《梁書·蕭子雲傳》删。

筆勢，洞徹字體，又以逸少之不及元常，猶子敬之不及逸少。自此研思，方悟隸式，始變子敬，全範元常。逮爾以來，自覺功進。』」可見鍾、王之字即是隸書。

《後魏書·江式傳》：式表云：「晋世義陽王典祠令任城吕忱表上《字林》六卷，附托許氏《説文》，而按偶章句，隱别古籀奇惑之字，文得正隸，不差篆意也。」又云：「式於是撰集字書，號曰《古今文字》，凡四十卷。大體依許氏《説文》爲本，上篆下隸。」

《水經注》：「昔在漢世，雒陽宫殿門題多是大篆，言是蔡邕諸子。自董卓焚宫殿，魏太祖平荆州，漢吏部尚書安定梁孟皇善師宜官八分體，求以贖死。太祖善其法，常仰繫帳中愛玩之，以爲勝宜官，北宫牓題，咸是鵠筆。南宫既建，明帝令侍中京兆韋誕以古篆書之。皇都遷洛，始令中書舍人沈含馨以隸書書之。景明、正始之年，又勑符節令江式以大篆易之，今諸桁牓題皆是式書。」

劉勰《文心雕龍》引庾肩吾《書品》：「隸體發源秦時，隸人下邳程邈所作。始皇見而重之，以奏事繁多，篆字難製，遂作此法，故曰隸書，今時正書是也。草勢起于漢時，❶解散隸法，用以赴急。本因草創之義，故曰草書。建初中，京兆杜操始以善草知名，❷今之草書是也。」

《北齊書》：「趙仲將善草隸，雖與弟書，書字楷正，云草不可不解，若施于人，似相輕易。若與

---

❶「勢」，原作「聖」，今據《四庫全書》本《法書要録》改。

❷「草」，原作「書」，今據《法書要録》改。

當家中卑幼，又恐其疑所在宜爾，是以必須隸筆書。」❶可見不草即是隸書。

晉成公綏《隸書體》云：「蟲篆既繁，草藁近僞，適之中庸，莫尚于隸。」是則篆、草之中惟有隸也。又云：「若乃八分、璽法，殊好異制。」是八分難别一體，亦謂之隸也。又云：「垂象表式，有模有楷。」則後人之名爲楷者，從此出矣。

王羲之《題衛夫人筆陣圖後》云：「夫書，先須引八分、章草入隸字中，發人意氣。」

《宣和書譜》：「爲八分之説者多矣。一曰東漢上谷王次仲，以隸字改爲楷法，變八分。此蔡希綜之説也。《莊子》：『丁子有尾。』世人謂右行曲波爲尾。❷『丁』『子』二字，❸左行曲波，❹亦是尾也。楊慎曰：『觀此，則莊子之時已有八分書，不始于王次仲矣。』一曰去隸字八分取二分，去小篆二分取八分，故謂之八分。此蔡琰述父中郎邕語也。前世之善書類能言其書矣。然而自漢以來，至于唐千百載間，金石遺文之所載，特存篆、隸、行、草，所謂八分者何有？至唐，則八分書始盛，其典型蓋類隸而變方廣作波勢，不古不嚴，豈在唐始有之耶？杜甫作《八分歌》，盛稱李潮、韓擇木、蔡有鄰，是皆唐之

❶「筆」，原作「書」，今據《北齊書·趙彦深傳》改。
❷「右行」，原脱，今據《四庫全書》本《丹鉛總録》卷一五補。
❸「字」，原作「子」，今據《丹鉛總録》卷一五改。
❹「左」，原作「在」，今據《丹鉛總録》卷一五改。

諸子。而今所存者，又皆唐字。則希綜、蔡邕之論安在哉？蓋古之名稱與今或異，今所謂正書，則古所謂隸書。今所謂隸書，則古所謂八分。至唐則猶有隸書中別爲八分以名之，❶然則唐之所謂八分者，非古之所謂八分也。今御府所藏八分者四人，曰張彦遠，曰貝泠該，曰于僧翰，曰釋靈該，是四子俱唐人，則知今之八分出于唐，明矣。故不得不辨，以詔後世云。」

《金石録》：「右東魏大覺寺碑陰，題銀青光禄大夫臣韓毅隸書，蓋今楷字也。庾肩吾曰：『隸書，今之正書也。』張懷瓘《六體書論》亦云：❷『隸書者，程邈造字皆真正，亦曰正書。』自唐以前皆謂楷字爲隸，至歐陽公《集古録》，誤以八分爲隸書，自是舉世凡漢時石刻皆目爲漢隸。有一士人力主此論，余嘗出漢碑數本問之，何者爲隸，何者爲八分，蓋自不能分也。因覽此碑，毅自題爲隸書。故聊誌之，以袪來者之惑。」

《老學庵筆記》：「周越《書苑》云：❸『郭忠恕以爲小篆散而八分生，八分破而隸書出，隸書悖而行書作，行書狂而草書聖。』以此知隸書乃今真書。趙明誠《金石録》謂，誤以八分爲隸，自歐陽公始。」《千字文》云：「杜藁鍾隸。」《王羲之傳》：「尤善隸書，爲古今之冠。」

---

❶「至唐」，原作「唐至」，今據鄒刻本乙正。

❷「瓘」，原作「瑾」，今據鄒刻本改。

❸「周」，原作「用」，今據鄒刻本改。

《項氏家説》曰：「程迴可父《辨隸書》曰：『周興嗣《千字》：杜藁鍾隸。』蕭子雲啓云：『論草隸，逸少不及元常，子敬不及逸少。』任玠《五體序》云：『篆則科斗、玉筯、垂露、薤葉，隸則羲、獻、鍾、庾、歐、虞、顔、柳，八分則酌乎篆、隸之間者。』《書苑》云：『蔡文姬言：割程隸字八分取二分，割李篆字二分取八分，于是爲八分書。』以諸家參之，則今之稱隸者，乃二八分書，古之稱隸者，真書、行書也。唐與國初並無此誤，自歐陽以來始誤。故少游遂疑程邈帖不當爲小楷，疑非秦書。蓋不知先有真書，後有八分書也。黄公紹曰：『按《唐六典》，校書郎正字所掌字體有五，一古文，二大篆，皆不用；三曰小篆，印璽、旗幡所用；四曰八分，石經、碑碣所用；五曰隸書，典籍表奏、公私文疏所用。』則程説信矣。」

章子厚曰：「石金刻，東漢魏晋皆用八分，唯銘刻之陰或用隸字也。許昌辨臣勸進與受禪壇碑皆八分之妙者。近世有荒唐士人妄謂爲隸書，乃今正書耳。世俗亦往往謂之隸書，且相尚學焉。不知彼將以何等爲古八分，又將以今正書爲何等邪？」《墨莊漫録》。

《水經注》：「古文出于黄帝之世。蒼頡本鳥跡爲字，取其孳乳相生，故文字有六義焉。自秦用篆書，焚燒先典，古文絶矣。魯恭王得孔子宅書，不知有古文，謂之科斗書。蓋用科斗之名，遂效其形耳。言大篆出于周宣王之時，史籀創著。平王東遷，文字乖錯。秦之李斯及胡毋敬，又以改籀書謂之小篆，故有大篆、小篆焉。然許氏字説專釋于篆，而不本古文。言古隸之書起于秦代，而篆字文繁，無會劇務，故用隸人之省，謂之隸書；或云即程邈于雲陽增損者。是知隸者，篆捷也。孫暢之嘗見青州刺史傅弘仁説：臨淄人發古塚，得銅棺，前和外隱起爲隸字，言『齊太公六世孫胡公之棺』也。唯三字是古，餘同今書。證知隸自古出，非始于秦。」

洪适《隸釋》云：「今之言漢字者，則謂之隸；言唐字者，則謂之分。殆不知在秦、漢時，分、隸已兼有之。唐張懷瓘《書斷》云：『蔡邕八分入神，隸入妙。』又云：『張昶八分碑在華陰。』今華山所存漢碑凡四，華亭一碑乃昶分書也。又云：『八分者，秦羽人上谷王次仲所作。』始皇時官務稍多，得次仲文簡略，赴急速之用，甚喜；遣使三召，不至。漢和帝時，賈魴用隸字寫《三蒼》，隸法由兹而廣。蓋八分爲小篆之捷。其贊八分則曰：『龍騰虎踞兮勢非一，交戟横戈兮氣雄逸。』其贊隸則曰：『摧鋒劍折，落點星垂。』詳其説而察其字，則孫根及華亭碑爲漢人八分無疑矣。唐人自稱八分，蓋有自來，考古博雅之士更爲辨之。」

《宋史·選舉志》：❶「書學生，習篆、隸、草三體。篆以古文、大小二篆爲法，隸以二王、歐、虞、顔、柳真行爲法，草以章草、張芝九體爲法。」

趙古則《學范》曰：「隸即漢八分，真即漢隸，古今傳習異辭，始隨常名，使人易曉。好古者不可不知也。」

---

❶「志」下，原衍「表」字，今據《宋史·選舉志》删。

沈存中《補筆談》曰：「今世俗謂之隸書者，只如古人之八分書。謂初從篆文變隸，❶尚有二分篆法，故謂之八分書。後乃全變爲隸書，即今之正書，章草、行書、草書皆是也。後之人乃誤謂古八分書爲隸書，以今時書爲正書。殊不知所謂正書者，隸書之正者耳，其餘行書、草書皆隸也。杜甫《李潮小篆歌》曰：『陳倉《石鼓》文已訛，大小二篆生八分。苦縣光和尚骨立，書貴瘦硬方通神。』苦縣《老子》《朱龜碑》也。❷《書評》云：『漢魏牌牓碑文和《華山碑》，皆今所謂隸書也。杜甫詩亦只謂之八分。』又《書評》云：『漢魏牌牓碑文，非篆即八分，未嘗用隸書。』知漢魏碑文皆八分，非隸書也。」

元吾丘衍《學古編・辨字》：「一曰科斗書。科斗書者，蒼頡觀三才之文，及意度爲之，乃字之祖，即今之偏旁是也。畫文象蝦蟆子，❸形如水蟲，故曰科斗。二曰籀文。籀文者，史籀取蒼頡形意，配合爲之，損益古文，或同或異，加之銛利鉤殺，大篆是也。史籀所作，故曰籀文。三曰小篆。小篆者，李斯省籀文之法，同天下書者。比籀文體十存其八，故曰小篆，謂之『八分小篆』也。既有小篆，故謂籀文爲大篆。四曰秦隸。秦隸者，程邈以文牘繁多，難于用篆，因減小篆爲便用之法，故

❶「初從」，原作「從初」，今據鄒刻本乙正。

❷「也」，原作「光」，今據《四庫全書》本《夢溪筆談・補筆談》卷下改。

❸「畫」，原作「盡」，今據民國重印明寶顏堂秘笈本《學古編》改。

不爲體勢，若漢識篆字相近，非有此法之隸也。便于佐隸，故曰隸書。即是秦權、秦量上刻字，人多不知，亦謂之篆矣。或言秦未有隸，且疑程邈之説，故詳及之。五曰八分。八分者，漢隸之未有挑法者也。比秦隸則易識，比漢隸則微似篆，若用篆筆作漢隸字，即得之矣。八分與隸，人多不分，故言其法。六曰漢隸。漢隸者，蔡邕《石經》及漢人諸碑上字是也。此體爲最後出，皆有挑法，與秦隸同名其實異。寫法載前卷『十七舉』下，此不再敷。七曰款識。款識文者，諸侯本國之文也。古者，諸侯書不同文，古形體各異。秦有小篆，始一其法。近世學者取款識字爲用，一紙之上，齊楚不分，人亦莫曉其謬。今分作外法，故末置之，不欲亂其源流，使可考其先後耳。」

十七舉曰：「隸書，人謂宜匾，殊不知妙在不匾，挑拔平硬如折刀頭，方是漢隸書體。洪适云：❶『方勁古拙，斬釘截鐵。』備矣。」

---

❶「洪适云」，原作「法之」，今據《學古編》改。

日知録之餘卷二

崐山顧炎武亭林氏述

禁燒金

宋開寶四年詔：「西漢法，作僞黄金棄市，所以防民之奸弊也。如聞京城之内競習其業，轉相誑耀，此而不止，爲盜之萌。自今犯者，並寘極典。」

禁銷金銀箔

魏齊王正始元年，詔曰：「《易》稱『損上益下』，節以制度，不傷財，不害民。方今百姓不足，而御府多作金銀雜物，將奚以爲？今出黄金銀物百五十種，千八百餘斤，銷冶以供軍用。」

《齊書》：「大明、泰始以來，相承奢侈。太祖輔政，上表禁民間不得以金銀爲箔。」海陵王延興元年八月乙卯，申明織成、金之禁。

《陳書》：「後主太建十四年四月庚子詔曰：『朕臨御區宇，撫育黔黎，方欲康濟澆薄，蠲省繁費，奢僭乖衆，❶實宜防斷。應鏤金銀薄及物庶化生、❷土木人、綵花之屬，及布帛幅尺短狹輕疎者，並傷財廢業，尤成蠹患，並皆禁絶。」」

《唐六典》有十四種金：「曰銷金，曰拍金，曰鍍金，曰織金，曰砑金，曰披金，曰泥金，曰鏤金，曰撚金，曰戧金，曰圈金，曰貼金，曰嵌金，曰裹金。」

《宋史・食貨志》：「天聖中，登、萊採金，歲益數千兩。仁宗命奬勸官吏。宰相王曾曰：『採金多，則背本趨末者衆，不宜誘之。』景祐中，登、萊饑，詔弛金禁，聽民採取，俟歲豐復故。然是時海内承平已久，民間習俗日漸侈靡，糜金以飾服器者不可勝數，重禁莫能止焉。」《輿服志》：「大中祥符元年，三司言：『竊惟山澤之寶，所得至難，❸倘縱消釋，實爲虚費。今約天下所用，歲不下十萬兩，俾上弊棄于下民。自今金銀箔線，貼金、銷金、泥金、蹙金線裝貼什器土木玩用之物，並請禁斷，非命婦不得以爲首飾。冶工所用器，❹悉送官。諸州寺觀有以金箔飾尊像者，據申三司，聽自齎金銀工價，就文思院換給。』從之。二年，詔申禁鎔金以飾器服。又太常博士知温州李逸言：『兩浙僧求

---

❶「乖衆」，《陳書・後主本紀》作「乖衷」。

❷「物庶」，《陳書・後主本紀》作「庶物」。

❸「至」，原作「互」，今據《宋史・輿服志》改。

❹「工」，原作「上」，今據《宋史・輿服志》改。

丐金銀、珠玉，錯末和泥，以爲塔像，有高衮丈者。❶毁碎珠玉，寖以成俗，望嚴行禁絶，違者重論。』從之。七年，禁民間服銷金及鈸遮那纈。❷八年，詔内庭自中宫以下，❸並不得銷金、貼金、間金、戭金、圈金、解金、剔金、陷金、明金、泥金、楞金、背影金、盤金、織金、金線撚絲，裝著衣服，並不得以金爲飾。其外庭臣庶家，悉皆斷禁。臣民舊有者，限以一月許回易。爲真像前供養物，應寺觀裝功德用金箔，須具殿位真像顯合增修刱造數，經官司陳狀勘會，指實聞奏，方給公憑，詣三司收買。其明金銀假果、花枝、樂身之類，應金爲裝彩物，降詔前已有者，更不毁壞，自餘悉禁。違者，犯人及工匠皆坐。」《仁宗本紀》：「康定元年，禁以金箔飾佛像。」合而觀之，古來用金之費可知矣。

《西湖志餘》：「金箔，銷金之尤者。上供之外非嚴禁不可。乃今民間首飾、衣袴、器用、文軸、榱題，多用塗畫，歲糜不貲。大中祥符間，杭州周承裕私錬金爲箔，鄭仁澤市千枚轉鬻他州，❹事敗，全家徙配。轉運使陳堯佐言：『仁澤情同罰異，不可懲奸。』❺乃定轉賣者減造者一等，著爲令。此法似可援引而奏行于今日者也。」

---

❶「衮」，原作「褒」，今據《宋史·輿服志》改。
❷「鈸」，原作「跋」，今據《宋史·輿服志》改。
❸「宫」，原作「官」，今據《宋史·輿服志》改。
❹「枚」，原作「秋」，今據《四庫全書》本《西湖遊覽志餘》卷二五改。
❺「奸」，原重文，今據《西湖遊覽志餘》卷二五删。

《山堂考索》：「淳熙八年，上曰：『朕以宰耕牛、禁銅器及金翠等事，刻之記事版，每京尹初上，輒示之。』」

《元史・葉李傳》：「賈似道怒李，嗾其黨臨安尹劉良貴誣李僭用金飾齋匾，鍛鍊成獄，竄漳州。」

陸深《河汾燕閒録》曰：「世間糜費，惟黃金最多。自釋老之教日盛，而寺觀裝飾之侈靡，已數倍于上下之制用。凡金作箔，皆一往不可復者。東坡見後世金少，以爲寶貨神變不可知，復歸山澤。此何言歟？按王莽敗時，省中黃金尚有六十萬斤。莽藉漢基，富有天下，固應有之。梁孝王死，亦有金四十萬斤。至燕王劉澤，一賜田生亦二百斤。何漢世之多金耶。」

「梁孝王死，藏府餘黃金尚有四十餘萬斤。館陶公主幸董偃，令中府曰：『董君所發，一日金滿百斤，❶錢滿百萬，帛滿千匹，乃白之。』」《王莽傳》：「時省中黃金萬斤者爲一匱，尚有六十匱。黃門、鉤盾、藏府、中尚方處處各有數匱。」

禁造銅像

《宋書・蠻夷傳》：「元嘉十二年，丹陽尹蕭摹之奏曰：『佛化被于中國，已歷四代，形像、塔寺，

❶「斤」，原作「金」，今據《漢書・東方朔傳》改。

所在千數。自頃以來，情敬浮末，不以精誠爲至，更以奢競爲重。舊寺頽弛，曾莫之修，而各務造新，以相夸尚。材竹銅綵，糜損無極，無關神祇，有累人事。不爲之防，流遁未息。請自今以後，有欲鑄銅像者，悉詣臺自聞。興造塔寺、精舍，皆先詣在所二千石通辭，❶郡守依事列言本州，須許報，然後就功。其有輒造寺舍者，皆依不承用詔書律，銅宅林院，悉没入官。』詔可。」

禁造銅器

《南史》：宋孝武帝孝建三年夏四月甲子，❷初禁人車及酒肆器用銅。

《代宗紀》：大曆七年十二月壬子，禁鑄銅器。

《舊唐書·德宗紀》：貞元九年正月甲辰，禁賣劍銅器。天下有銅山，任人採取，其銅官買，除鑄鏡外，❸不得鑄造。

《憲宗紀》：元和元年二月甲辰，以錢少，禁用銅器。

《文宗紀》：開成三年六月癸丑，上御紫宸，謂宰臣曰：「幣輕錢重，如何？」楊嗣復曰：「此事已

---

❶「千」，原作「十」；「辭」，原作「釋」，今均據《宋書·蠻夷傳》改。
❷「建」，原作「述」，今據鄒刻本改。
❸「鏡」，原作「境」，今據《舊唐書·德宗紀》改。

久，不可遽變其法，法變則擾人。但禁銅器，斯得其要。」

禁銅不過嶺南

《唐書·憲宗紀》：「元和四年，禁錢不過嶺南。」穆宗時，韓愈奏狀，亦言禁錢不得出五嶺。

禁用銅錢

《實録》：「洪武二十七年八月，詔禁用銅錢。時兩浙之民重錢輕鈔，多行折使，至有以錢百六十文折鈔一貫者。福建、兩廣、江西諸處，大率皆然。由是物價湧貴，而鈔法益壞不行。上乃諭户部尚書郁新曰：『國家造鈔，令與銅錢相兼行使，本以便民。比年以來，民心刁詐，乃以錢鈔任意虧折行使，致令鈔法不行，甚失立法便民之意。宜令有司，悉收其錢歸官，依數换鈔，不許更用銅錢行使。限半月内，凡軍民商賈所有銅錢悉送赴官，敢有私自行使及埋藏棄毁者，罪之。』」

正統十三年五月庚寅，禁使銅錢。時鈔既通行，而市廛亦仍以銅錢交易，每鈔一貫折銅錢二十文。監察御史蔡愈濟以爲言：「請出榜禁約，仍令錦衣衛、五城兵馬司巡視，有以銅錢交易者，擒治其罪，十倍罰之。」上從其言。

禁斷新錢

《宋書·明帝紀》：泰始二年三月壬子，斷新錢，專用古錢。

《顔竣傳》：「景和元年，沈慶之啓通私鑄，由是錢貨亂取。一千錢長不盈三寸，大小稱此，謂之鵝眼錢。劣于此者，謂之綖環錢，入水不沉，隨手破碎。市井不復料數，十萬錢不盈一掬，❶斗米一萬，商賈不行。太宗初，惟禁鵝眼、綖環，其餘皆通用。復禁民鑄，官署亦廢工，尋復並斷，惟用古錢。」

禁金銀

《實録》：「洪武三十年三月甲子，禁民間無以金銀交易。時杭州諸郡商賈不論貨物貴賤，一以金銀定價。由是鈔法阻滯，公私病之，故有是命。」

禁金銀塗

《宋書》：武帝永初二年正月丙寅，斷金銀塗。

❶ 「十」，原作「不」，今據《宋書·顔竣傳》改。

孝武帝元嘉三十年七月辛酉，詔曰：「百姓勞弊，徭賦尚繁，言念未乂，宜崇約信損。凡用非軍國，宜悉停。可省細作並尚方雕文靡巧，金銀塗飾。」

禁銅釘

《宋書》：武帝永初二年正月己卯，禁喪事用銅釘。

禁銷錢爲佛像

《舊唐書》：敬宗寶曆元年十月庚子朔，河南尹王起奏：盜銷錢爲佛像者，請以盜鑄錢論。

禁毁錢爲銅

《宋史·寧宗紀》：開禧二年正月辛亥，詔坑户毁錢爲銅者，不赦，仍籍其家。著爲令。

禁兵器

漢武帝時，丞相公孫弘奏言：「民不得挾弓弩。十賊彍弩，百吏不敢前，盜賊不輒伏辜，免脱者衆，害寡而利多，此盜賊所以蕃也。禁民不得挾弓弩，則盜賊執短兵，短兵接則衆者勝。以衆吏捕寡賊，其勢必得。盜賊有害無利，則莫犯法，刑錯之道也。臣愚以爲禁民毋得挾弓弩便。」上下其議，光禄大夫吾丘壽王對曰：「臣聞古者作五兵，非以相害，以禁暴討邪也。安居則以制猛獸而備非常，有事則以設守衛而施行陣。及至周室衰微，上無明王，諸侯力政，攻强侵弱，衆暴寡，海内抏弊，巧詐並生。是以知者陷愚，勇者威怯，苟以得勝爲務，不顧義理。❶故機變械飾，所以相賊害之具不可勝數。于是秦兼天下，廢王道，立私議，滅《詩》《書》而首法令，去仁恩而任刑戮，墮名城，殺豪傑，銷甲兵，折鋒刃。其後民以耰鉏箠梃相撻擊，犯法滋衆，盜賊不勝，至于赭衣塞路，羣盜滿山，卒以亂亡。故聖王務教化而省禁防，知其不足恃也。今陛下昭明德，建太平，舉俊材，興學宫，三公有司或由窮巷，起白屋，裂地而封，宇内日化，方外鄉風。然而盜賊猶有者，郡國二千石之罪，非挾弓矢之過也。《禮》曰『男子生，桑弧蓬矢』以舉之，明示有事也。孔子曰：『吾何執？執射乎？』大射之禮，自天子降及庶人，三代之道也。《詩》曰『大侯既抗，弓矢斯張。射夫既同，獻爾發功』，言貴中也。愚聞聖王合射以明教矣，未聞弓矢之爲禁也。且所謂禁者，❷爲盜賊之以攻奪也。攻奪之罪死，然而不止者，大奸之于重誅固不避也。臣恐邪人挾之而吏不能禁，良民以自備而抵法禁，是擅賊威而奪民救也。竊以爲無益于禁奸，而廢先王之典，使學者不得習行其禮，大不便。」書奏上以難丞相弘，弘詘服焉。

---

❶「顧」，原作「願」，今據鄒刻本改。

❷「且所」，原作「所且」，今據鄒刻本乙正。

《舊唐書・鄭惟忠傳》：「中宗即位，擢拜黄門侍郎。時議請禁嶺南首領家畜兵器，惟忠曰：『夫爲政，不可革其俗習，且《吴都賦》云：「家有鶴膝，户有犀渠。」如或禁之，豈無驚擾耶？』遂寢。」

元世祖中統三年三月，諭諸路，禁民間私藏軍器。

四年二月，詔私造軍器者處死。民間所有，不輸官者，與私造同。

七月戊戌，詔弛河南沿邊軍器之禁。

至元元年二月，弛邊城軍器之禁。

隋文帝開皇十五年二月丙辰，收天下兵器。敢有私造者，坐之。關中緣邊，不在其例。禁河以東無得乘馬。

煬帝大業五年正月己丑制：民閒鐵叉、搭鈎、鑽刃之類，皆禁絶之。

宋太宗淳化二年閏二月丁亥，詔内外諸軍，除木槍、弓弩矢外，不得畜他兵器。❶

五年三月，禁民閒兵器，犯者驗多寡定罪。

十一年八月甲寅，弛河南軍器之禁。

二十三年二月己亥，勑中外，凡漢人持鈇尺、手撾及杖之藏刃者，悉輸于官。

二十七年五月，江西省言：「吉、贛、湖南、廣東、福建以禁兵弓矢，賊益發，乞依内郡例，許尉兵

❶「外不」，原作「不外」，今據鄒刻本乙正。

持弓矢。」從之。

三十年二月，申嚴江南兵器之禁。❶

武宗至大二年十二月辛酉，❷申嚴漢人執弓矢、兵杖。

仁宗至大四年十二月庚寅，❸申禁漢人持弓矢、兵器田獵。

英宗至治二年正月甲戌，禁漢人執兵器出獵及習武藝。

王莽始建國二年，禁民不得挾弩鎧，徙西海。

楊氏據淮南，禁民私畜兵器，盜賊益繁。御史臺主簿京兆盧樞上言：「今四方分争，宜教民戰，且善人畏法禁，而姦民弄干戈，是欲偃武而反招盜也。宜團結民兵，使之習戰，自衛鄉里。」從之。

金太宗天會三年十一月辛卯，南路軍帥司請禁契丹、奚、漢人挾兵器。詔勿禁。

元順帝至元二年十一月辛未，禁彈弓、弩箭、袖箭。

至元三年四月癸酉，禁漢人、南人、高麗人不得執持軍器，凡有馬者俱入官。

八月癸未，弛高麗人執持軍器之禁，仍令乘馬。戊子，漢人鎮遏生蕃處，亦開軍器之禁。

❶「五年三月」至「三十年二月」，皆元世祖至元年間事，非宋太宗淳化間事。

❷「十二」，原作「十一」，今據《元史·武宗紀》改。

❸「大」，原爲空格；「二」，原作「一」，今皆據《元史·仁宗紀》補改。

五年四月己酉，申漢人、南人、高麗人不得執軍器、弓矢之禁。

六年五月癸丑，禁民間藏軍器。

景泰二年八月辛巳，禁廣東、福建、浙江等處軍民之家不得私藏兵器，匿不首者，全家充軍。造者本身與匠俱論死。其知情者亦連坐之。

禁　錫

《宋書・顏竣傳》：❶「時歲旱民飢，竣上言，禁餳一月，息米近萬斛。」

禁車牛入都

後唐明宗長興元年正月，❷宗正少卿李延祚奏請止絶車牛，不許于天津橋來往。末帝清泰二年，御史中丞盧損請止絶天津橋車牛往來：中道，兩頭下關，駕出即開；兩旁之路，士庶往來；其車牛並浮橋路往來。

---

❶ 「竣」，原作「峻」，今據《宋書・顏竣傳》改。下一「竣」字同。

❷ 「唐」，原作「周」，今據鄒刻本改。

《清波雜志》云：「舊説汴都細車前列數人，❶持水罐子旋灑路，過車以免埃𡏖蓬勃。」

禁牝馬

魏世宗正始四年十一月丁未，禁河南畜牝馬。

延昌元年六月戊寅，通河南牝馬之禁。

永樂元年七月丙戌，上諭兵部臣曰：「比聞民間馬價騰貴，蓋民不得私畜故也。漢文景時，閭里有馬，千百爲羣，民有即國家之有。其榜諭天下，聽軍民皆畜馬，官府不得禁。」又曰：「三五年後，庶幾馬漸蕃息。」

禁馬

《元史·世祖紀》：「至元二十三年六月戊申，括諸路馬，凡色目人有馬者三取其二，漢民悉入官。敢匿與互市者罪之。」

二十六年十二月辛巳，括天下馬，一品、二品官許乘五匹，三品三匹，四品、五品二匹，六品以下皆一匹。

❶「汴」，原作「沛」，今據《四庫全書》本《清波雜志》卷二改。

禁大船

隋文帝開皇十八年正月辛丑，詔曰：「吴越之人，往承弊俗，所在之處，私造大船，因相聚結，致有侵害。江南諸州，民間有船長三丈以上，悉括入官。」

禁畜鷹鷂

魏高祖延興五年四月，詔禁畜鷹鷂，開相告之制。

北齊文宣帝天保八年四月乙酉，詔公私禁取鷹鷂。

禁絹扇

《晋書》：安帝義熙元年五月癸未，禁絹扇及樗蒲。

禁番香

《廣東通志》：建文三年十一月，禮部爲禁約事。奉聖旨：「沿海軍民私自下番，誘引蠻夷爲盜，有傷良民。爾禮部出榜，去教首人知道，不問官員軍民之家，但係番貨、番香等物，不許存留販賣。其見有者，限三個月銷盡。三個月外，敢有仍前存留販賣者，處以重罪。欽此。」除復奏外，今將聖旨事意備榜條陳，前去張掛，仰各遵守施行。須至榜者：一，祈神拜佛所燒之香，止用我國松香、柏香、楓香、黃蓮香、蒼朮香、蒿桃香水之類，或合成爲香，或爲末，或各用，以此爲香，以表誠敬。蓋上香之説，上古本無，降神之禮，焚蕭艾以展其誠。近代凡有禱祈，事主昇壇，動輒然香在前。爲何？恐人身垢穢。香不過辟穢氣而已，何必取外番之香以爲香？只我中國諸藥中有馨香之氣者多，設使合和成料，精緻爲之，其名曰某香某香，以供降神禱祈用，有何不可？一，茶園馬牙香雖係兩廣土産，其無籍頑民多有假此爲名者，夾帶番香貨賣。今後止許本處燒用，不許將帶過嶺，違者一體治罪。一，檀香、降真茄藍木香、沉香、乳香、速香、羅斛香、粗柴香、安息香、烏香、甘麻然香、光香、生結香，並書名，不書番香，軍民之家並不許販賣存留，見有者許三個月銷盡。《困學紀聞》：「取蕭祭脂」曰「其香始升」，「爲酒爲醴」曰「有飶其香」。古所謂者如此。韋彤《五禮精義》云：❶「祭祀用香，今古之禮並無其文。」《隋志》曰：「梁天監初，何佟之議：鬱鬯蕭光，所以達神。與其用香，其議一也。」攷之殊無依據，開元、開寶禮不用。

《實録》：洪武二十七年正月甲寅，禁民間用番香、番貨。先是，上以海外諸夷多詐，絶其往來，唯琉球、❷真臘、暹羅許入貢，而緣海之人往往有私下諸番，貿易香貨，因誘蠻夷爲市。命禮部申嚴

❶「彤」，原作「彫」，今據《四庫全書》本《困學紀聞》改。

❷「球」，原作「璃」，今據鄒刻本改。

禁絶之。敢有私下諸番以互市者，必寘之重法。凡番香、番貨皆不許販鬻。其見有者，限以三個月銷盡。民間禱祀，止用松香、柏香、楓香、桃香諸香，違者罪之。其兩廣所産香木，聽彼土人自行檢用，亦不許越嶺貨賣。蓋慮其雜市番香，故並及之。

永樂十四年十一月，禁交趾、安息諸香不得出境。❶

禁賣寶石

《元史・脱歡傳》：上疏言：「國以善爲寶，凡子女、玉帛、羽毛、齒革、珍禽、奇獸之類，皆喪德喪志之具。今後同同諸色人等，❷不許齎寶入賣，以虚國用。違者罪而没之。如此則富商大賈無所施其奸僞，而國用有蓄積矣。」

禁瓷器

《實録》：正統三年十二月丙寅，命都察院出榜，禁江西瓷器窑場燒造官樣青花白地瓷器于各處貨賣及饋送官員之家。違者，正犯處死，全家謫戍口外。

---

❶「境」，原作「竟」，今據鄒刻本改。

❷「後」，原作「復」，今據《元史・脱歡傳》改。

十二年九月戊戌，禁約兩京及江西、河南、湖廣、甘肅、大同、遼東沿途驛遞鎮店軍民客商人等，不許私將白地青花瓷器賣與外夷使臣。

十二月甲戌，禁江西饒州府私造黃紫紅緑青藍白地青花等瓷器。命都察院榜諭其處，有敢仍冒前禁者，首犯凌遲處死，❶藉其家資，丁男充軍邊衛。知而不以告者連坐。

禁茶

《金史》：泰和五年，尚書省奏：「茶，飲食之餘，非必用之物。比歲上下競啜，農民尤甚，市井茶肆相屬。商旅多以絲絹易茶，歲費不下百萬，是以有用之物而易無用之物也。若不禁，恐耗財彌甚。」遂命七品以上官，其家方許食茶，仍不得賣及饋獻。不應留者，❷以斛兩定罪賞。

元光二年，❸省臣奏：「金幣、錢穀，❹世不可一日缺者也。茶本出于宋地，非飲食之急，❺而自昔商賈以金帛易之，是徒耗也。泰和間常禁止之。後以宋人求和，乃罷。兵興以來，復舉行之，然

❶「遲」，原脱，今據鄒刻本補。
❷「留」，原作「苗」，今據《金史·食貨志》改。
❸「元光」，原作「光元」，今據《金史·食貨志》乙正。
❹「幣」，原作「弊」，今據鄒刻本改。
❺「飲」，原作「餘」，今據《金史·食貨志》改。

犯者不少衰，而邊民又窺利，越境私易，恐因泄軍情，或盜賊入境。❶ 今河南、陝西凡五十餘郡，郡日食茶率二十袋，袋值銀二兩，是一歲之中妄費民財三十餘萬也，奈何以有用之貨而資敵國乎？」乃朝親王、❷公主、現任五品以上官，素蓄者存之，禁不得賣饋，餘人並禁之。犯者徒五年，告者賞寶錢一萬貫。

禁酒

《周書·酒誥》：「厥或告曰，羣飲，汝勿佚，盡執拘以歸於周，予其殺。又惟殷之迪諸臣百工，乃湎于酒，勿庸殺之，姑惟教之。有斯明享，乃不用我教辭。惟我一人弗恤弗蠲，乃事時同于殺。」

景帝中元三年，夏旱，禁酤酒。

後元年夏，令民得酤酒。

宣帝時，復禁民酤。

漢興，有酤酒之禁。其律：「三人以上無故羣飲，罰金四兩。」

後漢和帝永元十六年三月，詔兗、豫、徐、冀四州，比年雨多傷稼，禁酤酒。

---

❶ 「賊」，原作「賦」，今據鄒刻本改。

❷ 「朝」，《金史·食貨志》作「制」。

順帝漢安二年十月丙午，禁酤酒。

桓帝永興二年九月詔曰：「朝政失中，雲漢作旱，川靈涌水，蝗蟲遺蔓，殘我百穀。❶太陽虧光，饑饉荐臻。其不被害郡縣，當爲饑餒者儲，天下一家，趣不糜爛，則爲國寶。❷其禁郡國不得賣酒，祠祀裁定。」

獻帝建安中，年饑兵興，曹公表制禁酒。《孔融傳》曰：「融頻書争之，多侮慢之辭。」

蜀先主時，以天旱禁酒，釀者有刑。

晋孝武帝太元八年十二月庚午，以寇難初平，❸開酒禁。

安帝隆安五年，以歲饑禁酒。

義熙三年二月己丑，大赦，除酒禁。

《抱朴子》曰：「曩者既年荒穀貴，民有醉者相殺，牧伯因此輒有酒禁，嚴令重申，官司搜索，收執榜狗者相屬，制鞭而死者大半。防之彌峻，犯者至多，至乃穴地而釀，油囊懷酒，❹民之好此，可

---

❶「穀」，原作「國」，今據《後漢書·桓帝紀》改。

❷「寶」，原作「實」，今據《後漢書·桓帝紀》改。

❸「初」，原作「刱」，今據《晋書·孝武帝紀》改。

❹「懷」，原作「壞」，今據鄒刻本改。

謂篤矣。又臨民者，雖設其法，而不能自斷斯物，緩己急人，雖令不從，弗躬弗親，庶民弗信。以此而禁，禁安得止哉？沽賣之家廢業則困，❶遂修飾賂遺，❷依憑權右，所屬吏不敢問，無力者獨止，而有勢者擅市，張鑪專利，❸乃更倍售，從其酤賣，公行靡憚。法輕利重，安能免乎哉！」

前趙劉曜，命民季秋農功畢，乃聽飲酒。

後趙石勒，以民始復業，資儲未豐，于是重制禁釀，郊祀宗廟皆用醴酒。行之數年，無復釀者。

宋太祖元嘉十二年夏六月，斷酒。時揚州諸郡大水，揚州西曹主簿沈亮以爲酒糜穀，而不足療飢，請權禁止。詔從之。

二十一年正月己亥，南徐、南豫州、揚州之浙江西，❹並禁酒。

二十二年九月乙未，開酒禁。

南齊武帝永明十一年五月，詔曰：「水旱成災，穀稼傷弊，京師二縣、諸方、姑熟，可權斷酒。」

魏文成帝太安四年正月丙午，始設酒禁，釀酤飲者皆斬之。是時年穀屢登，士民多因酒酗訟，

---

❶「沽」，原作「治」；「困」，原作「因」，今均據道藏本《抱朴子》改。
❷「飾」，原作「歸」，今據《抱朴子》改。
❸「鑪」，原作「爐」，今據鄒刻本改。
❹「江」，原重文，今據《宋書·文帝紀》删。

或議國政，故一切禁之。

獻文即位，開酒禁，吉凶賓親，各有程日。

正光後，國用不足，有司奏斷百官常給之酒，計一歲所省米五萬三千五十四斛九斗，蘖穀六千九百六十斛，麴三十萬五百九十九斤。其四時郊廟，百神羣祀，依式供營。遠蕃客使，不在限斷。

東魏孝静帝天平四年閏九月，禁京師酤酒。元象元年四月，開酒禁。

北齊武成帝河清四年二月壬申，以年穀不登，禁酤酒。

後主天統五年十月壬戌，詔禁造酒。

武平六年閏八月辛巳，開酒禁。

後周武帝保定二年二月癸丑，以久不雨，京城三十里内禁酒。

唐高祖武德二年閏月詔曰：「酒醪之用，表節制于歡娱；芻豢之滋，致肥甘于豐衍。然而沉湎之輩，絶業亡資，惰窳之民，騁嗜奔慾。方今烽燧尚警，兵革未寧，年數不登，市肆騰貴。趨末者衆，浮冗尚多，肴羞麴蘖，重增其費。救弊之術，要在權宜。關内諸州官民，俱斷屠酤。」

《通典》：唐貞觀六年詔曰：「比年豐稔，閭里無事。乃有墮業之人，不顧家産，朋遊無度，酣宴是耽，危身敗德，咸由于此。自非澄源正本，何以革茲弊俗？❶可先録《鄉飲酒禮》一卷，頒行天

❶「茲弊」，原作「弊茲」，今據鄒刻本乙正。

下。每年令州縣官長，親率長幼，依禮行之。庶乎人識廉耻，時知敬讓。」

高宗咸亨元年七月庚戌，以粟麥貴，斷酤酒。

玄宗先天二年十一月，以歲饑，禁京城酤酒。

肅宗乾元元年三月辛卯，詔曰：「爲政之本，期于節用。今農功在務，廪食未優，比聞京城之中，酒價尤貴。但以曲糵之費，有損國儲，遊惰之徒，益資廢業。其京城内酤酒即宜禁斷。麥熟之後，任依常式。」

二年十月，禁酤酒。除光禄供進祭祀及晏蕃客外，一切禁斷。

代宗寶應二年三月，以泰陵、乾陵發引，詔禁酤酒。

廣德二年十二月，詔天下州縣各量定酤酒户，隨月納税。除此之外，不問官私，❶一切禁止。

遼興宗時，禁職官不得擅造酒糜穀。有婚祭者，司給文始聽。

金熙宗天會十三年正月甲戌，詔公私禁酒。海陵正隆五年，禁朝官飲酒，犯者死。三國人使燕飲者罪。

六年，判大宗正徒單貞、益都尹京、安武軍節度使爽、金吾衛上將軍阿速飲酒，以近屬故，杖貞七十，餘皆杖百。

❶「私」，原作「司」，今據《册府元龜》卷五〇四改。

世宗大定十四年，詔：「猛安謀克之民，今後不許殺生祈祭。若遇節辰及祭天日，許得飲會。自二月至八月終，並禁絶飲燕，不許赴會他所，恐妨農功。❶雖閒月，亦不許痛飲。犯者抵罪。」

十八年三月乙巳，命戍邊女直人，遇祭祀、婚嫁、節辰，許自造。

二十九年十二月戊戌，禁宫中上直官及承應人毋得飲酒。

《金史·梁肅傳》：肅爲大興尹，上疏言：「自漢武帝用桑弘羊，始立榷酤。民間粟麥歲爲酒所耗者十常二三，宜禁天下酒麴。自京師及州郡官務，仍舊不得酤販出城，其縣鎮鄉村，權行停止。」不報。

哀宗天興二年九月，禁公私釀酒。

元世祖至元十三年，以冬無雨雪，春澤未降，遣使問便民之事于翰林國史院。耶律鑄、姚樞、王磐、竇默等曰：「足食之道，惟在節用。糜穀之多，無踰醪醴麴蘖。況自周漢以來，嘗有明禁，祈賽神社，費亦不貲，宜一切禁止。」從之。

五月癸巳，申嚴大都酒禁。犯者籍其家貲，散之貧民。

十五年四月，以時雨霑足，稍弛酒禁。民之衰疾飲藥者，官爲醖釀，量給之。

十一月甲午，開酒禁。

---

❶ 「恐」，原作「怒」，今據鄒刻本改。

十八年三月，禁甘肅瓜、沙等州酒。

十九年十月，禁大都及山北州郡酒。

二十年四月，申嚴酒禁。有私造者，財産、女子没入官，犯人配役。

九月辛未，以歲登，開諸路酒禁。

二十二年正月，詔禁私酒。

二十四年九月，以西凉平灤路飢，禁酒。

二十七年七月丙午，禁平弛、忙安倉釀酒，犯者死。

九月戊申，弛酒禁。

二十八年三月，嚴酒禁。

至元二十二年九月，罷榷酤。初，民間酒聽自造，米一石官取鈔一貫。盧世榮以官鈔五萬錠，立榷酤法，米一石取鈔十貫，增舊十倍。至是，罷榷酤，聽民自造，增課鈔一貫爲五貫。

至元十四年五月詔曰：「漢賜大酺，歲有常數。周申文誥，飲有戒無彝。況糜有穀者莫甚于斯，崇飲者刑則無赦。近緣春旱，朝議上陳，宜禁市酤，以豐民食。朕詳來奏，實爲腆民。可自今年某月日，民間無得醖造酒醴，俾暴殄天物，重傷時和。故兹詔示，想宜知悉。」

成宗大德五年十月丙戌，以歲飢，禁釀酒。

十一月，詔諭中書：「近因禁酒，聞年老需酒之人有豫市而儲之者，其無釀具者勿問。」

七年十二月乙酉，弛京師酒課，許貧民釀酒。九年正月壬申，弛大都酒禁。

武宗大德十一年，中書省言：「杭州一郡，歲以酒糜米麥二十八萬石，禁之便。河南、益都亦宜禁之。」制可。

至大二年二月甲戌，弛中都酒禁。

十月辛酉，弛酒禁，立酒課提舉司。許有壬《宿欒河望白海行宫詩》云：「聖恩疎酒令，暫得醉歌同。」注云：「時有旨特放灤河酒禁。」

禁種糯

《太祖實録》：戊戌年十二月，下令禁酒。丙午年二月，下令禁種糯。其略曰：「予自創業江左，十有二年，德薄才菲，❶懼弗勝任。但以軍國之費，不免科征于民，而吾民效順，樂于輸賦，固爲可喜。然竭力畎畝，所出有限，而過取之重，心甚憫焉。故凡有益於民者，必力行而申告之。曩以民間造酒醴，糜米麥，故行禁酒之令。今春米麥價稍平，予以爲頗有益于民，然不塞其源，而欲遏其流，不可得也。其令農民今歲無得種糯，以塞造酒之源。欲得五穀豐積而價平，吾民得所養，以樂其生，庶幾養民之實也。」

---

❶「薄」，原作「簿」，今據鄒刻本改。

賜酒獻酒

金章宗承安元年，敕有司以酒萬尊置通衢，賜民縱飲。九月癸未，都人進酒三千一百瓶，詔以賜北邊軍吏。

禁鑿石

後漢順帝永建四年二月戊戌，詔以民入山鑿石，發泄藏氣，勑有司檢察，所當禁絶，如建武、永平故事。

禁發塚

魏高宗太安四年十月甲戌，北巡至陰山，有故塚毁廢。詔曰：「昔姬文葬枯骨，天下歸仁。自今有穿毁葬隴者，斬之。」

禁毁淫祠

《後漢書·桓帝紀》：❶延熹八年四月丁丑，❷壞郡國諸房祀。

《後漢書》：欒巴爲豫章太守，土作山川鬼怪，小人嘗破貲以祈禱。巴素有道術，能役鬼神，乃悉毀壞房祀，房祀謂爲房堂而祀。翦理奸巫。于是妖異自消，百姓始頗爲懼，終皆安之。

《晋書·載記》：石勒禁州郡諸祠堂非正典者，皆除之。其能興雲致雨，有益于百姓者，郡縣更爲立祠堂，植嘉樹，準嶽瀆以下爲差等。

《宋書·武帝紀》：永初二年四月己卯詔曰：「淫祠惑民費財，前典所絶，可並下在所，除諸房廟。其先賢及以勛德立祠者，不在此例。」

《南史·王神念傳》：梁時爲青、冀二州刺史，性剛正，所更州郡，必禁止淫祀。時青州東北有石鹿山，臨海，先有神廟，妖巫欺惑百姓，遠近祈禱，糜費極多。及神念至，便令毀撤，風俗遂改。

《宋書·禮志》：城陽國人以劉章有功于漢，爲之立祠，青州諸郡轉相倣效，濟南尤甚。至魏武帝爲濟南相，皆毁絶之。及秉大政，普加除翦，世之淫祠遂絶。至文帝黄初五年十一月詔曰：「先

❶「漢書」，原作「恒帝」，今據《後漢書·桓帝紀》改。

❷「年」，原作「月」，今據鄒刻本改。

王制祀，所以昭法事祖，大則郊社，其次宗廟，三神五行，名山川澤，此非族也，不在祀典。叔代衰亂，崇信巫史，至乃宫殿之内，户牖之間，無不沃酹，甚無其惑也。自今其敢設非禮之祭，巫祝之言，皆以左道論，著爲令。」明帝青龍元年又詔：「郡國山川不在祀典者，勿祀。」

晉武帝泰始元年十二月詔：「昔聖帝明王，修五岳四瀆，名山川澤，各有定制，所以報陰陽之功，而報幽明之道故也。然以道莅天下者，其鬼不神，其神不傷人也。故史薦而無媿詞，是以其人敬慎幽冥，而淫祠不作。末代信不篤，僭禮瀆神，縱欲祈請，曾不敬而遠之，徒偷以共幸，妖妄相煽惑，舍正爲邪，故魏朝疾之。其按舊禮，具爲之制，使功著于人者，必有其報，而妖淫之鬼，不亂其間。」

二年正月，有司奏：春分祠厲殃及禳祠。詔曰：「不在祀典，除之。」

宋武帝永初二年四月詔：「淫祠自蔣子文以下，皆除之。其先賢及以勛德立祠者，不在此例。」「普禁淫祠。由是蔣子文以下祠，並皆毁絶。孝武孝建初，更修起蔣山祠，所在山川，漸皆修復。明帝立九州廟于鷄籠山，大聚羣神。蔣侯宋代稍加爵，位至相國、大都督、中外諸軍事，加殊禮，鍾山王。蘇侯驃騎大將軍。四方諸神，咸加爵秩。」

魏肅宗神龜二年十二月，詔除淫祠，焚諸雜神。《魏書·任城王澄傳》：除都督淮南諸軍事、鎮

南大將軍、開府、揚州刺史。下車，封孫叔敖之墓，毁蔣子文之廟。❶

《舊唐書·狄仁傑傳》：❷爲冬官侍郎，充江南巡撫使。吴、楚俗多淫祠，仁傑奏毁一千七百所，唯留夏禹、吴太伯、季札、伍員四祠。

《于頔傳》：爲蘇州刺史，吴俗事鬼。頔疾其淫祠廢生業，神宇皆撤去，唯太伯、伍員等三數廟存焉。

《宋史·陳希亮傳》：以殿中丞知鄠縣。淫祠數百區，勒巫爲農者七十餘家。

《太原志》：秦偉，三原人。正德中爲山西參政，❸毁淫祠百餘區，凡佛像、聖母及太山、二郎無孑遺者。

林俊爲雲南副使，滇崇釋，信鬼。鶴慶玄化寺稱有活佛，歲時士女會集，争以金泥其面。後按部至，焚之，得金數百兩，輸之官。毁淫祠三百六十區，所在學宫敝，以其材修之。

王沈《魏書》：初，城陽景王劉章以有功於漢，故其國爲立祠，青州諸郡轉相倣傚，❹濟南尤甚，

❶ 「魏書」至「毁蔣」三十六字，原錯簡於卷二「奴告主」條首，今據《魏書·任城王澄傳》移置於此。
❷ 「狄」，原作「秋」，今據鄒刻本改。
❸ 「正」，原脱，今據鄒刻本補。
❹ 「傚」，原作「倣」，今據鄒刻本改。

至五百餘祠。賈人或假二千石輿服，導從作樂，奢侈日甚，民坐窮因，歷世長吏無敢禁絶者。太祖太祖，曹操，爲濟南相。到，皆毁壞祠屋，止絶官吏民不得祀祠。及至秉政，遂除奸邪鬼神之事，世之淫祠由此遂絶。

《抱朴子》：第五公誅除妖道，而既壽且貴；宋廬江罷絶山祭，而福禄永終；文翁破水靈之廟，而身吉民安；魏武禁淫祀之俗，而洪慶來假。

《華陽國志》：王濬爲益州刺史。蜀中山川神祠皆種松柏，濬以爲非禮，皆廢壞燒除，唯取其松柏爲舟檝，唯不毁禹王祠及漢武帝祠。又禁民作巫咒。於是蜀無淫祀之俗。

奴告主❶

《漢書·王莽傳》：公府士馳傳天下，考復貪饕，開吏告其將，❷奴婢告其主，凡以禁奸奸愈甚。

《舊唐書·張鎰傳》：拜中書侍郎平章事。建中三年正月，太僕卿趙縱爲奴當千發其陰事，縱下御史臺，留當千於内侍省。鎰上疏論之曰：「伏見趙縱爲奴所告下獄，人皆震懼，未測聖情。貞

---

❶「奴告主」三字，原誤植「禁毁淫祠」條「以其材修之」下，今據文義移於此。

❷「漢書」至「開吏」十八字，原誤植「禁毁淫祠」條「王沈魏書」上，今據《漢書·王莽傳》移置於此。

觀二年，太宗謂侍臣曰：比有奴告其主謀逆，❶此極弊法，特須禁斷，假令有謀反者，必不獨成，自有他人論之，豈藉其奴告也，自今以後，奴告主者皆不許受，便令決殺。由是賤不得干貴，下不得陵上，教化之本既正，悖亂之漸不生，爲國之經，百代難改。今縱非叛逆，奴實奸宄，奴在禁中，縱獨下獄，攷之於法，或恐未正。臣叨居股肱，職在匡弼。繫在國大體，敢不極言。伏乞聖慈，納臣愚懇。」上深納之。縱于處左貶循州司馬，當千杖殺之。

《大唐新語》：則天朝，奴婢多通外人，輒羅告其主，以求官賞。潤州刺史竇孝諶妻龐氏，❷爲其奴所告夜醮，勑御史薛季昶推之。季昶言其咒詛，草狀以聞，先於玉堦涕泣不自勝，曰：「龐氏事狀，臣子所不忍言。」則天納之，遷季旭給事中，龐棄市。將就刑，龐男希瑊訴寃於侍御史徐有功。有功覽狀曰：「死當枉狀。」停決以聞，三司對按，季旭益周密其狀，秋官及司刑兩曹既宣復而自懼，衆迫有功，有功不復申，遂處絞死。則天召見，迎謂之曰：「卿此按，失出何多也？」有功曰：「失出，臣下之小過；好生，聖人之大德。❸願陛下弘大德，天下幸甚。」則天默然久之，曰：「去矣。」勑

❶「謀」，原作「謂」，今據鄒刻本改。
❷「諶」，原作「湛」，今據《舊唐書·張鎰傳》改。
❸「大」下，原衍「過」字，今據鄒刻本刪。

減死，流於嶺南。❶

《通鑑》：唐太宗貞觀二年，上曰：❷「有奴告其主反者，此弊事。夫謀反不能獨爲，必與人共之，何患不發，而必使奴告耶。自今有奴告主者，皆勿受，仍斬之。」

《東觀奏記》：❸大理卿馬曙任代地水運使。代北出犀甲，❹曙罷職，以一二十領自隨。故事，人臣家不得畜兵器。曙既在朝，乃瘞而藏之。一曰，奴有犯罪者，曙笞之，即告於御史臺，稱曙畜兵，有異志。命吏發曙私第，得甲不虛，坐貶邵州刺史。諫官上論，以奴訴郎主，在法不赦。上命杖殺曙奴於青泥驛，曙再貶嶺外。臣僚無不感悦。

晉趙王倫篡位，孫秀擅權。司隸從事游顥與殷渾有隙，渾誘顥奴晉興誣告顥有異志。秀不詳察，即收顥及襄陽中正李邁，殺之，厚待晉興，以爲己部曲。

《晉書·石季龍載記》：「立私論之條，偶語之律。聽吏告其君，奴告其主，威刑日濫。公卿以下，朝會以目。吉凶之問，自此而絶。」

---

❶「流」，原作「深」，今據鄒刻本改。

❷「曰」，原脱，今據《舊唐書·張鎰傳》補。

❸「奏」，原作「秦」，今據《藕香零拾》本《東觀奏記》改。

❹「北」，原作「兆」，今據鄒刻本改。

《魏謩傳》：「爲中書侍郎同平章事。大理卿馬曙從人王慶告曙家藏甲兵，曙坐貶官，而慶無罪。謩引法律論之，竟杖殺慶。」

《裴度傳》：「王稷家二奴告稷换父遺表，隱没進奉物。乃留其奴於仗内，遣中使往東都，檢責稷之家財。度奏曰：『王鍔身没之後，其家進奉已多，今因其奴告，檢責其家事，臣恐天下將帥聞之，必有以家爲計者。』憲宗即日召中使還，二奴付京兆府决殺。」

《册府元龜》：「肅宗至德二年，鳳翔張謙奴附子告謙與逆賊爲細作，三司推鞫虚妄。❶詔曰：『自下訟上，敗俗亂常。附子宜付鳳翔郡集衆决殺。』」

敬宗寶曆元年五月，瓊王府司馬謝少莒奴沙橘告少莒爲不軌，詔委内侍省推鞫，不實，沙橘杖流靈州，少莒釋放。凡告人不實，法當反坐，况其家僕。則沙橘止于决杖，仍流近處，爲失刑矣。

《五代史·史弘肇傳》：「李崧坐奴告變族誅，弘肇取其幼女以爲婢，于是前資故將失職之家姑息僮奴，而斷養之輩往往脅制其主。」

《李崧傳》：「崧弟嶼僕葛延遇爲嶼商賈，多乾没其貲，嶼笞責之。是時高祖將葬睿陵，河中李守貞反，延遇上變，言崧與其甥王凝謀反，山陵放火焚京師，又以蠟丸書遺守貞。乃送李崧侍衛獄，崧出乘馬，從者去無一人。崧恚曰：『自古豈有不死之人，然亦豈有不亡之國乎？』乃自誣服，族

❶「虚」，原作「處」，今據鄒刻本改。

誅。崧素與翰林徐台符相善，後周太祖立，台符告宰相馮道，請誅延遇。道以數經赦宥，難之。樞密使王峻聞之，多台符有義，乃奏誅延遇。」《册府元龜》：「徐台符先與漢故太子太傅李崧爲執友，乾祐中，崧爲部曲葛延遇等誣告，族滅。廣順中，台符爲兵部侍郎，白于宰府，請誅延遇等。宰相馮道以延遇等已經赦宥，未之誅也。時王峻執政，聞台符之言，深加嘆服，因奏于太祖，遂誅延遇等。時人義之。」

《唐景思傳》：「爲沿淮巡檢。景思有奴，嘗有所求，不如意，❶即馳見弘肇，告景思與李景交通，而私蓄兵甲。弘肇遣吏將三十騎往收景思。奴謂吏曰：『景思，勇者也，得則殺之。不然，將失之也。』吏至，景思迎前，以兩手抱吏呼冤，請詣獄自理。吏引奴與景思驗，景思曰：『我家在此，請索之，有錢十千，爲受外賂，有甲一屬，爲私蓄兵。』吏索，唯一衣笥，軍籍、糧簿而已，吏憫而寬之。景思請械送京師以自明。景思有僕王知權，在京師，聞景思被告，乃見弘肇，願先下獄，明景思不反。弘肇憐之，送知權獄中，日勞以酒食。景思既械就道，潁毫之人隨之京師共明之。❷弘肇乃鞫其奴，❸具伏，既奏斬奴，而釋景思。」

《册府元龜》：「弘肇專恣刑殺。故相李崧爲家僮誣告，族戮于市，而取其幼女爲婢。自是仕宦

---

❶「如」，原作「奴」，今據鄒刻本改。
❷「亳」，原作「毫」，今據鄒刻本改。
❸「鞫」，原作「鞠」，今據鄒刻本改。

之家畜僕隸者，皆以姑息爲意。而舊勛故將之後，爲廝養輩之所脅制者，往往有之。有燕人何福殷者，以商販爲業，嘗以錢十四萬，市得玉枕一枚，遣家僮及商人李進賣于淮南，大得茗回。家僮無行，隱福殷貨財數十萬。福殷責其償，不伏，遂杖之。未幾，家僮詣弘肇上變，言虜主之入汴也，僞燕王趙延壽遺福殷齎玉枕，陰遺淮南主，以致誠意。弘肇即日逮捕福殷，搒掠備至。福殷自誣，連罪者數輩，並棄市，妻女爲弘肇帳下健卒分取之，其家財並籍没。」

《宋史·李孝壽傳》：「爲開封尹。有舉子爲僕所凌，忿且牒欲送府，同舍生勸解，久乃釋。私取牒，效孝壽花書判云：『不勘案，決杖二十。』僕明日持詣府，告其主效尹書判私用刑。孝壽即追至，備言本末。孝壽幡然曰：『所判正合我意。』如數與僕杖而謝舉子。時都下數千人，無一僕敢肆者。」

《遼史·刑法志》：「景宗時，吴王稍爲奴所告，有司請鞫。帝曰：『朕知其誣，若案問，恐餘人效之。』命斬以狥。」

聖宗統和二十四年詔：「主非謀反大逆及流死罪者，其奴婢無得告罪。若奴婢犯罪至死，聽送有司，其主無得擅殺。」

《元史·速不台傳》：「欽察之奴來告其主者，速不台縱爲民。還，以聞，帝曰：『奴不忠其主，肯忠他人乎？』遂戮之。」

《不忽朮傳》：「有奴告主者，主被誅，詔即以其主所居官與之。不忽朮言：『若此必大壞天下之風俗，使人情愈薄，無有上下之分矣。』帝悟，爲追廢前命。」

卒告將

《宋史·何中立傳》：「以龍圖閣直學士知慶州，戍卒有告大校受臟者，中立曰：『是必挾他怨也。』鞭卒，竄之。或曰：『貸奸可乎？』中立曰：『部曲得持短長以制其上，則人不自安矣。』」

《文彦博傳》：「仁宗不豫，有禁卒告都虞侯欲爲亂。彦博召都指揮使許懷德，問虞侯何如人，懷德稱其愿可保。彦博曰：『然則卒有怨，誣之耳，當亟誅之以靖衆。』乃斬卒于軍門。」

《蘇軾傳》：「知定州。有卒吏以臟訴其長，軾曰：『此事吾自治則可，聽汝告，軍中亂矣。』立決配之，衆乃定。」

吏告本官

魏明帝時，獵法甚峻。宜陽典農劉龜竊于禁内射兔，其功曹張京詣校事言之。帝匿京名，收龜付獄。廷尉高柔請告者名，帝大怒曰：「劉龜當死，乃敢獵吾禁地。送龜廷尉，廷尉便當栲掠，何復請告者主名？吾豈妄收龜耶。」柔曰：「廷尉，天下之平也，安得以至尊喜怒而毁法乎？」重復爲奏，詞旨深切，帝意悟，乃下京，即召還訊，❶各當其罪。後魏太武，以各官多貪，詔吏民得舉告守令之不法者。于是奸猾專求牧宰之失，迫脅在位，横于閭里，而長吏咸降心待之，貪縱如故。

《實録》：「洪武十四年十月甲戌，江西按察司書吏言其副使田嘉寫表具名不具朝服，爲不敬。上曰：『拜表則具朝服，寫表雖常服何害？小官摭拾長官細故，其風不可長也。』命法司正其罪。」

「十五年八月壬寅，杭州府同知安貞，以擅造公宇器用爲吏所告，湖廣按察司鞫之。以聞，上遣使勑曰：『安貞有犯，法司如律按之，固其職也。然原貞之情非私也，房宇器用之物，皆公家所需，若遷他官而去，必不以偕往。今乃罪之，是長猾吏告訐之風矣。』勑至貞復職，械其吏送京師。」

「十七年閏十月乙未朔，左都御史詹徽言：❷『四川成都府有吏訴其知府張仁受賄，同知蔡良于公署設宴，放吏爲民，請逮問之。』上曰：『吏胥之于官長，猶子弟之于父兄。下訐其上，有乖名義，不足聽也。』」

《實録》：「正統十年五月，太醫院判欽謙奏吏抗己，吏亦摭謙不法事以訴刑部，請並逮謙鞫之。上曰：命謙自陳，而械示吏於院門。謙陳狀伏罪，遂宥之。」

---

❶「召」，原作「名」，今據鄒刻本改。

❷「左」，原作「在」，今據鄒刻本改。

小校殺本管

洪武四年七月，「僞夏平章丁世真爲帳下小校所殺，❶蜀平，小校赴京言狀。中書省奏請賞，上曰：『小校殺本管，非義也，何賞爲？』不許」。

妻子告家長

《元史》：「世祖至元十三年十二月壬申，李思敬告運使姜毅所言悖妄，指毅妻子爲證。帝曰：『妻子豈爲證者耶。』詔勿問。」

告妖言

《魏書·高柔傳》：「文帝時，民間數有誹謗妖言，帝疾之，有妖言輒殺，而賞告者。柔上疏曰：『今妖言者必戮，告之者輒賞。既使過誤無反善之路，又開凶狡誣善之端，非所以息奸省訟也。昔周公作誥，稱殷之先王，小民怨詈，則皇自敬德。在漢，太宗亦除誹謗妖言之令。臣愚以爲能除妖謗賞告之法，以隆天父養物之仁。』帝不即從，而相誣告者滋甚。帝乃下詔：『敢以誹謗相告者，以

---

❶「世」，原作「册」，今據《明太祖實録》卷六七改。

所告者罪罪之。』於是遂絶。」

吏告前官

《舊唐書・陽城傳》：「出爲道州刺史。前刺史有贓罪，觀察使方推鞫之。吏有幸于前刺史者，拾其不法事以告，❶自爲功，城立杖殺之。」

禁御狀

正統四年八月，浙江嘉興府知府黄懋言所治人民多係無賴，以告訐爲能，輒入京妄奏，甚至有雇人代草者，詞所連及，動百八十，曠歲無稽，善良抱冤。乞勑通政司，今後嘉興有陳訴者，抑之不受。上以懋所言天下皆然，何獨嘉興，命法司普禁之。今後唯謀反重情許訴於京，餘皆自下而上，違者以驀越罪之。

應募殺兄弟

《實録》：「洪武七年三月乙亥，蘭州人郭買的叛，誘番兵入寇，詔立賞格購捕之。蘭州衛遣其

---

❶「告」，原脱，今據《舊唐書・陽城傳》補。

兄著沙與其弟火石反往招之，不從，遂夜斬其首以敕。奏聞，請賞。上曰：『買的罪固當死，然爲弟兄者勸之不從，執之而已，今手刃之，有乖天倫。❶若賞之，非所以令天下也。但以所獲牛馬給之。』」

禁參謁座主

《全唐詩話》：「進士題名，自神龍之後，過關宴後，率皆期集於慈恩塔下題名。會昌三年十二月二十二日，中書復奏：『奉宣旨，不欲令及第士呼有司爲座主而趨附其門，兼題名局席等條疏進來者。伏以國家設文學之科，求真實之士，❷所宜行崇風俗，義本君親，然後升于朝廷，必爲國器。豈可懷賞拔之私惠，忘教化之根源，自謂門生，遂成膠固，所以士風寖壞，臣節何施。樹黨背公，靡不由此。臣等商量，今日以後，進士及第，任一度參謁有司，向後不得聚集參謁。有司宅置宴，其曲江大會朝官及題名局席，並望勒停。緣初獲美名，實皆少雋，既遇春節，難阻良遊，三五人自爲宴樂，並無所禁，唯不得聚集同年進士廣爲宴會。仍委御史臺察訪聞奏。謹具如前，奉勑宜依。』於是向之題名，各盡削去。」

---

❶「乖」，原作「實」，今據鄒刻本改。

❷「實」，原作「乖」，今據鄒刻本改。

《山堂考索》：「宋太祖建隆三年九月丙辰，詔及第舉人不得呼知舉官爲恩門、師門，及自稱門生。」

貸回鶻錢

《舊唐書》：「李晟子惎累官至右龍武大將軍。❶沉湎酒色，恣爲豪侈，積債至數千萬。其子貸回鶻錢壹萬餘貫不償，爲回鶻所訴。文宗怒，❷貶惎爲定州司法參軍。」❸

圍棊免官

宋顏延之初仕晋，爲鎮東司馬，坐圍棊免官。

禁中表爲婚

西魏文帝大統九年正月，禁中表及從母兄弟姊妹爲婚。

❶「惎」，原作「甚」，今據《舊唐書·李惎傳》改。
❷「宗」，原作「帝」，今據《舊唐書·李惎傳》改。
❸「惎」，原作「甚」，今據《舊唐書·李惎傳》改。

汙辱宗女

《舊唐書》：「吴通玄取宗室女爲外婦，❶貶泉州司馬。德宗召見，臨問，責以汙辱近屬。行至華州長城驛，賜死。」

母喪宴飲

《舊唐書》：「憲宗元和十二年，駙馬都尉于季友，居嫡母喪，與進士劉師服歡宴夜飲。季友削官爵，笞四十，忠州安置。師服笞四十，配流連州。于頔不能訓子，削階。」

母喪薄遊

《舊唐書・皇甫鎛傳》：「授監察御史。丁母憂，免官。坐居喪時薄遊，除詹事府司直。」

---

❶ 「取」，原置上「吴」字下，今據《舊唐書・竇申傳》乙正。

婦喪宴飲

晉廬江太守梁龕，❶明日當除婦服，今日請客奏伎。長史周顗等同會。劉隗奏：「龕暮晏朝祥，慢服之愆難逭，請免龕官。顗等知龕有喪，吉會非禮，各奪俸一月。」

期功喪不預朝賀

《舊唐書·王方慶傳》：「奏言：令文『期喪、❷大功未葬，不預朝賀；未終喪，不預宴會』。比來朝官不遵禮法，身有哀容，陪預朝會，手舞足蹈，公違憲章。名教既虧，實玷王化。伏望申明令式禁斷。」

山陵未成晏飲

《漢書·外戚恩澤侯表》：「成都侯王況，綏和二年坐山陵未成，置酒歌舞，免。」

《魏書·甄楷傳》：「除秘書郎。世宗崩，未葬，楷與河南尹丞張普惠等飲戲，免官。」

---

❶「梁」，原作「周」，今據《晉書·劉隗傳》改。

❷「文」，原作「杖」，今據《舊唐書·王方慶傳》改。

國喪未期宴樂

晋成帝初，鍾雅爲御史中丞。時國喪未期，而尚書梅陶私奏女妓，雅劾奏曰：「臣聞放勳之殂，八音遏密，雖在凡庶，猶能三載。自兹以來，歷代所同。肅祖明皇帝背棄萬國，❶尚未期月。聖主縞素泣血臨朝，百僚慘愴，動無歡容。陶無大臣忠慕之節，家庭侈靡，聲妓紛葩，❷絲竹之音，流聞衢路。宜加放斥，以整王憲。請下司徒，論正清議。」穆后臨朝，特原不問。雅直言繩違，百僚憚之。

國忌禁晏飲

《舊唐書》：「德宗貞元十二年，駙馬郭曖，王士平，曖弟昫、❸暄，坐代宗忌辰晏飲，貶官駷第。」

忌日行香

《舊唐書·崔蠡傳》：「上疏論國忌日設僧齋，百官行香，事無經據。詔曰：『朕以郊廟之禮，嚴

❶「祖」，原作「宗」，今據《晋書·明帝紀》改。

❷「紛」，原作「粉」，今據鄒刻本改。

❸「昫」，原作「照」，今據《舊唐書·德宗紀》改。

奉祖宗，備物盡誠，庶几昭格。恭唯忌日之感，所謂終身之憂。而近代以來，皈依釋老二教以設食，會百辟以行香，將以有助聖靈，冥資福祚，有異皇王之術，頗乖教義之宗。昨得崔蠡奏論，遂遺討尋本末。禮文令式，曾不該明，習俗因循，雅當整革。其兩京、天下州府，以國忌日於寺觀設齋焚香，自今以後，並宜停罷。』」

匿 忌 日

《舊唐書》：「祝欽明歷刑部、禮部二尚書，同中書門下三品。❶以匿忌日，爲御史中丞蕭至忠所劾，❷貶投申州刺史。」

子 卯

《玉藻》：「子卯，稷食菜羹。」

後周武帝天和元年五月甲午詔曰：「道德交喪，禮義嗣興。褒四始于一言，美三千于爲政。是以在上不驕，處滿不溢。富貴所以長守，邦國于焉乂安。故能承天静地，和民敬鬼，明並日月，道錯

❶「同」，原作「因」，今據《舊唐書·祝欽明傳》改。
❷「忠」，原作「中」，今據《舊唐書·祝欽明傳》改。

四時。朕雖庸昧，有志前古。甲子乙卯，禮云不樂。萇弘表昆吾之稔，屠蒯有揚觶之文。自世道喪亂，禮義紊毁，此典茫然，❶已墜于地。昔周王受命，聞顓頊廟有戒盈之器，室爲復禮之銘。矧伊末學，而能忘此。宜依是日，省事停樂，庶知爲君之難，爲臣不易。貽之後昆，殷鑒斯在。」

子孫伐墓栢貶官

《唐書·韋陟傳》：❷「爲吏部尚書，以子孫伐墓栢，坐不能禁，貶絳州刺史。」

五品以上妻妾不得改嫁

《北史·李諤傳》：「諤見禮教彫敝，公卿薨亡，其愛妾侍婢，子孫輒遽賣之，遂成風俗。乃上書曰：『臣聞追遠慎終，人德歸厚。三年無改，方稱爲孝。如聞大臣之内，❸有祖父亡没，❹日月未久，子孫無賴，引其妓妾，嫁賣取財。有一于此，實損風化。妾雖微賤，親承衣履，服斬三年，古今通式。

❶「典」，原作「黄」，今據《周書·武帝紀》改。
❷「陟」，原作「述」，今據《舊唐書·韋陟傳》改。
❸「大」下，原衍「聞」字，今據《北史·李諤傳》删。
❹「亡」，原作「云」，今據《北史·李諤傳》改。

豈容遽褫衰絰，强傅鉛華，泣辭靈几之前，送付他人之室？凡在見者，猶致傷心。况乎人子，能堪斯忍。復有朝廷重臣，位望通貴，平生交舊，親老兄弟，及其亡没，遂同行路，朝聞其死，夕窺其妾，❶方便求聘，❷以得爲限，無廉耻之心，棄朋友之義。』上覽而嘉之。五品以上妻妾不得改嫁，始于此也。」

寒食禁火

《琴操》：「介子推抱木而燒死，文公令民五月五日不得發火。」

魏武帝令曰：「聞太原、上黨、西河、雁門，冬至後百五日皆絶火寒食，云爲介子推。且北方沍寒之地，老少羸弱，將有不堪之患。今則人不得寒食。若犯者，家長半歲刑，主吏百日刑，令長奪一月俸。」

《魏書》：「高祖太和二十年二月癸丑，詔介山之邑，聽爲寒食，自餘禁斷。」

《晉書·載記》：「石勒時，雹起西河介山，大如鷄子，平地三尺，洿下丈餘，行人、禽獸死者萬

---

❶「窺」，原作「規」，今據鄒刻本改。

❷「聘」，原作「娉」，今據《北史·李諤傳》改。

數。歷太原、樂平、武鄉、趙郡、廣平、鉅鹿千餘里，❶樹木摧折，禾稼蕩然。勒正服於東堂，以問徐光曰：『歷代以來，有斯災幾也？』光對曰：『周、漢、魏、晋皆有之，雖天地之常事，然明主未始不爲變，所以敬天之怒也。去年禁寒食，介子推，帝鄉之神也，歷代所尊，或者以爲未宜替也。一人呼嗟，王道尚爲之虧，況羣神怨憾，而不怨上帝乎？縱不令天下同爾，介山左右，晋文之所封也，宜任百姓奉之。』勒下書曰：『寒食既并州之舊風，朕生其俗，不能異也。前者外議，以子推諸侯之臣，王者不應爲忌，故從其議。倘或由之而致斯災乎？子推雖朕鄉之神，非法食者，亦不得亂也。尚書其促撿舊典，定議以聞。』有司奏以子推歷代攸尊，請普復寒食，更爲植嘉樹，立祠堂，給户奉祀。勒黄門郎韋謏駁曰：『按《春秋》，藏冰失道，陰發氣泄爲雹。自子推以前，雹者復何所致。此自陰陽乖錯所爲耳。且子推賢者，曷爲暴害若此？求之冥趣，必不然矣。今雖爲冰室，懼所藏之冰不在固陰沍寒之所，多在山川之側，氣泄爲雹也。以子推忠賢，❷令綿、介之間奉之爲允，於天下則不通矣。』勒從之。於是遷冰室於重陰凝寒之所，并州復寒食如初。」

唐李涪《刊誤》曰：「《論語》曰：『鑽燧改火，春榆夏棗，秋柞冬槐。』則四時皆改其火。自秦漢以降，漸至簡易，唯以春是一歲之首，止一鑽燧。而適當改火之時，是爲寒食節之後。既曰就新，即

❶「千」，原作「十」，今據《晋書・載記》改。

❷「忠」，原作「志」，今據鄒刻本改。

去其舊。今人待新火曰勿與舊火相見，即其事也。又《禮記·郊特牲》云：『季春出火曰禁火。』此則禁火之義昭然可徵。俗傳禁火之因，皆以介推爲據，是不知古，以鑽燧證之。」

《困學紀聞》：「『司爟』，鄭康成引《鄹子》，❶與《論語》馬融引《周書·月令》仝。晋時有以洛陽火度江者，代代事之，相續不滅，火色變青。《後漢·禮儀志》：『夏至浚井改水，冬至日鑽燧改火。』」

《升庵集》：「《容齋隨筆》謂寒食禁火不由介推，其言是矣。近觀《十六國春秋》，石勒下令，寒食不許禁火，後有冰雹之異。徐光曰：『介推，帝鄉之神也，歷代所尊，未宜替也，宜令百姓奉之。』勒又令尚書定議以聞。韋謏曰：『子推忠賢，令綿、介之間奉之爲允，于天下則不通矣。』勒從之，令并州復寒食如初。容齋亦未之攷耶？然勒禁天下寒食，而至隋唐已復禁改火，觀隋李崇嗣『普天皆滅焰，匝地盡藏烟』之句，❷及元稹《連昌宫詞》自注：『唐時京城寒食火禁，以鷄羽入灰，有焦者罪之。』❸亦極嚴矣。火禁迨今則絶不知，而四時亦不改火。自胡元入中國，鹵莽之政也，然寒食不必復，改火乃先聖節宣天道，可因元人而廢之乎？」

---

❶「引鄹」，原作「鄹引」，據《困學紀聞》乙正。

❷「匝」，原作「市」，今據鄒刻本改。

❸「焦」，原作「禁」，今據《四庫全書》本《升庵集》改。

禁刻書

宋孝宗淳熙七年五月己卯，申飭書坊擅刻書籍之禁。

禁饋送

宋光宗紹熙二年三月丙辰，詔監司、郡守互送以贓論。

慈幼局

《宋史·理宗紀》：「淳祐九年正月癸亥，詔給官田五百畝，命臨安府創慈幼局，收養道路遺棄初生嬰兒。」

吏部令史

《魏書》：「孝静帝武定六年四月甲子，吏部令史張永和、青州人崔闊等僞假入官。❶事覺，糾檢，首者六萬餘人。」

❶「闊」，原作「潤」，今據《魏書·孝静帝紀》改。

《舊唐書·楊虞卿傳》：「改吏部員外郎。太和二年，南曹令史李賓等六人，僞出告身簽符，賣鑿空僞官，令赴任者六十五人，取受錢者一萬六千七百三十貫。虞卿按得僞狀，捕賓等，移御史臺鞫劾。賓稱六十人，其率錢二千貫，與虞卿廳典温亮，求不發舉僞濫事迹。乃詔給事中嚴休復、中書舍人高鉞，左丞韋景休充三司推按，❶而温亮逃竄。賓等既伏誅，虞卿以檢下無術，停見任。」

江南典選

《舊唐書·劉滋傳》：「興元元年，改吏部侍郎，往洪州知選事。❷時京師寇盜之後，天下蝗旱，穀價翔貴，選人不能赴調，乃命滋江南典選，以便江、嶺之人。時稱舉職。」

兩都試舉人

《舊唐書·賈至傳》：「廣德二年，轉禮部侍郎。以時艱歲歉，請舉人赴省者兩都就試。兩都試舉人自此始也。」

---

❶ 「韋」，原作「李」，今據《舊唐書·楊虞卿傳》改。
❷ 「洪」，原作「淇」，今據《舊唐書·劉滋傳》改。

大臣子弟仍放及第

《舊唐書》：「宣宗大中元年二月丁酉，禮部侍郎魏扶奏：『臣今年所放進士三十三人，其封彥卿、崔琢、鄭延休等三人，實有詞藝，時所稱，❶皆以父兄見居重位，不得令中選。』詔令翰林中書承旨、户部侍郎韋琮重考復，勑曰：『彥卿等所試文字，竝合度程，可放及第。有司攷試，祇在至公，如涉請托，自有朝典。今後但依常例放牓，不得別有奏聞。』」

食禄子弟復試

唐宣宗大中元年，禮部侍郎魏扶奏「臣今年所放進士」云云，侍郎韋琮考復，勑放及第。文俱仝上。

宋太祖開寶元年三月癸巳，權知貢舉王祐擢進士合格者十人，陶穀子邴，名在第六。❷翌日，穀入謝，上謂左右曰：「聞穀不能訓子，邴安得登第？」遂命中書復試，而邴復登第。因下詔曰：

❶「時所」，原作「所時」，今據鄒刻本乙正。

❷「六」，原作「二」，今據中華書局校點本《續資治通鑑長編》卷九改。

「造士之選，非植私恩。世禄之家，宜崇素業。如聞黨與，頗容竊吹，❶文衡公器，豈宜欺濫。自今舉人，凡聞食禄之家，委禮部具析以聞，當復試。」

辛執子弟不預科名

《舊唐書》：「王蕘苦學，❷善屬文。以季父鐸作相，避嫌不就科試。」

《舊唐書·楊嚴傳》：「會昌四年，僕射王起典貢部，選士三十人。嚴與楊知至、竇緘、源重、鄭朴五人，試文合格，物議以子弟非之。復奏，武宗勑曰：『楊嚴一人可及第，餘四人落下。』」

《大唐新語》：「大中末，令狐綯罷相，其子滈應進士舉，在父未罷相前，拔史解及第。諫議大夫崔宣上疏，論滈弄父權勢，以『舉人文卷須十日前送納，豈可父尚居於樞務，男私拔其解名，干撓主司，侮弄文法，恐奸欺得路，孤直杜門』，請下御史臺推勘。疏留下不出。」

宋雍熙二年，辛相李昉之子宗諤、參政呂蒙正之子亨、鹽鐵使王明之子扶、度支使許仲宣之子待問，舉進士試皆入等。上曰：「此並勢家，與孤寒竝進，但以藝升，人亦謂朕有私。」皆罷之。

韓維嘗以進士薦禮部，父億任執政，不就廷試。仁宗患縉紳奔競，諭近臣曰：「恬退守道者旌

❶「容竊吹」，原爲空格，今據《續資治通鑑長編》卷九補。
❷「蕘」，原作「篜」，今據《舊唐書·王播傳》改。

擢，則躁求者自當知愧。」于是宰相文彦博等言公「好古嗜學，安於静退，乞加甄録」。召試舉士院，辭不赴，除國子監主簿。

倖第並坐其兄

宋景德二年四月丁酉，樞密直學士劉師道責授忠武行軍司馬，知制誥陳堯咨責授單州團練副使。先是，師道弟幾道舉進士，❶禮部奏名將廷試。近制，悉糊名校等。堯咨教幾道于卷中密爲識别，幾道既擢第，或告其事，詔落籍，永不預舉。

《宋史·趙屼傳》：「爲御史，上疏言：『治平以前，大臣不敢援置親黨于要塗，多處筦庫，甚者不使應科舉，與寒士争進。自王安石柄國，持内舉不避親之説，始以子雱列侍從，由是循習爲常。資望淺者，或居事權繁重之地。無出身者，或預文字清切之職。今宜杜絶其源。』」

《韓維傳》：「以進士奏名禮部，❷以父億輔政，不肯試大廷，受蔭入官。」

《唐義問傳》：❸「鎖廳試禮部，用舉者召試秘閣，父介引嫌罷之。」

---

❶「弟」，原作「第」，今據《宋史·劉師道傳》改。

❷「奏」，原作「奉」，今據鄒刻本改。

❸「問」，原作「周」，今據《宋史·唐義問傳》改。

優給大臣子孫

《舊唐書·憲宗紀》：「元和八年十二月勑：『張茂昭立功河朔，舉族歸朝，義烈之風，史册攸載。如聞身没之後，家無餘財，追懷舊勛，特越常典。宜歲賜絹二千匹，春秋二時支給。』」

禁保留官長

後周太祖廣順二年八月甲午，勑：「諸州縣吏民、緇黄繼來詣闕，留舉刺史、縣令。牧宰之任，委寄非輕，繫烝庶之慘舒，布朝廷之條法。若廉勤奉職，撫字及民，自有政聲達於朝聽，何勞民庶遠政舉留，既妨農作之時，又耗路塗之費。所宜釐革，免致勞煩。今後刺史、縣令顯有政能，觀察使審詳事狀，❶朝廷當議奬昇，百姓僧道更不舉請，一切止絶。」

禁民往南

《元史·世祖紀》：「至元二十三年四月，以漢民就食江南者多，又從官南方者秩滿多不還，遣使盡徙北還。仍設脱脱朱孫於黄河、江、淮諸津渡，凡漢民非賫公文適南者止之，爲商者聽之。」

❶「詳」，原作「解」，今據《册府元龜》卷一六〇改。

生員招猺獞

《實録》：「正統十年五月乙未，廣東高安縣學生伍章等六人，❶偕所猺獞，首貢香燭至京。上諭禮部臣曰：『生員當居學肄業，顧舍所學而超幹辦，其志陋矣。』禮部因請罪之，上曰：『不必罪，姑戒諭遣之。而禁約諸猺獞獠州縣，毋得令生員招撫。』」

❶ 「高安」，疑當作「高要」。高安屬江西。

日知録之餘卷三

崐山顧炎武亭林氏述

廢釋道二教

《晋書·佛圖澄傳》:「澄爲石虎所重,百姓因澄故,多奉佛,皆營造寺廟,相競出家,真僞混淆,多生愆過。虎下書料簡,其著作郎王度奏曰:『佛,方國之神,非諸華所應祠奉。漢代初傳其道,惟聽西域人得立寺都邑,以奉其神,漢人皆不出家。魏承漢制,亦循前軌。今可斷趙人悉不聽諸寺燒香禮拜,以遵典禮,其百辟卿士逮衆隸,例皆禁之,其犯者與淫祠同罪。其趙人爲沙門者,還服百姓。』朝士多同度所奏。虎以澄故,下書曰:『朕出自邊戎,忝居諸夏,至于饗祀,應從本俗。佛是戎神,所應兼奉,其夷趙百姓,有樂事佛者,時聽之。』」

《魏書·世祖紀》:「太平真君五年正月戊申,詔曰:『愚民無識,❶信惑妖邪,私養師巫,挾藏讖記、陰陽、圖緯、方伎之書。又沙門之徒,假西戎虚誕,生致妖孽。非所以壹齊政化,布淳德于天下

❶「民」,原作「氏」,今據鄒刻本改。

也。自王公以下至於庶人，有私養沙門、師巫及金銀工巧之人在其家者，皆遣詣官曹，不得容匿。限今年二月十五日，過期不出，師巫、沙門身死，主人門誅。明相宣告，咸知咸聞。』」

七年三月，詔諸州坑沙門、毁佛象。

《高宗紀》：「興安元年十二月乙卯，初復佛法。」

《宋書·夷蠻傳》：❶「太祖元嘉中，汰沙門，罷道者數百人。世祖大明二年，有曇標道人與羌人高闍謀反，上因是下詔曰：『佛法訛替，沙門混雜，未足扶濟鴻教，而專成逋藪。加奸心頻發，凶狀屢聞，敗亂風俗，人神交怨。可付所在，精加沙汰，後有違禁，嚴加誅坐。』於是設諸條禁，自非戒行禁苦，並使還俗。而諸寺尼出入宮掖，❷交關妃后，此制竟不能行。」

《釋老志》：「世祖即位，富于春秋。既而鋭志武功，每以平定禍亂爲先，雖歸宗佛法，敬重沙門，而未存覽經教，深求緣報之意。及得寇謙之道，帝以清淨無爲，有仙化之證，遂信行其術。時司徒崔浩，博學多聞，帝每訪以大事。浩奉謙之道，尤不信佛法。與帝言，數加非毁，常謂虚誕，爲世費害。帝以其辨博，頗信之。會蓋吴反杏城，關中騷動，帝乃西伐，至于長安。先是，長安沙門種麥寺内，御騶牧馬于麥中。帝入觀馬，沙門飲從官酒，從官入其便室，見大有弓矢矛楯，出以奏聞。帝

---

❶「夷蠻」，原作「蠻夷」，今據《宋書·夷蠻傳》乙正。

❷「寺」，原作「市」，今據《宋書·夷蠻傳》改。

怒曰：『此非沙門所用，當與蓋吴通謀，規害人耳。』命有司案誅一寺。閲其財産，大得釀酒具及州郡牧守、富人所寄藏物，蓋以萬計。又爲窟室，與貴室女私行淫亂。帝既忿沙門非法，浩時從行，因進其説。詔誅長安沙門，焚破佛像，初留臺下四方，令一依長安行事。又詔曰：『彼沙門者，假西戎虚誕，生妖孽，非所以一齊政化，布淳德于天下也。自王公以下，有私養沙門者，皆送官曹，不得隱匿。限今年二月十五日，過期不出，沙門身死，容止者誅一門。』時恭宗爲太子監國，素敬佛道，頻上表，陳刑殺沙門之濫，又非圖像之罪。今罷其道，杜諸寺門，世不修奉，土木丹青，❶自然毁滅，如是再三，不許。乃下詔曰：『昔後漢荒君，信惑邪僞，妄假睡夢，事胡妖鬼，以亂天常，自古九州之中無此也。夸誕大言，不本人情。叔季之世，闇君亂主，莫不眩焉。由是政教不行，禮義大壞，鬼道熾盛，視王者之法蔑如也。自此以來，代經亂禍，天罰急行，生民死盡，❷五服之内，鞠爲丘墟，千里蕭條，不見人迹，皆出于此。朕承天緒，屬窮運之敝，欲除危僞定真，復羲農之治。其一切蕩除胡人，滅其踪跡，庶無謝于風氏矣。自今以後，敢有事胡神及造形像泥人、銅人者，門誅。雖言胡神，問今胡人，共云無有。皆是前世漢人無賴子弟劉元真、吕伯彊之徒，乞胡之誕言，用老莊之虚假，附而益之，皆非真實，至使王法廢而不行，蓋大好之魁也。有非常之人，然後能行非常之事，非朕孰能去之

❶「木」下，原衍「册」字，今據鄒刻本删。

❷「死」，原作「先」，今據鄒刻本改。

此歷代之僞物。有司宣告征鎮諸軍、刺史，諸有佛圖形像及胡經，❶盡皆破擊焚燒，沙門無少長，悉坑之。』是歲，太平真君七年三月也。恭宗言雖不用，然猶緩宣詔書，遠近皆預聞知，得各爲計。四方沙門，多亡匿獲免。而土木宫塔，聲教所及，莫不畢毀矣。高宗踐極，下詔諸州縣：『各聽建佛圖一區。其好樂道法，欲爲沙門，不問長幼，出于良家，性行素篤，無諸嫌穢，鄉里所明者，聽其出家。率大州五十人，小州四十人。』天下承風，朝不及夕，往時所毀寺圖仍還修矣。」

南齊武帝詔：「公私不得出家爲道，及起塔寺。以宅爲精舍，並嚴斷之。」❷

齊顯祖以佛道二教不同，欲去其一。集二家論難于前，遂勑道士皆剃髮爲沙門，有不從者殺四人，乃奉命，于是齊境皆無道士。

《周書》：「武帝建德三年五月丙子，初斷佛、道二教，經像悉毁，罷沙門、道士，並令還民。並禁諸淫祀，禮典所不載者，盡除之。」

宣帝大象元年，初復佛像及天尊像。

二年六月己酉，帝崩。庚申復行佛、道二教。舊沙門、道士誠積自守者，簡令入道。

唐高祖武德九年，下詔命有司沙汰天下僧尼、道士、女冠，其精勤練行者，遷居大寺觀，給其衣

---

❶ 「有」，原作「非」，今據鄒刻本改。

❷ 「嚴」，原作「厭」，今據《南齊書·武帝紀》改。

食，毋令闕乏。庸猥粗穢者，悉令罷遣，勒還鄉里。京師留寺三所，觀二所，諸州各留一所，餘皆罷之。

《舊唐書》：「武德九年，夏五月辛巳，以京師寺觀不甚清淨，詔曰：『釋迦闡教，清淨爲先，遠離塵垢，斷除貪欲，所以弘宣勝業，修植善根，開道愚迷，津梁品庶。是以敷衍經教，檢約學徒，調懺身心，捨諸染者，衣服飲食，咸資四輩。自覺王遷謝，像法流行，末代淩遲，漸以虧濫。乃有猥賤之侶，規自尊高。浮惰之人，苟避徭役。妄爲剃度，❶托號出家，嗜慾無厭，營求不息，間里出入，闤闠周旋，驅策田產，聚積貨物，耕織爲生，估販成業，事仝編户，迹等齊人，進違戒律之文，退無禮義之訓。至乃親行劫掠，躬自穿窬，造作妖訛，交通豪猾，每罹憲網，自陷重刑，黷亂真如，傾毀妙法。譬兹稂莠，有穢嘉苗。類彼淤泥，混夫清水。又伽藍之地，本曰淨居，栖心之所，理尚幽寂。近代以來，多立寺舍，不求閑曠之境，惟趨喧雜之方，繕采崎嶇，❷棟宇殊拓，錯舛隱匿，誘納奸邪。或有接延鄽邸，❸鄰近屠酤，埃塵滿室，羶腥盈道，徒長輕慢之心，有虧崇敬之道。且老氏垂化，本實冲虛，養志无爲，遺情物外，全真守一，是謂沙門，驅馳世務，尤乖宗旨。朕膺期馭宇，興隆教法，志思利益，情

❶「剃」，原作「制」，今據鄒刻本改。
❷「采」，原作「來」，今據鄒刻本改。
❸「鄽」，原爲空格，今據鄒刻本補。

在護持。欲使玉石區分，薰蕕有辨，長存妙道，永固福田。正本澄源，宜從沙汰。諸僧尼、道士、女冠等，有精勤練行、守戒律者，並令大寺觀居住，給衣食，勿令乏短。其不能精進，戒行有闕，不堪供養者，並令罷遣，各還其業。所司明爲條式，務依法教。違制之事，悉宜停斷。京城留寺三所，❶觀二所，其餘天下諸州各留一所，餘悉罷之。』事竟不行。」按《舊史》之文不過如此，其下即接「六月庚申，秦王以皇太子、齊王仝謀害己，率兵誅之」云云。《新史》乃云：「四月辛巳廢浮屠、老子法，六月庚申復浮屠、老子法。」何其謬歟。

《通典》：「武德九年二月，以沙門、道士虧違教法，京師留寺三所，❷觀二所，選耆年高行實之，餘皆罷廢。至六月，制僧尼、道士、女冠還依舊。」

《舊唐書·彭偃傳》：「大曆末，爲都官員外郎。時劍南東川觀察使李叔明上言，以『佛道二教無益于時，請粗加澄汰。其東川寺觀，請定爲寺觀二等，上等留僧二十一人，上觀留道士十四人，降殺以七，皆精選有道行者，餘悉令返初。蘭若、道場無名者皆廢』。德宗曰：『叔明此奏，可爲天下通制，不惟劍南一道。』下尚書集議。偃獻議曰：『王者之政，變人心爲上，因人心次之，不變不因，循常守故者爲下。故非有獨見之明，不能行非常之事。今陛下以維新之政，爲萬代法，若不革舊

❶「寺」，原作「守」，今據鄒刻本改。
❷「寺」，原作「守」，今據鄒刻本改。

風，令歸正道者，非也。當今道士，有名無實，時俗鮮重，亂政猶輕，惟有僧尼，頗爲穢雜。自西方之教被于中國，去聖日遠，空門不行五濁，但行粗法。爰自後漢至于陳、隋，僧之廢滅，其亦數乎？或至坑殺，殆無遺餘。前代帝王豈惡僧道之害如此之深耶？蓋其亂人亦已甚矣。且佛之立教，清淨无爲，若以色見，即是邪法，開示悟入，惟有一門，所以三乘之人，比之外道。況今日出家者皆是無識下劣之流，縱其戒行高潔，在于王者，已無用矣，況是苟避征徭，于殺盗淫穢，無所不犯者乎？今叔明之心甚善，然臣恐其奸吏詆欺，而去者未必非，留者不必是，無益于國，不能息奸。既不變人心，亦不因人心，强制力持，難致遠耳。臣聞天生烝人，必將有職，遊行浮食，王制所禁。故有才者受爵禄，不肖者出租征，此古之常道也。今天下僧道，不耕而食，不織而衣，廣作危言險語，以惑愚者。一僧衣食，歲計約三萬有餘，五丁所出，不能致此。舉一僧以計天下，其費可知。陛下日旰憂勤，將去人害，此而不救，奚其爲政？臣伏請僧道未滿五十者，每年輸絹四疋。尼及女道士未滿五十者，每年輸絹二疋。其雜色役與百姓同。有才智者令入仕，請還俗爲平人者聽。但令就役輸課，爲僧何傷。臣竊料其所出，不下今之租賦三分之一，然則陛下之國富矣，蒼生之害除矣。其年過五十者，請皆免之。夫子曰：五十而知天命。列子曰：不斑白，不知道。人年五十，慾嗜已衰，縱不出家，心已近道，況戒律檢其性情哉。臣以爲此令既行，僧道規避，還俗者固已大半，其年老精修者，必盡爲人師，則道、釋二教益重明矣。』議者是之，上頗善其言。大臣以二教行之已久，列聖奉之，不宜頓擾，宜去其太甚。其議不行。」

也。今迷其内而飾其外，使農夫、工女墮業以避役，故農桑不勸，❶兵賦日屈，國用兵儲爲斁耗。臣請本道定寺爲三等，觀爲二等，上等留僧二十一名，上觀道十四名，每等降殺以七，皆擇有德行者，餘還爲民。』德宗善之，以爲不止本道，❷可爲天下法，乃下尚書省雜議。於是都官員外郎彭偃曰：『王者之政，變人心爲上，因人心次之，不變不因爲下。今道士有名無實，俗鮮歸重，于亂政輕。僧尼髠穢，皆天下不逞，苟避征役，于亂人甚。今叔明之請雖善，然未能變人心，亦非因人心者。夫天生烝民，必將有職，游閒浮食，王制所禁。故賢者受爵禄，不肖者出租税，古常道也。今僧、道士不耕而食，不織而衣，一僧衣食，歲無慮三萬，五夫所不能致。舉一僧以計天下，其廢不貲。臣謂道士年未滿五十者，可令歲輸絹四，尼及女冠輸絹二，雜役與民同之。過五十者免。凡人年五十，嗜欲已衰，況有戒法以檢其情性哉。』刑部員外郎裴伯言曰：『衣者，蠶桑也。食者，耕農也。男女者，繼祖之重也。而二教悉禁，國家著令，又從而助之，是以夷狄不經法反制中夏禮義之俗也。傳曰：女子十四有爲人母之道，四十九絶生育之理；男子十六有爲人父之道，六十四絶陽化之理。臣請僧、道士一切限年六十四以上，尼、女冠四十九以上，許終身在道，餘悉還爲編人。官爲計口授地，收廢

❶ 「故」下，原衍「儲」字，今據《新唐書·李叔明傳》删。「桑」，原作「桒」，今據鄒刻本改。

❷ 「止」，原作「正」，今據鄒刻本改。

寺觀以爲廬舍。』議雖上，罷之。」

《舊唐書・李德裕傳》：「元和以來，累勅天下州府，不得私度僧尼。徐州節度使王智興，聚貨無厭。以敬宗誕月，請泗州置僧壇，度人資福，以興厚利，江、淮之民，皆羣黨渡淮。❶德裕奏論曰：『王智興于所屬泗州置僧尼戒壇，自去冬于江、淮以南，所在懸榜招置。江、淮自元和二年後，不敢私度。自聞泗州有壇，户有三丁，必令一丁落髮，意在規避王徭，影庇資産。自正月已來，落髮者無算。臣今于蒜山渡點其過者，一日一百餘人，勘問惟十四人是舊日沙彌，餘是蘇、常百姓，亦無本州文憑，尋已勒還本貫。訪聞泗州置壇次第，凡僧徒到者，人納二緡，給牒即回，無别法事。若不時行禁止，比到誕節，計江、淮以南，失却六十萬丁壯，此事非細，係于朝廷法度。』狀奏，即日詔徐州罷之。」

《武宗紀》：「會昌五年秋七月庚子，勅併省天下佛寺。中書門下條疏聞奏：『據令式，諸上州因忌日官吏行香于寺，其上州望各留寺一所，有列聖尊容，便令移于寺内。其下州寺並廢，其上都、東都兩街請留十寺，寺僧十人。』勅曰：『上州合留寺，工作精妙者留之。如破落，亦宜廢毁。其合行香日，官吏宜于道觀。其上都、下都每街留寺兩所，寺僧留三十人。上都左街留慈恩、薦福，右街留西明、莊嚴。』中書又奏：『天下廢寺，銅像、鐘磬委鹽鐵使鑄錢，其鐵像委本州鑄爲農器，金、銀、

❶「淮」，原作「惟」，今據鄒刻本改。

鍮石等像銷付度支。衣冠士庶之家所有金、銀、銅、鐵之像，勑出後限一月納官，如違，委鹽鐵使依禁銅法處分。其土、木、石等像合留寺内依舊。』又奏：『僧尼不合隸祠部，請隸鴻臚寺。其大秦穆護等祠，釋教既已釐革，邪法不可獨存。其人並勒還俗，遞歸本貫充税户。如外國人，送還本處收管。』八月，制：『朕聞三代已前，未嘗言佛。漢魏之後，像教寖興。是由季時，傳此異俗，因緣染習，蔓衍滋多。以至于蠹耗國風而漸不覺，誘惑人意而衆益迷。洎乎九州山原、兩京城闕，僧徒日廣，佛寺日崇。勞人力于土木之工，奪人利于金寶之飾，遺君親于師資之際，違配偶于戒律之間。壞法害人，無踰此道。且一夫不田，有受其饑者；一婦不蠶，有受其寒者。今天下僧尼不可勝數，皆待耕而食，待織而衣。寺宇、招提，莫知紀極，皆雲搆藻飾，僭擬宫庭。晉、宋、齊、梁，物力凋瘵，風俗澆詐，莫不由是而致也。況我高祖、太宗，以武定禍亂，以文理華夏，執此二柄，是以經邦，豈可以區區西方之教與我抗衡哉。貞觀、開元亦嘗釐革，劃除不盡，流衍轉資。朕博覽前言，旁求輿議，弊之可革，斷在不疑。而中外諸臣，協予至意，條疏至當，宜在必行。懲千古之蠹源，成百王之典法，濟人利衆，予何讓焉。其天下所拆寺四千六百餘所，還俗僧尼二十六萬五百人，收充兩税户，拆招提、蘭若四萬餘所，收膏腴上田數千萬頃，收奴婢爲兩税户十五萬人。隸僧尼，屬主客，顯明外國之教。勒大秦穆護、祆二千餘人還俗，❶不雜中華之風。于戲，前古未行，似將有待。及今盡去，豈謂無

❶ 「祆」，原作「祅」，今據《舊唐書・武宗紀》改。

時。驅浮游不業之徒已踰十萬，廢丹雘無用之室何啻億千。自此清淨訓人，慕無爲之理。簡易齊政，成一俗之功。將使六合黔黎，仝歸王化。尚以革弊之始，日用不知，下制明廷，宜體予意。』」

《通鑑》：「武宗會昌五年，上惡僧尼耗蠹天下，欲去之。道士趙歸真等復勸之，乃先毀山野招提、蘭若，勅上都、東都兩街各留二寺，每寺留僧三十人。天下節度、觀察使治所及同、華、商、汝州各留一寺，分爲三等：上等留僧二十，中等留十人，下等留五人。八月壬午，詔陳釋教之弊，宣告中外。凡天下所毀寺四千六百餘區，歸俗僧尼二十六萬五百人，大秦穆護、祆僧二千餘人，毀招提、蘭若四萬餘區。收良田數千萬頃，奴婢十五萬人。所留僧皆隸主客，不隸祠部。百官上表稱賀。尋又詔東都止留僧二十人，諸道留二十人減其半，留十人者減三人，留五人者更不留。五臺僧多亡奔幽州。李德裕召進奏官謂曰：『汝趣白本使，五臺僧爲將必不如幽州將，爲卒必不如幽州卒，何爲虚取容納之名，染于人口？獨不見近日劉從諫詔聚無算閒人，竟有何益？』張仲武乃封二刀付居庸關，曰：『有游僧入境則斬之。』」

「六年五月乙巳，上京街先聽留兩寺外，更各增置八寺，僧尼依前隸功德使，不隸主客。」

《舊唐書》：「宣宗大中元年，閏三月，敕：❶『會昌季年，併省寺宇。雖云異方之教，無損致理之源。中國之人，久行其道，釐革過當，事體未宏，其靈山勝境，天下州縣，應會昌五年四月所廢寺宇，

❶「敕」，原作「勒」，今據《舊唐書·宣宗紀》改。

有宿舊名僧，復能修創，一任住持，所司不得禁止。』」

《通鑑》：「是時，君相務反會昌之政，故僧尼之弊皆復其舊。五年夏六月，進士孫樵上言：『百姓男耕女織，不自温飽，而羣僧安坐華屋，美衣精饌，率以十户不能養一僧。武宗憤其然，髮十七萬僧，是天下一百七十萬户始得蘇息也。陛下即位以來，修復廢寺，天下斧刀之聲至今不絶，度僧幾復其舊矣。陛下縱不能如武宗除積弊，奈何興之于已廢乎。平日者陛下欲修國東門，諫官上言，遽爲罷役。今所復之寺，豈若東門之急耶？所役之工，豈值東門之勞耶？顧早降明詔，僧未復者勿復，未修者勿修，庶幾百姓猶得息肩之日也。』秋七月，中書門下奏：『陛下樂奉釋氏，羣下莫不奔走，恐財力有所不逮，因之生事擾人，望委所在長吏量加樽節，所度僧亦爲選擇有行業者，若容凶粗之人，則更非敬道也。鄉村佛舍，請罷兵日修之。』從之。」

冬十月乙卯，中書門下奏：「今邊事已息，❶而州縣諸寺尚未畢功，望且令成之。其大縣遠于州府者，聽置一寺。其鄉村毋得更置佛舍。」從之。

周世宗顯德二年五月，❷勅天下寺院，非勅額者悉廢之。禁私度僧尼，凡欲出家者，必俟祖父母、叔伯之命。惟兩京、大名府、京兆府、青州聽設戒壇。禁僧俗捨身、斷手足、煉指、掛燈、帶鉗之

---

❶「事」，原作「市」，今據《資治通鑑》卷二四九改。

❷「世」，原作「顯」，今據鄒刻本改。

類幻惑流俗者。令兩京及諸州，❶每歲造僧賬，有死亡、歸俗者皆隨時開落。是歲，天下寺院存者二千六百九十四，廢者三萬三百三十六，見僧四萬二千四百四十，尼一萬八千七百五十六。

宋建隆初，詔：「佛寺已廢于顯德中，不得復興。」開寶中，令僧尼百人許歲度一人。至道初，又令三百人歲度一人，以誦經五百紙爲合格。先是，泉州奏僧尼未度者四千人，已度者萬數，天子驚駭，遂下詔曰：「一夫耕，三人食，尚有受餒者，今一夫耕，十人食，天下安得不重困，水旱安得無轉死之民。東南之俗，游惰不職者，跨村連邑，去而爲僧，朕甚疾焉，故立此制。」

天禧二年三月，詔：「不許剏修寺觀院宮，州縣常行覺察，如造一間以上，許人陳告，所犯者依法科罪。州縣不切覺察，亦行朝典。公主、戚里、節度至刺史已上，不得奏請剏造寺觀、開置戒壇。如違，御史彈奏。」是歲，又詔：「諸處不係名額寺院，多聚奸盜，騷擾村鄉，況有條貫，不許存留。」並令毀拆其舍宇，三十間以上並留存。

元世祖至元十七年二月丙申，詔諭真人折志誠等焚毀道藏僞妄經文及板。

十月己酉，張易等言：「參校道書，惟《道德經》係老子親著，餘皆後人僞撰，宜悉毀。」從之。

三十年四月，勅江南毀諸道觀、聖祖天尊祠。

---

❶「令」，原作「全」，今據《資治通鑑》卷二九二改。

成宗元貞元年正月，詔道家復行《金籙》《科範》。❶

改佛爲道

宋徽宗大觀四年，停僧牒。政和四年，置道階三十六等。宣和元年詔：「改佛號大覺金仙，餘爲仙人、大士。僧爲德士，易服飾，稱姓氏。寺爲宫，院爲觀，女冠爲女道，尼爲女德。」《老學庵筆記》：「政和神霄玉清萬壽宫，初止改天寧萬壽宫觀爲之，後别改宫觀一所，不用天寧。若州城無宫觀，即改僧寺。俄又不用宫觀，止改僧寺。初，通撥賜産千畝，已而豪華無涯。西京以崇德院爲宫，據其産二萬一千畝，賃舍錢、園利錢又在其外。三泉縣以不隷州，特置。已而凡縣皆改一僧寺爲神霄下院，駸駸日張，至宣和末方已。」

禁鑄佛寫經

唐玄宗開元二年七月壬子，詔曰：「佛教者在于清淨，存乎利益。今兩京城内，寺宇相望，凡欲歸依，足申禮敬。下人淺近，不悟精微，覩菜希金，逐餤思水。浸以流蕩，頗成蠹弊，如聞坊巷之内，開鋪寫經，公然鑄佛，口食酒肉，手漫羶腥，尊敬之道既虧，慢狎之心斯起。百姓等或緣求福，因致

❶「範」，原作「記」，今據《元史·成宗紀》改。

飢寒。言念愚蒙，深用嗟悼。殊不知佛非在外，法本居心，近取諸身，道則不遠。溺于積習，實藉申明。自今以後，坊市不得更以鎸佛寫經爲業。須瞻仰尊容者，任就寺禮拜。須經典誦讀者，勤于寺贖取，如經本少，僧爲寫供。諸州寺觀並準此。」

禁與僧尼往還

唐玄宗開元二年七月戊申，禁百官家毋得與僧尼往還。

僧　禁

《魏書・高祖紀》：「延興二年四月癸酉，詔沙門不得去寺浮遊民間，行者仰以公文。詔曰：『比丘不在寺舍，遊涉村落，交通奸猾，經歷年歲。令民間五五相保，不得容止無藉之僧，精加隱括，有者送付州鎮，其在畿郡送付本曹。若爲三寶巡民教化者，在外齎州鎮維那文移，在臺者齎都維那等印牒，然後聽行，違者加罪。』」

《舊唐書・五行志》：「姚崇秉政，以惠範附太平公主，乃澄汰僧尼，令拜父母，午後不出院。其法頗峻。」

《全唐詩話》：「賈島爲僧時，洛陽令不許僧午後出寺。島有詩云：『不如牛與羊，猶得日暮歸。』」

唐玄宗開元十九年四月癸未，詔曰：「釋迦設教，出自外方。漢主中年，漸于東土。説兹因果，廣樹筌蹄。事涉虚玄，渺同河漢。故三皇作父，五帝乘時，未開方便之門，自有雍熙之化。朕念彼流俗，深迷至理，盡軀命以求緣，竭資財而作福，未來之勝因莫效，見在之家業已空。事等繫風，猶無所悔。愚人寡識，屢陷刑科。近日僧徒，此風尤甚，因緣講説，眩惑州閭，谿壑無厭，惟財是斂。津梁自壞，其教安施。無益于人，有蠹于俗。或出入州縣，假托威權。或巡歷鄉村，恣行教化。因其聚會，便有宿宥，左道不常，異端斯起。自今以後，僧尼除講律之外，一切禁斷。六時禮懺，須依律儀。午後不行，宜守俗制。如犯者，先斷還俗，仍依法律罪。所在州縣，不能捉搦，並官吏輒與往還，各量事科貶。」

《遼史》：「聖宗開泰九年十二月丁亥，禁僧然身、煉指。」

《金史·王翛傳》：❶「知大興府事。時僧徒多游貴戚門，翛惡之，乃禁僧午後不得出寺。有一僧犯禁，皇姑大長公主爲請，翛曰：『奉上命。即令出之。』立召僧杖一百，死。京師肅然。」

李廌《浮屠論》：❷「浮屠初入中國，英睿之君、忠義之臣欲除其弊，終有不能，何哉？銷之不以其道也。今不必推罪于佛，惟治其徒。曰：『吾將使汝不出户，治其佛之説而躬行之。』禮部著以爲

❶「翛」，原作「修」，今據《金史·王翛傳》改。下二「翛」字同。

❷「廌」，原作「薦」，今據《四庫全書》本《濟南集》改。

令，刑部防以爲法。」

洪武六年十二月戊戌，併僧道寺觀，禁女子不得爲尼。時上以釋道二教近代崇尚太過，徒衆日盛，安坐而食，蠹財耗民，莫甚于此。乃令府州縣止存大寺觀一所，❶併其徒而處之，擇有戒行者領其事。若請給度牒，必考試，精通經典者方許之。又以民家多以女子爲尼姑、女冠，自今年四十以上者聽，未及者不許。著爲令。

十七年閏十月癸亥，禮部尚書趙瑁言：「自設置僧道二司，未及三年，天下僧尼已二萬九百五十四人，今來者益多，其實假此以避有司差役。請三年一次，出給度牒，且嚴加考試，庶革其弊。」從之。

二十四年六月丁巳，命禮部清理釋道二教，勑曰：「佛本中國異教也，自漢明帝夜有金人入夢，其法始自西域而至。當是時，民皆崇敬。其後有去鬚髮出家者，其所修行則去色相、絕嗜欲，潔身以爲善。道教始于老子，以至漢張道陵，能以異術役召鬼神，禦災捍患，其道益彰。故二教歷世久不磨滅者以此。今之學佛者曰禪、曰講、曰瑜伽。學道者曰正一、曰全真。皆不循本俗，污教敗行，爲害甚大。自今天下僧道，凡各府州縣，寺觀雖多，但存其寬大可容衆者一所，併而居之，毋雜處于外，與民相混，違者治以重罪。親故相隱者流，願還俗者聽。其佛經翻譯已定者，不許增減詞語。

❶「止存」，原脱，今據《明太祖實錄》卷八六補。

道士設齋醮者亦不許拜奏青詞，爲孝子慈孫演誦經典報祖父母者，各遵頒降科儀，毋妄立條章，多索民財。及民有效瑜伽教稱爲善友，假張真人多私造符籙者，皆治以重罪。」七月丙戌朔，詔：「天下僧道，有剏立庵堂寺觀非舊額者，悉毁之。」

二十五年，命僧録司造周知册頒于天下僧寺。時京師百福寺隱囚徒逋卒，往往易名姓爲僧，遊食四方，無以驗其真僞。于是命造周知之册，自在京及在外府州縣寺院僧名以次編之，其年甲、姓名、字行及始爲僧年月與所授度牒字號，俱載于僧名之下。既成，頒示天下僧寺。凡遊方行脚至者，以册驗之，其不同者許獲送有司，械至京師，治之重罪。容隱者罪之。

二十七年正月，命禮部榜示天下僧寺、道觀：「凡歸併大寺，設砧基道人一人，以主差税。每大觀道士編成班次，一年高者率之。餘僧道俱不許奔走于外，及交搆有司，以書册稱爲題疏，强求人財。其一二人于崇山深谷修禪及學全真者聽，三四人勿許，仍毋得剏庵堂。若遊方問道，必自備道里費，毋索取于民間，民亦毋得輙自侮慢。凡所至僧寺，必揭周知册以驗其實，不仝者獲送有司。僧道有妻妾者，許諸人捶逐。相容隱者罪之。正統六年《實録》云：「舊例，僧有妻者，諸人得捶逐之，更索其鈔五十錠，無鈔毆死勿論。」願還俗者聽。亦不許收民兒童爲僧，違者並兒童父母皆坐以罪。年二十以上願爲僧者，亦須父母具告有司奏聞方許。三年後，赴京考試，通經典者始給度牒，不通者杖爲民。有稱白蓮、靈寶、火居及僧道不務祖風，妄爲議論沮詥者皆治重罪。」

二十八年十月己未，禮部言：「今天下僧道數多，皆不務本教，宜令赴京考試，不通經典者黜之。」詔從其言，年六十以上者免試。

永樂五年正月，直隸及浙江諸郡軍民子弟私披剃爲僧，赴京師冒請度牒者千八百餘人。禮部以聞，上怒甚，曰：「皇考之制，民年四十以上始聽出家，今犯禁若此，是不知有朝廷矣。」命悉付兵部，編軍籍，發戍遼東、甘肅。九月庚午，直隸蘇州府嘉定縣僧會司奏：「縣舊有僧六百餘人，今僅存其半，請小民之願爲僧者，令披剃給度牒。」不聽，上諭禮部臣曰：「國家之民，❶服田力穡，養父母，出租賦，以供國用。僧坐食于民，何補國家？度民爲僧，舊有禁令，違者必罪。」

六年六月辛巳，命禮部移文中外：「凡民子弟僮奴，自削髮冒爲僧者，並其父兄送京師，發五臺山輸作。畢日，就北京爲民種田及盧龍牧馬。寺主僧擅容留者，亦發北京爲民種田。」

十五年閏五月癸酉，禁僧尼私建庵院。上以洪武年間天下寺院皆以歸併，近有不務祖風者，仍以僻處私建庵院，僧尼混處，屢犯憲章，乃命禮部榜示天下，俾守清規，違者必誅。

十六年十月癸卯，❷上以天下僧道多不通經典，而私簪剃，敗辱教門，命禮部定通制：「今後願爲僧道者，府不過四十人，州不過三十人，縣不過二十人。限年十四以上，二十以下，父母皆允，方許陳告有司，行鄰里保勘無礙，然後得投寺觀，從師受業。俟五年後，諸經習熟，然後赴僧録、道録

❶「之」下，原衍「名」字，今據《明太宗實録》卷七一删。

❷「卯」，原作「亥」，今據《明太宗實録》卷二〇五改。

司考試，果諳經典，始立法名，給與度牒。不通者罷還爲民。若童子與父母不願，及有祖父母、父母無他子孫侍養者，皆不許出家。有年三十、四十以上，先曾出家而還俗，及亡命黥刺者，亦不許出家。若寺觀住持不檢察而容留者，罪之。」仍命禮部榜諭天下。

宣德元年七月辛酉，上罷朝，御右順門。謂行在禮部尚書胡濙曰：❶「今僧道行童請給度牒甚多，中間豈無有罪之人潛隱其中。宜令僧道官取勘，如果無之，爾禮部同翰林院官、禮科給事中及僧道官同考試，能通大經則給與度牒。在七月十九日以後及不通經皆不給。」

二年七月戊子，罷僧童四百五十一人爲民。時僧童陳達高等，請給度牒，考試皆不通梵典。行在禮部請懲以法，上曰：「此愚民欲苟逃差役耳。」宥之，發歸爲民。

十二月庚午，行在禮部奏：「永樂十六年，太宗皇帝定制：凡願出家爲僧道者，府不過四十人，州不過三十人，縣不過二十人，額外不許亂收。俟五年後考試，如果精通經典，給與度牒。今天下行童僧道赴京請給度牒者，多係額外濫收，且不通典者多，請如例悉遣歸。若係額内之數，亦待五年考試給與。」從之。

七年三月壬戌，申嚴僧人化緣之禁。上謂都察院右都御史顧佐曰：「佛本化人爲善，今僧人多不守戒律，不務祖風，往往以創造寺院爲名，羣昇佛像，歷州郡化緣，所得財物皆以非禮耗費。其申

❶「濙」，原作「瀠」，今據「中研院」史語所整理本《明宣宗實録》卷一九改。下一「胡濙」同。

明洪武中禁令，違者必罪之。」

十一月丙午，天界寺僧達英以寺爲京都大刹，又缺住持，請命高僧領其衆。上謂禮部曰：「此僧爲自營計，勿聽。」

八年三月戊寅，湖廣荆州府荆門州判陳襄言：❶「各處近有惰民不顧父母之養，妄從異端，❷私自落髮，賄求僧司文憑，以游方化緣爲名，遍歷市井鄉村，誘惑愚夫愚婦，靡所不爲。所至官司以其爲僧，不之盤詰，奸人得以恣肆。乞勑天下有司關津，但遇削髮之人，捕送原籍治罪如律。果是僧，止居本處，不許出境，庶絶奸弊。」從之。

宣德十年八月癸卯，廣東按察使僉事趙禮言：「各處寺觀多因田糧浩大，與民一體當差，是致混同世俗。如南海縣光孝寺，該糧三千餘石，每當春秋耕斂，羣僧往來佃家，男女雜坐，嬉笑酣飲，豈無污染敗壞風俗？乞依欽定額數設僧人，府四十名，州三十名，縣二十名，就于本寺量給田畝，聽其自種自食，餘田均撥有丁無田之人耕種納糧。」上命行在禮部依所言行之。

正統元年九月己未，都知監太監洪寶保請度家人爲僧，許之，凡度僧二十四人。

十月甲戌，行在禮部尚書胡濙等奏：「洪武間，天下僧道給過度牒者，令僧録司、道録司造册，

---

❶「言」，原脱，今據鄒刻本補。

❷「妄」，原作「安」，今據《明宣宗實録》卷一〇〇改。

頒行天下寺觀。凡遇僧道，即與對册，其父兄、貫籍、告度月日如有不同，即爲僞冒。迨今年久，前令寢廢，有亡没遺留度牒未經銷繳爲他人有者，有逃匿軍民及囚犯僞造者，有盗賣影射者及私自簪剃者，奸弊百端，真僞莫辨。乞自今以後，給度牒者仍造册，頒行天下寺觀，以防奸詐。」從之。

五年正月辛未，給僧童一萬人度牒。進士張諫有「希求請給數千百衆奄至京師」之疏。❶

十一年九月辛巳，有僧四人私建佛寺于彰義門外，監察御史林廷舉等奏付法司，坐當杖充邊衛軍。從之。

十四年四月甲戌，上御奉天門，謂禮部尚書胡濙等曰：❷「舊制，僧道之數，府四十，州三十，縣二十。其行童度牒之請，悉由里老並所司勘實，方得申送。近聞多不通本教及來歷不明之人，妄報貫籍，一概冒請。爾禮部即行文，請諸司待三年後，凡有應給牒者，先令僧道衙門勘試，申送該管有司，審係額内並貫籍明白，仍試其精通本教經典，如行童令背《法華》等經並諸品經咒，道童令背《玉皇本行集》等經並諸品科範，番僧審通壇場十個，方許申送禮部復試，中式然後具奏請給。敢仍前濫保，事發，其經繇諸司官吏、里老具重罪不宥。」

景泰十五年十一月辛卯，雲南虛仁驛驛丞尚褫言：「近年以來，釋教盛行，聾瞽士民，誘煽男

---

❶「奄」，原作「庵」，今據《明英宗實録》卷六四改。

❷「濙」，原作「深」，今據《明英宗實録》卷一七七改。

女，廉耻道喪，風俗埽地。此蓋前之掌邦禮者屈于王振之勢，今年曰度僧，明年曰度僧，百十萬億，日熾月盛。今雖云止度裁抑，不過示虛文、應故事而已。臣以爲宜盡令長髮，勑使歸俗務農，庶邪術不興，沴氣自息。」

《元史・張珪傳》言：「僧道出家，屏絶妻孥，蓋欲超出世表，是以國家優視，無所傜役。且處之官寺，宜清淨絶俗洗心，❶誦經祝壽。比年僧道往往畜妻子，無異常人。如蔡道泰、班講主之徒，❷傷人逞欲，壞教干刑者，何可勝數。俾奉祠典，豈不褻天瀆神？臣等議：僧道之畜妻子者，宜罷以舊制，罷遣爲民。」

二十以上不許爲僧

《實録》：「洪武二十年八月壬申詔：『民年二十以上者，不許落髮爲僧。年二十已下來請度牒者，俱令于在京諸寺試事三年，考其廉潔無過者，始度爲僧。』」

❶ 「洗」，原爲空格，今據鄒刻本補。
❷ 「主」，原作「生」，今據《元史・張珪傳》改。

僧地没官

《實録》：「正統十二年二月庚戌，彌陀寺僧奏：『本寺原種宛平縣土城外地十八頃有奇，近蒙户部委官踏勘，令臣輸税。然臣空寂之徒，乞賜蠲免。』上曰：『僧既不能輸税，其地令没官。』」

僧尼之濫

《洛陽伽藍記·瑶光寺》：「永安三年，爾朱兆入雒陽，縱兵大掠。時有秀容胡騎數十人入寺淫穢，自此後頗獲譏誚。京師語云：『洛陽女兒急作髻，瑶光寺尼奪女婿。』」

《輟耕録》引，「唐鄭熊《番禺雜記》：『廣中僧有室家者，謂之火宅僧。』宋陶穀《清異録》：『京師大相國寺僧有妻，曰梵嫂。』」

《癸辛雜識》：「臨平明因尼寺，大刹也。往來僧官，每至必呼尼之少艾者供寢，寺中苦之。于是專作一寮貯尼之嘗有違濫者，以供不時之需，名曰『尼站』。」

元時，婦人一切受戒。自妃子以下至大臣妻室，時時延帝師堂上，戒師于帳中受戒誦咒作法。凡受戒時，其夫自外歸，聞娘子受戒，則至房不入。妃主之寡者，間數日，則親自赴堂受戒，恣其淫污，名曰「大布施」，又曰「以身布施」。其風流行中原河北，僧皆有妻，公然居佛殿兩廡，赴齋稱師娘。病則于佛前首謝，許披袈裟三日。殆與常人無異，特無髮耳。

僧寺之多

自魏有天下，至于禪讓，佛經流通，大集中國。凡有四百一十五部，合一千九百一十九卷。正光以後，天下多虞，工役尤甚。于是所在編民，相與入道，假慕沙門，實避調役，猥濫之極，自中國之有佛法，未之有也。略而計之，僧尼大衆二百餘萬矣，其寺三萬有餘。

南唐後主普度諸郡僧，建康城中僧徒殆至數千。

禁女冠尼姑

宣德四年六月，有順天府大興縣真元觀女冠成志賢等九人，詣行在禮部，請給度牒。禮部言：「太宗皇帝時，命尼姑皆還俗，❶今成志賢等亦宜還父母家。」上命先朝令，仍申明婦女出家之禁。❷

造寺寫經並無功德

《洛陽伽藍記·崇真寺》：「比丘惠凝死，一七日還活，經閻羅王檢閱，以錯名放免。惠凝具説

❶ 「姑」，原作「始」，今據鄒刻本改。

❷ 「女」下，原衍「婦女」二字，今據鄒刻本删。

過去之時：有五比丘同閲。一比丘云是寶明寺智聖，坐禪苦行，過升天堂。有一比丘是般若寺道品，以誦四十卷《涅槃》亦升天堂。有一比丘云是融覺寺曇謨最，講《涅槃》《華嚴》，領衆千人。閻羅王云：講經者必心懷彼我，❶以驕凌物，比丘中第一粗行。令唯試坐禪誦經，不問講經。曇謨最曰：『貧道立身以來，唯好講經，實不明于誦經。』閻羅王勑付司，即有青衣十人，送曇謨最向西北門，屋舍皆黑，似非好處。有一比丘云是禪林寺道弘，自云教化四輩檀越，造一切經，人中像十軀。閻羅王曰：『沙門之禮必須攝心守道，志在禪誦，不干世事，不作有爲。雖造作經像，正欲得他人之財物。既得他物，貪心即起。懷貪心便是三毒不除，具足煩惱。』亦付司，仍與曇謨最同入黑門。有一比丘云是靈覺寺寶明，自云出家之前嘗作隴西太守，造靈覺寺成，即棄官入道。雖不禪誦，禮拜不缺。閻羅王曰：『卿作太守之日，曲理枉法，劫奪民財，假作此寺，非卿之力，何勞説此。』亦付司，青衣送入黑門。太后聞之，遣黄門侍郎徐紇依惠凝所説，即訪寶明寺。城東有寶明寺，城内有般若寺，城西有融覺、禪林、靈覺等三寺，問智聖、道品、曇謨最、道弘等，皆實有之。即請坐禪僧一百人，常在殿中供養。詔不聽持經像沿路乞索，若私有財物造經像者，任意。❷惠凝亦入白鹿山，居隱修道。自此以後，京邑比丘悉皆禪誦，不復以講經爲意。」

❶「彼」，原作「被」，今據鄒刻本改。

❷「意」，原脱，今據《四庫全書》本《洛陽伽藍記》補。

太祖皇帝御製《龍興寺碑》曰：「立刹之意，留心歲久，數欲爲之，恐傷民資，若將民資建寺求佛，福從何來？」

羅整庵欽順《困知記》：「梁武帝問達磨曰：『朕即位以來，造寺、寫經、度僧不可勝紀，有何功德？』答曰：『並無功德。』帝曰：『何以無功德？』答曰：『此但人天小果，有漏之因，如影隨形，雖有非實。』又宗杲《答曾侍郎書》有云：❶『今時學道之士，只求速效，不知錯了也。却謂無事省緣、静坐體究爲空過時光，不如看幾卷經，念幾聲佛，佛前多禮幾拜，懺悔平生所作罪過，❷要免閻家老子手中鐵棒。此是愚人所爲。』嗚呼，自佛法入中國，所謂造寺、寫經、供佛、飯僧、看經、念經種種靡費之事，日新月盛，但其力稍可爲者，靡不争先爲之。導之者固其徒，然非人心之貪，則其説亦無緣而入也。奈何世之諂佛以求福利者，其貪心惑志，纏綿固結而不可解。雖以吾儒正色昌言懇切詳盡，一切聞如不聞。彼蓋以吾儒未諳佛教，所言無足信也。達磨在西域稱二十八祖，入中國則爲禪家初祖。宗杲擅名一代，爲禪林之冠，所以保獲佛法者，宜無所不用其心。乃至如上所云種種造作以爲無益者，前後如出一口，此又不足信耶。且夫貪、嗔、痴三者，乃佛氏之所深戒也，謂之三毒。凡世之造寺、寫經、供佛、飯僧、看經、念佛，以爲有益而爲之，是貪也；不知其無益而爲之，是痴也；三

❶「杲」，原作「果」，今據《四庫全書》本《困知記續録》改。下一「杲」字同。

❷「罪」，原作「羅」，今據《困知記續録》改。

毒而犯其二，雖活佛在世亦不能爲之解説。乃欲諂事土佛、木佛，以僥倖于萬一，非天下之至愚者乎？凡吾儒解惑之言，不可勝述，孰意佛書中乃有此等本分説話。人心天理，誠有不可得而泯滅者矣。今之道家，蓋源于古之巫祝，與老子殊不相干。老子誠亦異端，然其爲道，主于深根固蒂、長生久視而已。《道德》五千言具在，于凡祈禱、禁禱、經咒、符籙等事，初未有一言及之，而道家立教乃推尊老子，置之三清之列，以爲其教之所從出，不亦妄乎。古者用巫祝以事神，建其官，正其名，辨其物，蓋誠有以通乎幽明之故，故專其職掌，俾常一其心志，以導迎二氣之和，其義精矣。去古既遠，精意寖失，而淫邪妖誕之説起。所謂經咒、符籙，大抵皆秦漢間方士所爲，其泯滅而不傳者，計亦多矣，而終莫之能絶也。今之所傳，分明遠祖張道陵，近宗林靈素輩。雖其用不出乎祈禳、禜禱，然既已失其精意，則所以交神明者，率非其道，徒滋人心之惑，而重爲世之害爾，望其消灾而致福，不以遠乎。蓋老氏之善成其私，固聖門所不取。道陵輩之譸張爲幻，又老子之所不屑爲也。欲攻老氏者，須分二端，而各明辨其失，則吾之説爲有據，而彼雖桀黠，亦無所措其辭矣。」

《通典》：「貞觀八年，太宗謂長孫無忌曰：『在外百姓，太似信佛。❶上封人欲令我每日將十箇大德共達官同入，令我禮拜，觀此乃是道人教上其事。』侍中魏徵對曰：『佛法本貴清淨，以遏浮競，

❶「佛」，原作「物」，今據《通典》卷六八改。

昔釋道安如此名德，符永因與之同輿，權翼以爲不可。釋思林非無才俊，宋文帝引之升殿，❶顔延之曰：三台之位，豈可使刑餘之人居之。今陛下縱欲崇信佛道，亦不須道人日到參議也。』」❷

杖宰相及僧

《金史·海陵紀》：「貞元三年，以左丞相張浩、❸平章政事張暉，每見僧法寶，必坐其下，失大臣體，各杖二十。僧法寶妄自尊大，杖二百。」

《張通古傳》：「僧法寶欲去，張浩、張暉欲留之，不可得。朝官又有欲留之者。海陵聞其事，召三品以上官上殿，責之曰：『聞卿等每到寺，僧法寶正坐，卿等皆坐其側，朕甚不取。佛者，本一小國王子，能輕舍富貴，自苦修行，由是成佛。今人崇敬，以希福利，皆妄也。況僧者，往往不第秀才，市井游食，生計不足，乃去爲僧。較其貴賤，未可與簿尉抗禮。閭閻老婦，迫于死期，多歸信之。卿等位爲宰輔，乃復效此，失大臣體。』召法寶謂曰：『汝爲僧，去住在己，何乃使人知之？』法寶戰慄，不知所爲。海陵曰：『汝爲長老，當有定力，今乃畏死耶？』遂于朝堂杖之二百，張浩、張暉杖

❶「宋」，原作「灾」，今據鄒刻本改。

❷「日到」，原作「且别」，今據《通典》卷六八改。

❸「左」，原作「右」，今據《金史·海陵紀》改。

二十。」

人主不可接僧

《宋書·顔延之傳》:「時沙門釋惠珠,以才學爲太祖所賞愛,每召見,嘗升獨榻。延之甚疾焉,因醉白上曰:『昔同子参乘,袁絲正色。此三台之坐,豈可使刑餘之人居之?』上變色。」

許僧道畜妻

《五臺志》:「二氏之教,古今儒者嘗欲去之,而卒不能去,蓋人心陷溺日久,雖賢者不能自免,夫民生有欲,順其所欲則從之也輕。按老子之子名宗,爲魏將。佛氏娶妻曰耶輸佗,生子摩侯羅,出家十二年,歸與妻子復完聚。今其徒皆鰥居而無妻,豈二氏之教哉!雖無妻而常犯淫僻之罪,則男女之欲豈其性與人殊哉?爲今之計,簪剃不必禁也,聽其娶妻生子,而與齊民結婚姻之好。寺觀不必毁也,因其地之宏敞,而借爲社學、社倉。即以其人皆爲我用,久將自嫌其簪剃之醜,而亦不便于寺觀之居也。豈非君子以人治之道,孔子從俗獵較之意乎?又習儀多于寺觀,邱文莊已嘗非之,而祈禱必以僧道,厲祭必以僧道,何以禁民之作道塲、佛事哉。余謂禱雨當陳詞哀懇,令諸生歌《雲漢》之章,厲祭則聖祖御製之文,固已仁至而義盡矣,又何必假彼不潔之人,褻鬼神如百戲矣。」

道士隸宗正寺

《舊唐書·玄宗紀》:「開元二十五年正月制:道士、女冠宜隸宗正寺,僧尼令祠部檢校。」

潤色梵書

《山堂考索》:「太宗崇尚釋教,置院于太平興國寺,後改爲傳法院,車駕亦嘗臨幸。得西域僧法天及息天災、施獲等,取所獻梵書翻譯焉。息天災等並賜紫袍、師號,又命文臣潤色其文。是歲,息天災等獻所譯經文一卷,詔入藏刻板流行。自是盡取禁中梵夾俾之翻譯,每誕節即獻經焉。息天災等皆至朝散大夫、光禄寺鴻臚卿以卒。自是譯經之盛,後世無比。」

天禧三年,以宰臣丁謂爲譯經使潤文官一員,以學士晁向、李維同潤文二員。丁謂罷使,後亦不常置。

城隍神

《鳳陽縣志》:「洪武元年,各處城隍皆有監察司民之封侯,府曰公,州曰侯,縣曰伯,且有制詞,蓋其時皇祖尚未有定見。三年，乃正祀典，詔天下城隍神主止稱某府城隍之神、❶某州城隍之神、某縣城隍之神，前時爵號一切革去。未幾，又令各處城隍廟内屏去閒褉神道。城隍神舊有泥塑像在正中者，以水浸之，泥在正中壁上，却畫雲山圖像；在兩廊者，泥在兩廊壁上。此令一行，千古之陋習爲之一變。惜乎今之有司多不達此，往往妄爲衣冠之像，甚者又爲夫人以配之。習俗之難移，愚夫之難曉，遂使皇祖明訓託之空言，❷可罪也哉。」

杜牧杭州新造南亭子記

佛著經曰：生人既死，陰府收其精神，校平生行事罪福之。坐罪者，刑獄皆怪險，非人世所爲。凡人平生，一失舉止，皆落其間。其尤怪者，獄廣大千百萬億里，積火燒之，一日凡千萬生人死，窮億萬世，無有間斷，名爲「無間」。夾殿宏廊，悉圖其狀，人未熟見者，莫不毛立神駭。佛經曰：我國有阿闍世王，殺父主篡其位，法當入所謂獄無間者。昔能求事佛，後生爲天人。況其他罪，事佛固無恙。梁武帝明智勇武，創爲梁國者，捨身爲僧奴，至國滅餓死不聞悟，況下輩固惑之。爲工商者，褉良以爲楛，僞内而華外，納以大秤斛，以小出之，欺奪村閭戇民，銖積粒聚，以至于富。刑法錢穀

---

❶「府」下，原衍「神」字，今據《四庫全書》本《菽園雜記》卷五及上下文義删。

❷「祖」，原作「神」，今據鄒刻本改。

小胥，出入人性命，顛倒埋没，使簿書條令不可究知，得財買大第豪奴，如公侯家。大吏有權力，能開庫取公錢，緣意恣爲，人不敢言。是此數者，必自知其罪，皆捐奉佛以求救，月日積久，曰：「我罪如是，富貴如所求。是佛能滅吾罪，復能以福與我也。」有罪罪滅，無福福至。生人惟罪福耳，雖田婦稚子知所趨避。今權歸于佛，買福賣罪，如持左契，交手相付。至有窮民，啼一稚子，無以與哺，得百錢，必召一僧飯之，冀佛之助，一日獲福。若如此，雖舉寰海内盡爲寺與僧，不足怪也。屋壁繡紋可矣，爲金枝扶疏，❶擎于萬佛。僧爲具味，飯之可矣，飯訖，持錢與之。不大不壯、不高、不多、不珍奇，瓌怪爲憂，無有人力可及而不可爲者。晉，伯主也，一銅鞮宫之衰弱，諸侯不肯來盟。今天下能如晉幾，凡幾千銅鞮，人得不困哉。文宗皇帝嘗語宰相曰：「古者三人共食一農人，今加兵、佛，一農人乃爲五人所食，其間吾民尤困于佛。」帝念其本牢根大，不能果去之。武宗皇帝始即位，❷獨奮怒曰：❸「窮吾天下，佛也。」始去其山臺野邑四萬所，冠其人凡至十萬人。後至會昌五年，始命西京留佛寺四，僧惟十人，東京二寺，天下所謂節度、觀察，同、華、汝三十四治，所得留一寺，僧惟西京數，其他刺史州不得有寺。出四御史按行天下以督之。御史乘驛未出關，天下寺至于

---

❶「爲」上，原衍「爲金」二字，今據《四庫全書》本《樊川文集》卷七删。

❷「宗」，原作「帝」，今據《樊川文集》卷七改。

❸「怒」，原作「奴」，今據鄒刻本改。

屋基耕而刈之，凡除寺四千六百，僧尼笄冠二十六萬五百，其奴婢十五萬，良人拔附使令者倍笄冠之數，良田數十萬頃。奴婢口率與百畝，編入農籍，其餘錢取民直，歸于有司。州縣得以恣新其公署、傳舍。今天子即位，詔曰：「佛尚不殺而仁，且來中國久，亦可助以爲治天下用。率與二寺，❶用齒衰男女爲其徒，各止三十人，兩京數倍其四五焉。」著爲定令，以狗其習，且使後世不得復加也。趙郡李子烈播，立朝名人也。自尚書、比部郎中出于錢塘。錢塘于江南繁大雅亞吴郡。子烈少游其地，委曲知其俗蠹人者，剔削其根節，斷其脉絡，不數月，人隨化之。三陵干丞相云：「濤壞人居，不一銲錮，敗侵不休。」詔與錢二千萬，築長堤，少爲數十年計，人益安喜。子烈曰：「吴越古今多文士來吾郡游，登樓倚軒，莫不飄然而增思。吾郡之江山甲于天下，信然也。佛熾害中國六百歲，生見聖人，一揮而幾夷之，今不取其寺材立亭勝地，以彰聖人之功，使文士歌思之後，必有指吾而駡者。」乃作南亭在城東南隅，宏大煥顯，工施手足，髮句肉均牙滑而無遺功者。江平入天，越峰如髻，越樹如髮，孤帆白鳥，點畫疑在。半夜酒餘，倚老松，坐怪石，殷殷潮聲，起于月外。東閩、南越，官遊善地，天下名士多往之。予知百數十年後登南亭者，念仁聖天子之功神，美子烈之旨跡，睹南亭千萬狀，吟不能已，四時千萬狀，吟不能去，作爲歌詩，次之于後，不知幾千百人。

---

❶「率」，原爲空格，今據鄒刻本補。

日知録之餘卷四

崐山顧炎武寧人氏述

徙民

秦始皇二十八年，徙黔首三萬户瑯琊臺下。

三十六年，徙民于北河榆中三萬户。❶

漢高帝五年九月，徙諸侯于關中。

九年十一月，徙齊、楚大族昭氏、屈氏、景氏、懷氏、田氏五姓關中，與利田宅。初，婁敬使匈奴來，因言：「匈奴河南白羊、樓煩王去長安近者七百里，輕騎一日一夕可以至秦中，新破，少民，地肥饒，可益實。諸侯初起時，非齊諸田，楚屈、昭、景莫與。今陛下雖都關中，實少人，北近胡寇，東有六國强族，一日有變，陛下亦未得安枕而卧也。臣願陛下從齊諸田，楚昭、屈、景，燕、趙、韓、魏後及

❶「三」，原作「二」；「北河」，原作「河北」。《史記·秦始皇本紀》記載：秦始皇三十六年，「遷北河榆中三萬家」。《史記正義》：「謂北河勝州也。榆中即今勝州榆林縣也。」今據改。

豪傑名家，且實關中。無事，可備胡。諸侯有變，亦足率以東伐，此强本弱末之術也。」帝曰：「善。」乃徙劉敬所言關中十萬餘口。

景帝元年正月，詔曰其議民欲徙寬大地者聽之。

武帝建元二年，作茂陵邑。三年春，賜徙茂陵者户錢二十萬，田二頃。

元朔二年夏，募民徙朔方十萬户，又徙郡國豪傑及貲三百萬已上于茂陵。初，主父偃説帝曰：「茂陵初立，天下豪傑兼并之家，亂衆民，皆可徙茂陵，内實京師，外消奸猾，此所謂不誅而害除。」❶帝從之。

元狩五年，徙天下奸猾吏民于邊。

元鼎六年，分武威、酒泉地置張掖、燉煌郡，徙民實之。

太始元年，❷徙郡國吏民豪傑于茂陵、雲陵。此言雲陽，而轉寫者誤爲陵耳。茂陵，帝自所起。而雲陽，甘泉所居，故總使徙豪傑也。鈎弋、趙婕妤死，葬雲陽。至昭帝即位，始尊爲皇太后，而起雲陵。武帝時未有雲陵。❸

---

❶「謂」，原缺，今據《史記·主父偃傳》補。

❷「始」，原作「師」，今據鄒刻本改。

❸「此言雲陽」至「未有雲陵」六十三字，原爲正文，今據鄒刻本改作注文。

昭帝始元三年秋，募民徙雲陵，賜錢田宅。

四年夏，徙三輔富人于雲陵，賜錢，户十萬。

宣帝本始元年春正月，募郡國吏民貲百萬以上徙平陵。

二年春，以水衡錢爲平陵徙民起第宅。

元康元年，徙丞相、將軍、列侯、吏二千石、貲百萬者杜陵。

成帝鴻嘉二年夏，❶徙郡國豪傑貲五百萬以上五千户于昌陵，賜丞相、御史、將軍、列侯、公主、中二千石冢地、第宅。

後漢光武建武十五年，❷徙鴈門、代郡、上谷三郡民，置常山關、居庸關以東。

二十六年，雲中、五原、朔方、北地、定襄、❸鴈門、上谷、代郡八郡民歸于本土，遣謁者分將施行補理城郭，發遣邊民在中國，布還諸縣，皆賜以裝錢，轉輸給食。

崔寔《政論》曰：❹「古有移人通財，❺以贍烝黎。今青、徐、兖、冀，人稠土狹，不足相供。而三

❶「成」，原作「武」，今據《漢書·成帝紀》改。

❷「建武」，原作「建平」，今據鄒刻本改。

❸「襄」，原作「兼」，今據《後漢書·光武帝紀》改。

❹「寔」，原作「實」，今據鄒刻本改。

❺「財」，原脱，今據《通典》卷一引《政論》補。

輔左右及涼、幽州内附近郡，皆土廣人稀，厥田宜稼，悉不墾發。小人之情，安土重遷，寧就飢餒，無適樂土之慮。民猶羣羊聚畜，須主者牧養處置，置之茂草則肥澤繁息，置之磽石則零丁耗減。是以景帝六年，詔郡國令人得去磽狹、就寬肥。武帝遂徙關東貧人于隴西、北地、西河、上郡、會稽凡七十二萬五千口，後加徙吏于關内。今宜復遵故事，徙貧人不能自業于寬地。此亦開草闢土，振人術也。」

仲長統《昌言》曰：「遠州之縣界至數千。而諸夏有十畝共桑之迫，遠州有曠野不發之田。代俗安土，有死無去，君長不使，誰能自往緣邊之地？亦可因罪徙人，便以守禦。」獻帝建安十六年，曹公西征。初，自天子西遷雒陽，人民單盡。其後鍾繇以侍中守司隸校尉、持節督關中諸軍。繇徙關中民，又招納亡叛以充之。數年間，民户稍實。曹公征關中，得以爲資。

魏文帝改長安、譙、許昌、亳、洛陽爲五都，令天下聽内徙，復五年，後又增其復。

齊王以明帝景初三年正月即位。六月，以遼東東沓縣吏民渡海居齊郡界，以故縱城爲新沓縣以居民。

正始元年二月，❶以遼東汶、北豐縣民流徙渡海，居齊郡之西安、臨淄、昌國縣界爲新汶、南豐縣，以居流民。

---

❶「正」，原作「元」，今據《三國志·魏書·齊王芳紀》改。

蜀主建興十四年，徙武都氐王苻健及氐民四百餘户于廣都。❶

晋宣帝爲驃騎大將軍都督雍州，表徙冀州農夫佃上邽。武帝太康中，杜預爲征南將軍。初，伐吴，軍至江陵，因兵威，徙將士屯戍之家以實江北，南郡故地各樹之長吏，荆土肅然。❷

宋文帝元嘉二十二年，武陵王駿討緣沔蠻，移一萬四千餘口于京師。二十三年，遷漢川流民于沔次。二十七年，使太子步兵校尉沈慶之自彭城徙流民數千家于瓜步。征北參軍程天祚徙江西流民于南州，❸亦如之。二十八年冬，徙彭城流民于瓜步，淮南流民于姑孰，合萬計家。

孝武帝大明中，孔靈符爲丹陽尹。山陰縣土境褊狹，民多田少。靈符表徙無資之家于餘姚、鄞、鄮三縣界，墾起湖田。帝使公卿博議，太宰江夏王義公議曰：❹「夫訓農修本，有國所同。土著之民，習玩日久。如京師無田，不聞徙居他處。尋山陰豪傑富室，頃畝不少，貧者肆力，非爲無處，耕起空荒，無救災歉。又兼緣湖居民魚鴨爲業，及有居肆，理無樂徙。」尚書令柳元景、右僕射劉秀

❶「苻健」，原作「符建」，今據《三國志·蜀書·後主傳》改。
❷「肅」，原作「蕭」，今據鄒刻本改。
❸「祚」，原脱，今據《宋書·沈慶之傳》補。
❹「義」，原置「江」字下，今據鄒刻本移至此。

之、❶尚書王瓚之、顧凱之、顔師伯、❷嗣湘東王彧議曰：「富户温房，無假遷業。窮身寒室，必應徙居。葺宇疏皋，産粒無待，資公則公未易充，❸課私則私卒難具。❹生計既定，畲功自息，宜募亡叛通恤及與樂田者，其往經創，修粗立然後徙居。」侍中沈懷文、王景文、黄門侍郎劉韞、郗顒議曰：「百姓雖不親農，不無資生之路。若驅以就田，則坐以相違奪。且鄞等三縣，去治並遠，既安之民，忽徙他邑，新垣未立，舊居已毀，去留兩困，無以自資。謂宜適任民情，從其樂，開宥逋亡，且令就業，若審成腴壤，然後議遷。」太常王玄謨議曰：❺「小民貧匱，遠就荒疇，去舊即新，糧種俱缺，習之既難，勤之未易。謂宜微加資給，❻使得肆勤，明力田之賞，申怠惰之罰。」光禄勳王昇之議曰：「遠廢之疇，方剪棘荆，率課窮乏，其事彌難，資徙粗立，徐行無晚。」帝違衆議，徙民，並成良業。

後魏道武天興元年正月，徙山東六州民吏及徙何、高麗雜夷三十六萬，❼百工技巧千萬口，以

❶「之」，原作「芝」，今據《宋書・孔靈符傳》改。
❷「伯」，原作「之」，今據《宋書・孔靈符傳》改。
❸「則公」，原作「公則」，今據《宋書・孔靈符傳》乙正。
❹「則」下，原脱「私」字；「具」，原作「其」，今均據《宋書・孔靈符傳》補改。
❺「謨」，原重文，今據鄒刻本删。
❻「微」，原作「徵」，今據《宋書・孔靈符傳》改。
❼「麗」，原作「嚴」；「萬」，原作「署」，今均據《魏書・太武帝紀》改。

充京師。二月，詔給内徙新民耕牛，計口受田。十二月，徙六州三十二郡守宰、豪傑、吏民二千家于代都。

二年，陳留郡、河南流民萬餘口内徙，遣使者仍勞之。

明元泰常三年，❶徙冀、定、幽三州徒何民于京師。❷

《娥清傳》：「清爲給事中黄門侍郎，❸先是，徒何民散居三州，❹頗爲民害，詔清徙之平城。清善綏撫，徙者如歸。」

延和元年，車駕征馮文通，徙營丘、❺成周、遼東、樂浪、帶方、玄菟六郡民三萬家于幽州，開倉以賑之。❻

太平真君六年，徙青、齊之人以實河北。又陸俟，太武時與高凉王那渡河南，略地至濟南東平陵，徙其民六千家實河北。

❶「常」，原作「始」，今據鄒刻本改。

❷下「徒」字，原作「徙」，今據《魏書·太宗紀》改。

❸「郎」，原作「中」，今據《魏書·娥清傳》改。

❹「徒」，原作「徙」，今據《魏書·娥清傳》改。

❺「營」，原作「成」，今據《魏書·太武帝紀》改。

❻「菟」，原作「兔」，今據鄒刻本改。

七年，徙長安城内工巧二千家于京師。

獻文皇帝興三年，徙青州齊民于京師。

孝文太和十九年，詔遷雒之民，葬河南，不得還河北。于是代人南者悉爲河南雒陽人。

北齊神武帝爲魏相，命孫騰、高隆之分括無籍之户，得六十餘萬，于是僑居者各勒還本屬。

文宣天保八年，議徙冀、定、瀛無田之人，謂之樂遷，于幽州、范陽寬鄉之處，百姓驚擾。

後周武帝建德六年十二月，行幸并州宫，移并州軍人四萬户于關中。

宣武正始元年，以苑牧公田分賜代遷之户。

宣帝大象元年，詔曰：「洛陽舊都，今既修復，凡是元遷之户，並聽還洛州。此外諸民欲往者，亦任其意。河南、❶幽、相、豫、❷亳、青、齊七總管，受東京六府處分。」

隋煬帝大業元年三月丁未，詔尚書令楊素、納言楊逵、將作大匠宇文愷，營建東京，徙豫州郭下居民以實之。❸又詔徙天下富商大賈數萬家于東京。

唐武后天授二年七月二十四日，徙關外雍、同、泰等七州户數十萬以實雒陽。

❶「河」，原作「何」，今據鄒刻本改。
❷「豫」，原作「預」，今據《周書・宣帝紀》改。
❸「豫」，原作「預」，今據《隋書・煬帝紀》改。

玄宗開元十六年十月，勑州客户有情願屬緣邊州者，至彼給良沃田安置，仍給永年優復，宜令所司即與所管客户州計會，召取願者，隨其所樂，其數奏聞。

洪武二十一年八月，户部郎中劉九皋言：「古者狹鄉之民遷于寬鄉，蓋欲地不失利，民有恒業。今河北諸處自兵後田多荒蕪，居民鮮少。山東、西之民自入國朝，生齒日繁，宜令分丁徙居寬閒之地，開種田畝，如此國賦增而民生遂矣。」上諭户部侍郎楊靖曰：「山東地廣，民不必遷。山西民衆，宜如其言。」于是遷山西澤、潞二州民之無田者往彰德、真定、臨清、歸德、太康諸處閑曠之地，令自便置屯耕種，免其賦役三年，仍户給鈔二十錠，以備農具。

二十二年四月己亥朔，命杭、湖、温、台、蘇、松諸郡民無田者，許令往淮河迤南滁、河等處就耕，官給鈔户二十錠，使備農具，免其賦役三年。九月甲戌，山西沁州民張從整等一百一十六户，❶告願應募屯田，户部以聞，命賞從整鈔錠，送後軍都督僉事孫禮，分田給之，仍令回沁召募居民。

二十五年十二月辛未，後軍都督府都督僉事李恪、徐禮奏：「山西民徙居彰德、衛輝、懷慶、廣平、大名、東昌、開封，凡五百九十八户。」

三十五年九月乙未，命户部遣官覈實山西太原、平陽二府，澤、潞、遼、沁、汾五州，丁多田少及無田之家，分其丁口，以實北平各府州縣，仍户給鈔，使置牛具種子，五年後徵其税。

❶「沁」，原作「泌」，今據鄒刻本改。下一「沁」字同。

永樂元年八月甲戌，簡直隸、蘇州等十郡，浙江等九布政司富民實北京。

二年九月丁卯，徙山西太原、平陽、澤、潞、遼、沁、汾民一萬户實北京。

《金史·許安仁傳》：「章宗時，朝議以流人實邊，安仁言：『昔漢有募民實邊之議，蓋度地經營國邑，制爲田宅，使至者有所歸，作者有所用。于是輕去故鄉而易于遷徙。如使被刑之徒，寒餓困苦，無聊之心，靡所顧籍，與古之募民入塞不同，非所宜行。』」

國史律令

《戰國策》：「楚相栢舉之戰，蒙穀入大宫，負雞次之典，以浮于江，逃于雲夢中。昭王返郢，五官失法，百姓昏亂，蒙穀獻典，五官得法，百姓大治。蒙穀之功與存國相若。」

《東觀漢記》：「陳咸，哀、平間以明律爲侍御史。王莽篡位，歸鄉，至閉門不出。乃收家中律令文書壁藏之，以俟聖主。」

《唐書》：「韋述居史職，玄宗幸蜀，述抱《國史》藏于南山。經籍資産，焚剽殆盡，述亦陷于賊庭，授僞官。至德二載，收兩京，議罪，流渝州死。廣德二年，其甥蕭直爲太尉李光弼判官，因入奏事稱旨，乃上疏理述于倉皇之際，能存國史，致聖明大典得無遺逸，以功補過，合沾恩宥。乃贈右散騎常侍。」

《通鑑》：「唐莊宗滅梁，御史臺奏：『朱温篡逆，删改本朝律令格式，悉收舊本焚之。今臺司及刑部大理寺所用皆爲庭之法，聞定州勑庫獨有本朝律令格式具在，乞下本道録進。』從之。」

風聞言事

《宋史·陳次升傳》：「爲左司諫。宣仁有追廢之議，次升密言：『先太后保佑聖躬，始終無間，願勿聽小人銷骨之謗。』帝曰：『卿安所聞？』對曰：『臣職許風聞，陛下毋詰其所從來可也。』」

《彭汝礪傳》：「爲監察御史裏行，論俞充諂中人王中正，至使妻拜之，神宗爲罷充。詰其語所從，汝礪曰：『如此，非所廣聰明也。』卒不奉詔。」

御容

《舊唐書》：「唐武宗會昌五年十月乙亥，中書奏：『氾水縣武牢關，❶是太宗擒王世充、❷竇建德之地，關城東峯有二聖塑容，在一堂之内，今緣定覺寺例合毁拆，望取寺中大殿材木，于東峯以造一殿，名曰昭武廟。』從之。」唐莊宗同光元年，宿州朱保謜進本朝十二聖寫真及玄宗封太山圖。蜀王衍建上清宫，于老君殿列唐十八帝真，備法駕之。宋邵博《聞見録》：「武功唐高祖宅，昔號慶善

❶「氾」，原作「池」，今據《舊唐書·武宗紀》改。
❷「世」，原作「亡」，今據鄒刻本改。

宫,今爲佛祠,有唐二帝紵漆像,不知何帝也。」《建炎以來朝野雜紀》:「紹興元年,終南山上清宫太平道士訾言真等持太宗、真宗御容,自岐下抵宣撫使張忠獻。」《金史》:❶「李大忠刻唐高祖至昭宣二十一帝像于石,在合水縣東。」

《元史·石天麟傳》:「江南道觀,偶藏宋主遺像,有僧與道士交惡,發其事。帝以問天麟,對曰:『遼國主后銅像在西京者,今尚有之,未聞禁也。』事遂寢。」《中州集》:「何宏中,宋靖康時爲河北河東兩路統制接應使,被擒不屈,請爲黄冠。時神霄宫廢,道士舊以徽宗爲東華君,將毁其像。宏中爲起紫微殿,遷像事之。」

廟　諱

李百藥《北齊書》,凡諸帝廟號,爲避唐朝諱,皆易其文,議者非之。

《宋史》:「紹興二年十二月,禮部太常寺言:淵聖皇帝御名,見于經傳者,義訓或以威武爲義,或以回旋爲義,又爲植立之象,又爲亭郵表名,又爲圭名,又爲姓氏,又爲木名,各以其類求之。以威武爲義者,今欲讀曰『威』。以回旋爲義者,今欲讀曰『旋』。以植立爲義者,今欲讀曰『植』。若姓氏之類,欲去『木』爲『亘』。又緣漢法,『邦』之字曰『國』,『盈』之字曰『滿』,止是讀曰『國』、曰『滿』,

❶「史」,原作「吏」,今據鄒刻本改。

其本事見于經傳者，未常改易。司馬遷，❶漢人也，作《史記》曰：『先王之制，邦内畿服，邦外侯服。』又曰：『盈則不持，則傾。』于『邦』字、『盈』字亦不改易。今淵聖皇帝御名，欲定讀如前，其經傳本字，即不改易，庶幾萬世之下有所考證。」

三十二年正月，禮部、太常寺言：「欽宗祔廟，翼祖當遷，于正月九日告遷翼祖皇帝、❷簡穆皇后神主，奉藏于夾室。所有以後翼祖皇帝諱，依禮不諱。」詔恭從。

紹熙元年四月，❸詔今後臣庶命名，並不許犯祧廟正諱。如名字見有犯祧廟正諱者，合改易。

宋周必大《文苑英華序》曰：「凡廟諱未祧，止當闕筆。」

《實録》：「洪武十四年七月乙酉，定進賀表箋禮儀，其有御名、廟諱，依古禮，二名不偏諱，嫌名不諱。」

種樹

《南齊書》：「劉善明爲海陵大守。郡境邊海，無樹木。善明課民種楡檟雜果，遂獲其利。」

---

❶「馬」，原作「史」，今據鄒刻本改。

❷「告」，原作「造」；「祖」，原脱，今均據《宋史·禮志》補改。

❸「熙」，原作「興」，今據《宋史·禮志》改。

之成林。」《梁書·沈瑀傳》：「爲建德令。教民一丁種十五株桑，四株柹及梨棗，女丁半之。咸歡悦，頃

魏應璩《與龐惠公書》：「比見所上利民之術，植濟南之榆，栽漢中之漆。」

栽桑棗

《實録》：「乙巳年六月乙卯，下令：凡農民田畝，五畝至十畝者栽桑、麻、木棉各半畝，十畝以上者倍之。其田多者，率以是差。有司親臨督勸，惰不如令者，有罰。不種桑，出絹一匹。不種麻及木棉，使出麻布、棉布各一匹。」

洪武二十五年正月戊子，詔諭五軍都督府臣曰：天下衛所分兵屯種者，咸獲稼穡之利。其令在屯軍士，人樹桑、棗百株，柹、栗、胡桃之類隨地所宜植之，亦足以備歲歉。五府其徧行程督之。

十一月壬寅，詔鳳陽、滁州、廬州等處民户種桑、棗、柹各二株。

二十七年三月庚戌，命天下種桑棗。上諭工部臣曰：「人之常情，安于所忽，飽即忘飢，煖即忘寒，不思爲備。一旦卒遇凶荒，則茫然無措。朕深知民艱，百計以勸督之，俾其咸得飽煖。比年以來，時歲頗豐，民庶給足，田里皆安，若可以無憂也。然預防之計，不可一日而忘也。爾工部其諭民間，但有隙地，皆令種植桑棗，或遇凶歉，可爲衣食之助。」于是工部移文天下有司，督民種植桑棗，且授之種植之法。又令益種棉花，率蠲其税，歲終具數以聞。

二十八年十一月壬辰，上諭户部官曰：「方今天下太平，軍國之需皆已用足，其山東、河南民人田地桑棗，除已入額徵科，自二十六年以後栽種桑棗果樹，與二十七年以後新墾田地，不論多寡，俱不起科。若有司增科害者，罪之。」

宣德七年九月癸亥，順天府尹李庸言：「所屬州縣舊有桑棗，近年砍伐殆盡，請令州縣每里擇耆老一人，勸督每丁種桑棗各百株，官常點視。三年給田，開其所種多寡，以驗勤怠。」上謂行在户部臣曰：「桑棗，生民衣食之計。洪武間，遣官專督種植，今有司略不加意。其即移文天下郡邑，督民栽種，違者究治。」

正統元年八月丁丑，命提調學校風憲官，兼督民間栽種桑棗。

《平陽府太平縣志》：「國初，令各里設柘桑園，以重蠶事。其後皆廢，地多爲民占，嘉靖聽民易買官地高臾。里耆民王登漢，易得柘桑故園，舍爲義塜。」

《鄧州志》：「凡桑棗田地，丈量時俱被豪民攤洒糧税，❶占爲己業，故處已不可考，命桑棗帶税糧徵收。」《金史·食貨志》：「凡桑棗，民户以多植爲勤，少者必植其地十之三，除枯補新，使之不闕。」

---

❶「丈」，原作「文」，今據鄒刻本改。

老　人

《實録》:「洪武二十七年四月壬午,命民間高年老人理其鄉之訟詞。先是,州縣小民多因小忿輒興獄訟,越訴于京,及逮問,多不實。上于是嚴越訴之禁,命有司擇民間耆民公正可任事者,俾聽其鄉訴訟。若户婚、田宅、鬭毆,則會里胥决之,事涉重者始白于官。且給教民榜,使守而行之。」

貼　書

《實録》:「洪武四年正月,禁諸司濫設貼書。初,省府諸司既設掾令史,復設貼書。乃前元官不親案牘弊,奸吏得以舞法,爲害滋甚。于是内外諸司定設掾吏、令史、書吏、司吏、典吏,員之多寡視政之繁簡爲額,若濫設貼書者,罪之。」

案牘減繁式

《實録》:「洪武十一年八月,定案牘減繁式。初,元末官府文移案牘最繁,吏非積歲莫能通曉,欲習其業,必以故吏爲師,凡案牘出入,惟故吏之言是聽。每曹自正吏外,主之者曰『出文』,附之者曰『貼書』、曰『小書生』,體文繁詞,多爲奸利,國初猶未盡革。至是,吏有以成案進者,上覽而厭之,曰:『繁冗如此,吏焉不爲奸弊而害吾民也。』命廷臣議減其繁文,著爲定式,鏤板頒之,俾諸司遵守。」

欽字

《實録》：「洪武二十七年正月，禁諸司文移，有奉旨施行者，勿書『聖旨』二字，凡有陞賞差調等事，悉以『欽』字代之。」

巡檢

《實録》：「洪武十三年十一月，敕諭天下巡檢曰：『古者設官分職，❶不以崇卑，一善之及，人人受其利焉。朕設巡檢于關津扼要，道察奸僞，期在士民樂業，商旅無艱。然自設置以來，未聞其舉職者。今特遣使分視各處，以檢防有道，訊察有方。有能堅守是職，鎮静一方，秩滿來朝，朕必嘉焉。』」

喪制

《實録》：「洪武元年十二月辛未，監察御史高原侃言：『京師人民循習元氏舊俗，凡有喪葬，設

❶「分」，原作「八」，今據鄒刻本改。

宴會親友，作樂娱尸，惟較酒肴厚薄，無哀戚之情。流俗之壞至此，甚非所以爲治。且京師者，天下之本，萬民之所則。一事非禮，則海内之人轉相視傚。況送終，禮之大者，不可不謹。乞禁止，以厚風化。』❶上是其言，乃詔中書省，令禮官定官民喪服之制。」

北平種田

《實録》：「洪武三十五年九月甲午，上謂刑部都察院臣：『自今凡人命、十惡死罪、强盜傷人者，依律處決，其餘死罪及流罪，令挈家付北平種田，流罪三年，死罪五年，後録爲良民。其徒罪，令煎鹽，杖罪輸役如故，自願納米贖罪者聽。仍選徒罪以下罷黜官，假以職名，俾督民耕種。三年有成績，實授；無成，仍坐原罪。』」乙巳，命武康伯徐理等往北平度地，以處民之以罪徙者。十月丁丑，詔罪人應發屯戍者，皆從六科給事中及行人司編次隊伍，然後遣行，以防奸弊。

永樂元年六月庚戌，户部致仕尚書王純奏：❷「種田囚人，若照籍貫分定地方，則有多寡不同，難于編甲。今宜不分籍貫，于保定、真州、順天等府，挨種安置，先近後遠，庶凡聚落易成，屯種有效。」從之。

---

❶「厚」，原作「原」，今據《明太祖實録》卷三七改。

❷「奏」，原作「若」，今據鄒刻本改。

華夷譯語

洪武十五年正月丙戌，命編類《華夷譯語》。上以前元素無文字號令，但借高昌書製爲蒙古字，以通天下言語。❶至是，乃命翰林侍講火原潔與編修馬沙亦黑等以華言譯其語，凡天文、地理、人事、物類、服食、器用，靡不具載。復取《元秘史》參考，紐切其字，以諧其聲音。既成，詔刻行之。自是，使臣往來朔漠，皆能通達其情。

校勘斛斗秤尺

《實録》：「洪武元年十二月壬午，❷詔中書省，命在京兵馬指揮司並管市司，每三日一次校勘街市斛斗秤尺，稽考牙儈姓名，❸時其物價。在外府州各城門兵馬，一體兼領市司。」

---

❶「下」，原脱，今據《明太祖實録》卷一四一補。

❷「午」，原作「子」，今據《明太祖實録》卷三七改。

❸「儈」，原作「會」，今據《明太祖實録》卷三七改。

斷百官酒肉

《魏書·食貨志》:「正光後,四方多事,加以水旱,國用不足,有司奏斷百官常給之酒,計一歲所省米五萬三千五十四斛九升,蘖穀六千九百六十斛,麪三十萬五百九十九斛。其四時郊廟、百神羣祀,依式供營。遠蕃使客不在斷限。爾後盜賊轉衆,諸將出征,相繼奔敗,帑藏益以空竭。有司又奏内外百官及諸蕃客廩食及肉,悉二分減一,計歲省肉百五十九萬九千八百五十六斤,米五萬三千九百三十二石。」

禁小説

《實録》:「正統七年二月辛未,國子監祭酒李時勉言:『近有俗儒,假托怪異之事,飾以無根之言,如《剪燈新話》之類,不惟市井輕浮之徒爭相誦習,至于經生儒士多舍正學不講,日夜記憶,以資談論。若不嚴禁,恐邪説異端日新月盛,惑亂人心。乞敕禮部行文内外衙門及提調學校僉事、御史並按察司官,巡歷去處,凡遇此等書籍,即令焚毁。有印賣及藏習者,問罪如律。庶俾人知正道,不爲邪妄所惑。』從之。」

讖兆

漢孝昭帝時，上林苑中大柳斷仆地，一朝起立，生枝葉，有蟲食其葉，成文字曰：「公孫病已立。」及昌邑王廢，更立昭帝兄衛太子之孫，是爲宣帝。帝本名「病已」。

《魏受禪碑》立于黄初二年，而其文有曰「改元正始」。正始，齊王芳年號。

漢後主改元炎興，賈充聞之曰：「吾聞譙周之言，先帝諱備，其訓具也。後主諱禪，❶其訓授也。如言劉已具矣，當授于人也。今中權軍名而漢年極于炎興，此殆天意矣。」明年八月，武帝嗣晋王位，遂以受禪。

魏時起安世殿，後晋武帝居之。「安世」，武帝字也。

桓玄于南州起齋，悉畫盤龍于上，號爲「盤龍齋」。❷劉毅小字盤龍，及克玄，遂居之。

會稽王道子于東府造土山，名曰「靈秀山」。未幾，孫恩作亂，再踐會稽，❸會稽，❹道子所封。

---

❶「諱」，原作「訓」，今據鄒刻本改。
❷「齋」，原重文，今據鄒刻本删。
❸「稽」，原脱，今據《晋書·五行志》補。
❹「會稽」，原脱，今據《晋書·五行志》補。

靈秀，孫恩字也。

後周《華嶽頌》立于天和二年，而其文有曰：「會一區寓，納之仁壽。」及隋文帝立，改元仁壽。

唐玄宗開元二年八月，太子賓客薛綜光獻《東都九鼎銘》，其《豫州銘》武后自制。文有曰：「上玄降監，方建隆基。」紫微令姚崇等奏曰：「聖人啓運，休兆必彰，請宣付史館。」

《邠國公功德碑》立于長慶二年，而其文有曰「寶曆天齊」，及敬宗即位，改元寶曆。

宣宗製《秦邊陲曲》，其詞曰「海岳咸通」。及帝崩，懿宗即位，改元咸通。

《外史檮杌》：「蜀人擊拂，以初入爲孟入。有徐延璚者，王衍舅也。其作私第華侈，❶衍常幸之，于壁上戲題曰『孟』字，蓋中以孟爲不佳故也。他日，孟知祥到，蓋先兆云。」

蜀王孟昶，每歲除日，命翰林爲詞，題桃符，正旦置寢門。末年，學士辛寅遜撰詞，昶以爲非工，自命筆題曰：「新年納餘慶，佳節兆長春。」昶以其年正月降王師，即命兵部侍郎吕餘慶知成都府，而「長春」乃太祖誕聖節名也。

《癸辛雜識》❷云：「李方叔《師友談記》及《延漏録》《鐵圍山録》載：仁宗晚年不豫，漸復平康。忽一日，命妃嬪主游後苑，乘小輦向東，欲登城堞。遥見小亭榜曰『迎曙』，帝不悦，即回輦。翌日上

---

❶ 「私」，原作「史」，今據鄒刻本改。

❷ 「辛」，原作「未」，今據《四庫全書》本《癸辛雜識》改。

賓，而英宗登極。蓋『曙』字，英宗御名也。又寇忠愍《雜説》：❶『哲宗朝，嘗創一堂，退繹萬几。學士進名皆不稱旨，乃自製曰：迎端。意謂迎事端而治之。』未幾，徽宗由端邸即大位。」又云：「汴梁宋時宫殿，凡樓觀、棟宇、牕户往往題『燕用』二字，意必當時人匠姓名耳。及金海陵修燕都，擇汴宫牕户刻鏤工巧以往，始知興廢皆定數，此即先兆也。」

金大定二十二年，重修中岳廟。黄文納撰碑文，有曰：「洪惟主上，纂明昌之緒。」及章宗立，改元明昌。

元文宗至順五年，❷司徒香山言：「陶弘景《胡笳曲》有『負扆飛天曆』『終是甲辰君』之語，❸今陛下生平、紀號，實與之合，此實受命之符，乞録付史館，頒告中外。」詔令翰林諸臣議之，以爲：「陛下紹統，❹于今四年，薄海内外，罔不歸心，無待旁引曲説以爲符命。從其所言，恐起讖緯之端，非所以定民志。」事遂寢。趙世延作《蔣山鐘銘》有曰：「大明未東。」

❶「寇」下，原衍「宗」字，今據《癸辛雜識》删。
❷「至順五年」，原作「天寶二年」，今據《元史·文宗紀》改。
❸「終」，原作「中」，今據《元史·文宗紀》改。
❹「紹」，原作「詔」，今據鄒刻本改。

譎觚十事

東吴顧炎武寧人

僕自三十以後，讀經史，輒有所筆記。歲月既久，漸成卷帙，而不敢録以示人。語曰「良工不示人以樸」，慮以未成之作誤天下學者。若方輿故蹟，亦於經史之暇，時一及之。而古人之書，既已不存，齊東之語，多未足據，則尤所闕疑而不敢妄爲之説者。忽見時刻尺牘，有樂安李象先名焕章。《與顧寧人書》辯正地理十事。竊念十年前與此君曾有一面，而未嘗與之札。又未嘗有李君與僕之札。又札中言僕讀其所著《乘州人物志》《李氏八世譜》而深許之，僕亦未嘗見此二書也。其所辯十事，僕所著書中有其五事，然李君亦未嘗見，侣道聽而爲之説者，而又或以僕之説爲李君之説，則益以徵李君之未見鄙書矣。不得不出其所著以質之君子，無俾貽誤來學，非好辯也。諒之。

來札：據李君謂僕與之札。「孟嘗君封邑在般陽，不當名薛，薛與滕近。《孟子》篇中『齊人將築薛』。」此足下泥古之過，漢淄川郡即今壽光，今淄川即漢淄川郡所屬之般陽。孟嘗封邑在淄川，今壽光地，墓在壽光西四十里朱良鎮，後人以淄川之般陽爲淄川，如以琅邪之臨沂爲琅邪，樂安之博昌爲樂安。孟嘗封邑偶名同薛國耳。不然，今肥城有薛王城，考其地去滕頗遠，當何說也？

鄙著《日知録》有辯「淄川非薛」一事，曰：漢魯國有薛縣。《史記·公孫弘傳》「齊菑川國薛縣人也」，言齊又言菑川，而薛並不屬二國，殊不可曉。《正義》曰：「《表》云：『菑川國，文帝分齊置，都劇。』《括地志》云：『故劇城在青州壽光縣南三十一里。故薛城在徐州滕縣界。』《地理志》：『薛縣屬魯國。』按薛與劇隔兖州及泰山。未詳。」今考《儒林傳》言「薛人公孫弘」，是弘審爲薛人。上言「齊菑川」者，誤耳。今人有謂孟嘗君之封在菑川者，太史公曰：「吾嘗過薛，其俗閭里率多暴桀子弟，與鄒、魯殊。問其故，曰：『孟嘗君招致天下任俠、奸人入薛中，蓋六萬餘家矣。』」若在菑川，其壤地與齊相接，何不言齊而言鄒、魯乎？又按《後漢志》云：「薛，本國。夏車正奚仲所封，冢在城南二十里山上。」《皇覽》曰：「靖郭君冢，在魯國薛城中東南陬。孟嘗君冢，在城中向門東。向門，出北邊門也。」《詩》云「居常與許」，鄭玄曰：「常，或作嘗。在薛之旁。孟嘗邑于薛城。」《括地志》曰：「孟嘗君冢在徐州滕縣五十二里。」益可信孟嘗君之封不在菑川也。又曰：又按《地理志》：「菑川國三縣，劇、東安平、樓鄉。」劇在今壽光縣西南，東安平在今臨淄縣東南一十里，樓鄉未詳所在。今之淄川，不但非薛，並非漢之菑川，乃般陽縣耳。以爲漢之菑川，而又以爲孟嘗君之薛，此誤而又誤也。

僕所考論如此，乃言「孟嘗君之薛不在般陽」，不曰「孟嘗君封邑在般陽，而不當名薛也」。李君之辯，既已失其指矣。且凡考地理，當以《水經》《皇覽》《郡國志》等書爲據。昔人注書皆用之。若近年郡邑志乘，多無稽之言，不足信。今曰「孟嘗君墓在壽光」，其昉於何書邪？《史記·孟嘗君傳》：「湣王即位三年，封田嬰於薛。」《正義》曰：「薛故城在今徐州滕縣南四十四里。」今曰「孟嘗封邑偶同此名」，是古人之所傳皆非也。又《漢書》有菑川國，無淄川郡，而般陽縣自屬濟南。今曰「漢淄川郡所屬之般陽」，李君既博考地理，何乃舍近而求遠，並《史記》《漢書》而不之考邪？

來札：「營丘在臨淄，今營丘、營陵俱非。」此足下泥古之過。太公初封齊營丘，即今臨淄。齊三遷，一蒲姑，今博興；一營陵，今昌樂；後又遷臨淄，統名營丘。後改臨淄，而營丘之名遂廢。

鄙著無此一事，今考《史記》：「武王封師尚父於齊營丘。」《正義》曰：「《括地志》云：營丘在青州臨淄北百步外城中。」太公後五世胡公，徙都薄姑。《正義》曰：「《括地志》云：薄姑城在青州博昌縣東北六十里。」胡公弟獻公徙治臨菑，據此所引《括地志》，營丘與臨菑乃一地。又考《漢書》，齊郡治臨淄，北海郡治營陵，或曰營丘。二郡竝云「師尚父所封」，而臣瓚與應劭之説，各主其一，則當時已不能明矣。今昌樂、濰縣之間亦有營丘城。按《史記》云：「營丘邊萊。」而不言獻公之臨菑即太公之營丘，則《括地志》謂營丘在臨淄者失之也。

來札：「濰水今呼淮水，古『濰』字佀『淮』，當是點畫差譌。」此足下泥古之過。伏生授《書》曰：「濰淄其道。」歐陽生、兒生、張生諸博士豈考究之未詳邪？《史》韓淮陰破龍且濰水上，以淮陰故，如浙水因錢鏐曰錢塘，姚水因曹娥曰曹江，籠水因顔文姜曰孝婦河也。如以「濰」佀「淮」，則濰水在今濰邑，不聞古作碓縣也。

鄙著《日知録》有辯淮河一事，曰：濰水，土人名爲淮户佳反。河。《齊乘》云：「《漢書・地理志》濰，或作『淮』，故俗亦名淮河。」《諸城志》：「俗傳箕屋山舊多産櫰，《爾雅》：『櫰，槐大葉而黑。』《漢書・西域傳》：『奇木，檀、櫰、梓、竹、漆。』水從櫰根出，故呼爲淮河，以音之同也。」竝誤。愚按古人省文，「濰」字或作「維」，或作「淮」，總一字也。《漢書》或作「淮」者，从水，从「鳥隹」之「隹」，篆作「」，即「濰」字而省其中「糸」耳。今呼爲淮，則竟爲「江淮」之「淮」，从水，从「佳人」之「佳」，篆作「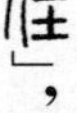」，於隸則差之毫厘，於篆則失之千里矣。如開封之氾水，《左傳》本音凡，从水从㔾，而今呼爲「濛汜」之「汜」，音祀，亦以字形之侣而譌也。又曰：又如《三國志・吴主傳》：「作堂邑涂塘以淹北道。」《晋書・宣帝紀》：「王淩詐言吴人塞涂水。」《武帝紀》：「琅邪王伷出涂中。」竝是「滁」字。古「滁」省作「涂」，與「濰」作「淮」正同。韵書竝不收此二字。

户佳反之音，出於土俗，本不足辯，僕與李君皆臆爲之説爾。審如所言，欲表韓侯之功，則木罌所渡之津，破趙所背之水，皆可名之爲淮，而地志中又添一西淮、北淮之目，豈不益新而可喜乎？

來札：「孔子雖聖，亦人爾，何能泰巔一千八百里外觀吴門之馬？」足下未深思，故有此疑。曲阜城有吴門，直吴，如蘇州北門曰齊門之類是也。

鄙著無此一事。今之曲阜，竝無吴門，古之魯城，亦不載有此，李君何以知之？且此事本出王充《論衡》，云：「書或言：顏淵與孔子俱上魯泰山。孔子東南望，吴閶門外有繫白馬，引顏淵指以示之曰：『若見吳閶門乎？』顔淵曰：『見之。』孔子曰：『門外何有？』曰：『有如繫練之狀。』孔子撫其目而止之，因與俱下。下而顔淵髮白齒落，遂以病死。」今詳其文，於泰山則系以魯，於閶門則系以吳，古人之文，不苟如此，安得謂是魯城之門？又云：「人目所見，不過十里，魯去吳千有餘里，使離朱望之，終不能見。況使顔淵，何能審之？」此又《論衡》之言，而非僕之言也。

來札：「景公墓在臨淄東南十二里，淄河店桓公墓旁。」又曰「在長白山下今長山境内」。又云：「周景公墓景姓稀少，更無多爲官者，必景延廣。延廣，陝州人，後晉出帝，與桑維翰同時，非周臣。又不當云周景公墓。」考《五代史·周列臣傳》：「景範，鄒平人，世宗顯德中官宰相，顯德六年罷。」故云「周景公墓」。墓在鄒平，今割入長山界。在臨淄淄河店者，春秋周齊景公墓，非周世宗景公墓也。

鄙著《金石文字記》有「後周中書侍郎景範碑」一目，曰：鄒平縣南五里，有景相公墓。《通鑒》：「五代周顯德元年七月癸巳，以樞密院直學士工部侍郎長山景範爲中書侍郎、同平章事。」此地唐時屬長山也。景氏之裔，自洪武間有兩舉人，今亦尚有諸生，不能記其祖矣。不知何年謬傳爲晉之景延廣，而邑志載之，以後《山東通志》等書襲舛承譌，無不以爲延廣墓。後有令於此者，謂延廣於晉爲誤國之臣，遂至笞其後人而毁其祠。昔年邑之士大夫，亦有考五代事而疑之者。予至其邑，有諸生二人來，稱景氏之孫，請問其祖爲誰。予乃取《通鑑》及《五代史·周世宗紀》示之，曰：「顯德相公近是。」又示以《景延廣傳》，曰：「延廣，字航川，陝州人也，距此遠矣。」乃謝而去。間一日，往郊外視其墓碑，其文爲翰林學士朝議郎尚書水部員外知制誥柱國扈載撰。雖剥落者什之一二，而其曰「故中書侍郎平章事景公諱範」，字甚明白。且生封上柱國晉陽縣開國伯，没贈侍中，而其文有曰：「我大周聖神恭肅文武孝皇帝，建大功於漢室，爲北藩於魏郡。」又曰：「今皇帝嗣位，登用舊臣。」又曰：「冬十一月，薨於淄川郡之私第。」其末曰：「顯德三年歲次丙辰，十二月己未朔，越十日戊辰。」因歎近代士人之不學，以本邑之人，書本邑之事，而猶不可信，以明白易見之碑而不之視，以子孫而不識其先人，推之天下郡邑之志，如此者多矣。又曰：王元美作李于鱗友人襲克懋妻景氏墓誌銘，亦以爲延廣之後。雖本其家之行狀，然王、李二公，亦未嘗究心於史學也。

此僕在鄒平與邑人宛斯馬君名驌。親訪其墓而録之者，不知李君何所聞之，而剿爲己説。且與齊之景公何涉，而横生此一辯？又此墓舊屬長山，今割入鄒平，今反曰舊屬鄒平，今割入長山。又景相，長山人，今反曰鄒平人。知李君之道聽而塗説也。

來札：「臨朐西十里逢山，俗傳逢萌隱處。」史逢萌浮海歸隱大勞，東萊守聘不出。又萌都昌亭長，墓在今營丘、昌樂地。又都昌，昌邑也。皆與臨朐遠。史夏東方諸侯逢伯陵居青州，舊城在郡西二十里馬山，李于鱗所謂「龍鬬馬山之陽」是也，距逢山四十里。逢山以伯陵，非以萌也。

鄙著無此一事。《漢·地理志》：「臨朐有逢山祠。」則先逢萌而有此山矣。李君言是。左氏昭十年《傳》：「逢公以登。」註云：「逢公，殷諸侯，居齊地者。」二十年《傳》：「有逢伯陵因之。」註云：「逢伯陵，殷諸侯，姜姓。」今李君以殷爲夏，未知其何所據也。

來札：「黄冠别説勞山有吴子宫，是吴子夫差請《靈寳度人經》處。」春秋，吴伐齊至艾陵，艾陵齊南境，今郯城，去勞六七百里，甚爲牽合難據。足下未讀道書，道書云：「許旌陽弟子吴猛，東昌人，入勞請《靈寳度人經》。」吴子，吴猛，非夫差。道家所居皆曰宫，不僅王侯也。此道家荒唐之説，不足辯。《萊州府志》「傳疑」一條云：「春秋時，吴王夫差登勞山，得《靈寳度人經》。」今欲去其年代而改爲吴猛，庸愈乎？按《晋書》，吴猛，豫章人。晋時亦未有「東昌」之名也。

來札：「泰山無字碑，非始皇，乃漢武時物。」《别史》：「始皇移徂徠石，命李斯篆文如琅邪之罘碑。因阻暴風雨，大怒，罷。」此可信者。漢武何故立無字碑？未敢以足下言爲是。鄙著《日知録》有考「泰山無字碑」一事曰：嶽頂無字碑，世傳爲秦始皇立。按秦碑在玉女池上，李斯篆書，高不過四五尺，而銘文並二世詔書咸具，不當又立此大碑也。考之宋以前，亦無此説。因取《史記》反復讀之，知爲漢武帝所立也。《史記·秦始皇本紀》云：「上泰山，立石，封，祠祀。」其下云：「刻所立石。」是秦石有文字之證，今李斯碑是也。《封禪書》云：「東上泰山，泰山之草木葉未生，乃令人上石，立之泰山巔。上遂東巡海上。四月，還至奉高。」上泰山封而不言刻石，是漢石無文字之證，今碑是也。《後漢書·祭祀志》亦云：「上東上泰山，乃上石，立之泰山巔。」然則此無字碑明爲漢武帝所立，而後之不讀史者誤以爲秦耳。又曰：始皇刻石之處凡六，《史記》書之甚明：於鄒嶧山，則上云「立石」，下云「刻石頌秦德」；於泰山，則上云「立石」，下云「刻所立石」；於之罘，則二十八年云「立石」，二十九年云「刻石」；於琅邪，則云「立石刻頌秦德」；於會稽，則云「立石刻頌秦德」。無不先言立，後言刻者。惟於碣石，則云「刻碣石門」，門自是石，不須立也。古人作史，文字之密如此。使秦皇別立此石，秦史焉得不紀？使漢武有文刻石，漢史又安敢不録乎？

李君侶未見僕此論，不知其所謂「別史」者何書。將考千載以上之事，乃不徵《史記》而徵「別史」乎？古人立石以表其功德，元不必有字，今曰以風雨之阻大怒，罷之。且如《水經注》：「孔子廟，漢魏以來列七碑，二碑無字。」此又何所怒而不刻也？又始皇之刻，李斯之文，其録於《史記》而立之山者，固至今存矣。罷其一，不罷其一，此又何解也？史言「下山風雨暴至」，在立石之後，刻石之前。今曰阻此而罷刻石，侶以上山之日即刻石之時，又謬矣。又曰「篆文如琅邪之罘碑」，琅邪在本年封泰山之後，之罘在二十九年。天下有今年行事而比來年之例者乎？史言「立石」，不言「碑」，而碑之爲制，始於王莽，則見於劉熙《釋名》之書可考。今以後人之名碑也而名之，抑又謬矣。是其所引「別史」不過二十餘字，而謬妄已有數端。又考《山東通志》曰：「上有石表巍然，俗云秦無字碑。」此志作於嘉靖中，曰「俗」者，言其不出於古書之傳也。又從而文之，無乃爲前人所笑乎？

來札：「俗以丈人爲泰山。唐明皇封禪，張説壻韋晤扈駕，以説壻，增三級。後帝忘其故，問羣臣。伶官黄幡綽曰：『泰山之力也。』因以丈人爲泰山。」不知春秋時已有丈人峯，孔子遇丈人榮啓期處也，未敢以足下言爲是。

此俚俗之言，亦不足辯。乃謂「春秋時有丈人峯」，其何所據？《列子》：「孔子游於泰山，見榮啓期，行乎郕之野。」無「丈人」字。夫紀載之文，各有所本，今欲實此峯之名，即添一「丈人」字；欲移吴門於曲阜，即去一「閶」字，用心之不平如此，而謂天下遂無讀《列子》《論衡》二書之人哉！

來札：「太公封營丘，地澤《史》作「舄」。鹵，人民寡，因上古封建，各有其國，未便奪其地，遂就其隙封之，非不置太公於上游也。」古史萬國，商三千，周千八百，當伐紂時不知其如何變置。殷都朝歌，千里内不免改王畿爲侯國；周都鎬京，千里内不免改侯國爲王畿。澗水東、瀍水西皆諸侯，營洛後能各守其地乎？王以東方諸侯附紂者衆，故封太公以彈壓耳，足下乃過信《貨殖傳》，未敢以足下爲是。

鄙著《經解》中一事曰：舜都蒲坂，而封象於道州鼻亭，在三苗以南荒服之地，誠爲可疑。如孟子所論「親之欲其貴，愛之欲其富」，又且欲其源源而來，何以不在中原近畿之地，而置之三千餘里之外邪？蓋上古諸侯之封萬國，其時中原之地，必無閑土可以封故也。又考太公之於周，其功亦大矣，而僅封營丘。營丘在今昌樂、濰二縣界，史言其地瀉鹵、人民寡，而《孟子》言其儉於百里，又萊夷逼處而與之争國，且五世反葬於周，而地之相去二千餘里。夫尊爲尚父，親爲后父，功爲元臣，而封止於此，豈非中原之地無閑土，故至薄姑氏之滅，而後乃封太公邪？或曰：禹封在陽翟，稷封在武功，何與？二臣者有安天下之大功，舜固不得以介弟而先之也。故象之封於遠，聖人之不得已也。

《漢書》曰：「齊地，虚危之分野也。」少昊之世有爽鳩氏，虞、夏時有季崱，湯時有逢公柏陵，殷末有薄姑氏，皆爲諸侯，國此地，至周成王時，薄姑氏與四國共作亂，成王滅之，以封師尚父，是爲太公。而《史記》以太公爲武王所封，當武王之時，而太公至國修政，人民多歸，齊爲大國矣。考《左氏傳》管仲之對楚子，展喜之對齊侯，竝言成王，不言武王。而鄭康成註《檀弓》，謂「太公受封，留爲太師，死葬于周」。又《金縢》之書有二公，則太公在周之明證。二説未知孰是。李君「變置」「彈壓」之論，恐亦是以後世之事而測量古人也。

「《儒藏》精華編選刊」選目

經部

周易鄭注
漢魏二十一家易注
周易注
周易正義
周易口義（與《洪範口義》合册）*
温公易説（與《司馬氏書儀》《孝經注解》《家範》合册）
漢上易傳
誠齋先生易傳
易學啓蒙
周易本義
楊氏易傳
易學啓蒙通釋
周易本義附録纂注
周易啓蒙翼傳
周易本義通釋
易經蒙引
周易述
周易述補（江藩）（與李林松《周易述補》合册）
周易述補（李林松）
易漢學
御纂周易折中
周易虞氏義
雕菰樓易學
周易集解纂疏
周易姚氏學
鄭氏古文尚書
洪範口義
書傳（與《書疑》《尚書表注》合册）
書疑
尚書表注
書纂言
尚書全解（全二册）
尚書要義
讀書叢説
書傳大全（全二册）

古文尚書攷（與《九經古義》合册）
尚書集注音疏（全二册）
尚書後案
詩本義
吕氏家塾讀詩記
慈湖詩傳
詩經世本古義（全四册）
毛詩稽古編
毛詩説
毛詩後箋（全二册）
詩毛氏傳疏（全三册）
詩三家義集疏（全三册）
儀禮注疏
儀禮集釋（全二册）
儀禮圖
儀禮鄭註句讀

儀禮章句
儀禮正義
禮記正義
禮記集説（衛湜）
禮記集説（陳澔）（全二册）
禮記集解
禮書
五禮通考
禮經釋例
禮經學
司馬氏書儀
春秋左傳正義
左氏傳説
左氏傳續説
左傳杜解補正
春秋左氏傳賈服注輯述

春秋左氏傳舊注疏證（全四册）
春秋左傳讀（全二册）
公羊義疏
春秋穀梁傳注疏
春秋集傳纂例
春秋權衡（與《七經小傳》合册）
春秋集注
春秋經解
春秋尊王發微（與《孫明復先生小集》合册）
春秋本義
春秋集傳
春秋集傳大全（全三册）
孝經注解
孝經大全
白虎通德論

七經小傳
九經古義
經典釋文
群經平議（全二册）
論語集解（正平版）
論語義疏
論語注疏
論語全解
論語學案
孟子注疏
孟子正義（全二册）
四書集編（全二册）
四書纂疏（全三册）
四書集註大全
四書蒙引（全二册）
四書近指

四書訓義
四書賸言
四書改錯
四書説
爾雅義疏
廣雅疏證（全三册）
説文解字注

史部

逸周書
國語正義（全二册）
貞觀政要
歷代名臣奏議
御選明臣奏議（全二册）
孔子編年
孟子編年

陳文節公年譜
慈湖先生年譜
宋名臣言行録
伊洛淵源録
道命録
考亭淵源録
道南源委
聖學宗傳
元儒考略
四先生年譜
洛學編
儒林宗派
程子年譜
學統
伊洛淵源續録
豫章先賢九家年譜

閩中理學淵源考（全三册）
清儒學案
經義考
文史通義

子　部

孔子家語（與《曾子注釋》合册）
曾子注釋
孔叢子
新書
鹽鐵論
新序
説苑
太玄經
龜山先生語録
胡子知言（與《五峰集》合册）
木鐘集
西山先生真文忠公讀書記
性理大全書（全四册）
居業録
思辨録輯要
家範
小學集註
曾文正公家訓
勸學篇
仁學
習學記言序目
日知録集釋（全三册）

集　部

蔡中郎集
李文公集
孫明復先生小集
直講李先生文集
歐陽脩全集
伊川擊壤集
元公周先生濂溪集
張載全集
温國文正公文集
公是集（全二册）
游定夫先生集
和靖尹先生文集
豫章羅先生文集
梁溪先生文集
斐然集
五峰集
文定集
渭南文集

誠齋集(全四册)
晦庵先生朱文公文集
東萊吕太史集
止齋先生文集
攻媿先生文集
象山先生全集
陳亮集(全二册)
絜齋集
文山先生文集
勉齋先生黄文肅公文集
北溪先生大全文集
西山先生真文忠公文集
鶴山先生大全文集
閑閑老人滏水文集
郝文忠公陵川文集
仁山金先生文集

静修劉先生文集
雲峰胡先生文集
許白雲先生文集
吴文正集(全三册)
道園學古録　道園遺稿
師山先生文集
曹月川先生遺書
康齋先生文集
敬齋集
涇野先生文集(全三册)
重鐫心齋王先生全集
雙江聶先生文集
歐陽南野先生文集
念菴羅先生文集(全二册)
正學堂稿
敬和堂集

涇皋藏稿
馮少墟集
高子遺書
劉蕺山先生集(全二册)
南雷文定
桴亭先生文集
西河文集
曝書亭集
三魚堂文集外集
考槃集文録
復初齋文集
述學
揅經室集(全三册)
劉禮部集
籀廎述林
左盦集

出土文獻

郭店楚墓竹簡十二種校釋

上海博物館藏楚竹書十九種校釋（全二册）

秦漢簡帛木牘十種校釋

武威漢簡儀禮校釋

*合册及分册信息僅限已出版文獻。